ゆるやかなカースト社会・中世日本

増補

大山喬平

法蔵館文庫

本書は二〇〇三年、校倉書房より刊行されたものに「上賀茂神社の精進頭人について――大谷大学博物館収蔵「上賀茂文書」」を増補した。

目次

第二部　日本中世史研究の歴史家たち

増補　ゆるやかなカースト社会・中世日本

第一部　中世社会論へ、その展望

Ⅰ　ゆるやかなカースト社会――インド、そして中世日本

二〇〇〇年の夏の終わりに、大谷大学の学生さんとインドの仏跡を回った。短い旅であったが、私には強烈な印象であった。その前後、インド関係の書物を読みあさってみた。

日本中世の身分制に興味をもつ私にとって、インドのカーストは一度は本気になって勉強してみたい対象であった。日ごろ、日本の荘園制や領主制のことが頭を離れることのない私にとって、インド経験はちょうど百年前の中田薫を思いおこさせてくれた。一九〇〇年代の初頭の頃といえば、明治維新直後の一八七〇年代に生まれ、維新変革そのものを直接体験せず、その後の近代的な学校制度によって大切に育てられた青年たちが、帝国大学を卒業して、彼らの学問を一斉に形成し始めた時期にあたる。いま念頭にあるのは、原勝郎、福田徳三、中田薫といった人たちである。彼らの後世にのこる

業績は、彼らの多くがまだ二十歳代後半であり、いずれもヨーロッパの文化と学問に触れた三十歳になるかならないかという若者が生んだ作品であった。彼らの若い学問こそが、日本における近代史学の真の誕生を告げていた。

維新変革のただなかを生きて、一つの体制と国家権力が崩壊していく全過程を、その渦中にあって身をもって体験し、直接見つめていた彼らの直前の世代と、直接にはそれらを体験せず、それらを聞いて育った彼らの世代とのあいだには、どこかでちがうものがあった。彼らには歴史のリアリティがどこか欠けており、どこかで観念的な部分がまとわりついていたように思う。

百年前に、中田は東寺百合文書にみえる日本中世の法的構造がフランク時代のゲルマンの法と酷似している事実を発見して、驚いていた。私たち戦後世代にとって、重くのしかかる事実は、戦後歴史学を主導した石母田正の中世史理解が、この中田の中世理解の枠組をついに出ることがなかったという点にある。百年前の中田は日本中世の古文書の世界が伝える法的構造がゲルマンのそれと同じであることに奇異の念を感じ、そして日本とヨーロッパとの相似を確信したのであるが、インドを経験しながら、そういうならばインドだって日本の中世文書が示す世界に一杯似ているところがある、と私は考えていた。というよりも中田とそれの継承者である戦後史学が描いてみせる日本中世の実像が、学生時代から、日々に接している東寺百合文書をはじめとする日本の中世古文書の世界とどうしてもうまく合致しないことへの苛立ちと彷徨が、私の長い研究生活であったといってもいい。長いあいだかかって、遅ればせながら、私はいまようやく百年前の若者の学問がかぶせた呪縛から、最近の学問が自由になりつつあると感じている。

旧稿は『部落問題研究』（一五九輯、二〇〇二年）に収載された。吉田伸之・塚田孝さんたちの編集になる『シリーズ近世の身分的周縁』全六巻（吉川弘文館、二〇〇〇年）が完成したのを機に、日本近世の身分差別についての近年の達成を語り合うという目的のもと、部落問題研究所が企画した二〇〇一年五月六日のシンポジウム報告を文章にしたものである。原題は「身分的周縁をめぐって――ゆるやかなカースト社会――」である。そこで私に与えられた課題は、中世史研究の立場からみて、近世史の人々の業績を位置づけよ、というものであった。

今回の近世史の皆さんの『近世の身分的周縁』のシリーズを通読してみて、教えられることが多く、また日本中世についても考え直すヒントをたくさん与えていただきました。この機会を与えてくださった鈴木良さんと当研究所の皆さんにお礼を申したいと思います。

あたりまえのことですが、中世と比べてみると、近世についてはさまざまなことが、手にとるようにわかって非常に面白い。そうした具体的なことがこのシリーズにはたくさん書き込まれていて、現在の新しい研究の地平が、直接近世史を研究しているわけではない私たち隣接領域のものにもよく理解できるようになっています。

ずいぶん以前に、私は日本中世における「身分」のことを集中的に考えた経験があるのですが、最近、ある小さな作業に関連して、この問題をいま一度考え直す必要に迫られておりました。そんなこともあって、日本近世にかんする皆さんのお仕事とならんで、インド社会の身分制にかかわる歴史学や人類学の仕事についても併行して読みながら、日本中世の身分のあり方、さらには日本全体のなかにおける身分のあり方を、全体として見直す作業にとりかかっております。

1　三つの仮説

右のような作業を行うにあたって、私自身の作業の基本的なスタンスを再確認するために、いくつかの仮説と論点をレジメに文章化しておきました。私が今日、ここでいいたいことはレジメの文章を読んでいただければいいのですが、いちおう声にだして読みますので、聞いていただいてから、補足的に説明させてください。

仮説1　現在にいたるまでの（日本）列島社会は、時期により、地域により、濃淡の差はあるものの、その多くが一種の「ゆるやかなカースト社会」として経過してきたということができる。

仮説2　列島社会がもつ実態的で、自律的な身分的諸関係のあり方にたいして、政治権力（国家）はさまざまのかかわりをもち、かつそのあり方を規制し、それに巨大な影響を与え、それらを常に利用してきたが、しかし、権力（国家）がそれにかかわりうる程度は常に限定的なものであった。

仮説3　列島社会の「カースト社会」的特質は、人類社会が経過してきた発展的諸段階——原始共産制・奴隷制・封建制・近代資本制社会——のそれと多くの部分において併存しつつ、その歴史的展開をとげたものと思考される。両者の関係、すなわち社会発展（生産様式）の諸段階とカースト的特質の具体的な交錯は、その多くが今後の検討課題である。

以上の三つの仮説です。仮説のうち私がもっとも強調したいことは、**仮説1**の日本列島社会の歴史を全体として総括的にとらえた場合のこの社会の基本的な性格についての規定です。

カーストの現れはインド社会にもっとも典型的かつ強烈に顕現したのですが、それはインド社会に固有のものではない。人類社会にはそれに類似した形態がさまざまに現れうるもので、日本社会を通観するならば、インドのカーストと類似する現象が、この列島社会にもたしかにあって、インド的な物指しをあてて日本社会を見直す作業がたいへん有効であろうと思います。この社会にはインドと類似した共通の性格があると同時に、また異なった側面もある。どういう点が共通し、またどこが異なるのか、この両者を明確に認識することが出発点であり、重要です。これが認識されてはじめて二つの社会の抱える問題を考え、そこからある結論や示唆を見出すことができるようになるでしょう。この作業は、インド研究にとっても、また日本研究にとっても必要であり、それは同時に多くの歴史社会にもあてはまるであろう、と判断しています。そうした意味で、日本列島社会の歴史を「ゆるやかなカースト社会」と位置づけようというのが、**仮説1**を立てた私の意図であります。

つぎに**仮説2**ですが、これは国家ないし政治権力と、当該社会がもつ身分制（身分のあり方）とのかかわりをどう考えるかについての、基本的な考え方であります。身分のあり方、あるいは差別のあり方について、国家や政治権力（あるいは行政）は非常に大きい影響力をもちうるのですが、そうしたものをすべて合体しても、なおかつ国家や権力はきわめて限定的なことしかできないであろうというのが、**仮説2**の意味です。

インドのカースト社会の歴史をみてみると、そこに現れては消えていく歴史上の幾多の国家が、彼らの社会を構成するカースト的枠組みにたいして、いったいどれだけのことをなしえたのであろうか、という素朴な感慨に陥ります。身分的特質は個々の国家や権力をはるかに超えて、インド社会の深部に根ざして顕現していると判断せざるをえません。これはインド社会に特有の現象ではありません。日本史の展開をみていると、中央国家が早くから成立・存続し、その存在が大きくみえるのですが、事の本質においては、日本もインドも、その他の社会も同様であったにちがいありません。そうした限定された枠組みのなかで、新しい時代を切り開いた権力は、どこにあっても、彼らの眼前にある社会の諸勢力が構成している生きた身分制的システムを彼らに都合がいいように誘導しようとし、そしてまた多くの場合、それにかなりの程度、成功してきたとみてよいでしょう。今回のシリーズは、近世幕藩権力が列島社会において歴史的な生成をとげつつある社会の諸身分秩序をどのように誘導し、構築しようとしたか、それらの諸局面をさまざまに浮き彫りにしています。

最後の**仮説3**。人類社会の発展諸段階については、一時代以前の歴史学においては多くの議論が費やされたのですが、最近ではすっかり忘れ去られているようにみえます。しかしそこで議論された多くの事柄は、人類史を理解する上で重要な視角を提示していると私はいまでも考えています。ただそれはそれとして、個別の地域と文化をもつ個々の社会にはそれぞれの個性的な歴史発展の相貌があるわけで、社会のカースト的風貌もそういった個性ある文化を体現していると認められます。両者の関係についてはおそらくまだ長い議論を積み重ねていかなければならないと考えられるという点だけ、あらかじめ注意しておきたいので、特に**仮説3**を立ててみました。これはさし迫っての課題ではありません。

以上、三つの仮説は、私自身の考察を展開するにあたっての自分の心構えのようなもので、これを直接、議論していただきたいというものではありません。ただ以下の話のなかで、大山は何をいっているのか、その意図がわかりにくいと思われたさいには、この仮説をちょっと思い起こしてほしい。これにかかわることをいいたくて何かいっているはずです。

2　学説回顧

ところで、私は以上のような仮説を立てながら、全体としてわれわれの列島社会の歴史をカースト的様相のもとに観察しようと思うのですが、そのように立場を明確に意識化して、そこに身を置いてみると、この問題についてのそれなりの先学たちの研究のスタンスというか、歴史学にたいする立脚点がみえてくるように思います。そのことに触れさせてください。

列島社会のカースト的様相を意識的に分析しようとする立場をとるとき、想いおこすべき先行するイデオロギーないし身分制研究の大きな流れがみえてきます。私はそうしたものとして、ここで、清水三男、林屋辰三郎、三島由紀夫の三者をあげることができると考えます。こんなところに三島由紀夫が顔を出すのはおかしいと思われる向きも多いかと思います。たしかに三島のそれは研究というようなものではないのですが、それは、三島の創造性に満ちた文学的感性と直感とによって掬い上げられたものであり、かつ彼がそうした思想に命をかけて真剣に対処していて、軽視できないものがあると私は判断しています。

三島の発言は、列島社会において生成をとげた日本文化史の特質をある面において突き刺しており、日本社会の右翼的底層への影響可能性という点でも、けっして無視することのできない面を含んでいます。かねてから、三島のそうした側面が気になっていた私は、研究者からは誰一人として注意されることはなかったのですが、そのことについて、最小限のことをかつて指摘したことがありました。

ソ連軍の捕虜としてシベリヤで命を落とした清水三男は、『日本中世の村落』（岩波文庫、初出一九四二年）を戦後の歴史学に残しました。この書物は戦後歴史学に大きな影響を与え、またある意味では戦後歴史学の原点の一つとさえいいうる作品でありましたが、そこで注意すべきは、清水が描いた室町郷村文化の原点には、室町の郷村につどう人々の共同生活の中心に、またその信仰生活の中核に鎮守の森の氏神の観念が存在していたという点にあります。清水はこの書物のなかで、室町の郷村文化を、日本における近世的国民国家への出発点として位置づけたのですが、そこで清水は、鎮守の森の神に捧げ、また神とともに喜ぶ中世郷民たちの芸能生活のうちに日本文化の生き生きとした原点をみていたのでした。

研究史的にいうと、こうした清水の郷村文化論を根底から覆していたのが、清水の学問の敬愛の上に立ち、同時にまた戦後歴史学の一翼を担っていた林屋辰三郎の散所論であったということができます。創設早々の一時期における当研究所の理論的枠組みのもっとも重要な柱をなしたのが、林屋辰三郎の散所論であり、中世賤民史の研究であったことはいうまでもありません。林屋のそれは日本芸能の故郷に差別された散所河原者をしっかりと設定しており、そこから日本文化の豊かな達成を展望しようとするものとしてあったということができます。林屋は口にはしませんでしたが、この点で清水とは明確に異なる自分の立脚点を自覚していたに違いありません。

清水と林屋とを並べてみるとき、もう一人追加したい人物が存在します。それが三島由紀夫です。私のみるところでは、林屋散所論の対極に位置するのが、三島由紀夫の日本文化史把握であり、「文化概念としての天皇」把握であります。

三島は、「文化概念としての天皇」に「みやび」の源流を発見しています。彼は、「みやび」を美的価値の最高度とし、これを中心とする衛星的な美的原理としての「幽玄」「花」「わび」「さび」について語っています[1]。三島の議論は日本の民族と国家のあり方にたいする彼の切実な思いを、天皇を中心に据えて語ったものであり、林屋が戦後史学における民族文化論をめぐる論争の高まりのなかにあって、散所河原者に列島社会における民族文化の大きな源流をみていたのと、それはまさに対極に位置していたということができます。

清水も林屋も三島も、それぞれの立脚点にたって、日本文化の原点について語っております。清水は室町の郷村に集う人々の信仰生活の核にある鎮守の森の神のなかに、林屋は賀茂の河原の差別された散所の民の芸能のなかに、そして三島は文化概念としての天皇のなかに、それを求めているといえましょう。清水と林屋はそれぞれがその時代の日本中世史学の蓄積のなかで、そして三島は彼自身の天来の感性をもって、それらを語ったのでした。そして重要なことは、こうした三者の考え方は、この国においてつねに再生産されている事実であり、小さな清水や、小さな三島が、小さな林屋とともに、それらの亜種として容易に再生産され、またその可能性を失っていないことであります。

黒田俊雄さんや私の非人論は、研究史的にいうと、こうした林屋散所論の否定の上にたっています。実証ということでも、また理論的な整理の上においても、私たちは新しい地平を切り開いていると思うのですが、そう思う一方で林屋散所論の影響を多分に受けて育った私には、黒田さんや私の非人論が、林屋が直感的につかんでいた日本文化のある大切な部分を置き忘れてきたという気がしています。

これは私の反省なのですが、そうした反省の上にたって、林屋散所論が提起していた重要な問題にできればメスを入れ直したいと思っております。(2)

3　三つの論点

こういうわけで、今回、私は日本中世を立脚点に置きながら、インドと日本近世の身分制にかかわる諸現象を観察しながら、いろいろ試行錯誤の勉強をしてみました。そのなかで、今日のシンポジウムのために、三つの論点にたどりつきました。これについては、皆さんの意見を聞いてみたいと思います。

インドと一言でいうのは簡単ですが、地域も言語も気候・風俗も、宗教も歴史も複雑かつ多様です。インドの門外漢である私がこうしたものを把握し、理解しようというのはどだい無理なのですが、しかしそこには何かがあるというのが正直な私の感想です。

論点1　南インド・タミルナードゥのカースト社会で析出される儀礼的行為＝トリル、ならびに非儀礼的賃仕事＝ヴェーライという労働の質にかんする対概念を再定義することによって、列島社会におけるカースト的慣行のひろがりを摘出する作業が可能である。そのさいトリルにたいする支払い形態に、実際のサービス内容にかかわりなく毎年、定額で支払われるもの（トリルA）と、実際になされた仕事＝サービスに応じて、その都度払い、出来高払いのもの（トリルB）との区別が存したことに注意すべきである。カースト社会の労働はこうしてトリルA、トリルB、ヴェーライの三形態で編成されている。列島社会におけるトリル形態の具体相が今回のシリーズで豊富に提供されている。

論点2　儀礼行為トリルの存在によって象徴され、関係づけられている世界をここではトリル世界と呼びたいと思う。トリル世界（儀礼空間）は北インド農村でもっとも典型的に析出されてきたジャジマーニー関係が取り結ぶ世界を意味するが、それをインド固有の限定された狭いカースト社会の枠内にとどめてはならないと思う。さしあたって、これを列島社会の歴史分析に適用するとき、その強い世襲性を帯びたトリルとしての儀礼行為が、ほかならぬ天皇とその周辺、ならびに穢多・非人・猿飼・陰陽師など、列島の周縁部分に濃厚にとどめられている事実を指摘できるであろう。儀礼行為＝トリルとしての彼らの職能を特徴づけるものは、その強烈な世襲的性格であり、リネージないしジャーテイとしてのカーストを超えた、他者からの職能侵害を拒否する社会慣行が、そこには強固に成立していた。

論点3　幕藩権力による弾左衛門役所の設定を介して強行された関東における穢多・非人・猿飼支配は、諸国往還ならびに郷村辻神楽辻狂言等稼ぎのものが、本来それによって生きてきた民間の多様なトリル世界にたいする国家的統制の貫徹を意図していた。そうした民間のトリル世界を、幕府は、弾左衛門役所を主軸にして、儀礼的・イデオロギー的かつ物理的に保護するとともに、権力的に編成しようと努力していた。

日本社会がカースト社会だというためには、本場のインドカースト社会の現実を認識しなければならないでしょう。インドを知り、日本を知ってはじめて、たとえば列島社会が「ゆるやかなカースト社会」であるということができる。ということで、私はインド社会についての記述を読みあさってみました。しかしこちらの知りたいことがそう簡単に書いてあるような書物にはなかなか遭遇できません。しかし読みあさっているあいだに、ここ半世紀ばかりのインド研究の進展ぶりがおぼろげですが、私の頭にも定着してきました。

インド社会についてはさまざまな研究分野が存在しますが、そこで注意すべきは、インド社会におけるカースト研究がどのような研究素材をもとにしてその議論を組み立てているのかという点であります。

たとえば小谷汪之さんのマラーター王国の研究は、インド西部のマハーラーシュトラ州からグジャラート州にわたるプネーを中心とする地域に十七世紀後半から十九世紀前半に存在した王国の考察ですが、一八一八年の英マラーター戦争によって、最終的に滅亡したこの王国の旧マラーター政府文書は、イギリス植民地政府に接収されて保存されており、これが考察の基礎になっています。これは十六〜十八世紀のマラーティ語文献なのですが、文字は読めなくても議論の組み立て方については私たちにもほどほどに理解可能です。そしてここは英領インド時代、ボンベイ管区に編入されており、そこにボンベイ管区知事として着任したエルフィンストンによって発布されたいわゆるエルフィンストン法典をもとにした裁判において、旧マラーター王国時代の判例がいかに継承され、あるいは改変されていったかが、くわしく追跡されています。こうした記録を追うことによって十七〜十八世紀を中心とするマラーター社会のありようが遡及的に復元され、追跡されています。日本中世のたとえば鎌倉幕府裁許状を読みなれた目には、ここに現れる中世からイギリス統治時代に及ぶインドの諸々の裁判を通じてうかがうことのできる社会状況はまことに興味深いものがあります[3]。これは小谷さんだけの仕事ではない。南インドタミル語文献を分析した辛島昇さん、北インドラージャスターン東南部におけるコーター王国のラージャスターニー語徴税関係文書を分析した佐藤正哲さんなどの歴史学の業績があります。

一方、人類学分野のカースト関係の業績もみのがせません。人類学者による本格的なインド地域の現地研究はインド独立後の一九五〇年代に始まりますが、そこではここ半世紀にわたって展開されているシュリーニヴァスに始まるサンスクリット化論やデュモンによる構造主義的カースト論、それを克服しようとするマリオット、その他パリー、フラー、ファン・デル・フェール、田中雅一、マーグリン、ダークス、以下、数多くの議論が交わされています。

たとえば関根康正さんのお仕事は、南インドタミルナードゥ州の歴史的都市マドゥライに近い総戸数四百八戸のタミル人村落の徹底した聞き取り、観察調査にもとづくもので、そこでは村を構成する各カーストの生活の細部にわたり、彼らの生活意識の本音を聞き出すための冷静かつ執拗な努力が払われております。こういう仕事は、インド社会の外部からやってきた外国人だからできる仕事ではないのか。日本の被差別部落を対象にして、これほど詳細で綿密な実態調査がこの国の生活秩序になじんだ日本人研究者にはたして可能であろうかと思わせるほどのものです(4)。

もっとも関根さんのお仕事は、「ケガレ」を「不浄」から切り放すという「革新」をバネにしており、こうした立場から関根さんのいう「〈地続き〉の人類学」を新しく構想し、それによって旧来のカースト社会論の再構築をはかろうとするものです。右のような関根さんによる「ケガレ」の認識は、境界的事象を肯定的に管理し、それを通じて、生きるエネルギーを引き出す過程と直接連動しているのであり、そこにタミル文化の核心を認識しようとするものです。これはある意味では、日本の戦後歴史学における林屋散所論の歴史的文脈で語られた歴史認識と通底するところがあるでしょう。関根さんは、発展段階論をもって進化主義と規定し、そこに内在する斉一的な人間社会観を語り、かつ西洋の合理主義人間を頂点とする「規格化」された人間精神（理性）を発見しており、その上でこうした思考を拒否しようとする彼の戦闘的な態度が印象的です。そして右の立場から、特権的な普遍の視座を隠しもつデュモン流カースト社会論およびその信奉者モファットのハリジャン理解が批判されることになります。その屈曲した論理過程はそれはそれとして興味深いものがあります。ただ関根さんの彫りの深い陰影に富む理論の運びは運びとして、私にはその作品において提示されているタミル社会の現実のこまかな襞にまで及ぶ氏の叙述の方に、圧倒的な迫力を感じ取ることができるように思います。

そうした多くの仕事にあたりながら、私は日本の列島社会とインド社会にはたして接点があるのだろうかと考えつづけておりました。

そうしたなかで浮かんできたのが**論点1**のトリルの理解です。

ところで現在の南アジア人類学・社会学の動向は、個々の地域の多様なあり方を具体的に追究することが目指されており、インド社会をある実体とみなしてその本質を抽象しようとするような旧来型の全体志向性や本質主義にたいする懐疑と批判が主流であるといいます。そこには政治的植民地主義によって構築されてきた古い世代のインド社会観への深刻な反省が伴っており、そこからの脱却が明確に意図されています。そうした学問世界の動きはひとりインド研究だけにとどまらず、日本近世を対象とした今回のシリーズが社会と身分の分節的なあり方を指摘し、そうした社会のあり方にそって近世における個々の身分のあり方をテーマごとに追究しているのと同じ流れを感じることができます。インドとは、とか、日本近世とは、といったような大雑把で概括的な議論にたいする懐疑的なムードがそこには横溢しています。特定の決めつけを嫌い、柔軟に着実に一歩一歩、物事を認識していこうとする態度がそこにみられます。

そうした研究の方向を意識しないわけではないのですが、時には巨視的・歴史的なコンテクストをふりかえることも重要であると考えます。

インド関係の文献をあたりながら、そのつかみどころのないような多様性に戸惑いつつも、私が特に注目させられたのがタミル語のトリルならびにヴェーライという対概念をなす二つの言葉でした。このうちトリルとは特殊な技能と知識を要する世襲的な仕事を意味するのですが、関根さんの紹介によると、タミル社会を対象として調査を行っている社会人類学者によってカースト制度との関連が注目され、モファットは「カーストの「権利」的仕事の面」を強調し、これを「カースト位階」と結びつけて解釈しており[5]、またグッドは「世襲的なカースト固有の専門職」であると説明します[6]。タミル語ではトリルと対になるのがヴェーライであって、こちらはトリルを除くすべての仕事を意味し、必ずしも専門知識を必要としない単純労働の傾向があると指摘されます。グッドは「普通の西洋的意味

での仕事、仕事ごとの支払い」といっています。関根さんはこれを、

トリル　あるカーストに代々世襲されてきた職業で、そのサーヴィスにたいしては本来現物で報酬がなされる。

ヴェーライ　仕事。トリルと対照されてカースト世襲以外の賃仕事（しばしば現金で支払われる）。

というように定義づけて説明しています。

インドの多様性は言語の多様性でもあります。支配カーストとサービスカーストとのあいだに成立し、インドにおけるカーストシステムの存立を支え、相互性の原理の働く自給的な分業システムを意味するジャジマーニー関係について、南インドタミル社会にはジャジマーニーに相当する言葉が欠落しています。しかし関根さんが分析したタミル村落の事例では、支配カーストと特定のサービスカーストとのあいだに、相互に「我らの……」という形容句をつけて呼び合う関係の存在することが認められます。用語はなくても、ここにジャジマーニー関係の形態そのものは存在しているとみてよいでしょう。このように特定の言語表現をもたない関係も事実としてはありうるとみてよいのですが、しかしそれを表現する特別の言葉をもつということはそれ以上に注目すべき事実であります。タミル社会は、通例の仕事を意味するヴェーライのほかに、カースト的な労働形態を意味するトリルという特別の言葉をもっていたわけです。

関根さんのお仕事を基礎にして、カースト社会の労働形態を表（表1）にまとめてみました。関根さんは、調査村であるK村においてトリルの支払形態に二つの形式があると指摘しています。一つは毎年定額の給付をうけるトリルと、なされた仕事の量に応じて、多くはその都度、支払われる形態のトリルです。仮にトリルA、トリルBとして区別しておきました。またトリルの仕事には宗教儀礼上の意味合いが濃厚なものと、比較的そうしたものに関係がなく、純粋に経済的関係に近いものの区別が必要だと思い、両者を区別してみました。労働が儀礼的価値に満ち満ちているというのが、カースト社会の重要な特徴です。

この表をもとにして、社会のカースト的性格とその歴史的変転をみるための尺度を設定してみました。つぎの三点です。

㈠　社会のカースト的性格を根底において規定している労働形態はトリルA・Bに属する宗教儀礼トリルにほかならない。その他の労働形態は二次的・随伴的形態である。カースト社会の労働主体はしばしばトリルA・トリルB・ヴェーライの三形態を一個人で使い分けて生計を維持している。

㈡　特定のトリルは歴史の推移・社会経済的変化・意識変化に応じて、儀礼的性格を弱め、トリルからヴェーライへと移行する傾向をもち、やがてはカースト的性格を脱し

表1　カースト社会の労働形態

<table>
<tr><th></th><th>種　類</th><th></th><th>支払形態</th><th>所有形態</th><th>K　村</th></tr>
<tr><td rowspan="5">労働形態</td><td rowspan="2">トリルA</td><td>宗教儀礼トリル</td><td rowspan="2">定額給与</td><td rowspan="2">ワタン所有</td><td>アーサーリ(大工)*・ヴァンナール(洗濯屋)*・アンパッタル(床屋)*・サッキリヤル／パライヤル〔アデイマイカーラン＝家内奴隷〕</td></tr>
<tr><td>経済トリル</td><td>パライヤル(現状、パンナイカーラン、年契約の家内農耕、労働監督)</td></tr>
<tr><td rowspan="2">トリルB</td><td>宗教儀礼トリル</td><td rowspan="2">出来高給</td><td rowspan="2">ワタン所有</td><td>クラヴァル(村の掃除人・籠作り)・ヴァッルヴァル(ハリジャンのための司祭)・クヤヴァル(壺作り)*・トーッテイ</td></tr>
<tr><td>経済トリル</td><td>マダイヤン(水門管理者)</td></tr>
<tr><td>ヴェーライ</td><td></td><td>出来高給</td><td>ワタン所有／ワタン非所有</td><td>パライヤル(現状、クーリヤール、日雇い農業労働)</td></tr>
</table>

備考
＊印は地主の家の人生儀礼に役割を持つサービスカースト。
アーサーリ(大工)は農具・牛車・カマライ(揚水機)・住居の製作、人生儀礼の贈物。ヴァンナール(洗濯屋)は村外(隣村)居住。
サッキリヤルは村外(M小村)に集団居住。カマライ用皮袋、片面太鼓の皮張り(ハリジャンが使用する)の提供。
パライヤルは太鼓叩き、死獣処理、墓掘り、メッセンジャー、村の見張り。
トーッテイは葬式の触れ太鼓、墓掘り、清掃、糞尿処理以下の村役など。

て通常の社会形態を刻印されるようになる。

㈢　カースト的色彩は当該社会におけるトリル形態、特に宗教儀礼トリルの形態をとる労働の種類の多様かつ繊細なあり方の程度によって異なってくる。洗濯と髭剃りはインドでは重要な宗教儀礼トリルであるが、日本ではそうではない。

このようにインドにおける伝統社会で検出される二つの形態の労働の質に注意することは、日本列島社会の「カースト的特徴」を析出するさいにも重要であります。トリルのもっとも本質的な意味はジャジマーニー関係に随伴し、そうした関係を成立せしめている一個の儀礼空間における有意労働であるところに存しています。その労働は多かれ少なかれ、純粋な経済行為としてではなく、経済外的な、宗教的な領域に踏み込んでおり、そうした空間において直接的に意味のある有用労働として現れます。近代社会はあらゆる労働を純粋な経済行為に大規模に還元させたのですが、中世社会においては多くの労働が直接的に意味をもっていたのであり、それらは純粋な経済関係に還元することがもともと不可能な種類の労働であったということができます。

表1ではK村の事例しか表示していませんが、各地各様の事例を列挙することが可能です。

＊　関根さんの調査村の事例では、稲作収穫時の給付が分析されておりますが、関根さんの表を再整理したのが、今日配布した**表2**です。給付はヴァルシャクーリ（年報酬）が重要です。サービスカーストの種類は多いのですが、先述の「我らの……」と呼び合う関係にあるサービスカーストだけが、このヴァルシャクーリを受けとっていて、その他のサービスカーストとその点において区別されています。ヴァルシャクーリを受けとる関係にあったのはアーサーリ（大工）など四種類のカーストですが、彼らがジャジマーニー関係の中核にあったと認められます。

ここで労働の二つの形態―儀礼行為トリルと賃仕事ヴェーライの具体例をいくつかつかみておきたいと思います。

《南インド・タミルナードゥ社会》

K村　この村のパライヤル（ハリジャン）のトリルは、①太鼓たたき、②死獣処理、③墓掘りなど葬礼の下働き、④メッセンジャー、⑤村の見張り番、などであります。またこの村のアンパッタル（床屋）は隣村に住むのですが、現在K村の人は近くのS町の十二軒の床屋（バーバー・サルーン）で散髪するのが普通ですが（ヴェーライ形態）、儀礼的役割りのさいには隣村のアンパッタルを招くことになっています（トリル形態）。

表2　K村稲作収穫時の給付(トリルの報酬)

ジャジマーニー関係	カースト	ヴァルシャクーリ(年報酬)	ムッカイ(両手いっぱいの籾×3回)	カディルッカットゥ(稲や雑穀の束)
「我らの……」サービスカースト	アーサーリ(大工) ヴァンナール(洗濯屋) アンパッタル(床屋) サッキリヤル	○	○	○
その他の必要なサービスカースト	クラヴァル(籠作り) ヴァッルヴァル(ハリジャンのための司祭) クヤヴァル(壺作り) トーッテイ・マダイヤン(水門管理者) アデイマイカーラン/パンナイカーラン(家内農耕労働者)	×	○	○

特徴

タミル社会には支配カーストの側をいうジャジマーンに相当する言葉はない。ただ相互に「我らの(エンガ)…」をつけて呼び合う支配カーストとサービスカーストが存在する(関根康正『ケガレの人類学』。彼らがジャジマーニー関係の中核をなすことが明らかである。彼らは収穫時の報酬として、現場でヴァルシャクーリ(年報酬)をうけとる関係にある。

《インド西部・マハーラーシュトラ社会》

この地域のワタン持ちマハールのトリルは、①境界の見張り、地域社会集合、村落集会での証言、②地母神の怒りを鎮めるための鎮め〔シャーンテイ〕の儀式、悪疫、地震、落雷を除く。ダサラーの祭りの動物供犠、③皮剝ぎ、などがあげられます。またここの村占星師（ジョーシー）は、①村落祭祀、②マハールなど不可蝕民を除く住民のための家庭祭祀（冠婚葬祭）を任務とします。

《武州和名場内非人小屋》

宝永三年（一七〇六）に、武州和名場内に非人小屋が置かれた事例は塚田（孝）さんによって、関東におけるえた勧進権の第一次分割による後発非人の組織化として位置づけられておりますが、そこでは、夏麦三升、秋籾三升からなる本来の百姓軒別えた得分のうち、①夏麦一升・秋籾一升、さらに、②月三度の「定式勧進」権、ならびに、③「家作祝言仏事」などの「吉凶勧進」権などが、新たにえたから非人へと割譲されております。こうした得分権はえたや非人のトリルとしての職能とそれにたいする報酬の存在を意味するものといえます。ここには、村落世界におけるジャジマーニー関係の日本近世的変容の形態がもっとも明示的に示されています。

《陰陽師若杉——洛中》

梅田（千尋）論文によりますと、宝暦十三年（一七六三）に陰陽師若杉は新年の旦家廻りをしますが、彼はそこで守札を配布して祓いを行い、舞を舞い、初穂料を集めています。これは基本的に家・個人を単位とした占い・祈禱であり、初穂料は儀礼行為トリルAにたいする報酬にほかなりません。

陰陽師若杉にはこのほかに不定期の仕事があります。彼は依頼があると出むいていき、病気平癒祈禱・竈祓い・荒神祓い・地鎮め・井戸祓い・鬼門封じ・方除け（いえ・土地への安全）・清祓いなどを行い報酬を受け取ります。こちらは儀礼行為トリルBの報酬です。彼は星を祈って除災を祈願し、本命星を記した御札（鎮め札）とお守りを作り、神饌を備えて祈る（星祭）もので、インドの村占星師（ジョーシー）のそれと同様です。

《猿引稼業——江戸》

塚田論文によりますと、江戸の猿引は武家方の厩祈禱・猿舞と、町屋・百姓方への猿引・配札の二本立てであったといいますが、これは儀礼行為トリルAに相当するでしょう。しかし彼らは部分的には猿芝居へ進出していることが指摘されており、これは賃仕事ヴェーライに相当します。

猿飼と陰陽師は猿と星が入れ替わっていますが、トリル世界における儀礼行為の意味は変わらないでしょう。

つぎに**論点2**にうつります。トリル世界という定義づけについて、ここでの最大の問題は王権の位置づけです。インド社会を対象とする人類学においても王権の儀礼的価値をどう位置づけるかは大きな議論の対象になっています。ただ関根さんのお仕事では、トリルとは、分析のためのいわば「ミクロ地域」として選定されたK村という小地域の枠内において完結する各ジャーティ間に成立する給付関係のなかにおいて顕現する用語として説明されています。王のなすべき儀礼行為はここでは想定されておりません。そもそもインドに村があるか否かについてさえ、学者の議論はさまざまです。インドにおける村の実在を否定し、そこにおけるカーストと親族の存在を重視し、地縁性に重要な意義を認めていないデュモンは、マドウライ地域のモノグラフにおいて「居住群 residential cluster」ならびに「地域単位 territorial unit」なる概念を提唱して、村の語を避けております[7]。またタミル地方のティルネルヴェリ地域の村を分析したグッドは、「ミクロ地域 micro-region」概念を提出し、ベックのいう支配カースト（所与の地域の大多数の労働力を支配するサブカースト）の概念を援用しつつ、多面的な給付関係のひろがりから、そこに三小村からなるミクロ地域を見出し、これを分析の最小単位として析出しています[8]。こうした小さな地域を対象にした徹底的な観察調査によってさまざまな議論が展開されていくわけです。私たちの日本中世史でいえば、ひところ流行した個別荘園研究のようなものです。しかしこうした議論の一方でフラーなどは、今日のインド農村に見られるジャジマーニー制は、イギリス植民地時代以前にあった全体的な贈与交換体系の断片的残存にすぎないことを強調

しています。フラーによれば、研究者は村を自存的統合制度とみなしてはならない、ということになります。(9)

こうしたインドを対象とする人類学の研究動向について発言する資格は持ち合わせておりませんが、当面、カースト関係を、分析の最小単位として選定された村その他の小地域の枠内だけにとどめてはならないことだけはいえるでありましょう。ここでは批判は覚悟の上で、蛮勇をふるって、トリルの意味をカースト的儀礼空間における王権をも含めたあらゆるサービス＝儀礼的役割に拡大解釈してみたいと思います。なぜなら、一つのカースト社会において王の果たすべき儀礼上の役割も、またさまざまなサービスカーストの世襲的な役割も、ともに当該社会の存続を互酬的に支えあっていたと認められるからです。

インドには二千を超すさまざまの種類のカーストが存在するといいます。一般に使われるカーストの語はインド在来の言葉ではなく、ポルトガル語で種族や血統を意味するカスタに起源をもっており、インド在来の言葉としてこれにあたるのは、サンスクリット語の「色」を意味する四つのヴァルナ〔バラモン（祭官）・クシャトリア（武人）・ヴァイシャ（庶民）・シュードラ（奴隷）〕と、本来、「生まれ」を意味する二千を超えるというジャーテイの二つが区別されます。応地利明さんなど、カーストではなく、ヴァルナ・ジャーテイ制と呼ぶのがいいといっております。ヴァルナはマヌ法典にすでにその痕跡をとどめています。

ところでジャーテイの特色として、①その成員の身分は「生まれ」によって決定されており、追放を除けば一生変更できない、②内婚制をとる、③固定した世襲の職業をもち、これを排他的に独占する、④各ジャーテイはバラモンを頂点とする「浄穢」の序列のなかに位置づけられる、⑤ほかのジャーテイとの食べ物の授受、共食、共飲の忌避がある、というように説明されております。

ジャーテイ相互のあいだには「浄穢の序列」が存在し、頂点のバラモンと最底辺のアウトカーストを除き、中間は流動的で絶えず序列変動が起こっています。散髪人は北インドではアウトカースト、南インドではアウトカーストより上であり、隣り合う村でも彼らの序列は微妙に異なっています。応地さんは、「ある村のジャーテイの序列は、ジャーテイ間序列競争の現在の断面にすぎない」と述べております。⑤の食べ物における授受、共食の拒否は、バラモンの生活様式を模倣し、生活をより浄なる方向に向けることによって、ジャーテイ間序列の上昇を目指す動きであると理解されます。同等とみなされるジャーテイ間において、より高い浄性をきそって互いに相手の食べ物を拒否しあうわけで、ここにいわゆるサンスクリット化の現象が生じています。また③のジャーテイ固有の排他的な世襲職業のことについては、農業のみは例外であって、すべてのジャーテイに開放されているといいます。ここには農業のもつ普遍的な性格が表現されているということができるでしょう。

もっともジャーティもそんなに簡単ではありません。関根さんは「不浄」に還元できない「ケガレ」を取り出して、そこに「ケガレ」の肯定的・創造的次元を認識し、それが村人にとってもつ重要性を指摘します。そして「ケガレ」は平等と生産力を指向する〈親族の地平〉とより強く結びつき、「不浄」は儀礼的階層性を重視する〈カーストの地平〉により親和的であると述べて、一般にカーストとして理解されることの多いジャーティ概念の再吟味を提唱しています。ジャーティは本来、幅のある概念であって、そのうちに親族共同体を指す次元をもつのだそうです。ここではインド社会におけるカースト社会と部族社会の連続性に眼を開くことが意図されております[10]。

それはそれとして、インドにおける二千を超えるジャーティと対比できるのが、横田冬彦さんが分析している元禄三年（一六九〇）の「人倫訓蒙図彙」にみえる五百種を超える近世日本の身分呼称の存在です。横田さんによると、同書は五百を超える身分を七つに部類分けしており、そこに、(A)公家・武家・僧、(B)能芸部、(C)作業部（農民・海民・山民など）、(D)商人部、(E)細工人部、(F)職之部（職人の残りと芝居関係）、(G)勧進餬（モライ）部があげられています。この分類が近世日本における諸身分の位置づけを示しているのですが、このうち、(A)は支配身分であり、また(G)は勧進乞食身分（唱聞師）であって、同書は(G)について、「人をたふらかし、偽をいひて施をとる……盗みにひとしき」職業であると位置づけております。

同じような性格をもつ中世史料は、黒田さんがとりあげた「普通唱導集」（永仁四・一二九六）ですが、そこでは中世の諸身分が、Ⅰ聖霊（世間部・出世間部）と、Ⅱ芸能（世間部・出世間部）に部類分けされており、黒田さんの指摘を再整理した横田さんによって、Ⅰa国家的公的な身分序列、Ⅰb家父長制的な身分序列、Ⅱ社会的分業にもとづく「芸能」的身分、という三つの序列がここにみられると指摘されています。

ここで横田さんが強調するのは、「普通唱導集」の芸能身分にはまだ天子を中心とした身分体系と照応して、貴賤序列による職業観が存在していたのにたいして、近世の「人倫訓蒙図彙」においては、上記(B)～(F)の諸身分はいずれも平人身分として均一化していたという点にあります。中世の芸能身分に存在した立烏帽子・萎烏帽子・折烏帽子・笠と覆面・束髪などの身分標識がここでは多く消えうせ、ほとんどが丁髷に均一化されてきております。そこに元禄社会の百姓・町人の小経営の発展・安定化に伴う新しい労働観の芽生えがあるというのです。日本近世の庶民世界の圧倒的多数を占める部分でのこうした現象の進行は、この社会がカースト的性格からますます遠ざかりつつあることの現れである、と評価することができるでありましょう。

しかしながら、そこには社会の頂点と底辺に(A)と(G)とが存在しています。近世社会は人間以上の尊貴身分と不浄身分をともに設定し、そこに浄穢の序列観念を存在させ、かつ中間に黒田（俊雄）さんのいう非領主制的＝公的階層的な身分体系があって、この全体が基本的な枠組みとして強固に存続していたのです。そもそもこの中間の部分、広汎な社会の芸能身分には中世においてすら、カースト的色彩は希薄であったのです。江戸時代にはさらにその傾向が強まっていたことは横田さんのいわれるとおりでしょう。しかしそこに、社会の頂点と底辺における人間以上、以下の尊貴身分と不浄身分の設定があって、全体ができあがっていたのであって、平準化された平人社会のあり方にそれらがいかに関係し、その性格を刻印づけていたかが残された問題です。

くわしいことは申せませんが、平安時代に日本貴族層のあいだに上下の家格と家職が形成・固定され、王家と摂関家のあいだに、ほとんど内婚制に等しいような婚姻がくりかえされると同時に、彼らの世襲的な儀礼行為が犯しがたく確立していきました。これは新しい一つのジャーテイの形成にほかならないのであり、彼らの世襲的で排他的な儀礼行為は南インドタミル社会の差別されたアーサーリやヴァンナールがうけもつ儀礼行為と内容こそちがえ、本質的には通底する性格のものであったということができます。平安時代にケガレの意識が浸透し、この列島社会に被差別身分が姿を現すようになるのも同じ流れに乗った現象とみることができます。平安後期の列島社会はカースト制への傾斜を示し、そうした色彩を明らかに強めていたと認められます。

私の判断では、日本の王権である天皇制がどうして断絶することなくつづいてきたか、という素朴な問いにたいする簡単な回答は、それが一つのジャーテイによる世襲的な職能として確立していたからだ、ということになります。カースト社会における特定の職能は特定のジャーティによって、世襲的に独占され、他者からのむやみな侵害を拒絶する強固な慣行の上に成り立っています。俗にいわれる天皇への人々の尊敬は歴史上、そのことが機能したことがあったにもせよ、付随的・二次的な歴史現象であって、事の本質ではありえません。他身分・他ジャーティとの通婚忌避と、そこにみられる実際上の内婚制を伴う特定職能の世襲的独占などは、同時に社会の底辺の被差別身分にもみられる現象にほかなりません。時として勃興してくる新興政治勢力と王家との通婚の実現はその意味で、カースト的慣行への歴史的抵抗として大きく位置づけられうるものです。平安時代には列島のあらゆる部分で大小のジャーティが形成されつつあったと考えていいのです。

最後の**論点3**にうつります。ここではトリル世界の多様な現れ方のなかで、今回のシリーズが目指した近世日本の身分制がどういう位置を占めるであろうかを問題にしたいと思い、もっとも顕著な現象をなす弾左衛門役所をとりあげました。ここでは王権をも含めた社会の全体の構造が欠かすことのできない問題の背景となります。日本社会との対比を試みるために、ここでも最小限のインド事情をスケッチだけしておきたいと思います。インドばかりでうんざりなさるかと思いますが、社会の骨格だけはおさえておく必要があるでしょう。

ところで、インドにおける王権をも含めた全体構造のモデルを提出している手ごろな業績として小谷さんのマラーター王国の裁判記録の分析があります。小谷さんの仕事は、この国の王権・在地支配者・村落・カーストを解明し、中世デカン社会をワタン体制社会と規定しています。ワタンとは世襲的職業に伴う伝統的権益を指します。最初にこの王国の基礎にあった村レベルの観察をすませておきたいと思います。

この国では村の正規の構成員を指して、「十二種類のバルテー職人と六十人の農民」という慣用句があるそうです。バルテーとは村から支給される報酬を意味し、バルテー職人とはバルテーを受け取って村全体にサーヴィスを提供する人々をいいます。実際の事例分析からみても、六十人の農民と十二種類の職人がほぼ標準的な村を構成していたと考えてよいと小谷さんはいいます。村によって出入りがあるのですが、そこには手工業者として、大工（スタール）、鍛冶工（ローハール）、陶工（クンパール）、金工兼両替人（ソーナール）、職人として床屋（ナーヴィー）、洗濯人（パリート）がおり、また不可触民としてマハール、マーング、チャーンバール（皮革工）など、民間宗教者として占星師（ジョーシー）、ヒンドゥー堂守り（グラウ）、イスラム教師（ムラーナー）などが存在するのが一般的でした。

こうしたバルテー職人たちは、大工職ワタン、床屋職ワタンというように、特定のワタンを所有しています。農民の権利もワタンで表現されます。村の権利関係はワタンの組み合わせであり、職人も農民もともにその村のワタンを世襲的に所有しています。こうした関係は日本中世の荘園村落が地頭職・公文職・田所職・図師職・名主職などのさまざまの職の組み合わせによって成り立っているのときわめてよく似ています。インド社会では、こうしたワタンの世襲性がきわめて強固であり、特定の村の大工職ワタンが数世代にわたって村を留守にしても、子孫が戻ってきて大工職ワタンを請求すれば認められるのが普通でした。大工職ワタンが不在のさい、村は臨時に大工を雇い「村抱え」にしますが、彼らは「ウパリー」（よそ者）大工と呼ばれたといいます。村の正規の構成員でない小作農民は「ウパリー」農民だったわけです。日本中世の「間人」（モウト）農民（散田作人層）と同じです。若狭国太良庄においても逃亡した百姓の子孫が戻ってきて、先祖の名主職を要求して紛争になったことがありました。

「ワタン持ち農民」たちは、秋の収穫時に、穀物などを村の広場に集め、その一部を「バルテー」職人たちへの報酬用に取り分けました。日本でいう「初穂料」です。小谷さんは「十二種類のバルテー職人」と「ワタン持ち農民」たちのあいだに成立していた分業関係を「金銭などによる個別の報酬支払いを含まない分業関係であった」と説明しています。それは「直接に社会化された分業」であって、「ワタン」持ちたちは農民であれ、職人であれ、はじめから村のなかに固有の社会的存在をもっていたというわけです。ここで見られる労働の形態は南インドタミル社会で検出されるさきに述べたトリルAがこれにあてはまるでしょう。バルテーとはトリルAの形態をとる仕事にたいする報酬を指しているといってよいように思います。ただここでは、トリルに相当するコトバの存在は指摘されておりません。

以上のような、村とそこにおける分業関係がカースト社会の原点に存在していました。しかし現実の村がそれだけで成立しているわけではありません。小谷さんはそうしたものとして、村にいる商品生産者たちをあげ、そこに商品交換に媒介された分業関係、二次的分業関係が存在したことを指摘しています。またさらに展開して村市場の開設がこれに加わりますが、このあたりは日本と大いに異なります。ただあまり煩雑になるので詳しい説明はここでははぶきます。

こうした村には村長がおり、また村書記がおりました。中世日本でいえば地頭と公文といったところでしょう。彼らもまたワタンの所有者であり、村長職ワタンはおそくとも十五世紀には自由に売買・譲与される物件になっていました。日本の地頭・公文が地頭職や公文職をもっていたのと同様です。日本ではこうした領主的な職が譲与はともかくそう簡単に売買された形跡はありません。一七四九年のジュンナル郡バーンガーンウ村の村長職ワタン売券にみえる二分の一村長職ワタンの得分内容などきわめて豊富かつ多様であって、当時のインドの村の生活ぶりがじかに伝わってきて興味つきない考察素材です。

さてここからが日本社会との対比になるのですが、インドでは上記のような村が通常は五十村前後、小は二十村程度、大は百村以上集まって一個の地域社会（郡・郷）を形成していました。例によって、中世マハーラーシュトラにおける地方行政区分の名称も複雑なものがあって、小谷さんはマームレー、プラーントは「州」、パルガナー、タールカーは「郡」、カルヤート、サムト、タッパーは「郷」と訳出し、郷は郡と同格の場合もあるなどと断わっておりますが、これもそういう専門的なことは私たちにはさしあたって必要はないでしょう。

とにかくこの地域社会（郡・郷）の占める国制上の役割の大きさに中世マハーラーシュトラ社会の特徴的な性格があり、この地域社会こそが国制の基本的な構成単位をなしておりました。そしてこのことは、一六九一年にマラーター王国の第三代国王ラージャラームがローヒダー谷郡ボール郷のワタンダール全員にたいして発給したワタンの惣安堵状とでも称しうる一通の文書の発給にいたる経緯に、もっとも典型的に示されております。すなわちこれにさきだつ一六八九年、この国の先代の王サンバージーが、アーグラに都するアウラングゼーブ帝の軍隊によって惨殺され、この地方（マーワル地方）はムガルに服属する結果となります。しかしほどなく第三代国王ラージャラームのもとで、マラーター王国が力を得て帰属を呼びかける。ボール郷の郷主サルジャーラーウ・ジェデーがこれに応じて帰属を誓うのですが、そのさいに出されたのがさきのワタン惣安堵状だったのです。すなわちさきのワタン惣安堵状は、特定の地域社会がみずからの帰属する国家を変更するさいに、地域社会内における既存の社会関係の承認を求めたさい、新しい国家が発給したワタン承認のための惣安堵状にほかならなかったのです。地域社会は政治状況の変動に応じて、時にはその帰属する国家を独自に変更するほどの政治的力量を内に秘めた存在であったことを象徴的に示す事例です。

地域社会のことをゴートというのですが、ゴートでは郷主によって召集される地域社会集会（ゴート・サバー）が開催され、郷書記によって集会記録が作成されます。集会には「地域社会仲間」だけの集会と国の役人が同席する集会の区別があって、そこで作成される集会文書（マフザル・ナーマ）には、書止文言に前者の場合は、「神々や祖先に誓って決定を守る」とあり、後者には、「この決定に背く事は国家への罪、地域社会仲間への不正である」と記されました。内部で紛争が生じ、これが国家へ提訴されたような場合にあっても、提訴を受けた政府や地方役所は、当該の郡郷の郷主などに地域集会を開いてそこにおいて裁定を下すように命じ、これに政府の役人が出席するという形式がとられました。国家と地域社会集会との関係は多発する紛争の処理に追われて、複雑な歴史的変転をとげていきますが、いずれにしても地域社会＝ゴートがもつ国制上の役割はきわめて大きかったといわざるをえません。

インドにおける各カースト集団（ジャーティ）は以上のような地域社会＝ゴートを単位として第一次集団を形成していたのです。そしてゴートごとに完結的に存続するこの第一次カースト集団が、隣接する地域社会の同一カースト集団と連合し、より広い広域カースト結合の網の目を作っているというわけです。一つだけ例をあげれば、一九二〇年代に始まるダリトムーブメント（解放運動）を展開したB・R・アンベードカルが指導した不可触民マハールは約五百万人といわれるカースト連合として存在しますが、彼らは本来、マハーラーシュトラ州デカン高原部のほか、マディア・プラーデッシュ州南部に居住しながら、相互に通婚しない五十以上の部族的諸断片を含む先住民族のバラバラになった残存物として歴史的に存在してきたもので、二十世紀にはいり、解放運動、政治運動と連動してはじめて一体性を強めてきたものであるとされています。

表3はその当否をめぐって議論を交換しやすくすることを目的として、インド・日本中世・日本近世を対比的に一つの表にまとめてみたものです。さまざまな修正が加えられ、より正確な認識に到達できればいいと思います。

この表について、最小限のことを説明しておきます。

㈠インドのワタンは日本中世の職のあり方にきわめて近いものがあります。インド中世のワタンシステムには中世からイギリス統治時代を経て、独立後の現在にいたるまでの長い歴史的変容の過程があるのですが、そうしたインドの歴史事情と中世日本の職の体系を一挙に消滅せしめた太閤検地に始まる近世日本の石高制との歴史的位相の相違がここでは問題になるでしょう。

表3　三つの社会―制度的対比

	中世インド	中世日本	近世日本
所有形態	ワタン所有	職の所有	ワタン・職の消滅
土地制度	イナーム地所有	荘園制・給免田所有	石高制
寺院間階梯序列	独立寺院制	荘園制的本寺末寺関係 国家権力から自立	幕府権力的本寺末寺関係 国家権力の直接関与
身分序列競争	サンスクリット化	供御人・神人・寄人化	公家家職による編成
勧進場	ワタン原理による分割	職による形態はとらない（非物権化） 熊野御師の旦那売券（物権化）	【関東】弾左衛門支配を介して統制 野非人の排除（物権化）
地域社会（ゴート）の自律的性格	○	×	×
パンチャーヤト集会	○	△	×
カライ問題（伝統的優先婚違反）	○	×	×
刑罰のあり方	カースト追放	身分剝脱と追放刑の優位	権力による刑事罰の優位

㈡土地制度については言及しませんでしたが、中世インドのイナーム地所有は日本中世の荘園制・給免田所有と基本線では異なるところはありません。近世日本の石高制との対比が必要です。

㈢大いに異なるのが寺院間の階梯序列です。ヒンドゥー寺院には、本山―末寺の階梯制はない、すべてのヒンドゥー寺院は独立した存在であり、また檀家制度もないといいます。ヒンドゥー教徒は好きな時に、好きな寺院に参詣し、寺院は普通、個人（家族）の所有物で、信者が供える供物や賽銭によって「経営」されます。孔雀の村（モールガオン）のガネーシャ寺院は、有名なバラモン家族デーブ家の所有で、年大祭の日には、当主が壮麗な行列をつくってやってきます。こういうあり方は本末関係を基本とする日本の寺院とははっきり異なります。

㈣常に流動しているジャーテイ間における身分序列競争が、浄穢序列における地位の上昇を目指すサンスクリット化運動として現れるところにインド特有の性格がみられます。日本中世における商人や職人たちが、新たな権威と特権を求めて供御人となり、神人・寄人化していくのは、彼ら相互のインドとは異なる身分競争の現れであるということができます。日本中世における王家・摂関家ならびに権門寺社の存在が大きくここに作用していることは、寺院間の本寺末寺制を形成せしめたのと同じ一つの原理にもとづく動きということができるでしょう。日本におけるカースト的構造はいわば中抜けで、広汎な中間層には直接及んでおらず、交易上の身分特権の獲得という経済上のファクターが神人・寄人化の、主目的になっていったとみることができます。彼らにはインドのようなサンスクリット化は必要がなかったのです。日本近世には公家家職その他による職人編成が指摘されております。畿内近国の三昧聖が東大寺龍松院に組織されたばかりか、その上に天皇綸旨をうけて自己の権威を確立しようと試みた天明の綸旨申請運動はある意味において日本における「三昧聖の独立運動」であると同時に、サンスクリット化運動の形を変えた近世日本的な発現形態であったといえるでありましょう。

㈤勧進場のあり方はインドではワタン原理にもとづいて分割されていました。しかし日本中世の奈良坂、清水坂の坂非人たちのテリトリーにいわゆる職の体系は成立していたようにみえません。そのテリトリーはまだ物権化しておらず、彼らはよりいっそうの実力をたよりにしてそのテリトリーを分割しあっていたようにみえますが、こうしたことは具体的な事例にもとづく観察がもっと必要です。もっとも熊野御師の旦那場は彼らの旦那売券が示すように明確に物権化していました。関東に限定されていたとはいえ、江戸浅草の弾左衛門役所を介しての勧進場の権力的統制は野非人の排除を秩序だてて、それなりに貫徹していました。中世日本にはこうした中央統制のシステムは、京都における使庁と侍所周辺のそれらを除けば、ほとんどなかったとみてよいでしょう。

㈥すべてを通じて、インド社会をきわだたせているのは、地域社会ゴートにみられるその国制上の卓越した地位にほかなりません。地域社会の卓越した位置は、その内部において、カーストも、寺院もほとんど自己完結的であったという点に明瞭です。インドの地域社会に対応するような組織を欠いた列島社会は、多くの時代を通して中央集中型を示しています。中央集中の頂点には王家の存在がありました。

インドのカースト社会を対象とする近年の研究では、マーグリンや、ダークスなどが中世インドの諸王権にまつわる吉凶観念の存在や、王権の宇宙論的儀礼的価値への言及を繰り返しています。そこでは植民地化以前のインド社会における王権のもった宇宙論的価値に関心が向けられ、マーグリンは、東インド・オリッサにおける調査にもとづき、王権が宇宙論的価値に満ちており、没価値的な事象ではないとしています。その王は国家神ジャガンナートの地上における代理であり、この世に吉祥と繁栄をもたらすべき存在として現れます。バラモンを優位とする浄・不浄ヒエラルキーの存在を認めながらも、状況によっては吉祥を価値とする王権的領域がバラモン的価値世界を包摂し、王が優位に立つ場合もあるというのです(11)。

また田辺明生さんは、同じオリッサを素材にして、中世ムガル支配期のクルダ王国〔一五七二～一八〇四〕の王がみずからをジャガンナート神の「第一の奉仕者」であると位置づけ、またラモチョンデイ女神の「奉仕者」でもあると宣言していたと述べています。[12] ここで国王はみずからの職能を果たす「奉仕者」＝サービスカーストとして現れることに注意すべきでしょう。

ダークスは、南インドのある小王国のエスノヒストリー（民族史）についての研究において、植民地化以前のヒンドゥー王権が儀礼的宇宙論的価値に彩られていたと述べます。それらは浄・不浄の価値にも増して社会関係における重要性を帯びており、植民地化以前のヒンドゥー社会を律していたのは、王権的な名誉や権威の観念であり、そこではバラモンではなく、王がヒエラルキーの頂点に位置したというのです。[13]

このような議論は、デュモン以来の浄・不浄イデオロギーからなるバラモン的価値序列重視への批判として展開されるわけですが、こうした議論の帰趨は日本における王権やケガレとキヨメの観念をめぐる議論の動向とけっして無関係ではありえないと思います。

三島は日本の王権＝天皇に「みやび」の価値を見出したのですが、私はその三島がいう「みやび」の価値の包括的な性格に特に注目したいと思います。三島は最高価値としての「みやび」の周辺に、さらに「幽玄」「花」「わび」「さび」などの衛星的美的価値を配置しています。その議論は直線的でなく、柔軟性のある概念装置として設定されており、私の理解するところでは「みやび」はおそらく浄穢の秩序感覚における天皇のキヨメ（神聖性）の価値と深くかかわっており、そこにはさまざまの価値の上昇転化があって輝きを増したキヨメの特殊形態が、三島のいう「みやび」にほかならないと思っています[14]。「トリル世界」（カースト的儀礼行為空間）の理解はそうした関係を説明するための概念装置です。

「キヨメられた天皇」と、三島がいう「文化概念としての天皇」とは本来は一体のものとして歴史に現れてきたにちがいありません。インド中世王権に伴う「吉祥」観念とバラモン的「浄性」とのあいだを埋める脈絡も同時に存在しているにちがいないでしょう。それらの説明作業が完成した暁には、日本とインド双方のカースト社会の全体的位相が共通する座標軸の上に位置づけられうるようになると思います。

田辺さんは、インドカースト研究における現在の方法的課題について、カースト関係をめぐるマクロな歴史的流れと微視的なコンテクストを同時に視野に入れながら、権力の価値的側面、宗教の政治的側面の双方に注目する必要があると指摘していますが、日本の王権をめぐるカースト的性格の究明にも同様の視点が必要とされるでしょう[15]。

以上、思いきって大風呂敷をひろげてみました。ご批判いただければと思います。

注

（1）三島由紀夫『文化防衛論』（新潮社、一九六九年）。

（2）大山「もう一つの戦後史学――林屋辰三郎先生のこと――」（『東方学』九六輯、一九九八年）。

（3） 小谷汪之『インドの中世社会』（岩波書店、一九八五年）。

（4） 関根康正『ケガレの人類学』（東京大学出版会、一九九五年）。

（5） Dumont, Louis, *Homo Hierarchicus : The Caste System and Its Implications.* Chicago : The Univ. of Chicago Press. 1980 (1966).
Moffatt, Michael, *An Untouchable Community in South India: Structure and Consensus.* Princeton : Princeton Univ. Press. 1979.

（6） Good, Anthony, "The Actor and the Act : Categories of Prestation in South India", Man (N.S.), 17, 1982.

（7） Dumont, Louis, A *South Indian Subcaste : Social Organization and Religion of the Pramalai Kallar*, Delhi : Oxford Univ. Press. 1986 (1957).

（8） Good, Anthony, "Kinship and Ritual in a South Indian Micro-Region", Ph. D dissertation, Univ. of Durham. 1978.
Beck, Brenda E. F., *Peasant Society in Konku*, Vancouver : Univ. of Brithish Columbia Press. 1972.

（9） Fuller, C.J., "British India or traditional India ? an Anthropological problem." Ethnos 3-4, 1977.

（10） Kolenda, Pauline Mahar, *Caste in Contemporary India : Beyond Organic Solidality*,

Illinois : Waveland Press. 1978.

(11) Marglin, F.A., *Wives of the God-king : the Rituals of the Devadasis of Puri*. Delhi, 1985.

(12) 田辺明生「オリッサにおける部落民」(『歴史・思想・構造』叢書カースト制度と被差別民、第一巻、明石書店、一九九四年)。

(13) Dirks, Nicholas B., *The Hollow Crown : Ethnohistory of an Indian Kingdom*. Cambrige : Cambridge Univ. Press. 1987.

(14) 大山『日本中世農村史の研究』(岩波書店、一九七八年)三七一頁。

(15) 田辺明生「人類学・社会学におけるカースト研究の動向」(前掲注(12)『歴史・思想・構造』)。

[追記] 編集部のすすめをいただき、当日の発言をもとにして、そこでいいたりなかった部分に多少の加筆を行った。ただ**表3**のパンチャーヤト集会とカライ問題については、問題を具体化するためのきわめて重要な論点であるが、当日の報告で全くふれることができなかった。

Ⅱ　中世の日本と東アジア――朝鮮、そして中世日本

歴史学研究会と日本史研究会の共同編集になる『講座日本歴史』（東京大学出版会）は一九八四年に刊行された。東京の永原慶二さんとともに私はそこで中世に割り当てられた二巻分の編集を担当した。日本社会の歴史的展開を東アジアの国際的条件のなかで、客観的に評価することがこの講座の大きな目的の一つであり、各巻のはじめにそうした論文を配置することになった。中世前期に適当な執筆者を得られぬまま編集担当の私にお鉢がまわってきた。

論文において、私は第一に、日本の武士階級が勃興してくる時代の日本社会の特徴的なあり方を観察して、封建領主制生成の歴史的環境を分節的に構造的に整理して捉えることを目指している。日本中世の社会構造の中軸に武士団の問題が位置し、封建領主制の歴史的生成にこそ、すべての問題の集約点があることを疑わなかったに

もせよ、その当時にあっては、中世列島社会の歴史と文化を支えた日本の武士階級が東国の草深い農村のなかから登場した、という百年以前の原勝郎『日本中世史』（一九〇六年）に始まり、戦後の石母田正にいたるまでの日本中世史の伝統的な視点と枠組みだけをもってしては、列島社会における中世成立期の多様な歴史過程を説明することは、そのときすでに事実上、困難になっていた。

観察すべき対象は、列島社会における中央と地方との国制の動向とそれらをめぐる諸階層の動向であった。私はそこで「新猿楽記」の卓抜な叙述を頼りとしながら、十〜十二世紀における都市京都が生んだ多彩な諸職能人の活躍ぶりを叙述している。平安時代における新しい職業階級民の誕生は大正の文化史学がすでに早く強調していた事実である。なかでも特に私は「新猿楽記」が記述する諸国受領の郎等たちの京宅を浮き立たせて、彼ら受領の郎等たちが地域地域における地方国務の実際的運用を請け負いつつ、中央と諸国を往復、同時に一つの都市階層として、政治と経済の中核としての都市京都を支え、地方国衙をも動かした事情を観察している。ここに新しい時代を主体的に担いうる階層が成立していた。

「新猿楽記」が示すような当該期におけるさまざまな職能分化が

それに対応する人間の諸集団＝中世の諸身分を形成していった。この新しい諸身分こそが、列島の中世を生み出す歴史的原動力だったのであるが、それらのなかで、とりわけ重要な意味をもつものが、武士と寺院大衆とであった。この両者は中世という時代を生んだ二つの型の政治的結合体として、日本中世の国制、権力編成の、在地社会における中軸を構成していた。本稿では後者すなわち寺院大衆の典型として、一乗院を事例にとって大和国における興福寺の政治的編成を分析し、一方、前者すなわち武士を中心とする通例の国衙と在庁の動向を、大和のそれと対置して位置づけようと試みている。

与えられたテーマのなかで私が位置づけようとしていたのは、日本における武士政権の成立が東アジア世界にとってもつ意味であったが、八〇年代初頭の時点において、当該期における国際関係の一断面を私たちの眼前に鮮やかに切り取ってみせてくれた新発見の史料が、当時まだ発見調査中であった海底の「新安沈没船」からもたらされる生々しい情報であった。そこで示されていた陶磁器と銅銭にかかわる最新情報をてがかりにしながら、私は東アジア通交の展開ぶりを具体的に位置づけようとしている。

近年、当該期国際交易の研究の進展は著しく、陸奥十三湊を中心とする北方ルートの交易をはじめ、環日本海交易のあり方がますます明確になってきている。旧稿にはこうした視点はまだない。執筆にさいし、私は国際交易ルートを示す地図に、京都と鎌倉を結ぶ太平洋沿岸航路のルートを校正の最終段階になって思い切って書き込んでいる。当時、綿貫友子さんのような研究はまだなく、常識的にはこのルートをとる航路はまだほとんど無視されていた。

そこでの私の関心は日本における武士団成立の歴史的諸条件であった。そういうわけで一衣帯水の近しい隣国にあたる当該期高麗武人政権との対比は重大問題の一つであった。日本と朝鮮との武人政権はほぼ同時期に成立をみている。両者を対比するにあたって、それらの歴史的条件をなした二つの社会にみる親族組織の相違に、私の関心は集中させられた。特に当該期におけるかの地の大規模な農民反乱が「賤籍」を焼くことに集約されている事実は私にとって衝撃的であった。

古代における戸籍制度の採用と崩壊を、そしてまた戸籍による良賤身分制の崩壊をすでに経験していた日本列島社会と、それらの痕跡を近代にまで引きずっているかにみえる半島社会の相違が意味するものはいったい何であるのか。当面、解答らしい解答は何もなかったのであるが、こうした疑問が本論文を執筆することによって私のなかに定着していった。少なくとも日本の武士団を生んだ社会的環境は流動的であって、彼の地にみるような父系によって束ねられた内部閉鎖的な親族編成をすでに歴史的に欠いていたことだけは確実であった。

旧稿執筆の直後、たまたま在外研究で訪れた北米プリンストン大学で、私は日本近世史を専攻するという韓国から彼の地へ来た一人の若者に会った。日本近世史を研究しながら、彼はまだ日本の地を踏んだことがないという。どうして日本に来ないのか、という私の問いに若者は、韓国の民族感情がそれを許す事情にないと告げた。一九八五年のことであるが、故国の大学で彼らを指導している日本史学の教授たちは、私たちとほぼ同世代にあたるのであるが、いずれも若い時期にアメリカなど欧米の大学で学問の研鑽をうけているという。私は日韓両国の学問交流の困難にあらためて思いをいたしたのであった。

翌年の春、京都へ帰った私のところへ韓国からの留学生が日本中世を研究したいといって姿をみせた。その後、毎年のように日本史を研究するという韓国の若者が京都へ姿をみせるようになった。韓国の民族感情は急速に変化していたのである。昨年（二〇〇一年）の春、韓国を訪問し、壬申倭乱にさいして韓国出兵の日本軍が、朝鮮半島各地に残して撤退した倭城の跡を歴訪する機会をもった。その途次、韓国順天の近郊において、かの地の伝統的な邑城の一つである楽安邑城を訪問し、城壁に固まれた美しくのびやかな〈文の国〉の儒教的で文化的な農村景観に触れていたく感銘した。倭城歴訪の途次にあったということも手伝ったにちがいないが、私は両者のあいだに横たわる文化の落差の大きさに特に衝撃をうけた。

本書に収録するにあたって、旧稿に内容上、新しく付け加えることはしていない。ただ、その後の研究状況を見据えながら、新たに副題を付して本稿の現時点での位置づけを試みている。

1　「新猿楽記」の職能

十世紀の国制改革　十世紀初頭の東アジアは激動の時期であったが、日本でも延喜の国制改革が時代の大きな転換点をなした。日本の律令政府は土地の国有とそれにもとづく官物徴収の権限を維持しつつ、国家財政の崩壊をくいとめるべく最大の努力を傾倒した。班田収授の停止に伴って、班年ごとの国図（国の土地台帳）こそ作られなくなったが、そのかわり国々では以後の基準となるべき国図が決められ、この基準国図をもとに一定額の官物納入がそれぞれの国司に課せられるようになった（坂本賞三『日本王朝国家体制論』）。国々の国衙領は徴税請負人化した国司のもとで再編成が進み、新しい徴税単位として「名《みょう》」の出現をみるようになっていった。民政はここでは放棄されたに等しかった。その最大の現れは十世紀初頭に六位以上の官位をもつか、ないしは蔭孫を除いて、一般庶民の田地の立券が停止された事実に求められよう。十世紀初頭を境にして、一般庶民は田地売買の事実を国家に申請して立券手続きをすませ、公験《くげん》を得ることが事実上できなくなったのである（赤松俊秀「領主と作人」）。坂本や赤松が明らかにした事実をふまえて、稲垣泰彦は、これまで班年ごとに確認されていた「私地」の立場は法的に不安定となり、また一般庶民は新開治田の公験を得られず、彼らの治田所有の法的根拠は曖昧になり、土地の現実的支配、私領の拡大が急速に進行するようになったと指摘する。稲垣は十世紀を「土地の帰属を第一義としない」社会、「土地制度についての空白時代」だと述べた（「律令制的土地制度の解体」）。庶民の立場に立っていえばまさに至言といってよかろう。

「新猿楽記」の職能　しかしながら中世の民衆は活発に動きだしていた。十一世紀の中頃に藤原明衡が書いたという「新猿楽記」は、躍動するこの時代の民衆像を生き生きと描きだしている。猿楽見物に集まった西京の右衛門尉の一家――三人の妻、十六人の娘とその夫、九人の男子――の「所能」を描きわけて、「新猿楽記」はこの一家の多彩な人間関係を物語る。

右衛門尉には三人の妻がいる。第一の妻はその昔、舅《しゅうと》姑《しゅうとめ》の勢徳にたよって結婚した年上の女だが、すでに六十歳を越え、朝霜《あさじも》のような首髪《くびかみ》、面《おもて》には皺がより、上下の歯はかけおちて飼猿《かいざる》の顔のごとく、左右の乳はたれさがり、夏の牛の閫《ふぐり》（陰嚢）のようになりながら、気粧（化粧）をし、吾身の老衰を知らずに夫の心がわりを恨む。その表現のたしかさはくわしく紹介はできないが、十一世紀の日本の民衆の姿を活写するものといわねばならない。第二の妻は裁縫・染張、朝夕の厨膳から夏冬の装束の準備まで家事万端をうまくこなす理想的な妻女であり、第三の妻は十八歳、容顔美麗の若妻で、右衛門尉は万人の嘲弄、両妻の嫉妬もものかは、公務のことも、仏神のことも忘れて昼夜に愛玩してやまぬという。

ここには都に住む下級官人の人生の哀歓がおのずと語られるのであるが、それにもまして、多くの子女とその配偶者の多彩な職能配置にみられる「新猿楽記」の筋立てはそれ自体、十一世紀の日本社会が旧来の狭い血縁によって結ばれた第一次的なウジやイエを根底からつきくずしつつあったことの文学的形象にほかならない（棚橋光男「中世国家の成立」表1参照）。

「新猿楽記」の伝えるのはいずれもその道の達人たちである。それはあらゆる意味において不《ぶ》調白物《てうしれもの》の第一たる十四の御許の夫の偉大なる閛《まら》から、高名の相撲人伯耆権介丹治筋《たんじのすぢ》男《を》の腕の力筋《ちからすじ》・股の肉《ししむら》・支《えだ》の成《なり》・骨の連《つづき》、あるいは大工檜前杉光《ひのくますぎみつ》の手斧頸、搡槌《さいづち》頭、曲尺《まがりがね》の臂、鉄槌《かなづち》の足にいたるまで、そこに描かれた肉体はその道の極致をきわめ、中世の所能ないしは職能がいかにきびしい肉体的訓練と習熟とを要請していたかをおのずからに物語っている。

京都の町——全国市場の中核　現在でも京都の町を北へたどると松ヶ崎の山にいたり、野干《きつね》坂を越えて岩倉へぬける。また京の町を南へ向かうと深草の稲荷山にいたる。「新猿楽記」は野干坂の伊賀専《たうめ》の男祭に蚫苦本《あわびくぼ》（女陰）を叩いて舞い、深草稲荷山の阿小町の愛法に鰹破前《かつをはせ》（陰茎）に鼻をくっつけて喜ぶ老女を登場させ、彼女が五条の道祖・東寺の夜叉など京の町々に点在する性愛の神々のあいだを走りまわって狂喜乱舞する姿を描いて京の町の民衆の姿を暗示している。京の町は庶民の町に転生していたのである。

京の町の経済生活を支えた第一のものは、京都を起点として東は大津と三津（下坂本）、西は淀の渡と山崎を結ぶ基幹交通路に生きた馬借と車借の存在である。彼らの踵《きびす》には山城茄子《なすび》が霜にあったような皹《あかがり》（あかぎれ）ができ、脛《はぎ》には太陽にさらされた大和瓜のような瘃《ひび》ができていた。駄賃の多少を論じながら、一日、片時も休むことなく牛馬を駆って、この道を歩みつづけた人たちの姿である。その名は津守持行《つもりのもちゆき》、字は越方部《おちかたべ》津五郎。

京の町でひときわ目をひいたのが、諸国受領の郎等たちの京宅であった。彼らは明らかに十～十二世紀の日本社会が特殊に生みだした職能集団であった。国衙を管轄する庁の目代をはじめ、彼らは国衙を構成する済所・案主・健児所・検非違所・田所・出納所・調所・細工所の修理、御廐・小舎人所・膳所・政所の目代、別当として、あるいは検田使となり、収納・交易・佃・臨時雑役のための使者となって、地方行政の運用にたずさわった。彼らの能力は多方面にわたらねばならなかった。彼らは受領に請われて、五畿七道六十余国をわたりあるくのである。船に乗って風と波の時を測るのは彼らの任務であり、馬に乗っては山野の道に達していた。また当然のことながら、弓箭と算筆、入境・着府・神拝の作法や国務の引き継ぎをはじめ地方行政のためのさまざまな公文書作成の能力はすべてこれを完備していなければならなかった。彼らは民政と徴税のベテラン請負業者として各地をわたりあるくのであった。除目《じもく》の朝《あした》に、京の都で新任の受領たちがまず尋ね求めたものこそ、こうした特殊な才能を開花させた人々であった。

地方特産市場の成立　京の町に成立したこの階層なくしては、日本各地の地域行政は一日たりとも動かなかったであろう。彼らの京宅には各地のおびただしい物産が集積されていた。畿内諸国からは山城茄子・大和瓜・河内鍋・和泉櫛など、近郊型の蔬菜生産と日用雑器が、東海道諸国からは伊勢鰶《このしろ》・尾張粔《こめ》・甲斐斑布《まだらぬの》・武蔵鐙《あぶみ》・上総鞦《しりがき》・常陸綾など地域の特性に応じて海産品や織物生産がみられたほか、武蔵・上総の馬具生産が目をひいている。また東山道諸国からは、近江鮒・美濃八丈・飛騨餅・信濃梨子《なし》・陸奥駒・紙など、北陸道からは若狭椎子《しゐ》・越前綿・能登釜・越後鮭・漆など、山陰道からは丹波栗・丹後和布《わかめ》・但馬紙・出雲筵《むしろ》・石見紬《つむぎ》・隠岐鮑《あわび》など、さらに山陽道からは播磨針・備前海糠《あみ》・備中刀・備後鉄・安芸榑《くれ》・周防鯖・長門牛など海産物や鉄製品、また南海道の紀伊縑《かとり》・淡路墨・阿波絹・讃岐円座《わらふだ》・伊予手筥など、さらに西海道は鎮西の米。日本の諸地域にはおのずからなる特産品市場が成立していたことがわかる。

十一世紀の流通路は商人《あきびと》の主領《すりよう》によって掌握されていた。彼らは定まった宿もなしに生涯を各地の泊浦や村邑・街衢・路頭におくり、財宝を波濤の上に貯えて、妻子との対面も稀であった。彼らの行動範囲は東は浮囚の地、西は貴賀《きかい》が嶋で限られていた。これがやはり一つの完結された世界だったことを示している。しかし彼らが扱う商品は日本（本朝）の境域を越えて広く東アジア世界につながっていた。「新猿楽記」は商人の主領が扱う商品を唐物と本朝の物とに二分している。

〔本朝〕緋襟《ひきむ》・象眼《しやうがん》・繧繝《うんげん》・高麗軟錦《かうらいぜむきむ》・東京錦・浮線綾《ふせんれう》・金・銀・阿古夜玉・夜久貝・水精・虎珀《くはく》・水銀《みづかね》・硫黄・白鑞《らう》・銅《あかがね》・鉄《かね》・縑《かとり》・蟬羽《せみのは》・絹・布・糸・綿・纐纈《かうけち》・紺布《こむの》・紅《くれなゐ》・紫《むらさき》・茜《あかね》・鷲羽・色革

〔唐物〕沈《ぢむ》・麝香《じやかう》・衣比《えひ》・丁子《ちやうじ》・甘松《かむしやう》・薫陸《くんろく》・青木《しやうもく》・竜脳《りうなう》・牛頭《ごづ》・鶏舌《けいぜち》・白檀・赤木《あかき》・紫檀・蘇芳・陶砂《たうさ》・紅雪《こうせつ》・紫雪《しせつ》・金益丹《きんえきたん》・銀益丹・紫金膏《こむかう》・巴豆《はづ》・雄黄《おわう》・可梨勒《かりろく》・檳榔子《びんろうじ》・銅黄《どわう》・緑青《ろくしやう》・燕脂《えんじ》・空青《くしやう》・丹《たん》・朱砂《しゆしや》・胡粉《ごふん》・豹虎皮・藤茶碗・籠子《ろうじ》・犀生角《いきつの》・

水牛如意・瑪瑙帯・瑠璃壺・綾・綿・羅《うすもの》・縠《こめ》・呉竹・甘竹《かんちく》・吹玉

奥州平泉の藤原氏がその滅亡時に残した倉庫のなかには牛玉・犀角・象牙笛・水牛角・紺瑠璃等多くの南海産交易品があって、東アジア交易ルートの北の終点を示している。また藤原基衡が毛越寺を建立するさい、仏師雲慶に送ったという品々のなかに安達絹千疋・希婦細布二千端・糠部《ぬかのぶ》駿馬五十疋・信夫毛地摺千端など郡名（地名）を冠した特産品がみえ、ここに平泉を中心として形成されたにちがいない郡レベルでの地方特産市場の存在をたしかにうかがうことができる（『吾妻鏡』）。「新猿楽記」は、京都を中心にした国ごとの全国市場を通観しているが、地域の合戦記の類を基礎にしたらしい右の「吾妻鏡」の記事は、この時期日本の各地にあって郡レベルで特産市場が成立していたことを暗示する。

2　寺院と大衆——大和国

寺院大衆　「新猿楽記」が示すような十一世紀のさまざまな職能分化は必然的にそれに対応した人々の集団＝諸身分を形成していった。それらは新しく形成される日本中世社会の胎動を支えるエネルギーであった。これら諸身分のなかでとりわけ注目されるのは武士と寺院大衆である。両者はともに中世という時代を支える二つの型の政治的結合体として日本中世における権力編成の中軸を構成した。

寺院大衆の存在は、南都北嶺の宗教勢力の興隆のうちにその特色をもっとも明確に現している。それはインド以来の僧伽《そうぎゃ》の伝統に由来し、「一処和合」の理念にもとづき、自覚的な規律にもとづく集会《しゅうえ》によって自己を律する僧侶集団として現れる。十一・十二世紀はこれら南都北嶺の諸大寺社の大衆・神人の強訴が相つぎ、その動向が中央政界をゆるがした時代である。九世紀以来、密教が諸々の宗教思想を深くとらえはじめ、十・十一世紀になると顕密仏教が国家権力との癒着を強め、日本中世の正統宗教として君臨するようになる。黒田俊雄は各寺院それぞれの伝統と特色によって複雑をきわめる大衆の身分組織を通観して、(1)学侶（学生）、(2)行人・禅衆・堂衆・承仕・神人など、(3)聖・上人の三つに分けている。(1)の学侶（学生）は「学」の研鑽を本務とし、一山を構成する主体であり、顕密教学の研修、修法・抖《と》擻《そう》の験者であって、座主・別当から始めて、悪僧・山徒までがここに入る。(2)の行人・堂衆などは練行・苦行や仏神への奉仕などの「行」を本旨とし、事実上、半俗、妻帯の者が多く、寺院内の特定の実務を担当し、学侶より一段と下位に置かれることも多かった。(3)の聖・上人は顕密寺社の体制を離脱し、寺院大衆の集団を離れて別所に住み、真実の出家・遁世の境涯を求めつづけた僧侶のあり方を示すものであるが、これもやはり、現実には日本中世の寺院勢力のなかの基本身分の一つであった（黒田「中世寺社勢力論」）。

興福寺の支配組織　中世の南都に君臨したのは「三千大衆」といわれる興福寺の僧徒大衆であった。中世の興福寺はその傘下に薬師寺・法隆寺・西大寺・大安寺・法華寺・清水寺をおさめ、六宗の長官を称して、同じく権門寺院たる東大寺をはるかに圧して大和一国に権威をふるっていた。その権力組織のうちにあって、天皇からの「宣下職」としての権威にいろどられ、そのために「官符」と称されて全山を統轄した「一寺之沙汰処」は、寺務（別当）、権別当、三綱（上座・寺主・都維那）の三者であった。一三四八年（貞和四）の「興福寺軌式などをもとに興福寺の諸組織を考究した永島福太郎は、大和では、本来、「興福寺別当が国司守護の権能を行使し、各郡に郡使という所職を設け、所在の衆徒・国民を指揮せしめた」と述べ、さらに「別当の権能発動の執行機関としては、本寺の住侶たる学侶・六方があり、別会五師がこれを代表した」と要約している（同『奈良文化の伝流』）。

一乗院と大乗院　しかし、大和国の中世的な体制を支えたのは右にみたような興福寺の本来的な組織の外にあった一乗院・大乗院の両門跡である。右の軌式の時代には、学侶・六方、衆徒・国民の多くが両門跡の被官・房人となっており、「当職之寺務（別当）」の威令がしばしばそこなわれていた（永島前掲書）。

十世紀に創設された一乗院が「尋常之房舎」を脱して大きく変わりだしたのは、四代院主頼信（甲斐守藤原頼経息）のもとで一〇五八年（康平元）に一乗院長講会が始行せられ、大規模な土木工事が施されて、堂舎・寝殿を備えた本格的な院家建築が出現した頃からである。頼信のあとをついだ五代院主覚信は関白藤原師実の息で「摂籙御子、当寺御下向の最初也」と記される人物であり、以後、一乗院がながく摂関家（のちには、特に近衛家）の子弟によって伝領される基をつくった人物であった。覚信の南都下向は一〇七五年（承保二）と推定されるが、少し遅れて大乗院も同じく師実の息尋範が入室し、同じく摂関家（のちには、特に九条家）の子弟が入寺することになり、一乗院とならんで中世の興福寺に絶大な権威を及ぼした。覚信の南都下向には中世大和の国制を左右する重大な変化が随伴していたとみられる。その第一は、「御一門の御下向」を賞翫して、このとき「当国の国司を止められ、永く寺社に付せられた」といわれ、興福寺への国務付与の伝統がこのときに始まると推定される点である。これは大和一国の宗教領への転生であって、これ以後、大和における国司の国内行政権（国務）は著しく形骸化し、実際の国務は興福寺の介入なしにはほとんど何事もなしえないという状態が将来されるのである。一一四四年（天養元）の知行国主藤原忠通による大和国検注、一一五七年（保元二）の知行国主平清盛と家司平基盛の公田検注が寺内の猛烈な反撥をうけて失敗したのも、右のような大和の特殊性によるものであり、保元の公田検注にさいして、これを「奉行」した上座信実が房舎焼打ちにあったことも忘れられない。これが日本中世の地域の国制の一つのタイプであった。

諸座の寄人――道々細工の輩　興福寺への国務の付与とならんで、覚信下向にこめられたいま一つの重大な変化は、このとき、「諸道之輩を以て一乗院家に付せらる」とされていることと、それが文永・弘安（一二六四～八八）の頃に「今の寄人等是也」といわれていることである。中世の一乗院家では新年になると寺内の各所から多くの人々が参賀に訪れた。そのなかに一乗院に所属したつぎのような「諸座之寄人」らがいて、暮のうちに菓子・酒の下行をうけていたことがわかる。

細工所石王丸座・同東大寺座・同佐□□本座・同新座・檜物座・御作手座・釘鍛冶本座・同新座・同孫座・官行所工新座・同寄座・染殿本座・同新座・同孫座・漆工本座・同新座・銅細工座・裏無造本座・同新座・佐保田湯那・絵所座・足駄打座・同新座・檜笠座・長櫃座・大檜笠座・鋳物師座・樋守座・葺工座・皮子造座・箕打座・摺粉鉢座・壁塗座・御牛飼・御厩舎人（以上、元日雑掌分）、本座御童子・新座御童子・大童子座・下部五福法師座・下部新座・下部経徳法師座・下部カチ法師座・細工所高畠本座・同新座・同貝本座・同北座・同菊園座・金物鍛冶座・官行所工本座・御厩舎人・御牛飼・恪勤御力者・御中間（以上、三日雑掌分）

これらの諸座の寄人たちは寺辺から始めて、大和一国に散在していたと思われる。「新猿楽記」の叙述のなかで躍動していた庶民のさまざまの職能のその後の展開をここに確認することができるだろう。職種のくわしい区別は特定できないながら、さまざまに分化した細工所の数々、さらに銅細工座・金物鍛冶座に鋳物師座、それに長櫃座や漆工の本座・新座、檜物座と箕打座、大檜笠座と檜笠座の区別、葺工座と壁塗座、あるいは皮子造座、釘を専門に造ってこれを職人諸集団に供給する釘鍛冶本座・新座、また足駄打の本座と新座の存在に裏頭刀杖でのしあるく南都大衆の足許を支えていた人々の生活ぶりを思いえがくことができるであろう。ここには中世の差別された人々との関連を思わす裏無造の本座と新座の存在もある。彼らは「新猿楽記」がかつて記したような職能分化を建築の諸工程や工芸品の数々、さらには日用雑具にいたるまで、それぞれの仕事の特性に応じてさらに専門特化させつつあったことを示している。擂粉鉢ばかりを作った職人の座に南都における陶器生産の動向と、それにからむ僧坊の食事を想像することもできよう。右にみる諸座寄人の多くはすでに本座・新座・孫座（寄座）などの分化をすませている。ここに十一世紀後半から十三世紀後半にいたる中世前期の諸産業の大和国における目ざましい発展のあとを読みとることができるであろう。

満寺集会　ところで、中世の寺院を真に動かしていたのは満寺集会によって集団の意志を貫徹しようとする寺院大衆の組織であった。延暦寺では大衆の違背によって座主を辞任したり、追却された例に、良真（一〇九三年）、慶朝（一一〇五年）、賢暹（一一一〇年）、仁豪（一一二三年）、寛慶（一一二三年）、快修（一一六四年）、全玄（一一九〇年）があげられ、しばしば座主の本房が破却されている（黒田前掲論文）。興福寺でも一一三八年（保延四）に別当玄覚（師実息、六代一乗院主）が没し、隆覚（右大臣源顕房息）が別当に就任したところ、寺内の実力派で大和源氏に出自をもつ権上座信実との衝突が表面化し、別当隆覚の住房をはじめ、その執行部たる公文目代俊賢・修理目代林盛房・会所目代覚融房・通目代智経房以下の住宅が襲撃されている。権上座信実・寺主義朝らが処罰されたが、一方の別当隆覚もまた「衆勘」をうけて辞任に追い込まれている。また一一六三年（長寛元）には別当恵信（関白忠通息、七代一乗院主）が大衆の襲撃をうけて二谷住房を焼打ちされ、「寺勘」をうけて寺内を追放され、二度にわたる大規模な合戦の末、ついに伊豆に配流となり、そこで没するという事件もあった。興福寺の頂点に立つ別当自身が大衆集会によって処断され「衆勘」「寺勘」をうけて追放されるのである。個々の事件にはむろん複雑な政治的背景がかくされていたにはちがいないが、この場合、興福寺の、主導権を握ったのはあくまでも「大衆」の側であった。

しかし興福寺が別当をもたないならば、その対外的権威は相対的に低下せざるをえない。別当覚勝（右大臣藤原宗忠息）が一一四八年（久安四）に亡くなったあと別当職空位が三カ年もつづき、上座信実が寺務を執行するという異常事態がつづいた。権別当であった恵信の昇進を阻もうとする強い力が働いたためであったが、一一五〇年（久安六）には別当空位を歎いた大衆の訴によって、隆覚の別当再任が実現している。大衆にとって集団意志を外部に向かって公的に代表することのできる別当の存在が不可欠であったことがわかる。さきの恵信事件のあと一乗院は一時後白河院によって没収されていたが、これも一一七七年（治承元）になって、「往古の寺領、院御領たるべからず」とする大衆の訴によって返還され、信円（忠通息、八代一乗院主）が院主にかえりざいているが、この事件も寺内における大衆の権威をよく示している。貴種出身の別当のもとで、大衆を主体とする興福寺の大和一国の国務掌握が実質上進行し、その内部にさまざまの他権門所領を含みつつも、ここに一種の宗教領国が生まれたのであった。諸国に散在する荘園支配をも含めて、興福寺の学侶と六方、さらに衆徒・国民は大和を中心に日本中世における一個の宗教的領主権を構成していたのである(大山「近衛家と南都一乗院」本書第一部Ⅲ)。

3　在庁と武士——諸国

在庁と武士　「新猿楽記」が描きだすさまざまの「所能」のうち、武力をその職能とするのは、第一に天下第一の武者たる勲藤次元《はじめ》である。その武力としての存在形態は合戦・夜討・馳射《はせひき》・待射《まちゆみ》・照射《ともし》・歩射《かちゆみ》・騎射《のりゆみ》・笠懸《かさかけ》・流鏑馬・八的・手挟《たばさみ》等の上手であり、戦闘の用具としては甲冑・弓箭・干戈《ほこ》・太刀のほか旌《はた》を用意し、楯を築き、陣を張り、かつ用兵の術にたけていなければならない。個人技としての武技とともに武者たるものは当然のことことして集団戦にたけていなければならないのである。「新猿楽記」のなかでこの武者とともに「弓箭に拙からず」と記されているいま一つの例は受領郎等である。先にふれたように、彼らは地方の国政をとるため、五畿七道あらゆるところに出向かねばならない。航海術・騎馬術、そして年貢収納のための算筆の術、入境着府の作法、神拝・着座の儀式、治国良吏の支度、交替分付の沙汰、不与状・勘公文の方式等々とならんで弓箭に堪能であることが彼らの条件であった。

「新猿楽記」は国々の庁の目代、済所・案主以下先にあげたさまざまの在庁所の諸機構や、検田・収納・臨時雑役の使などの職能が、すべて京都から下向した右のような受領の郎等たちによって担われていたかのように描いている。しかし、京下りの目代を除けば、地方国衙の在庁所はやがて国々にしっかりと土着した地方豪族によって占められていき、彼らのなかから日本の武士団が成長してきた。一二二八年（安貞二）に藤原定家の知行国であった信濃では、「在庁等は即ち当世之猛将也。寧《いずく》んぞ所勘に随はん哉」と記されていた（「明月記」）。大和のような特別の地域を除いて、どこにおいても在庁は猛将として一国の武力の中心であった。若狭国の有勢在庁として、一国の武力の中心となり、税所の在庁今富名を領有して一度は鎌倉幕府の御家人交名《きょうみょう》に名を連ねながら、源頼朝の対若狭政策の犠牲となって亡び去った稲庭権守時貞、あるいは安芸国守護武田信光の命令で一一八九年（文治五）の奥羽出兵に参加の途中、駿河国まできて、頼朝の参陣に遅れたために無断で帰国、所領没収の憂目にあった葉山介宗頼（「吾妻鏡」）、鎌倉幕府の創設を支えた下総の千葉介常胤、相模の三浦介義澄、あるいは途中で亡ぼされた上総介広常など、源平内乱には数多くの有勢在庁が活躍した。

開発領主　十一・十二世紀の地方社会は、郡司・郷司・在庁官人などをはじめとする階層の旺盛な開発活動によって変貌をとげていった。「沙汰未練書」が「御家人トハ、往昔以来、開発領主トシテ、武家ノ御下文ヲ賜ハル人ノ事ナリ開発領主トハ、根本私領ナリ、又本領トモ云フ」「本領トハ開発領主トシテ、代々武家ノ御下文ヲ賜ハル所領田畠等ノ事ナリ」と記すごとく、御家人＝武士たることの基礎的要件は彼らが開発領主とその子孫たるところに存した。

十二世紀の頃、紀ノ川流域に広がる五百余町の水田を灌水する一筋の用水路があり、綾《あや》井《のい》（堰）と呼ばれていた。一一六〇年（永暦元）八月の大風に伴う洪水のために綾井は押流され、堰の取入口はえぐられて淵のようになり、もはや修復不能におちいったさい、紀伊国の目代と在庁官人らは数多の軍兵人夫を動員して、高野山伝法院領山崎荘内に押入り、上流二百メートルばかりの地点に新しい取水口を開鑿、もとの水路につなげている。鎌倉時代に入ってからであるが、一二〇〇年（正治二）に美濃国の在庁官人らは笠縫《かさぬいの》堤《つつみ》という用水路の修築にさいして、水難の箇所の絵図を作成し、所課地を近辺の荘園・国衙領にわりふっている。東大寺領大井荘はこの笠縫堤からの用水によって「数百余町」を耕作していた。このとき大井荘は免除の院宣を申し下して、修築の所役を国衙におしつけようとした。形式は崩れかけているが、在庁と用水路との結びつきを示す一例である。一〇七五年（承保二）に五千余人の人夫を動員して、全長三キロ余に及ぶ用水路を構築し、土樋五カ所、木樋五十五メートル、岩石をうちくだくこと五十五メートル、山をうがってつけた道が百メートルという難工事をなしとげて五十余町の田地をひらき、久富保を開発した播磨赤穂郡司秦為辰は開発領主の典型として著名であるが、このような領主が全国いたるところで新しい動きを示していたにちがいない。水田のみならず、中世成立期は畠作の発展ぶりも著しい。木村茂光は、山林原野の開発は一挙に水田化されるのではなく、それに先行する畠作の拡大がより広汎な農民諸階層によって広く行われていたという重要な事実を明らかにしている（木村「大開墾時代の開発」）。

郡郷制の改編　十一・十二世紀は一方で寄進型荘園が拡大するとともに、国衙領自体も大きく変貌し再編成をとげていった。たとえば淡路国の津名郡は、かつて「倭名抄」の時期には津名郷・志筑郷・賀茂郷・安平郷・物部郷・広田郷・都志郷・来島郷・育波郷・郡家郷の十郷からなっていたが、一二二三年（貞応二）の大田《おおた》文《ぶみ》段階では、このうち都志郷・郡家郷・賀茂郷の三郷だけが依然国衙領で、広田・物部・安平・来馬の四郷はそれぞれ荘園になり、津名・志筑の二郷は消滅したほか、国衙領では新たに山田・室津・石屋・三之崎の四保が成立し、荘園として内膳・由良・筑佐・炬口・塩田・志々・生穂・□浦・□穂・鮎原・枝石の十一荘が新しく成立した。かつて十郷からなっていた津名郡は、中世の成立過程で三郷・四保・十五荘という合計二十二の所領に編成替えされたのである。また常陸国新治郡では「倭名抄」の十二の郷名は郡名を含めて弘安年間（一二七八〜八八）までにすべて消滅し、新しく十一郷・四荘・二条・一保からなる所領群が成立している（高田実「東国における在地領主制の成立」）。

このような激しい在地の変動＝郡郷制の改編が顕現するのはおおむね十一世紀四〇年代であった（坂本前掲書）。坂本はそれを公田官物率法の成立とからめて明らかにしたのであったが、そこにはおそらく、日本の中世を成立せしめた在地構造の深い変化が横たわっていたにちがいない。その過程には日本における武士団（領主制）の形成をうながした開発の進行が照応していたと思われる。十一世紀中葉に始まる一連の変化は日本社会の各方面において、まことに著しいのである。

4　陶磁器と銅銭

新安沈没船　一九七六年、朝鮮半島の西海岸の先端近く、全羅南道新安郡の沖合に一隻の元時代の貿易船が沈んでいるのが発見された。周到な引き揚げ作業が現在（一九八三年）も継続中であるが、これまでにもたらされた中間的な報告だけでも、中世東アジアの交易について多くの知見が得られている。

船首を西北方に向け、右舷に十五度ばかり傾いたまま水深二〇メートルの泥中に沈んでいた長さ二八メートル、幅六・八メートルの船体は、その内部が七つの隔壁によって区分され、内部にはこの隔壁に沿って、別造りの蓋を伴うおよそ七〇×五〇×五〇センチメートルばかりの木箱が整然と積みこまれていた。完全な状態のままで引き揚げられた三つの木箱の一つには胡椒の実がぎっしりとつまり、他の二つには陶磁器などが十個ないし二十個ずつきちんと包装された状態でみつかり、これらが商品であったことをうかがわせた。この木箱の外面には、「大吉」「子顕」などの漢字墨書記号のほかに⊕、∴̲のような荷主の識別マークとおぼしいものが多くみられ、さらに同一マークには一連番号とおぼしい数字がみられるという。

　船底には重量のある大量の銅銭と紫檀木などがぎっしり積みこまれており、貴重品用の木箱はその上に並べられていた。銅銭には唐・北宋・南宋・遼・金・西夏・元時代のものが含まれており、その量は八二年度の吸引ホースによる作業によって引き揚げられたものだけでも、一八トンを超えており、銅銭全体の積載量は想像しがたいものがあるという。吸引ホースによる銅銭の吸上げにまじって、長さ一〇センチ、幅二・五センチ、厚さ〇・五センチ程度で、表面に荷主の名前や花押、裏面には購入のときのものらしい日付、あるいは数量などを墨書し、上部には紐で結ぶための刳りこみをもった木製の荷札がいくつもみつかった。これらの木札は紐に通した銅銭をさらにいくつも結び合わせてとりつけるためのものであった（尹武炳「新安海底遺物の引揚げとその水中考古学的成果」）。

　八二年の第八次作業までに引き揚げられた陶磁器は一万八千点に達しており、青磁九千六百余点、白磁（白磁・青白磁）四千八百余点のほか黒釉三百七十一、雑釉千七百余、白濁釉百八十点などが含まれる。このうち調査済みの七六・七七年度引き揚げ分でみると、青磁は二千九百余点で、三点の高麗青磁のほかは、龍泉窯（浙江省）のものが圧倒的に多く、南宋から元代の青磁に及んでいる。また白磁は二千三百七十余点で、これはさらに青白磁と白磁に細分されるが、その大部分は景徳鎮窯（江西省）の製品である。その他、建窯（福建省）の建盞《さん》（禾目《のぎめ》天目）・吉州窯（江西省）・磁州窯系の白釉黒花、あるいは定窯式白磁、黒釉系の遺物などがあり、それらはおもに浙江・江蘇・江西・福建・広東など華南の窯業生産地の陶磁器によって占められている（鄭良謨「新安発見の陶磁器の種類と諸問題」）。

引き揚げられた銅銭のなかに一三一〇年鋳造の元の至大通宝（武宗至大三年）が含まれていたこと、さらに一三三〇年代に景徳鎮窯を中心にして始まっていた元の青花（染付）磁器が一点も含まれていないことから、沈没時期についてのおおよその年代が推定されていたが、八二年に引き揚げられた木札に「至治三年六月一日」など、至治三年（一三二三）の年号を記したものが二例発見され、その年次が確定された。

新安沈没船は右のような貨物を満載して、このとき極東貿易の中心であった慶元路（浙江省寧波）を出航して朝鮮半島の西海岸に沿って日本へ向かっていたと推定される。慶元路の地名を刻した青銅製の秤の錘が引き揚げられているほか、一万八千点のうちにわずか三点だけ含まれる高麗青磁は、船尾から五番目の隔壁の北側に一列に並べられていた木箱のうち下段の木箱のなかから発見され、その上に中国陶磁を入れた木箱が積載されており、これが中国を出港するときから船積みされていたことを示していた。高麗青磁の最盛期は十一世紀後半から十二世紀前半であって「高麗翡色《ひそく》」と称される灰青緑色の気品の高い釉色は独特のものであるが、高麗では十二世紀の中頃、さらに高麗独特の技法からなる象嵌青磁が完成をみていた。十三・十四世紀頃の高麗はこうして大量の青磁を生産しており、この時期、中国陶磁の輸入を必要とする情況になく、また韓国の遺跡からはこの時期の中国陶磁はほとんど見出されないという。新安沈没船に搭載されていた大量の陶磁器と銅銭は、それらを必要とした日本向けのものであったに相違ないのである（尹武炳前掲論文）。

引き揚げられた木札のなかには、「東福寺」とか「綱司」などという墨書をもつものが含まれていた。また発見されたもののうちに、古瀬戸の瓶や日本将棋の桂馬の駒、木下駄の片方、愛染明王社殿に松樹双雀をあしらった日本の鏡があって、乗員に日本人がいたことをしのばせる。なかには左右をそれぞれ陶范（型）で押し出したのち、それを合わせて作った小形の水注子や、台のある瓶類があって、これらの独特の形が日本で出土せず、東南アジアにだけみられる形式であるところから、この船が日本からさらに沖縄・フィリピンなど東南アジア方面に向かおうとしていたことが考えられるという（鄭良謨前掲論文、三上次男「新安文物調査の意義」）。

出土する陶磁器　中世における輸入陶磁器の日本国内への分布の状態は近年、考古学的発掘の盛行につれて、漸次明らかになってきている。瀬戸内海沿岸芦田川河口の草戸千軒遺跡からは龍泉窯・同安窯・景徳鎮窯・吉州窯・磁州窯・建窯等が発見されているが、宋代から明代に及ぶ龍泉窯がもっとも多く（松下正司『草戸千軒町遺跡』）、犀川河口にある石川県普正寺遺跡の出土も、龍泉窯・同安窯・磁州窯・景徳鎮窯からなり、そのうち龍泉窯、特に明代のそれが大半を占める（高堀・浅香・吉岡『普正寺』）。鎌倉の市街地では鎌倉時代初期の土層からは同安窯系の青磁碗・皿が出るが、まだその数は限られており、鎌倉中期になって龍泉窯系の画花文碗・蓮弁文碗等が主流となり、量も急増、口兀《はげ》の白磁小皿も多く、そのほか、建窯の天目や高麗象嵌青磁もまれに出土し、景徳鎮窯の青白磁もみられる。鎌倉ではこれ以後南北朝時代にかけては、ほぼ前代と同様の傾向がつづき、以後、鎌倉の政治的地位の低下とともに街中では瀬戸・常滑の日常雑器が圧倒的になる（大三輪龍彦ほか『掘り出された鎌倉』）。

ところで鎌倉市街の国内産陶磁器の出土情況をみると、鎌倉時代の初期には渥美窯と瀬戸窯が多かったのにたいし、中期になると瀬戸がその種類・量ともいっそう豊富になっていく反面、常滑窯が急速に伸びて渥美窯にとってかわる。また美濃窯の山茶碗や皿も多くなり、地域の産業構造、流通機構の変化が認められる。さらに鎌倉時代の末には備前・亀山・魚住といった瀬戸内方面の産品がこれに加わるようになってくるが、この事実は後述するような得宗権力による瀬戸内交通路の掌握とからんで興味深いものがある（大三輪龍彦ほか前掲書）。

また太宰府出土陶磁器をみると、唐・五代のものの出土点数は少なく、宋代・元代が大多数を占めているが、特に多いのは龍泉窯系の青磁とまだ産地が確定できないでいる白磁（福建付近か）であって、器形は碗と皿が多いという。このうち唐・五代のものが多く都府楼（政庁地区）址から発見されるのにたいし、宋・元代のものは東へ移動して観世音寺周辺や少弐氏の居城であった浦城、さらに五条地区といった太宰府の東側丘陵地に多いという（亀井明徳「九州出土の宋・元陶磁器の分析」）。

越州窯と龍泉窯・景徳鎮窯　新安沈没船にあった厖大な量の陶磁器の主流を占めているのは龍泉窯青磁と景徳鎮窯白磁であり、日本各地の出土陶磁器の分布もほぼそれにみあっている。しかし輸入陶磁器の組み合わせがそのような構成をとるにいたるのは十一世紀中葉以降のことであって、九世紀から十一世紀初頭にかけて出土するのは越州窯（浙江省付近一帯）の青磁、白磁（定窯系の特徴）、長沙銅官窯（湖南省）の陶磁、三彩（生産地は特定できず）という組み合わせからなっている。その主流を占める越州窯青磁は世界最古の磁器であって、美しい緑色を唐代の人々に愛され、唐代後期に匣鉢《さやばち》が発明されて砂などの付着物のない、むらのない緑色釉の焼成が可能となり、生産量も増大、世界各地に輸出され、日本・朝鮮・インド・パキスタン・イラン・イラク・インドネシア・マレーシア・フィリピン・タイ・スリランカ・タンザニア・エジプトなど世界各地から出土している（『奈良・平安の中国陶磁』）。

ところで、この越州窯青磁片が太宰府の外港施設として十一世紀頃まで存続した鴻臚館の址地（福岡市中央区平和台）から二千五百余片にも及ぶ出土をみていることはたいへん注目される。これはエジプトのカイロ南郊のフォスタット出土の六百余片と比べてもはるかに多い量で、ここが初期陶磁貿易の世界的な中心地の一つであったことがわかる（亀井明徳「日本出土の越州窯陶磁器の諸問題」）。この越州窯陶磁片はだいたいにおいて、九州北部および九州西海岸地域に集中する傾向にあるが、むろん畿内から一部は東国にも及んでおり、九州・畿内の双方で十世紀に輸入量の増加する傾向をみせるものの、各遺跡ごとの出土数はほんの数片か十数片程度であって、十一世紀中葉以降のそれに比べてはるかに少ないのが特徴である（『奈良・平安の中国陶磁』）。

日本では八四〇年（承和七）を最後として遣唐使の派遣がとだえるが、その後、外国貿易は蔵人所の管理するところとなり、日本へ来航した大唐商人は上洛を許されず、太宰府鴻臚館にとどめ置かれて「安置供給」され、京都からは蔵人所に属する蔵人一人、出納一人が交易唐物使に任命されて現地へおもむき、すべての貨物を臨検した上でこれを先買し、その後にはじめて民間の交易を許す制度になっていた（「類聚三代格」）。しかし九〇九年（延喜九）には中央からの使者の下向がなくなり、府官が蔵人所の指示の下で実際の管理を行うようになった。その後、宋商人の「供給」のことはすでに九四五年（天慶八）の呉越商人蔣袞《しょうこん》のときに行われていなかったが、彼は着岸地の肥前松浦郡柏島から鴻臚館へ誘導され、ここで「存問」をうけている。鴻臚館は外国船の検問・交易所として機能したのであった。しかし一一〇五年（長治二）に泉州商人李充が博多津志賀島の前海に到着したさい、太宰府は府使を停泊地まで派遣して「存問」させており、これを「例に依り、存問せしめんがために府使を遣わすところ也」といっている。鴻臚館貿易はこのときすでに衰退に向かっていたと推測される（森克己『日宋貿易の研究』）。越州窯青磁にかわって龍泉窯青磁と景徳鎮窯白磁の流入が多くなる時期である。

宋銭の流入　莫大な銅銭を積んだ新安沈没船のなかに、「東福寺」と墨書した荷札があったというが、一二五一年（建長三）建立の東福寺の造営費が大工左衛門大夫弘光によって大仏殿・法堂・山門（鐘楼・経蔵を含む）・僧堂・庫院・昭堂・方丈・浴室・東司・衆寮・両廊七十三間・築墻三百間、以上、合わせて十二万九千八百五十貫文、これに造仏料足を加えると十三万八千五百貫文であったと見積もられている（「東福寺造営目録」）。鎌倉時代に九条家の勢威でもって造立された東福寺の造営費であるが、これと一二四二年（仁治三）に帰国した西園寺公経の唐船がもたらした銭貨の額十万貫（「故一品記」仁治三年七月四日条）とを比較すれば、この当時の渡唐船のもたらした銭貨がいかに莫大な額に上っていたかよくわかるであろう（森前掲書）。

十二世紀末の段階において宋銭の日本への流入がいかに激しいものであったかは、宋が慶元五年（一一九九、正治元）に、日本・高麗商人の銅銭博易を禁止したことからもうかがいうる。むろん日本・高麗だけではなかったが、宋銭の流出は宋王朝の経済に深刻な打撃を与えるまでになっていたのである。流入する宋銭のため日本で「銭の病」という奇妙な病気が流行ったのは一一七九年（治承三）六月のことであった（「百錬抄」）。同じ年七月、

10〜14世紀の日本と東アジア

朝廷は宋銭を私鋳銭の罪に擬してその流通を停止(「玉葉」)、ついで一一八七年(文治三)六月に三河国で(同上)、一一八九年(同五)九月(「仲資王記」)、一一九二年(建久三)九月(「玉葉」同年十月一日条)にも禁令を重ねている(森前掲書)。宋朝における銅銭博易の禁と思い合わせて十二世紀末葉における日本への銅銭流入の状態を知りうるであろう。

しかしながら、右のような宋銭流入は十二世紀中頃以来のことであった。仁平年間（一一五一～一一五四）の山城花背経塚から北宋銭・金銭が伴出しているが、宋銭がようやく多きを数えるようになるのは十二世紀の七〇年代のことである。「三国一覧合運図」が「承安元年（一一七一）」に「銭出来、中絶二百歳」と記すのは、森克己がいうようにおそらく事実に近いと考えられる。以後、鎌倉時代に銭貨の流通がますます増加する一方であったことはあらためていうまでもないが、このことは日本社会の経済発展が確実に新しい段階を迎えていたことの証拠である。奈良時代から平安時代初期にわたって鋳造された皇朝十二銭は民間に流通するにいたらず、九八七年（永延元）には銭貨の流通を十五大寺に祈願しなければならないほどであった（「日本紀略」）。銭貨流通におけるこの二百年の中断の事実はよく知られたことだが、その間に日本の社会そのもののなかにある本質的な変化が生じていたとみなければならない。銭貨の流通を自然にとだえさせてしまう社会から、これを要求し、確実に発展していく社会への転換である。十一世紀中葉に始まる日本の封建制はこの新しい経済段階に照応した社会であったが、その間の根底的な変化は何に根ざすのであろうか。もう少し事態の推移をみてみたい。

5 東アジア通交の展開

日宋貿易の開始 遣唐使を廃止してから、律令政府の対外方針は著しく消極的になった。九一一年（延喜十一）には唐商船の来航を三年一航に制限したのもその現れであった（「貞信公記」)。さらに九二二年（延喜二十二）と九二九年（延長七）には、朝鮮全羅南道に独立した後百済王甄萱《しんけん》が国交を要請したとき、これを拒否し（「扶桑略記」）、また九三〇年（延長八）にも渤海にかわった東丹（契丹）にたいし、同じ処置をとっている。

九〇七年の唐滅亡のあと、中国では五代十国の混乱期がつづくが、このなかにあって、九二三年に、早くから日本と関係が深かった浙江省あたりを版図とし、杭州を都として呉越国が独立した。この国は揚子江下流に位置して揚州・明州などの貿易港をおさえたため、新羅・渤海などにたいして封冊を行い、のち高麗とも国交をもった。日本では呉越が国交を要求してくると、九三六年（承平六）には左大臣藤原忠平がこれに返書を送り（「日本紀略」）、さらに九四七年（天暦元）にも右大臣藤原実頼は、使としてやってきた呉越商人蔣《しょう》袞《こん》から国書と贈物をうけとり、砂金二百両と返書とを送っている（「本朝文粋」）。同時にこの頃呉越商人の来航が多くみえ、また九三七年（承平七）、九四〇年（天慶三）には高麗からの牒状も到着した。政府の対外消極策は十世紀中葉にはすでにゆるんでいたのである。

九七八年、宋の太宗が呉越を亡ぼして浙江の地をおさえると、宋商客がつぎつぎに来航するようになる。宋代には唐末・五代の経済発展をうけて諸産業の発展がめざましかったが、宋は貿易管理のためにはるか南方、峯南の広州と揚子江河口近くの杭州・明州の三港に市舶司を置き、貿易船からは抽解（関税）をとり、南海からもたらされた香料などの輸入品を独占的に買上げて官庫におさめ、これを専売品として民間に放出して財源の確保につとめた。

宋の官庫にあった南海産の貨物は、官吏の不正も手伝って粗悪品がまじり、民間への放出がとどこおり、やがて官庫に滞留するようになった。宋はこれらの貨物の市場を求めていたのであるが、日本や高麗市場は宋商人やアラビア商人たちによる宋代南方貿易の東北支線の位置を占めて展開したのであった（森前掲書）。

宋商人のなかには汝南郡（河南省）出身で日本人の母をもち、一〇二六年（万寿三）には日本へきて関白藤原頼通に名籍を捧げ、日本の爵位を望んだ周良史のような人物もいた。彼は摂関家の家司として頼通に近かった大宰大弐藤原惟憲と結託して、同じ年（宋の仁宗天聖四）、大宰府進貢使となって、明州へいたり、宋朝に朝貢しようとしたが、表章をもたなかったために宋朝政府から却下されている。もっとも進奉の物資は明州市舶司のはからいで明州において売却され、売上価格を回賜されている。頼通もさすがに返書と砂金三十両を贈って、爵位の希望はうけなかったが、周良史がそれより先、頼通に多くの品物をもたらしていたことはうたがいない。大宰府からの進貢使のことも、日本の爵位のことも成功したとはいいがたいが、周良史が日宋両国を往来しながら、この二国に両属しつつ、新しい地歩を築こうとした国際商人であったことだけはたしかである。明州市舶司にもたしかなルートがあったにちがいない（「宋会要」「宇槐記抄」）。周良史と結んだ惟憲は藤原道長の家司として数カ国の吏を経て正三位大宰大弐に進んでおり、七年の大弐任期中に私服をこやしたこの時代の典型的な人物であった。一〇二九年（長元二）に任期を終えて上洛したさい、「随身の珍宝、其の数を知らずと云々。九国二島底を掃って奪い取る。唐物又同じ。已に恥を忘るるに似たり」（「小右記」）とまでいわれている。周良史はこの大弐惟憲と深く結びついていたのであった。

また大宰権帥中納言藤原伊房は、対馬守藤原敦輔と結んで一〇九二年（寛治六）に契丹へ武器を輸出した（「中右記」）。これによって伊房は処罰されることになるが、「遼史」は一〇九一年（道宗大安七）に日本国が鄭元・鄭心と僧応範（日本側の史料では明範）等二十八人を遣わして来貢したと記し、翌年にも日本国使朝貢のことを記しており、大宰府が独自に契丹と通商を行った事実が明らかである。また一〇九三年（寛治七、宣宗十）に高麗の西海道付近で宋人十二人、倭人十九人をのせ、弓箭・刀剣・甲冑・水銀・真珠・硫黄・法螺等、日本からの輸出品とおぼしき品をのせた船が海賊船として捕獲されるという奇怪な事件が起きていた。

やがて博多を中心にして、それに隣接した筥崎・香椎、あるいは仁和寺領怡土荘内にあった今津、さらに肥前の平戸、有明海沿岸の神崎荘、薩摩の坊津など、北九州の沿岸や西海岸の各所で貿易が行われ、宋人の居留地ができて都市的相貌を呈してくる。すでに一〇九七年（永長二）に「博多にはべりける唐人どもあまた」が大宰権帥経信の弔問に出向いており（「散木奇歌集」）、また一一五一年（仁平元）には宋人王昇の後家をはじめ千六百余家が筥崎・博多あたりに存し、大宰府目代宗頼等の襲撃をうけたという例もある（宮事縁事抄筥崎造営事「石清水文書」）。このような宋商人のなかには日本の権門寺社と結びついて神人身分を獲得するものもあった。一一五一年（仁平元）、筥崎検校行遍の子息らによって殺害された綱首張光安は延暦寺末大山寺の神人であったため、石清水八幡と延暦寺が争う事態にまでたちいたった。一二五三年（建長五）に、綱首張興・張英は筥崎宮の玉垣造進の役を負担するようになっていた。宗像社の大宮司職たる宗像一族は何代にもわたって宋人王氏、張氏と婚姻関係を結んでいた。一二一八年（建保六）、筥崎宮の所領には二十六町の宋人皆免田があって、青地錦・大唐絹などを負担し、また大検校田以下の地子米田も、すべて白大木綿綾・大顕文沙・白様綾・女吉綾などの軽物で納入される仕組みになっていた。聖福寺・承天寺などをはじめ多くの宋風の禅宗寺院が建立をみて、鎮西博多のあたりは国際色豊かな都市的景観を形づくるのである。

このようにして、日本商船の積極的な宋への進出が始まっていた。**表1**は「宋史」などに現れた日本商船漂着の記事であるが、残念ながら通例の貿易船についてはその実数をつかむことができない。ただ「倭人は鯨波の険を冒し、舳艫《じくろ》相銜《ふく》み、其の物をもって来り售《う》る」という慶元軍府事呉潜の言葉から、その活動を知ることができる。こうした情況はいきつくところ、宣旨によって一二四七年（宝治元）に西国の米穀の宋への輸出を禁止するまでになるのである（「帝王編年記」）。「新猿楽記」が諸国土産のうちに記した鎮西米の輸

表1　日本商船の漂着例

年次(日本、高麗)	到着地	到着の様子	到着者
1145(久安元、仁宗23)	温州平陽県	漂着	日本賈人男女19人
1176(安元２、明宗６)	明州	飄泊	日本船
1183(寿永２、〃 13)	秀州華亭県	飄至	日本人73人
1190(建久元、〃 20)	泰州	飄至	日本船
1193(建久４、〃 23)	泰州・秀州華亭県	飄至	日本人
1200(正治２、神宗３)	平江府	至	日本船
1202(建仁２、〃 ５)	定海県	至	日本商船

（注）　森克己『日宋貿易の研究』324頁参照。

出禁止である。

高麗との通交　十一世紀の中葉は日本社会の大きな転換点であったが、このことは高麗との関係についてもあてはまる。すでに一〇三六年（長元九）に日本から高麗漂流人送還のことがあり、また一〇四九年（永承四）には対馬島官が首領明任らを遣わして、高麗の漂流民を金州に送還して例物を賜り、さらに一〇六〇年（康平三）にも、同様のことが行われていた。やがて一〇七三年（延久五）になると、日本国人王則貞・松永年ら四十二人が高麗へおもむき、螺鈿鞍橋・刀・鏡匣・硯箱・櫛・書案・画屏（屏風）・香爐・弓箭・水銀・螺甲などを進めて以来、「高麗史」には日本商人（使）が対馬・壱岐・筑前・大宰府・薩摩などから到来し始めていたことを毎年のごとく記録している（**表2**）。ここで対馬国が多いのは当然のことであるが、王則貞らが進めた品々の背景には、

表２　日本商人の高麗への進出

年次(日本、高麗)	商人等(使者)	献上物
1056(天喜４、文宗10)	日本国使正上位権肆滕原朝臣頼忠等30人	——
1073(延久５、〃 27)	日本国人王則貞・松永年等42人	——[1]
〃(〃、〃)	壱岐国勾当官(藤井安国等33人)	献方物
1074(承保元、〃 28)	日本国船頭重利等39人	献土物
1075(〃 2、〃 29)	日本商人大江等18人	献土物
〃(〃、〃)	日本人朝元・時経等12人	献土物
〃(〃、〃)	日本商59人	——
1079(承暦３、〃 33)	日本商客藤原等	法螺30枚・海藻300束[2]
1080(〃 4、〃 34)	日本国薩摩州(使)	献方物
1082(永保２、〃 36)	日本国対馬島(使)	献方物
1084(応徳元、宣宗元)	日本国筑前州商客信通等	献水銀250斤
1085(〃 2、〃 2)	対馬島勾当官(使)	進柑橘
1086(〃 3、〃 3)	対馬島勾当官(使)	献方物
1087(寛治元、〃 4)	日本商重元・親宗等32人	献土物
〃(〃、〃)	日本国対馬島元平等40人	真珠・水銀・宝刀・牛馬
1089(〃 3、〃 6)	日本国大宰府商客	水銀・真珠・弓箭・刀剣

(注) 「高麗史」による。青山公亮『日麗交渉史の研究』参照。

1) 螺鈿鞍橋・刀・鏡匣・硯箱・櫛・書案・画屏・香炉・弓箭・水銀・螺甲等物。

2) 施興正寺、為王祝寺。

日本における工芸技術の進展が読みとれるのであって、大宰府や薩摩からの商客らが参加したこの時期の高麗進出の底辺の広がりを考えなければならない。「高麗史」は一〇八九年（宣宗六）以降、こうした記事をほとんど記さなくなるが、青山公亮が指摘するように、以後も日本商人の進出はつづいたにちがいない（青山『日麗交渉史の研究』）。高麗では進出してくる日本船を統制するために、進奉船の制度をもうけるようになった。一二〇六年（建永元、金・泰和六）には、日本の船が「進奉船」の形式をとっていた確証があり（「平戸記」仁治元年四月十七日条）、さらに一二六三年（弘長三、元宗四）になると、この当時すでに日本からの進奉は定約によって年に一度、船は二艘に制限されていたことがわかる（「高麗史」）。

右のような情況は承久の乱をすぎた頃から変化し始める。一二二三年（貞応二、高宗十）の記事にはじめて「倭、金州を寇す」とされて以来、「高麗史」には日本人が高麗の州県を侵したとする記事が多くなる。こうしたなかで「明月記」は一二二六年（嘉禄二）に対馬と高麗の闘争があり、松浦党を号する鎮西凶党らが数十艘の兵船で高麗の別島へ行き、民衆を侵し、資財（銀器等）を掠取したと記している（同年十月十六日・十七日条）。同書はまた、当時「吾朝渡唐船」すなわち日本の渡唐船（渡宋船）が、まず西に向かって必ず高麗へいたり、帰朝のときも多く風に随って高麗へ寄るのが流例であったとして、右の事件で彼国（高麗）が怨敵となり、宋朝への往反がむつかしくなると憂えている。

このとき「進奉の礼制」の廃絶に抗議した全羅州道按察使の牒にたいして、一二二七年（安貞元）、大宰少弐武藤資頼が高麗国使の面前で、先に高麗国全羅州を侵した対馬国悪徒ら九十人を捕えて斬首の刑に処した事件（「百錬抄」「吾妻鏡」）は、高麗側の史料によると、「賊船寇辺之罪を謝し、仍て修好互市を請う」ためのものであった。大宰府をおさえた武藤氏が高麗への進奉船による修好互市を意図した事情、それがまたおそらくは宋へわたる「吾朝渡唐船」の航路の安泰を意図するものであったことを知ることができる。

平氏政権と日宋貿易　大宰府は地方官中最大の「温職」とされ、その長官である大弐は院中の権を執り、威勢をふるう「名家の人」が任ぜられることが多かった（「職原抄」、石井進『日本中世国家史の研究』）。院の近臣たちに日宋貿易とその拠点たる大宰府の地にたいする強い関心が存したことはいうまでもない。平氏政権、特に平清盛の日宋貿易への関心の強さは、院の近臣として出発した平氏一門の立場を集約したともいいうるものであった。

一一三三年（長承二）に、平忠盛が鳥羽院の所領肥前国神崎荘において、下文をなし、院宣だと号して、大宰府官の「存問」をまたずして、ここへ着岸した宋人周新の船と直接、貿易を行おうとしたことは、右のような関係を象徴する出来事であった。この当時、忠盛は一一二九年（大治四）に、山陽・南海の海賊追捕を行い、さらに一一三五年（保延元）にも海賊追討宣旨をうけて、日高禅師以下の賊徒七十人を捕えて帰京している（「長秋記」「中右記」）。忠盛は「西海に有勢の聞《きこえ》あり」といわれてこのような任についたのであるが、右の海賊追討＝瀬戸内航路の安全確保が、時期を接して行われた神崎荘における貿易拠点の確保と一連のものであったことが明らかである。ここに鳥羽院政下の平氏と院との結びつきによる瀬戸内航路の安全確保と権門貿易への指向をみてとることができる。

忠盛のあとをついだ清盛は保元の乱（一一五六）の勝利のあと安芸守から播磨守になり、安芸守には弟頼盛が就任、さらに一一五八年（保元三）に清盛が大宰大弐に転ずるなど、大宰府・安芸・播磨と京都を結ぶ瀬戸内政権としての平氏の動きがこの頃から本格化してくる。特に一一六六年（仁安元）に頼盛が大弐に任命されると、従来の慣行を破って直接現地に赴任し、大宰府府官との関係強化にのりだしている。石井進は、のちに頼盛の所領のうちに筑前国香椎荘・同宗像社などがみられることから、それらが頼盛の大弐在任中に獲得されたものと推測するが（前掲書）、これらの地が宋人たちの集住する権門貿易の拠点の数々であったことに注意されよう。大弐を掌握して、平氏は大宰府とその周辺にひろがる権門貿易の拠点に確実な地盤を築きつつあったとみることができる。

清盛は音戸の瀬戸を開削し、大輪田泊《おおわだのとまり》を修築（一一七三年、承安三）し、瀬戸内航路の整備につとめるが、一一七〇年（嘉応二）には宋船が瀬戸内海を通って直接、摂津福原の輪田に入港する。後白河法皇は、清盛とともに福原山荘において宋人を引見しているが、「我朝延喜以来、未曾有の事也、天魔之所為歟」（『玉葉』）とさえいわれた。九九七年（長徳三）、越前へ宋人がきたとき、「越州に在るの唐人、当州の衰亡を見聞する歟、近都の国に寄来るは謀略無きにあらず」(「小右記」)などといっていた王朝貴族にとって破天荒のことであったにちがいない。そして後白河法皇と清盛が、宋の孝宗からの国交の要求に応え、答礼の使者を送ったのは一一七三年(承安三)のことであった。十二世紀の七〇年代は、保守的な貴族の非難をよそに日宋交易の気運が大きく盛りあがっていった時期としてとらえることができる。大輪田泊はこのとき国際貿易港に転身した。そして一一八〇年(治承四)、高倉上皇が厳島へ参詣したさい、大物浦の近くにあった五条大納言邦綱の寺江山荘まで福原から迎えのためにきたのは「たうじん《唐人》」がのりこんだ「唐の舟」であった。平氏政権の下に組織された宋船が存し、瀬戸内航路にはこれら宋船が往き来して、いよいよ国際色豊かになっていたのである(「高倉院厳島御幸記」)。

鎌倉幕府と外国貿易　東国に基礎を置いた鎌倉幕府は天野遠景を派遣して大宰府を支配しようとしたが、その初期においては、まだ積極的な貿易政策をもっておらず、鎮西島津荘における権門貿易を容認する態度を示している(大山『鎌倉幕府』)。しかし一二二六年(嘉禄二)に、おりから始まった倭寇のこともあって武藤資頼が大宰少弐になると、鎌倉幕府による大宰府の掌握、ひいては外交・貿易権支配が明確化するにいたる。資頼による悪徒九十人斬首がこれまでの慣例をやぶって「上奏」なしで行われた断固たる互市修好の措置であったことに注目されよう。

鎌倉ではすでに一二二三年(貞応二)に、「数百艘の舟どもつなをくさりて大津の浦に似たり、千万宇の宅、軒をならべて大淀のわたりにことならず」（「海道記」）といわれていたが、一二三二年（貞永元）には、往阿弥陀仏が由比ヶ浜に和賀江島を築いて、内外貿易の拠点となし、一二四一年（仁治二）には北条泰時が朝比奈の切通しをひらいて、これを鎌倉の外港六浦津につないだ。和賀江島はのちに鎌倉極楽寺の管理するところであった。こうして大陸から大宰府・瀬戸内海を経て鎌倉へとつながる水上交通路の幕府による掌握への態勢が整ってくる。この幕府が一二五四年（建長六）に唐船五艘以上を置くことを禁止し、他を破却せしめたが、この法令が発布の手続きからみて、鎌倉とおそらくは大宰府の民間貿易船にむけられたものであって、これにより、幕府＝北条氏の「御分唐船」の保護ならびに対外貿易の主導権確保を狙ったものだという解釈ははなはだ魅力に富む（川添昭二「鎌倉時代の対外関係と文物の移入」）。

蒙古襲来（一二七四年、一二八一年）を契機にして、非御家人の動員体制を整えるなど、幕府の鎮西支配はいっそう強化されていった。非人救済で注目されている西大寺の叡尊や鎌倉極楽寺の忍性が蒙古襲来のさいに異国降伏を祈りつづけたことは有名な事実であるが、これ以後、得宗権力と結んだ西大寺律宗の活躍が瀬戸内海の各所で展開されていく。備後尾道の浄土寺や草戸千軒の常福寺（明王院）など、瀬戸内交通の要衝に存する西大寺末の寺院の存在や、そこにみえかくれする有名な有徳の得宗被官安東蓮聖の活躍が著しい（網野善彦『蒙古襲来』）。

表3　公許造営料唐船

年次(日本、元)	造営料唐船	出典
1325(正中2、泰定2)	建長寺造営料唐船	中村文書・比志島文書
1329(元徳1、天暦2)	関東大仏造営料唐船	金沢文庫所蔵文書(金沢貞顕書状)
1332(元弘2、至順3)	住吉神社造営料唐船	住吉神社文書
1341(暦応4、至正元)	天竜寺造営料唐船	天竜寺造営記録
1367(貞治6、〃27)	但馬入道道仙療病院造営料唐船	師守記

(注)　森克己『日宋貿易の研究』日・宋・麗交通貿易年表参照。

鎌倉末期の政治的変動のなかで、一三三一年(元亨元)に後醍醐天皇の親政が始まるが、ちょうどこの頃一三二五年(正中二)の建長寺造営料唐船をはじめとして、多くの寺社造営料唐船の派遣が企てられているのは、やはり混迷する政治情況のうちにあって、外国貿易への依存がますます増大していく社会のありようを示すものであろう(**表3**)。新安沈没船が日本へ向かって航海していたのは一三二三年のことであった。ここからもわかるように、蒙古襲来の大事件にもかかわらず、日元貿易はますます盛況に向かったのである。**表3**に示すような元を対象とした公許貿易船のうちに、足利義満による日明勘合貿易の前提条件が熟しつつあったとみることができるであろう。

6　高麗と中世日本

高麗郡県制——賤籍を焚く

庚・癸より以来、朱紫（高級両班）多く賤隷より起れり。将相寧んぞ種あらんや。時来れば則ち為るべきなり。……先ず崔忠献らを殺し、仍りてその主を格殺して、賤籍を焚き、三韓をして賤人なからしめば、則ち公卿将相、吾輩これになるを得ん。

（「高麗史」崔忠献伝）

庚寅（一一七〇年、鄭仲夫らの乱、高麗武臣政権の成立）・癸巳（一一七三年、金甫当の乱、この年から農民一揆続発）以来、高麗は武臣政権と叛乱の一世紀をむかえる。そのなかで一一九八年（神宗元）崔忠献の武臣政権下に置かれた開京で、公私奴婢を前にして万積《マンジョク》は賤籍（賤民の戸籍）を焚き、三韓から賤人の存在を抹消し、「種」（身分）の存在を否定しようと訴えたのであった。この時期、総計八十件にも達する叛乱の性格は、文班武班の相剋、武臣内部の争い、蒙古の侵入などがからまってさまざまであったが、そこには未曾有の高麗下層民の活動と高まる解放への願いがこめられていた。

高麗郡県制の特色は一定地域に住む血族集団を基礎にして、これに一定の身分と州・府・郡・県（良民）、あるいは郷《ヒャン》・所《ソ》・部曲《ブゴク》（賤民）などの称号を与え、彼らを階層的に編成したものであって、その特色は地域・血族・身分・負担（課役）の四者が結合された点

表4　清州(邑)の構造変化

	高麗郡県制　936～1170		郡県制改編後　1270～1392
良	金・孫・慶・韓		金・孫・慶・韓　西門・王*・盧*
	李・郭・宋・高	〔清州〕	李・郭・宋・高～柳*・洪*・金*
	鄭・東方・楊・俊		鄭・東方・楊・俊　皇甫
	葛*・申*・韓*・朴*	〔▽村〕	消滅
賤	河	〔周岸郷〕	河～呉・張・趙・柳
	申*	〔徳平部曲〕	消滅
	▽*	〔間身部曲〕	〃
	李*	〔調豊部曲〕	〃
	畢*	〔椒子銀所〕	～金・韓
	畢*	〔背陰銀所〕	～朴・李

（注）武田幸男「新羅の滅亡と高麗朝の展開」をもとに作成。
＊印のあるものは郡県制改編時における亡姓。▽は名称不明。～以下は新姓。

に求められる（旗田巍『朝鮮中世社会史の研究』）。

表4は武臣政権下の叛乱の時代を中心にして起きた右のような高麗郡県制の変貌ぶりを例示したものである。表の左半分に示したように、かつて新羅五京の一つであった西原京（清州）は、高麗朝の成立過程で変貌をとげ、「州里豪家、郷閭冠族」たる金氏を中心にして十二の姓氏集団によって構成されるようになり、清州といわれていた。清州にはこの十二姓氏集団のほかに四姓からなる一つの村が付属し、さらにその周辺には一姓一村落を原則とする一郷・三部曲・二所を配し、それら全体を含めて清州という一個の邑を形成していた。

右のうち州と村の姓氏集団は良民とされ、この州姓と村姓とから邑吏が選任されて州の政治組織＝州司を形づくっていた。州司は数名の堂大（長官、のちの戸長）らを頂点にした組織で兵部・司倉・戸部などの執行機関をもち、そこには侍郎・兵部卿・学院卿・郎中などの職名をもつ邑吏がいた。高麗王朝の地方行政機関として編成されたこれらの州（郡・県）には直属の土地として公廨田（公田）が折給されており、また邑吏には邑吏田（私田）が与えられていた。つまり清州は州姓と村姓とによって編成された一個の政治的結合体であったということができる。これにたいして、郷姓・部曲姓・所姓はすべて賤民であって、上記の政治的結合体の下に置かれていた。このうち郷と部曲が農耕民であったのにたいし、所は日本でいう道々の輩であって、金・銀・銅・鉄・糸・紙・陶器などの生産にたずさわっていた（李基白『韓国史新論』）。清州に所属した椒子銀所・背陰銀所もそうした賤民集団の居住地を意味するものであった。

高麗郡県制の基礎をなした邑は、州・府・郡・県など互いに異なった名称を与えられていたが、その組織はいずれの場合にあってもおよそ右のような編成をとっていた。このような邑組織はしかしながら、二つの大きなグループに大別される。すなわち、高麗王朝が地方官を直接派遣した主邑と、地方官の派遣がなくて他の邑（主邑）に隷属したままの属邑とである。高麗王朝ははじめ主邑を通して間接に属邑を支配したのであった。右の清州は高麗王朝を成立させた政治的変動のなかで、二州、一郡、六県（木州・鎮州、燕山郡、全義県・清川県・道安県・青塘県・燕岐県・懐仁県）をその属邑として支配する主邑として成長したのであった（武田幸男「新羅の滅亡と高麗朝の展開」）。

高麗郡県制の改編　一一七六年（明宗六）、公州の鳴鶴所で起きた一揆軍は公州をおとして、さらに北進するが、彼らの所は解放されて一時県にあらためられた。このことからもわかるように続発する下層民の叛乱は高麗郡県制がもつ身分編成の仕組みに攻撃を向けていたのである。賤籍を焚くとはそういうことであった。

表4の右半分に示したごとく叛乱の一世紀（一一七〇～一二七〇）のあいだに清州も大きく変化した。かつての村は消滅し三つの部曲もなくなった。二つの所を構成した姓もすっかり入れかわり、それぞれ複数姓の所になった。何人もの王妃を出した金氏をはじめとして清州十二姓は健在だが、このあいだに西門以下七姓がここに移り住み、このうち二姓を残して他は再び消滅＝再移住した。高麗郡県制には大きな変化が生じていたのである。第一の変化は村や郷・所・部曲・荘・処などの消滅と変化であり、このことによって高麗郡県制の基礎をなした邑内部の累層構造が解体に瀕したのである。そして第二はかつての主邑―属邑関係がほぼ一掃されたことであった。表示はしなかったが、かつての清州の属邑は一つを除いてすべてが主邑に格上げされ、地方官が直接派遣されるようになっていた。以前の強固な清州の豪族支配はほぼ解体したのである（武田前掲論文）。このような変化は各所で起きていた。

以上、述べたようにこの間の高麗社会の変貌ぶりは激しいものであったが、しかし同時にまたこの間に清州へ移住してきた七姓について、王が開京、盧は抱州、柳は木川、洪は懐仁、金は慶州、皇甫は開京をそれぞれ本貫としていたことが明らかなように彼らの移住は著しく身分的色彩を帯びており、いわば身分的移住とでも称しうる性格のものであったことに注目させられる。そして郷・部曲・所・荘・処などは一般に一姓一村落を原則とするといわれているが、しかしそれらは固有の意味における村落というよりも、むしろ本貫地とのつながりをながくもちつづけている血縁的な姓氏集団（クラン）の居住地なのであって、日本の開発領主のように土地を介して結びつけられた新しい姓氏集団とその村落とはよほど異なった性格をもつものといわなければならないであろう。

全州李氏——同族集団　韓国社会を構成する同族集団の歴史的・社会的性格は、たとえば一九五八年に慶尚北道聞慶郡古堯里を主たる調査対象として全国にひろがる全州李氏を研究した報告（崔在錫『韓国農村社会研究』）が興味深い事実を伝えている。

一九五八年現在、慶尚北道聞慶郡古堯里は調査時点で八十戸からなる普通の農村であるが、そのうちで、全州李氏が三十六戸を占めて古堯里の支配勢力を占めている。彼らはほぼ中流農民の生活をしているが、韓国第一の家門全州李氏に属し、本貫を全州（全羅北道）であるとしている。はじめは特に名門ではなく、その祖先は各地を転々と流浪したのち咸興（咸鏡南道、かつての渤海五京の一）に定着し、女真人のあいだに勢力を得てこの地の豪族となり、元時代には永興に置かれた雙城摠管府で官職をうけていたが、李子春のとき高麗恭愍王（一三五二〜七五）の雙城摠管府征伐に内応して功をたて、高麗の東北面兵馬使に任命された。李氏朝鮮の太祖李成桂はその第二子であり、古堯里の全州李氏は二代定宗の第四王子宣城君から分かれた一派に属している。十四代前の祖先がソウル（漢陽）を落郷して奉化に移り、ついで十二代前の祖先がはじめてこの地にきたという。彼らは朝鮮半島を北へ南へ大きく移動したわけである。

右のような長い歴史をもつ古堯里の全州李氏の同族組織はこれを全体としてみると、

全州李氏―宣城君派（全国、千二百戸）―聞慶郡（百五十戸）―古堯里（三十六戸）―

堂内（五〜六戸）

といった五つの段階からなる同族集団になっているのが観察される。こうした韓国の同族組織を類型化してみると、

同姓同本同族―派祖同族―郡同族―部落同族―高祖（堂内）同族

の五段階に分けてとらえることが可能である。最初の同姓同本とは姓と本貫との同一を意味し、最後の高祖とは四代祖（祖父の祖父）を意味する。このうち堂内という名称の高祖同族は特に親密で、堂内の青年の結婚の納采は堂内の門長（代表者）の名義で行うなど、右の五段階に及ぶ同族集団のさまざまの機能について数多くの興味ある事実が報告されている。しかしここでは、第一に朝鮮の同族にあるもっとも徹底した男系原理、同姓同本の

ものの族内婚禁止の原則に言及しなければならないだろう。韓国の民法は現在（一九八四年）にいたるも同姓同本の婚姻を厳禁している。日本や中国の場合、同族への帰属が「人為的」であるのに比して韓国人の同族への帰属は「運命的」であって、一生のあいだいかなる条件があろうと、嫁入りしたものも、婿入りしたものも自分の姓を保持しつづける。このような姓の不可変の原則は日本はもとより、中国にも存在しない事実であって、韓国社会の一つの特徴をなしている。もちろん、北条政子や日野富子がそうであったように、日本中世の荘園相論文書に紛争の一方の当事者として現れる「藤原氏女」「中原氏女」などという女性たちは、それぞれの生まれた家の姓を名乗っているのであって、夫婦が同じ姓を名乗るのは日本の社会でもそう古いことではない。しかし、もちろん一部のことであるとはいえ、「初対面でも同姓であり同本であれば二面如旧のごとく無条件に心を許し、同宗同派ならば叔父―姪とよび、兄弟よばわりし、特別な親密感をもつ」ことを「世界に類例のないわが国の美風」とするような強固な男系血縁原理を日本人は知らない。

韓国でも日常的な同族意識はむろん稀薄になっており、報告もこのことについて言及している。聞慶郡の同族が宣城君の曾孫で郡内同族一円の祖にあたる人の奠享時に年に一度墓地に集まって祭礼を行い、また宣城君派の代表たちが墓地のある京畿道広州に年一度会合して祭礼をとり行うのも、うすれゆく同族意識を呼びさますためのものでもある。韓国の同族は先祖の官職の高さによって子孫の威勢が決定される集団であるとともに、同族が日常生活においてどれだけ倫理的・儒教的な行動をとりうるかによって、社会的評価をうける仕組みになっている。宣城君派（派祖同族単位）では「族譜」（系譜）を発行し、一族が過去に生んだ高官たちを列挙して威勢集団としての同族機能を誇示しようとするのもこのためである。同族は財産をもつが、この族産は彼らの同族のうちの貧困者への救済にではなく、一族の権威を高めるような事業（族譜の作成、同族の中心人物の偉大な品性と官職の来歴を誌した神道碑や一族の孝子碑建立など）にふりむけられる。全州李氏においても姓と本貫をともにする同族たちは、やはり年に一度、遠い全州の始祖と李太祖の時享のために全国各地から参集して共同祭祀を行っている。彼らは一九五六年に「社団法人全州李氏大同宗約院」を設立し、各地に支院を置いて活躍している。ここでは儒教とのかかわりが著しい。

日本の中世と高麗　右にみたような朝鮮の同族編成の歴史的な形成過程を正確に知ることなしに十二・十三世紀における高麗郡県制の改編の意味について語ることはむずかしい。しかし、少なくとも、日本の中世には戸籍の作成はとだえ、賤籍の焼却を目標とするような身分闘争は存在しない。東大寺領越後国石井荘の荘司兼算は一〇五二年（永承七）に現地へ下向、隣国より浪人を招き寄せて開発を行うが、このとき隣郷からきた古志得延は荘司に名簿を捧げて田堵となり、浪人に種子農料を与えて二十余町を開発した（村井康彦『古代国家解体過程の研究』）。この当時の日本の領主の開発とは、入間田宣夫が安芸国三田郷の藤原氏に集積された数多くの買券に言及しながらいうように、住民から買得や高利貸で集積した耕地、自分が郷内で分散的に開発した耕地を他の有力者と競合しつつ、用水・山野利用にかかわって、村落全体の生産条件を自己の経営に適合的なものに改変していくことを意味したにちがいないのである（入間田「領主制―土地所有論」）。中世成立期の開発に従事し、やがてはそこの住人になっていったであろう大部分の浪人たちは、もはや自分たちがもともとどこからきたか知らなかったのであろう。日本中世の政治編成は寺院大衆のそれとともに、右のような開発を通じて成立してきた新しい開発領主（＝中世武士団）によって支えられていくのである。

高麗社会でどうして戸籍が作成されつづけたのか、どうして賤籍焼却が闘争目標となったのか、どうして科挙の制度が採用され、高麗の官僚制が成立したのか。どうして十五世紀以来李氏朝鮮のもとで仏教が弾圧され、儒教が深く在地をとらえていったのか。どうして士林中心の両班社会で同姓同本の同族関係についての知識を意味する譜学と、同族関係に伴う喪葬祭礼の知識である礼学が重んじられるようになっていくのか。これらのことの歴史的意味を問うのはむずかしい。しかし、それらが同姓同本の同族集団と相互依存の関係をもち、互いに影響しあいながら展開してきた一個の政治編成の仕組みであったことだけはかなり確実な事実だとせねばならないであろう。ふりかえって同時代の日本の中世社会を見直すとき、私たちは日本の中世がこれらとはかなり異質の構成をとっていたらしいことに気づかざるをえない。このことは私たちをして、日本中世社会についてのある一つの推定に導くように思える。日本の中世社会はその基層においてすでに早くある種の地縁社会の形成を終えていたのではないか。律令以来の浮浪と逃亡の意味はまさにそこにあり、十一世紀中葉に集中し、以後、激しくなる数多くの構造的変化――日本における公田官物率法の成立、郡郷制の改編、開発領主の成立、寺院大衆の本格的な登場、末法の到来、そして日本商人の海外進出、やや遅れて始まり、徐々にしかも確実にふえていった宋銭の流入とその影響――などはそれに連動した一つの動きであったのではないだろうか。平氏政権と鎌倉幕府の成立がその延長線上にあったことはいうまでもない。日本の武士政権とそれに併行して現れる高麗武臣政権との相互対比は、武臣崔忠献による徹底的な高麗仏教寺院勢力にたいする武力鎮圧とともに当面する興味ある問題であるが、いまは「新猿楽記」の右衛門尉の一家が第一次的なウジやイへといったものを解体しつくした十一世紀の地縁にもとづく日本社会の新しい族的結合の形式を暗示することだけにふれて別の機会をまちたい。

[文献一覧]
青山公亮『日麗交渉史の研究』(明治大学文学部研究報告　東洋史第三冊、一九五五年)。
赤松俊秀「領主と作人」(『古代中世社会経済史研究』平楽寺書店、一九七三年)。

網野善彦『蒙古襲来』(日本の歴史10、小学館、一九七四年)。

石井進『日本中世国家史の研究』(岩波書店、一九七〇年)。

稲垣泰彦「律令制的土地制度の解体」(『体系日本史叢書6 土地制度史1』山川出版社、一九七三年、再収、同『日本中世社会史論』東京大学出版会、一九八一年)。

入間田宣夫「領主制——土地所有論」(『シンポジウム日本歴史6 荘園制』学生社、一九七三年)。

尹武炳「新安海底遺物の引揚げとその水中考古学的成果」(『新安海底引揚げ文物』中日新聞社、一九八三年)。

大三輪龍彦ほか『掘り出された鎌倉』(鎌倉考古学研究所、一九八一年)。

大山喬平『鎌倉幕府』(日本の歴史9、小学館、一九七四年)。

大山喬平「近衛家と南都一乗院」(岸俊男教授退官記念会『日本政治社会史研究』下、塙書房、一九八五年)。

亀井明徳「九州出土の宋・元陶磁器の分析」(『考古学雑誌』五八—四、一九七二年)。

亀井明徳「日本出土の越州窯陶磁器の諸問題」(『九州歴史資料館研究論集』1、一九七五年)。

川添昭二「鎌倉時代の対外関係と文物の移入」(『岩波講座日本歴史6 中世2』岩波書店、一九七五年)。

木村茂光「大開墾時代の開発」(『技術の社会史』1、有斐閣、一九八二年)。

黒田俊雄「中世寺社勢力論」(『岩波講座日本歴史6 中世2』岩波書店、一九七五年)。

崔在錫『韓国農村社会研究』(学生社、一九七九年)。

坂本賞三『日本王朝国家体制論』（東京大学出版会、一九七二年）。

高田実「東国における在地領主制の成立」（東京教育大学昭史会『日本歴史論究』二宮書店、一九六三年）。

高堀勝喜・浅香年木・吉岡康暢『普正寺』（石川考古学研究会、一九七〇年）。

武田幸男「新羅の滅亡と高麗朝の展開」（『岩波講座世界歴史9　中世3』岩波書店、一九七〇年）。

棚橋光男「中世国家の成立」（『講座日本歴史』東京大学出版会、一九八四年）。

鄭良謨「新安発見の陶磁器の種類と諸問題」（前掲『新安海底引揚げ文物』）。

永島福太郎『奈良文化の伝流』（中央公論社、一九四四年）。

奈良県立橿原考古学研究所附属博物館（土橋理子）『奈良平安の中国陶磁』（一九八四年）。

旗田巍『朝鮮中世社会史の研究』（法政大学出版局、一九七二年）。

松下正司『草戸千軒町遺跡』（日本の美術二一五、至文堂、一九八四年）。

三上次男「新安文物調査の意義」（前掲『新安海底引揚げ文物』）。

村井康彦『古代国家解体過程の研究』（岩波書店、一九六五年）。

森克己『日宋貿易の研究』（国立書院、一九四八年）。

李基白『韓国史新論』（学生社、一九七九年）。

Ⅲ　近衛家と南都一乗院――「簡要類聚鈔」考

本稿の内容は第Ⅱ論文における中世成立期の総括的な叙述のなかに取り込まれ、そこにおける論理の一つを支える役割を果たしている。

本稿が依拠したのは京都大学文学部に収蔵する「簡要類聚鈔第一」である。この史料は興福寺一乗院の十代院主実信の側近であった行賢が、実信の没後、実信からの聞き伝えを交えて興福寺一乗院の歴史と現状を記した全五巻からなる要録の一部であって、京大本は弘安五年（一二八二）に筆録したものである。筆者行賢が「故僧正御房」と呼ぶ実信は、承久二年（一二二〇）から建長六年（一二五四）にわたり、前後三十五年の長きにわたって院主として一乗院の院務をとりつづけ、その間における大和国の歴史的転換の中軸に位置しつづけた重要人物である。

日本中世の国制のなかにあって、大和国は独特の相貌をもち、また特異な形式で中央政界とかかわっていた。それは十一世紀の中葉を画期として展開する日本社会における国制の一つのタイプを明らかに示していた。大和においては南都の寺社勢力が強大で、そこにおける国制上の構造転換は宗教的バイアスをとって現出している。延暦寺膝下の近江国、高野山における紀伊国、伊勢神宮における伊勢国などにも明らかな宗教的バイアスが認められるのであるが、大和国はそうした宗教領としての傾きをもつ国々の極北に位置しており、そこに特徴的な性格がある。

中世を通じて、一乗院と大乗院は大和における守護権を行使し、ここに宗教領国を現出していた。一乗院の院主職は近衛家出身僧侶の世襲財産になっていた。その一つ、興福寺そのものは摂関家の氏寺といっても、より公的な性格を帯びており、そこには広汎な階層に出自をもつ寺院大衆が存在していたが、たびたび入れ替わる興福寺別当（長官）の職は、多く両院家のもち回りであり、両院家から別当を出している。特徴的なことは、源頼朝に始まる鎌倉幕府は大和国に守護を置くことができず、さらに地頭を入部させることすら基本的にはできなかったという事実にある。この国では、宗教勢力の圧力が大きかったからである。普通の国で守護領国が展開する中世後期に、大和の在地勢力を組織したのは一乗院と大乗院の両門跡であった。本稿はこうした大和の特徴的な歴史展開の開始される過程を、行賢の記述によりながら、一乗院を例にとって観察したものである。

承保二年（一〇七五）、藤原師実の息覚信が摂籙の御子として南都興福寺にはじめて下向、一乗院五代院主となる。これを契機にして大和国の国務が寺社に付せられ、諸道の輩が一乗院家に付せられたと行賢は記している。十三世紀後半の大和という一つの地域に成立した、一個の歴史認識の特徴的な形式をここに読みとることができる。行賢の認識によれば、中世大和の特異な国制上の位置は十一世紀後半、承和年間の南都に起きた右の変化を契機に、これと併行しつつ展開していくのである。

現在、お茶の水図書館（現、石川武美記念図書館）にある「簡要類聚鈔第三」には、文永・弘安の時点における一乗院家に所属する「諸座寄人等」の詳細な書上が含まれる。行賢はこの諸座寄人等＝諸道の輩が成立するきっかけを十一世紀における覚信の下向に伴うものであったと述べている。この文章が、文永・弘安という中世全体を前期と後期に分ける大きな転換時点で書かれたという事実を重視するならば、そこにみられる「諸座寄人等」の詳細な記述から読みとるべき事実は、平安から鎌倉にかけての通常は中世成立期といわれる時期におけるまことに目を見張るような諸職能・諸産業の展開ぶりでなければならない。これ以後の中世後期における目ざましい展開があったにもせよ、ここには歴史の出発点ではなく、平安以来の到達点が記されていたのである。行賢の目がとらえていたのは、かの「新猿楽記」が記述する諸職能の展開と通底する中世成立期の列島社会が経験しつつあった一個の歴史的現象であったにちがいないのである。こうした道々の輩の活躍は、残存史料の多さの関係から、中世成立期にではなく、中世後期にかけて語られることが多い。しかし平安時代の庶民の動向にもっと目を向けなければならないというのはすでに大正時代の文化史学が説くところであった。諸職業階級民の成立と展開とは、列島における武士団の成立過程と併行する歴史現象だったことをもっと評価しなければならないであろう。

なお本稿は岸俊男教授退官記念会編『日本政治社会史研究』下(塙書房、一九八五年)に収載された。旧稿執筆の頃、ようやく盛んになりかけていた大和国宗教勢力の研究は、その後大きく発展した。稲葉伸道、永村眞、久野修義、安田次郎、川端新諸氏の新しい研究が公にされている。

はじめに

中世日本の国制のなかにあって、大和国は独特の相貌をもち、また特異な形式で中央政界に深くかかわりつづけた。十一世紀の中葉を画期として展開する日本社会の構造的転換の過程は多くの国々で国衙領の転換、在庁官人制と在地領主制の形成へと結果していった。しかしながら、大和国ではそのような展開をとらない。むろん底流にある動きは同一のものであったが、大和国では興福寺・東大寺に結集する巨大な宗教組織の存在に規定されて、右の構造転換が宗教的バイアスをとって現出した。この宗教的バイアスが大和ほど全面的に大規模に現出した地域はほかにない。延暦寺と近江国、高野山と紀伊国、伊勢神宮と伊勢国などが、おそらく大和につぐ類似の諸地域であったにちがいないが、これとても大和ほどの純粋かつ典型的な宗教領国を展開させてはいない。

近年、黒田俊雄氏が力説するように、日本においても中世の政治と文化の上で、宗教勢力が占めた位置と役割はむろん巨大なものである(1)。そうした点を考慮するとき、中世の大和を解明することはたんに大和一国の歴史にとどまらない日本中世史理解のための基本的

な鍵の一つを見出すことを意味している。大和についての論文がようやく多きを数えるようになったのもそのためであろう。(2)

中世の大和を理解する最大の鍵はもちろん寺院、特に興福寺を知ることにある。しかし中世の大和や興福寺をめぐる政治の動きは複雑に入りくんでいて理解しにくい。頻繁に入れかわる興福寺別当の地位、僧侶社会特有の複雑で手のこんだ身分階程序列、「修学の面目」といったような価値序列が、世俗の権力争いの強欲の渦中にあって、ことさらに仰々しく語られつづけている社会とその政治の仕組みなどを、それぞれについてありのままに把握する根気が必要である。(3)そこには中世の農村社会がもつ単純で明快な生活の輪郭のかわりに、境界のはっきりしない、あいまいで複雑な動きが全体を支配しているようにみえる。

しかしながら、中世の大和や興福寺の歴史にもやはり明確な輪郭がそれなりに存在していたとみることができる。このことを中世も終わりに近づいた頃に、大乗院尋尊は一乗院・大乗院両門跡を例にしてつぎのように述べている。

大方両門跡（一乗院・大乗院）事者、和州一国之依レ為二守護職一、奈良・国中以下在々所々、不レ及二其所之案内一、入二使者一条古来より事也。但於二両門預（領）知一者、自他令レ申二案内一。是各守護故也。於二其余一者東大・興福以下不レ謂二権門高家一、無二是非一入二使者一者也。是併守護号故也。(4)

ここで尋尊がいっていることは、(1)大和国においては両門跡（一乗院・大乗院）がおのおの守護であること、⑵したがって両門跡の使者は奈良・国中以下の在々所々に、たとえそれがいかなる権門高家の所領であっても、東大寺領や興福寺領を含めて自由に入部する権を得たこと、⑶ただし両門跡の所領（領知）については互いに相手の了解なしに、その使者を入部させえないことの三点である。大和においては両門跡こそが両守護の資格を有し、したがって両門跡領は守護領として相手の守護使（門跡使者）の入部を事実上拒否しうる不入の聖域として存続したというのである。尋尊の右の指摘は大乗院門跡としての立場からみて多分に理念化されたものであって、実際にこのとおり正確に行われたかどうかは疑わしい。通例は門跡にではなく興福寺そのものに守護権が付されたと解されているからである。[5] しかし大和国には一乗院・大乗院という二つの守護が存在し、それぞれに不可侵の守護領（門跡領）を管轄しつつ、他方、共同して一国全体にわたるもろもろの権門高家領に守護権を及ぼしているという尋尊の右の言葉は、それなりに中世大和の国制上の特質を見事についた表現とみることができる。少なくとも中世の興福寺には、興福寺そのものの歴史からは相対的に自立して、おのおのが守護を称しうるがごとき二つの院家（門跡）が包含されており、各院家の自立的な歴史が相互に織りなされてはじめて興福寺が存立したものであることを尋尊の言葉は語っているとみることができる。本稿で述べるのは、そのような意味での門跡の一つ、南都一乗院の成立の歴史である。それを尋尊流にいえば、少し極端な表現にはなるけれども、大和国の一方守護の成立前史とでもいえようか。

1 「簡要類聚鈔」と行賢

京都大学文学部が所蔵する一乗院関係史料のなかに、興福寺の僧法眼行賢によって著わされた「簡要類聚鈔第一」が含まれている。[6] 最初の成立は弘安五年(一二八二)であるが、京大本は南北朝時代の古写本である。また東京の成簣堂文庫には「簡要類聚鈔第三」があって、これは文永八年(一二七一)の原本を弘安五年になって行賢自身が抄出したものである。京大本には「一乗院家院主次第」と「御領注文」が、成簣堂本には一乗院の「年中雑事注文」が記されている。「簡要類聚鈔」はもともと五巻あったらしく、[7] いまその全貌を知りえないのは残念であるが、それでもなお両者あわせて、文永・弘安年間にいたる一乗院家の歴史と現状について、ある一つの明確な実態を提示するものとしてたいへん興味ある史料である。本稿で私は行賢の目を通してみた一乗院の成立と現況を二、三の解説を付してできうるかぎり再現してみたいと思う。

本論に入る前に筆者の行賢について簡単にふれておきたい。行賢は一乗院の十代院主実信の側近として、院務をとりしきった実務練達の僧侶であったらしい。行賢の学問への精進ぶりについては、陽明文庫本「法曹至要抄」「裁判至要抄」を書写したことがその奥書にみえている。また行賢は実信の没後も、その遺領に関する遺言を「行賢之沙汰」として執行する立場にあり、[8] 十一代院主信昭のもとでも院務をとりしきって、その没後にも活動をつづけている。(9)「簡要類聚鈔」のなかで、行賢はしばしば「故僧正御房」とか「故御所」とか称して実信のことに言及している。というよりも、行賢は「簡要類聚鈔」の中で故実信の言葉をかりて、一乗院の過去と現実とについて述べているという方がより正確である。実信は近衛基通（普賢寺殿）の息であり、父基通の意をうけて一乗院へ下向し、承久二年（一二二〇）に院務をうけつぎ、康元元年（一二五六）に没している。「簡要類聚鈔」は実信の時代に焦点をあてながら、主としてそこにいたるまでの一乗院について記述した記録である。

2 「院主次第」

一乗院の院主歴代の行跡は、一乗院の歴史を知るためのもっとも基礎的な事実である。「簡要類聚鈔第二」は院主歴代について**表1**(A)(B)(C)欄で示したような事実を記している。**表1**(D)(E)欄は院主歴代の活躍年代を限定するためにその没年や院務の時期を注記したものである。

最初に注意しておきたいのは十一代信昭にいたるこの「院主次第」は、一般に行われている大乗院尋尊筆の「院主次第」と二、三の点で異なっていることである。(10)その最大の相違点は、行賢が内山大僧正尋範（藤原師実息）の名を歴代から抹消していることである。ここで注意したいのは両者のちがいがただ単純な誤解といった類いのものではないことで

表1　一乗院院主歴代

(A)院主	(B)称号	(C)出自	(D)没年	(E)院務
1 定好	本願已講			
2 定昭	本願僧都		永観元(九八三)三・二三	
3 真範	大《ヲウ》僧正		天喜二(一〇五四)一二・五	
4 頼信	法務権僧正		承保三(一〇七六)六・二七	
5 覚信	大僧正御房	京極大殿(師実)息	保安二(一一二一)五・八	承保二(一〇七五)↓
6 玄覚	中僧正御房	〃(〃)〃	保延四(一一三八)九・二一	↓ 保延四(一一三八)?
7 恵信	伊豆僧正御房	法性寺殿(忠通)息	承安元(一一七一)九・二五	保延四(一一三八)↓ 長寛元(一一六三)衆勘
8 信円	菩提山僧正御房	〃(〃)〃	貞応三(一二二四)一一・一九	治承元(一一七七)↓ 承久二(一二二〇)
9 良円	九条殿僧正御房	後法性寺殿(兼実)息	承久二(一二二〇)一・一四	ナシ
10 実信	発心院御房	普賢寺殿(基通)息	康元元(一二五六)一〇・一七	承久二(一二二〇)↓ 建長六(一二五四)
11 信昭		岡屋殿(兼経)息	弘安九(一二八六)六・一四	建長六(一二五四)↓ 弘安九(一二八六)?

備考　(A)(B)(C)の欄は行賢の記述。(D)欄は「興福寺別当次第」その他による。(E)欄は筆者の推定による。

である。後述するように、尋範が一乗院の院務をとった時期があったのは動かしがたい事実である。しかしながら、尋範をはたして正統な歴代院主の一人に数えるべきであるか否かは、多分に政治的な理由がからんで複雑である。この問題についての判断には、一乗院のあるべき姿についての行賢自身の一定の理念がかくされている。このことは尋尊筆の「院主次第」とて同様である。尋範とほぼ前後して、一乗院院主となったとおぼしい範玄を行賢・尋尊はともに記さない。行賢・尋尊の立場をもってすると、範玄が伊賀守藤原為業の息であり、後白河院の院務介入という不正常な事態で院主になった人物であって、摂関家出身の若君に伝えられるべき院主としての資格を欠いていたことがその理由であるにちがいない[11]。

尋範・範玄を抹消したことからもわかるように、「簡要類聚鈔」に述べられた一乗院の歴史には行賢の政治的立場にもとづく、一定の整除が行われている。それはある意味では、史実から遠ざかる面でもあるが、しかし逆に一乗院の歴史を一定の立場で明確に照らしだしもしている。行賢が述べる一乗院史の骨格はまことに簡明である。それは複雑きわまりない史実のなかから、特別に必要な史実を政務の当事者がえらびぬいた結果である。

ところで、「簡要類聚鈔」における行賢の個性的な見解を端的に表現するならば、一乗院の歴史を担った人物は覚信（師実息）・玄覚（同上）・恵信（忠通息）・信円（同上）・実信（基通息）という摂関家出身の五人の院主にほかならぬものであった。それは恵信という不吉極悪の院主を中間において、それ以前の覚信と玄覚、以後の信円と実信という五人の院主がつみあげてきた歴史であった。五人の時代は承保二年（一〇七五）から建長六年（一二五四）に及ぶ。まさに日本中世の激動の形成過程であった。そして、それ以前の四代は本格的な一乗院史のいわば前史にあたる院家草創の時期として位置づけられる。

以下、「院主次第」に従ってまず「簡要類聚鈔」の内容を紹介し、あとで他の史料で一、二の点をおぎなってみたい。

定好・定昭　初代定好は、「定好已講号二本願已講一／院家草創之最初也。仍号二本願已講一。」とだけ記され、二代定昭は、「号二本願僧都一」と注される。両者はともに一乗院家の「本願」である。定昭についてはこのほかに「行徳勝二于人一、薫修秀二于世一」たことと、大覚寺に墳墓があったことが記される。後段にも「大覚寺此所者本願定昭僧都居所也」とある。京都の大覚寺が一乗院の末寺となった由来を知ることができる。

【補】尋尊の「院主次第」は定昭を初代、定好を二代とする。定昭は天禄元年（あるいは同二年）（九七〇）～天元四年（九八一）の間、興福寺別当をつとめた（「別当次第」）。ただこの時代は行賢にとってはまだなかば伝承の時代である。

真範　行賢によると、三代真範は清水律師清範付法の弟子で一乗院家による因明相承の秘頤はこの真範の時代に始まるという。すなわち後代の院家における修学の伝統はこの真範からうけつがれたものである。実信が行賢に語った相承次第を図示するとつぎのようである。

守朝已講―清範律師―真範僧正③―頼信法務④―大僧正御房（覚信）⑤―覚晴僧都―中僧正御房（玄覚）⑥
　　　　　　　　　　　　　　　　　　　　　　　　　　　　　　　　　―蔵俊僧都―菩提山御房（信円）⑧―九条僧正御房（良円）⑨
　　　―松殿僧正御房（実尊）
　　　―故　僧正御房（実信）⑩

備考　③④…は一乗院院主歴代

［補］ 真範は播磨守平生昌息、長元八年（一〇三五）興福寺権別当、長久五年（一〇四四）同別当、天喜二年（一〇五四）卒、十一世紀中葉の変革の時期を院主として過ごしている。また永承二年（一〇四七）の大規模な興福寺造営は真範が別当在任中のことであった⑫。

頼信　四代頼信の時代は一乗院の歴史が本格化する時期であった。行賢はこの時代に、これまで「尋常之房舎」にすぎなかった一乗院が、「云二堂舎一、云二寝殿一、被レ成二儼然土木□（之）功一」れて、寝殿・堂舎を完備した本格的な院家建築に転身したと記している。この堂舎（御堂）において長講会が始行されたのもこのときのことであった。行賢は「御堂」に

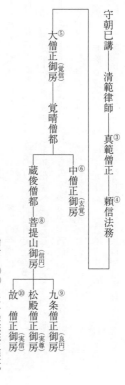

おいて「長講御祈願」が始行されたこと、そのために「供米下行之次第」についての「慇懃之掟」が定められたこと、さらに「下行器物」が定め置かれて「長講ノ斗」と号して、これが今に院家で用いられていることを記している。その後、「長講堂」は一乗院の中心的な堂舎として存在し、行賢の頃にも「長講衆五人」「承仕二人」が置かれていたことが、「簡要類聚鈔第三」にみえる（後述）。一乗院長講会の始行、そのための供米下行次第の整備と長講斗の制定など、これを契機に寝殿・堂舎を備えた本格的な院家建築が出現し、一乗院における財政支出の大綱が決定をみたものである。

頼信は龍花院に閑居している。「龍花院ハ頼信法務閑居之房也、仍為二一乗院御進止一之地也」と行賢は記す。ただこの龍花院は、その後、頼信―覚信―尋範―信円―実尊と相伝されたのち、大乗院に付属せしめられて一乗院の手をはなれてしまう。ただ頼信以後、龍花院三昧堂に一乗院院主の骨が納められていた事実は興味ぶかい。このため一乗院領池尻庄の段別三升米が一乗院から毎年龍花院へ送進されていた。この池尻庄は、「本領主寄附之地」として一乗院に寄せられたものであるが、頼信と特に関係の深かった庄園であったらしく、その年貢の一部が頼信の忌日供料に宛てられていた。

【補】一乗院長講会の始行は康平元年（一〇五八）十二月二十三日である（「興福寺略年代記」[13]）。一乗院の歴史はここから本格化する。頼信は甲斐守藤原頼経息、その後、康平五年（一〇六二）興福寺別当になり、承保三年（一〇七六）六月入滅（「別当次第」）。

覚信　五代覚信の下向によって、中世一乗院の歴史はさらに大きく変化する。すでに十一世紀中葉以来、真範・頼信の時代にその準備は十分に整えられていた。行賢は覚信の下向を「摂籙御子御下二向于当寺一之㝡初也」と記す。南都に新しい時代が到来したのである。

しかし、四代頼信が承保三年に他界したとき、覚信はいまだ若年であったため、戒壇法印頼尊がこれを扶持した時期があったという。頼尊の一乗院とのかかわりはたいへん深かったらしい。頼尊の墓所は鳴河山にあり、行賢の頃にもその遠忌は「院家之沙汰」として一乗院が行い、供米を鳴河山に送遣している。ところで覚信の南都下向をひときわきわだたせているのは行賢のつぎの文章である。

法務御房（頼信）令二他界一給之刻、御若年之間、戒壇法印頼尊奉レ扶二持之一。当国々司被レ止レ之、永被レ付二寺社一、以二諸道之輩一、被レ付二一乗院家一了。今寄人等是也。御一門御下向殊被レ奉二賞翫一之故也。

覚信の南都下向とともに、大和一国の国務が寺社（興福寺・春日社）に付せられ、諸道之輩が寄人として一乗院に付せられたというのである。一乗院諸座寄人の起源に関する行賢の説明は、大和一国の国務支配のそれとともに覚信下向にこめられた重大な歴史的意義をあますことなく物語っている。

［補］　頼尊は左京大夫藤原実康息、承保元年（一〇七四）興福寺権別当、応徳三年（一〇八六）辞任、寛治三年（一〇八九）同別当、康和二年（一一〇〇）卒。「興福寺略年代記」

は「一乗院住」と記す。形式はともかく実際に院務をとった時期があったのではなかろうか。

ところで、右のような意義を担う覚信の下向は何年であったのだろうか。尋尊の「院主次第」は覚信について、「承保元年出家、十歳」と記す。頼信が没した承保三年に覚信は十二歳の勘定である。ここで注目させられるのは、「五師長専記」の抜書である内閣文庫「寺門事条々聞書」が載せる応永二十一年七月八日興福寺衆徒国民事書案[14]に、「大和洲者、承保之明時、御‐寄二附一国之吏務於興福寺一、元暦之往代重被レ付二守護職一畢」とあることである。この史料は、承保年間の国務寄附の記憶を伝えるものとして重要であるが、私がより重視したいのは、「大和国奈良原興福寺伽藍記[15]」が記すつぎの短い記述である。

承保二乙卯年、和州一国吏務被レ付二興福寺一。

右の「伽藍記」は、その奥書によると、承暦三年（一〇七九）に興福寺僧還円によって著され、久安元年（一一四五）に下賀茂親定によって転写されたものであると知られる。この奥書を信じるならば、吏務寄附ののち数年を出ずして記されたもので、同時代史料として、特に信憑性が高いとみなしうる。私は覚信の下向につづく、大和国務の興福寺への寄附、諸道之輩の一乗院家への付属を、事の実態については種々の問題点を残すにせよ、右の記述によって承保二年（一〇七五）であったと判断するものである。承保二年、頼信はまだ興福寺別当に在任中であった。そしてこの年に覚信の父師実が関白に就任し、はじめて内覧の宣旨を得ている。覚信の下向は、白河親政下における師実政権の対南都政策の展開のなかで実現をみたものであったとみることができる。行賢の言によるかぎり一乗院家による諸道之輩＝諸座寄人支配の起源もまたここに存したとみうるのである。

玄覚　六代玄覚について、行賢は何ほどのことも記さない。玄覚も覚信と同じく師実の息であったこと、覚信の「大僧正御房」にたいして「中僧正御房」と称されたことのほかには、ただ「当寺之興隆、多此時之御事也」と記すのみである。もっとも「御領注文」のなかでは、生馬庄が玄覚の時代に厚厳房律師定覚によって一乗院へ寄進されたものであること、また波多杜新庄の年貢所当米が玄覚の忌日用途に宛てられていたことを書いている。この波多杜新庄は住人たちが院家の御勢に募らんがために寄進したものであると書くが、他の例からみてこの庄が玄覚時代の寄進だった可能性が強いと思われる。

［補］　玄覚は天治二年（一一二五）興福寺別当任、大治四年（一一二九）大仏師長円の凌轢事件にまきこまれて別当を降り、天承二年（一一三二）に別当に再任し、保延四年（一一三八）に卒した。玄覚の別当時代は興福寺全体としてみればすでに悪僧信実の活躍期に入っていた。(16)

恵信（本名覚継）覚信・玄覚につづく七代院主恵信は関白忠通の息であったが、行賢は恵信をもっぱら不浄・不吉の院主であったとする。行賢はそれをつぎのごとく「衆徒」との対立ならびにその結果としての後白河院の院務介入という構図でとらえている。

恣令レ押二領甲乙人領一、経二積悪一之余、衆徒蜂起焼二失佐保田二谷御房一、奉レ令レ処二于寺勘一之問（間）、御‐経二廻于洛陽一給、令レ遷二配所伊豆国一給了。於二配国一御入滅了。此間一乗院々主職御没収、為二院御進止一者也。

すなわち行賢は恵信について、(1)甲乙人の所領を押領したこと、(2)衆徒が蜂起して恵信の佐保田二谷御房が焼かれ「寺勘」に処せられたこと、(3)恵信はしばらく洛陽を経廻し、やがて伊豆国へ配流され、そこで没したこと、(4)この間、院主職は没収され、後白河院の進止になったこと、の四点を指摘する。興福寺別当をつとめる一乗院院主が大衆の名によって、「衆勘」ないし「寺勘」をうけて放逐される時代がその頂点に達していたのである。

【補】右のうち、(2)の衆徒による佐保田二谷御房の焼打ちは長寛元年（一一六三）七月二十五日のことである（「別当次第」「百錬抄」）。しかし、恵信「衆勘」事件の背景については、少なくとも保延四年（一一三八）の六代院主玄覚没後にまでさかのぼって説明を加える必要がある。すなわち、この年九月二十一日に玄覚が亡くなると、早くも二十八日には寺内の実力派権上座信実に寺務執行を命じた忠通の長者宣が下る一方、十月二十九日には権別当隆覚（右大臣源顕房息）の別当への昇任が決定をみて両者の激しい衝突が始まる。翌五年正月には、公文目代俊賢の住房が切り焼かれたのを手はじめに、三月八日の大衆蜂起で別当隆覚の西林院住房が焼き払われたほか、修理目代林盛房・会所目代覚融房・通目代智経房以下がおそわれている。

玄覚から一乗院を継承していたとおぼしい恵信（覚継）が興福寺権別当に就任したのは同じ年の二月十一日のことであった。三月八日の「大衆追却」をうけて別当隆覚の解任が決定的になる一方、四月になって法橋寛与・権上座信実が検非違使季範に付されて事態が静謐にむかうと、権別当恵信は早速継永・寛覚・永玄・玄助・定源など信実派の僧侶をみずから検非違使に引き渡している。逃亡していた寺主義朝も捕えられて、長者殿下忠通から院へ進められ、陣において所職を解かれた上、平袈裟表衣を脱がされ検非違使季範に渡される（「別当次第」）。長者忠通・権別当恵信父子のこの事件への積極的干与が明らかである。しかしながら別当隆覚が「衆勘」をうけて辞任に追いこまれたあと、権別当がつぎの別当に昇格するという慣例があったにもかかわらず、恵信の別当昇格は覚誉（保延五年十二月十五日任―久安二年十二月十七日卒、刑部大輔藤原師季息）、覚晴（久安三年二月十三日任―同四年五月十七日卒、右大臣藤原宗忠息）、そして再度隆覚（久安六年八月十六日再任）という三人の別当就任によって相ついで阻まれている。覚晴が別当に就任したさいなど、恵信は、「鴨川山寺」に籠居して出仕せず、春日行幸賞で権少僧都に補せられたにもかかわらずただちにこれを辞退している。覚晴は玄覚の学問上の師であり、恵信のはるか先輩にあたる人物ではあったが、天養元年（一一四四）の忠通による大和国検注実施にさいしては、積極的な反忠通派にまわり、同年の他寺探題の役をはずされている。すなわち「別当次第」は、康治元年（一一四二）に他寺探題を覚晴に譲りわたした覚誉がこの年再度これを勤めることになった理由として、「天養元年又勤二仕他寺探題一覚晴僧都依二大和検注事一長者殿御気色不レ宜之故也。」と書いている。明確かつ積極的な反忠通派であったにちがいない覚晴が、その三年後に恵信をこえて別当に就任したわけである。

この覚晴が亡くなったあと、別当職は三カ年にわたって空位となる。すなわち覚晴の入滅を記した「別当次第」はつづいて「此間三箇年上座信実寺務執行」と追記とおぼしき記事を記し、また久安六年の隆覚の別当復任にさいしては、「三箇年間依レ無二別当一、依二大衆訴一還着複《ママ》任」と書いている。恵信の別当就任を阻止しつづけたのは実に反忠通路線をとるこの興福寺大衆の動きであったにちがいない。「別当次第」はこのことを、「凡覚誉・覚晴・隆覚三代超二権《恵信》別当一了」と記している[17]。したがって保元の乱によって、摂関家における忠通の覇権が確立し、寺内から忠実・頼長派の勢力が一掃されることになってはじめて恵信の興福寺別当就任が実現したのであった。乱後の忠通の対南都強硬政策に抵抗を試みたのは大衆の支持によって別当についていた隆覚であった。保元二年（一一五七）に蔵人治部大輔源雅頼の奉行によって、国家の大事としての内裏造営宣旨が諸国に下されたが、そのさい「神社仏寺権門勢家領等、不レ論二有輸不輸一所二宛催一也。以レ之不レ可レ為二向後之例一」との原則のもと、「十二堂材木一房」が寺家の庄々に宛てられるや、興福寺別当隆覚は、「傷二無レ例之瑕瑾一」んで忠通のもとへ辞表を提出することになった。恵信の別当就任を狙っていた忠通はただちにこれを受理し、造内裏役は上座信実が寺務を執行してこれを勤仕したという（「別当次第」）。このようにして恵信は、保元二年十月に待望の別当職に就いたのであったが、翌三年七月に寺内の大衆は国司平基盛による公田検注を怒ってこれを奉行した上座信実の房舎を焼いている[18]。先述のように五年後には、恵信が「衆勘」によって寺内を追放されることになる。忠通の対南都政策にのった恵信への寺院大衆の強烈な反撃であったことが明らかである。

長寛元年七月二十五日二谷住房を焼打ちされ、寺内を追放された恵信は軍勢を集めて逆襲に出たが、八月二十五日に西田井三条口法花寺鳥居東辺で三日にわたる合戦の末に敗北して退いた。このとき恵信の軍勢の大将軍として源八郎義基（五郎兵衛義清息）・源忠国（檜垣勾当息）がいた。恵信は仁安二年（一一六七）三月十日に、再度、逆襲に出て寺家に打ち入り、喜多院・松室円城房を焼き払ったため、大衆の奏聞によって五月十五日に配流宣旨が出される[19]。しかし恵信はなおも京都にとどまろうとしたが、大衆参洛の圧力のもとについに屈して、八月二十五日にようやく関外に出て、承安元年に配所で没したという（「別当次第」）。

信円　八代信円は恵信と同じく忠通の息である。行賢は信円について、(1)はじめ恵信の弟子となり、恵信が「衆勘」をうけて在京していた頃も、恵信と行動をともにしていたこと、(2)しかし恵信が配所へ遷ったのちは、兄の六条摂政（基実）のはからいで興福寺へ下向、内山大僧正御房（大乗院尋範）の弟子となり、「次第之階業」をとげて、尋範の遺跡を相伝したこと、⑶一乗院院主職はこの間、後白河法皇のはからいとして範玄僧正・内山僧正（尋範）に宛てられていたが、承安の頃信円に返されたことを記している。

【補】　右の⑴⑵の記述については多少つじつまのあわない点が残る。摂関家では長寛二年（一一六四）に忠通が、つづいて仁安元年（一一六六）に基実が相ついで没している。信円の南都下向は基実生存中のことであろうから、恵信が二度目に南都襲撃を行った仁安二年には信円はすでに尋範のもとにいた可能性が強い。信円の南都下向を恵信配流のあとであるとする行賢の②の説明は、このところの前後関係が少し不正解である、ところで尋範は一乗院の覚信・玄覚と同じく、師実の息であったが、こちらは大乗院を相承していた。寺内では頼長派に属しており、「別当次第」は、「保元元年七月廿七日依二左大臣頼長之事一、被三解官並没二官所領一。仍籠二居于東小田原山寺一」と記している。忠通派の恵信が「衆勘」をうけて失脚したあと、長寛二年五月一日にかわって別当になり、承安二年六月二十七日に多武峰焼打ち事件の責任をとって解任され、同四年に入滅した（「別当次第」）。信円が基実のはからいで尋範の弟子として再度南都へ下向したことからみて、すでにこのとき基実が父忠通の対南都強硬政策を大きく転換させつつあったことがうかがえる。

ところで行賢の説明でなお問題が残るのは、⑶の後白河院による院主職進止の記述である。行賢はこのところを、「此間一乗院々主職御没収、為二院御進止一者也」と記し、あるいは、「一乗院院主事、自レ元被二収公一之上、伊豆（恵信）僧正御房令レ向二配所一給之刻、令レ進二後白河院一給之間、為二法皇之御計一、或宛二給範玄僧正一、或仰二付内山僧正（尋範）御房一。然而承安之比、菩提山（信円）僧正御房令二返賜一給了」と書いている。行賢に従うかぎり、一乗院院主職は最初に収公され、ついで伊豆僧正（恵信）が仁安二年に伊豆へ流されたさいに後白河院に寄進され、法皇のはからいで範玄と尋範に与えられ、承安の頃に信円に返付されたということになる。

　また尋尊の「院主次第」は信円について、「恵信僧正離寺之時、被レ改二門主一之間、永万二年二月三日被レ補二一乗院々主一之由、被レ下二長者宣一、俗別当右中弁俊経奉」と記し、「別当次第」は「永万二年正月十九日補二一乗院々主一」と記している。日付は異なるが、ともに永万二年（一一六六）の信円院主補任を伝えている。ついで「別当次第」は、信円について、「同年（承安二）月日伊豆僧正以二一乗院一被レ寄二進院御領一云々、仍離二彼院主一畢」と記し、尋尊は尋範にかんして「信円成仁之間、可レ加二扶持一之由、被レ下二長者宣一。則承安二年七月廿三日被レ補二一乗院々主一之由、被レ下二長者宣一了」とする。両者をあわせると、承安二年の恵信の一乗院領寄進とそれに伴う信円の院主解任、尋範の院主補任ならびに信円扶持の事実が語られる。さらに尋尊は、「尋範大僧正入滅之後、治承元年八月十六日還二補一乗院院主一之由、被レ下二長者宣一、俗別当左大弁俊経奉」と書き、「別当次第」は「同年（治承元）八月十六日還二補一乗院院主一大衆往古寺領不レ可レ為二院御領一之由、依二訴申一被二裁許一也」と書く。尋範は先述のごとく承安四年に没しているが、その後、治承元年（一一七七）に大衆の訴訟によって、院領の返還が実現をみたというのである。「別当次第」と尋尊の「院主次第」は説明が具体的であり、両者は指摘する事実は異なるがほぼつじつまがあっている。もしも両者の記述を重視するならば、行賢が「然而承安之比菩提山僧正御房令㆓返賜㆒給了」と書いたのは、正確には承安四年四月の尋範入滅ののち、信円への一乗院返還のことが具体的日程にのぼり、大衆の訴訟があって、治承元年になってこれが実現した事実を指しているとみてよかろう。

さらに、行賢は後白河院進止のもとで一乗院院主として、範玄・尋範の両人が登用された事実を伝えている。尋範の在任期間は先述のとおりいちおうの推定が可能であるが、範玄のそれはいつであろうか。これについては尋範以上にあいまいであるが、ここでは範玄が承安五年三月四日に元興寺別当に補任されたのち、治承元年に南都大衆の訴によってこれを停任されたという事実だけを指摘しておきたい（「別当次第」）。範玄の元興寺別当解任は、大衆の訴によって一乗院の信円への返還が実現をみた時期にほぼ一致している。範玄はあるいは尋範の死後、後白河院の意志によって一乗院院主を継承していたのではなかろうか。この点を含めて、後白河院領時代については後考にまちたい。

信円は承安四年にまず大乗院をうけつぎ、治承元年には一乗院をも正式に継承して、寺内の勢力を統合し、平重衡による南都焼打ち（治承四年十二月二十八日）の直後、治承五年正月二十九日に興福寺別当に就任、六月には興福寺寺辺新制を出し[20]、源平内乱の激動期をのり切って、文治五年（一一八九）に別当の地位を退いている（「別当次第」）。信円の依学の師は蔵俊であり、一乗院家に相承される因明を彼は蔵俊からうけついだ。蔵俊は俗姓巨勢氏。大和国高市郡池尻村の茅屋の生まれで、例の覚晴を師とし、「探二法相秘賾一、二明之才、軼二于時輩一」といわれた高僧で、凡人の出でありながら治承三年には権別当につき、安元二年（一一七六）の探題にさいしては僧綱以下が扈従するなかを、弟子の信円が「信円僧都長者殿下御舎弟、致二師資之礼一、成二威儀之厳一。修学面目、誠絶二古今一」とまでいわれている。一乗院の二明相承は先述のように、覚晴・蔵俊を経て信円に伝えられた。蔵俊に学んだ信円は一乗院歴代のうちでも特にスケールの大きい政治家であったと解される。

良円 九代良円は九条兼実の息であって信円の甥にあたるが、信円から一乗院院主を譲られただけで「院家領等悉無二御管領之儀一」して、信円に先立って早世したと行賢は記す。実質上信円の院家支配が継続したというのである。「簡要類聚鈔第一」の京大本は、良円が「承安三年正月十四日御早世御年四十二了」とするが、これは後述のように、「承久二年正月十四日」の単純な誤記であろう。

［補］良円の一乗院院主職継承には兼実以来の九条家の思惑がからんでいたにちがいない。良円は建永二年（一二〇七）正月二十二日興福寺別当になるが、翌承元二年（一二〇八）二月六日に辞退、「御寺連々不レ閑之上、御所労之故也」と追記され、建保六年（一二一八）十二月二十六日に復任するが、承久二年（一二二〇）正月十四日、四十二歳で入滅している（「別当次第」）。

実信　信円の実質的な後継者は十代実信である。実信は普賢寺関白基通の息で、その入寺には父基通の強い意向がはたらいていた。行賢の記すところによると、実信は十歳で信円の門に入り、その入室の儀は乳母の大納言典侍の亭で行われたという。後述する日野殿の御所であろう。

実信の下向について、信円は基通の申し出を再三にわたって辞退しつづけたという。そのときすでに信円は一乗院を九条兼実の息良円（九条殿僧正御房）に譲り、大乗院・龍花院を松殿基房の息実尊（松殿僧正御房）に譲ったあとであって、「直可レ被レ進之御門跡、無レ之」というのが最大の理由であったと解される。信円の辞退にたいして基通は、実信については胎内のときから男子であったなら春日大明神に進めるとの慇懃の所願があったと強硬に申し入れ、社頭七カ日の祈請によって探を取り、神慮にまかせてその下向が実現することになった。こうして実信は信円のはからいで良円の弟子となり、将来、一乗院を継承することになったわけである。良円の不慮の早世により「院務事、自二菩提山御房（信円）一被二譲進一了」と行賢は記す。

基通による南都制覇の計画は実信による右の一乗院家の継承のみによって止むことはなかった。基通は後鳥羽院を動かして大乗院実尊のあとをも実信につがせようともくろんだ。すなわち信円に宛てた光親御奉行の院宣には、

山門者梨本・青蓮院今雖レ称二両門跡一元是一流也。而相二分于両門一之間、其諍無レ断歟。

然者御遺跡事無二其煩一之様可レ有二御計一也。内山《尋範》・伊豆《恵信》之時先例已以如レ然。未来之様、非レ無二其疑一歟。彼此御管領之間無二別子細一歟。今九条殿《兼実》・松殿《基房》両御息各御伝領歟。大僧正《信円》御房御閉眼之後非レ無二御不審一。若其煩令二出来一時者、雖レ為二御遺跡事一可レ有二計御沙汰一也

とあったという。この勅定をうけた信円は実信を実尊の弟子にして大乗院をも継承させることにした。基通はこのとき右の事実を伝えた信円の申し出に異存のない旨答え、「別御志」をもって長川庄を信円に進めたという。基通はさきに実信の入室が決まったさい、忠通筆の「皇代記」一巻を、また実信が実尊の弟子になったときには義淵筆の最勝王経一部を引出物として信円に贈っている。こうして実信による一乗院・大乗院統轄が構想されていたのである。

ところで、実信が信円から院務を継承したのはいつであろうか。実信は建長三年（一二五一）に、「而愚身二十二歳之時始テ得二院務之譲一、無二殊違失一経二三十年一了」と行賢に語っている。二十二歳の院務継承がその手がかりになる。

[補] (1)ところで、「別当次第」は実信につき「康元々年十月十七日入滅五十八」と記す。一方、行賢は実信入室の時期を「御生年十歳之時」とし、かつこのとき家実が左大臣であったと記している。逆算すると承元二年（一二〇八）の入室となるが、家実が左大臣であったのは元久元年十二月十四日から承元元年正月十日の期間であって時期が少しずれてい

る。しかしこの前後に九条家では建永元年（一二〇六）に摂政良経が、つづいて翌承元元年には兼実が亡くなっている。息家実を摂政（のち関白）にたてた基通が九条家にたいするまきかえし策に出て、ほぼ承元二年前後に実信の入室を実現させたことがうかがえる。(2)つぎに後鳥羽院宣による実尊への入室については、尋尊が「建保五年十一月廿八日被レ入二大乗院僧正実尊門室一畢」と記すから、右の後鳥羽院宣が建保五年（一二一七）であったことが知られる。承久兵乱直前の後鳥羽上皇と基通の接近ぶりがうかがえる。しかし実信をして一乗院・大乗院を統轄させて、第二の信円時代を興福寺に実現させようとした基通の思惑は承久兵乱における後鳥羽上皇の失脚と九条家のまきかえしによって結局は実現しなかったもようで、実尊のあとは九条道家の息円実が大乗院をつぎ、実信が大乗院院主を継承するのは、はるかにおくれて九条道家の没後、建長四年（一二五二）六月二十三日のことであった。四年後には、実信自身が卒して円実が大乗院院主に還補されている（尋尊「院主次第」）。(3)(1)と同じ方式で逆算すると、実信が二十二歳であったのは承久二年（一二二〇）になり、これは良円の没年にあたる。良円の死を契機に実信は信円から院務を譲られたのであろう。

信昭　実信の後継者が十一代信昭である。信昭は岡屋関白近衛兼経の息であったが、行賢は信昭のあとつぎが決定をみるまで二、三のいきさつがあったと書いている。(1)まず、実信の後継者には兼経自身の下向が決定していたが、近衛家の家督左大臣家通の死去によってとりやめになったこと、(2)ついで故高野僧正御房の下向が取り沙汰されたが、これは初対面のさいの印象がわるくて成功しなかったこと、(3)その後、故小田原僧都御房（実静）が下向し、次第に昇進し僧都になったが、遂講のことがおくれたため小田原理趣院へ隠居して早世したこと、(4)信昭下向のことが取り沙汰されていた頃、実静籠居のことがあったため、実信が特に京上して、このことをとりきめ、奏聞を経て「以二摂政殿（兼経）息一可レ為二御弟子一、幼稚之間、以二門徒一可レ被レ扶二持之一、不レ可レ有二別師範一之由」の院宣が下され、信昭下向のことが決定をみたことなどである。(4)のことを行賢は特に「為レ被レ断二杜本僧（円実）正御房之希望一也」と記す。

ここまで書いた行賢は最後に信昭が六歳で下向し、孝恩院・増長院にいたのち十歳で出家、一乗院以下をことごとく譲られて院宣を下され、翌年、方広会竪義を遂業したというところで、院主歴代についての筆をおいている。

【補】(1)左大臣家通の死は貞応三年（一二二四）八月十一日、信円が亡くなる直前であった。近衛家出身者による一乗院家継承の意図がすでに早くから明確である。(2)尋尊は信昭について、「建長六年出家、十歳」と記す。これよりして、信昭の下向が建長二年（一二五〇）、一乗院家の継承が建長六年（一二五四）であったと知られる。(3)なお「杜本僧正」については、「三箇院家抄」が「森本法務大僧正円実」と記す。九条道家息である（「別当次第」）。

院主歴代について行賢が語ったのはほぼ以上のごときものであるが、彼は最後に建長三年八月十一日に故実信が行賢に語ったという言葉を引用している。それによると実信は、一乗院の院主は一徳がなければこれを久しく保つことができないことを強調しつつ、歴代について、覚信が衆徳世にすぐれた人物であったこと、つぎの玄覚が学生方は「猿程の事ニテ」あったけれども「以外ノ勤者」であったこと、恵信はその徳がなくして不吉であったこと、信円の徳は「不レ能二左右一之御事」であったこと、故良円は院家を譲られただけで、院家領知行のこともなく幾年も経ずして入滅したこと、自分は二十二歳以来、三十年にわたって院務をつとめ、信円と自分以外に「此程、長久之例」はかつてなかったことなどを述べ、自分の一徳は「人ニ不正直ト被レ申候ハテ罷過候ハんと存□(候)を可レ為レ詮」といって信円に賞められたことなどを述べて、下向さるべき近衛殿若君（ここでは信昭）が「相構テ能人ニテ院務アルヘキ歟」と申されたとしている。

すでに述べたように、平安最末期の後白河院による没収の時期ののち、信円は治承元年から承久二年にいたる四十三年間を、そして実信はひきつづき建長六年にいたる三十五年間をともに一貫して一乗院家に君臨しつづけたのである。源平内乱の前夜から承久の乱を経て建長年間にいたる鎌倉前期の一乗院の歴史は実にこの信円・実信二人の活躍によって彩られていたのである。

3 「御領等」

「簡要類聚鈔第一」の後半部分は、一行目を「御領等」と書き出した一乗院領の所領注文である。ここに行賢が記した所領は中世の末になってから尋尊によってメモ風に筆録され、さらに尋尊のメモをもとにして永島福太郎氏が『奈良文化の伝流』において中世の一乗院家領の全体を示す史料として紹介されており、所領名をはじめ、二、三のことはすでに早くからよく知られているものである。[21]

ところで行賢は右の所領注文において、全体で九十八所領、系列下に入る諸院家（宝積院・花山院・理趣院）の所領をその数に加えればおよそ百十の所領を一乗院家領として掲げている。「簡要類聚鈔」が著された文永・弘安頃の一乗院家領のひろがりがここに認められるわけである。

右の九十八、ないし百十の諸所領はそれぞれいくつかのグループに類別されうる。今、行賢自身の分類に従ってこれらを類別すると、ほぼつぎのようなものになる。

御領等

(A) 一乗院家

(a) 十二ヶ所御領

(b) 沢庄以下三十一所領

(c) 同末寺
(d) 同御祈願所
(e) 宝積院家
(f) 花山院家
(g) 理趣院

(B)

(h) 御門跡外御知行所之事

さて、これらの各グループにはそれぞれの性格、歴史的由来が存していた。まず(A)グループのうち(a)から(d)までは信円の時代にいたるまでにさまざまの経路を経て一乗院に伝領されるようになった本来の一乗院家領の記載である。すなわちこれらの所領は院政期から承久頃までにすでにほぼ確定されていた一乗院の所領である。つぎの(e)(f)(g)はそれぞれ興福寺に所属する院家であって、(e)(g)は実信が現に伝領し、(f)は本来、実信が伝領すべきもので、いずれもいわばひろい意味での一乗院家領に入るべきものである。それにたいして(B)hの御門跡外知行所は実信の時代になるまでは興福寺と関係なく近衛家（摂関家）や日野方に伝領されていた所領である。ここでいう日野方とは五条大納言邦綱の娘成子（大夫三位局）のことである。「故僧正（実信）御房の御免のと女房大夫三位局ハ五条大納言邦綱卿嫡女也。宰相成頼卿の室家也。而成頼卿遁世高野山爾隠居之後、大夫三位局ハ日野ノ別業ニ被二常住一了」と記されている。

以上、簡単にみてきたことからもわかるように、行賢が記した所領注文をくわしく分析するならば、おそらく白河院政期から文永・弘安年間にかけて一乗院家領の形成過程を具体的に追求することが可能になると考えられる。ただここでは準備不足のこともあって、(A)aと(B)hの二グループについてだけ簡単にふれて、前節の院主歴代との関連をさぐってみたい。

行賢の所領注文でもっとも注目されるのが(A)aの十二ヶ所御領である。興富・窪田・兼殿・大内・菅田上・同下・幸前・平野・大田・池田・南淵・郡殿のことを「是十二ヶ所御領ト称也」と記した行賢は、これらが(1)その年貢米が一年中の相折米に宛てられていること、(2)人夫伝馬以下の万雑公事を勤仕したこと、(3)このうち池田・南淵・郡殿を「三ヶ庄」と号したことの三点を指摘している。つまり、この十二ヶ所御領こそが、鎌倉時代における一乗院家の年間の財政支出を基本的に支えていたのである。とするならば、たとえ明記されていなくてもこの十二ヶ所御領が形成された時期をほぼ推測することが可能である。すなわち組織の上でもまた財政上でも中世一乗院の骨組みがつくられた時代、前節との関連でいえば、それは四代頼信の時代をおいてほかに考えられないと思われるのである。康平元年（一〇五八）に一乗院長講会が始められ、供米下行次第が確定され、長講斗が定められた。そのための堂舎（御堂＝長講堂）が建立され、寝殿も整備された。頼信の時代に一乗院は尋常の房舎から本格的な院家建築へと変貌をとげたのであった。十二ヶ所御領はおそらくこのときに整えられたと推測される。行賢は十二ヶ所御領のなかにさらに「三ケ庄」といわれる特別領域が含まれていたことを伝えている。三ヶ庄は根本所領中の根本所領でなければならない。おそらくこれは真範ないしそれ以前にさかのぼる最古の院家領であったと考えてよいであろう。

右の十二ヶ所御領の対極に位置するのが(Bh)の所領である。さきに述べたように、信円の後継者として実信が登場するさいには、近衛基通の強力なあと押しが存したのであった。承元の頃の実信の下向に伴って莫大な荘園所領が南都へもたらされている。基通は子息実信を一乗院へ送りこむとともにその財政基盤を格段に強化して、一乗院と近衛家との結びつきを強化し、同時に南都における一乗院院主の地位を高めようとしたにちがいない。そのための所領を特別に書き上げたのが御門跡外知行所の大筋である。十二ヶ所御領がいわば中世一乗院の出発点を示す所領群であったのにたいし、御門跡外知行所のそれは、鎌倉時代をむかえてからの一乗院の最新の到達点を近衛家との密接な結びつきという点で象徴的に示す所領群であったといいうる。

御門跡外御知行所の所領群をまとめたのが**表2**である。行賢はこれを(ア)近衛殿御家領と(イ)日野方御伝領之地に二大別し、そのほかに(ウ)日野殿・靡殿御所という二つの御所を記している。

ところで(ア)の近衛殿御家領全体の性格を決定しているのは大隅・薩摩・日向三カ国にわ

表2　御門跡外御知行所

所領	所在	伝領次第〔供料等〕
(ア)〔近衛殿御家領〕		
嶋津	大隅・薩摩・日向	邦綱→大夫三位局→実信
揖斐	美乃	〃
益田	伊勢	〃
仲村	下野	〃
西院	山城	〃
神野庄	美乃	近衛基通→同兼基(北少路殿)→実信
木津庄	山城	近衛兼経(?)→実信(?)〔近衛家実忌日料〕
長川庄		近衛基通→信円(→実信)〔長川大般若不空羂索経転読料〕
吉田庄		近衛兼経→実信〔毎月七ヶ日大般若転読料・八月十五日始行唯識十講料〕
家浦庄	備前	近衛兼経→　〔最勝瑜伽講読料〕
(イ)〔日野方御伝領之地〕		
福岡庄	備前	邦綱→大夫三位局→実信
賀茂嶋	志摩	邦綱→大夫三位局→実信
菱河庄	山城	大夫三位局→実信
左衛門督御領	山城	大夫三位局→実信
桂殿御領	山城	葉室成頼→大夫三位局→実信
安井庄小田	摂津	大夫三位局→高野山禅侶檀勝房→実信
(ウ)〔その他〕		
日野殿		大夫三位局→(大納言典侍)→実信
靡殿御所		山僧信覚律師→大納言典侍→実信

たる嶋津庄をはじめとして、美濃国揖斐庄、伊勢国益田庄、下野国仲村庄、山城国西院の五所領であって、これらは邦綱から大夫三位局を経て実信に伝来した近衛家領であった。また、右につづくものとして美濃国神野庄は基通から息兼基（北少路殿）を経て実信へ、長川庄は基通から信円を経てそれぞれ実信へ伝来した所領である。嶋津以下の五所領の伝来についての行賢の文章に直接には基通の名前は現れていないが、これが本家近衛家（基通）の管轄下に置かれていたことはいうまでもない。(22) ところで行賢は、忠通の時代以来の嶋津以下五所領の変遷をとりまとめてつぎのように書いている。

已上近衛殿御家領也。邦綱卿依二年来之忠功一法性寺殿《(忠通)》御時可レ令二子孫相伝一之旨、彼卿知行御家領等光雅卿《于時弁官》奉行被レ下二御教書一了。仍重邦朝臣・大夫三位局《(成子)》・別当三位局《(邦子)》・大納言典侍局《(輔子)》、此等之子息等ニ分譲之処、別当三位局ハ□《(無)》二其跡一。大納言典侍依レ為二重衡卿室家一下二向西国一□《(刻カ)》為二普賢寺殿《(基通)》之御計一皆被二召上一了。大夫三品□《(局カ)》分庄々也。故僧正御房へ被二譲進一也。

行賢が記すのは、(1)右の五所領が邦綱—大夫三位局—実信と伝来されたものであったこと、(2)邦綱は多くの近衛家領を「知行」し、忠通の御教書によって子孫相伝のことも保証されていたこと、(3)したがって邦綱はこれを重邦・成子・邦子・輔子の子女たちに分割して譲与したこと、(4)このうち別当三位局には後継者がおらず、また大納言典侍は平重衡の室家として西国へおちたため、普賢寺殿基通のはからいとして、みな召し上げられたこと、

(5)実信へ譲進されたのはしたがって大夫三位局に渡された庄々であること、などである。すなわち基通は本家としてこれらの所領荘園を管轄する立場にあり、(4)にみられるような特別の事態にたちいたれば、これらを本家へ「召上」げたことがわかる。大夫三位局が邦綱の遺領を実信に渡したさい、直接、基通の指示があったか否かは分明ではないが、これが基通の暗黙の支持によるものであったことは最低動かないところである。実信を大乗院実尊の弟子とし、一乗院ばかりか大乗院をも近衛家の系列下に相承させようとして贈られた長川庄の場合ほどには露骨でなくとも、右の所領の動きには基通の政治的意図がこめられていたのである。なお、邦綱が忠通のもとで「知行」したのが領家職であったことは別稿で述べた(23)。

邦綱が領家として忠通のもとで多くの摂関家領荘園を管轄知行していたことを伝える右の行賢の文章は、永万二年(一一六六)に基通の父基実が亡くなったさい、この邦綱が平清盛のもとへ出むいて献策し、摂関家領の多くを故基実室であった平盛子へ伝領させたという有名な事件の背後関係について、一つの説明を与えている。すなわち、邦綱は摂関家領が松殿基房に付された場合、自己の領家職保持が不安定になるのを恐れて、これを平盛子に伝領させようと画策したのであった(24)。「愚管抄」はこのとき盛子が伝領した摂関家領を「鎮西ノシマヅ以下」云々と記す。このとき邦綱は摂関家領の中心部分を領家として管掌していたのである(25)。

(ア)の近衛殿御家領のうち、基通の孫近衛兼経に関係が深いのが木津庄・吉田庄・家浦庄の三庄である。このうち吉田庄については、「寛元宝治之比、岡屋殿（兼経）殊有㆓御祈願御事㆒、以㆓御家領一所㆒被㆑進㆓当社㆒」ようとしたが、実信が再三辞退したため、兼経は「頗有㆓御怨之気㆒」という事態にたちいたったという。しかし七カ日の起請によって探を採り、神慮に任せて「院家知行之由」が決定をみた。ここで兼経が祈った「寛元宝治之比」の祈願について、行賢は「如㆑此之処、御摂籙御事、自㆓関東㆒被㆑申㆑之、御家門之再昌、神慮尤納受歟」と記している。寛元四年（一二四六）の後嵯峨院政の発足ならびに北条光時の謀叛発覚と九条家出身の前将軍頼経の京都送還のあとをうけて、宝治元年（一二四七）正月十九日に摂政一条実経が一条殿へ幽閉されて兼経が摂政に就任した。後嵯峨院政の出発をかざる兼経の摂政就任が関東の指示によるものであったこと、それを九条家と対抗していた近衛家の「家門之再昌」として兼経がよろこんだことが知られる[26]。

一方、(イ)の日野方御伝領の所領群は実信とその乳母大夫三位局の関係の深さを物語っている。そのうち備前国福岡庄は邦綱が備前の国務を掌握していたさいに立庄し、領家職を留保して高倉院菩提のために最勝光院へ寄進し、領家職が大夫三位局から実信へと伝来したものであった。邦綱の娘の一人である別当三位邦子は高倉院の乳母であった。その後、現地では下地の中分が行われ吉井村が最勝光院領となったが、後鳥羽院のとき、一乗院とのあいだに相論が起き、一乗院の領家職が召し上げられ、舞女亀菊がこれを拝領することになった。しかし、承久の乱が起きて「天下改替」ののちは実信が基通と申しあわせて、北条義時に交渉し、もとのとおり実信に返還されたという。邦綱・亀菊・義時など、この荘園をめぐって登場する多彩な人物像はさながら平安末・鎌倉前期の政治史の縮図の感がある。

福岡庄ほど著名ではないが、志摩国賀茂嶋も邦綱から大夫三位局を経て実信に伝えられたもので、実信はそれを兄の近衛家実に寄進して近衛家の家領と号したという。四季に魚貝の御菜を備進していたが、近衛兼経のときに代銭納となし歳末に三結を進めることになったという。近衛家と一乗院との結びつきを強化したこと、代銭納の導入など、この所領も実信時代の新しい展開を伝えている。

また(ウ)の大夫三位局が住んだという日野殿も歴史上の忘れられない舞台の一つである。行賢はここを「広博厳浄之営作、云二堂舎人宅一殆無二比類一」と記す。おそらくここは天下の財宝を傾けたような豪華な御殿をなしていたものと想像される。平家零落ののちに、西海から戻ってきた妹の大納言典侍が大夫三位局をたよってここに住む。文治元年（一一八五）、関東から山科を経て南都に送られる途次、平重衡がこの日野の御所において、大納言典侍とかりそめの再会のときを過ごしたさまは、「平家物語」巻十一の「重衡被レ斬」に哀切に語られている。ともあれ行賢は、大夫三位局が死に臨んで幼い実信に「わ(我)かい(生)きて候と同事と思食候へ、偏御所をたのみまいらせ申置候也」と泣く泣く大納言典侍のことをいいおいたと書いている。さきにふれたように、実信の一乗院入室の儀が「於㆓御乳母大納言典侍亭㆒」て行われていた。日野殿には大夫三位局の建立になる仏身寺があって局の墓所もここにあり、また典侍の墓所もこの日野殿にあったが、やがて承久兵乱のさい、物盗りが乱入放火してことごとく焼失、その後、寝殿については大納言典侍の持物であった京都鷹司高倉から、御堂は靡殿御所から移築されて、再建されていた。

以上みてきたように、五条大納言邦綱の遺跡は大夫三位局を通じて実信の手に帰し、中世の一乗院領の重要部分を構成することになったのである。邦綱の本尊であった毗沙門天王像は大納言典侍のときまでは園城寺の三位僧正重円が、さらに実信の頃には弟子円順僧正、さらに円顗僧正が長日毗沙門の行法とともに相承していたが、信昭にいたって、これを一乗院へ「召返」したという。また邦綱が未来の亀鏡に備えるために作成させた大内裏の絵は、日野殿（大夫三位局）から、実信が相伝したが余本のないもので、実信は基通の言に従って、後鳥羽法皇の要請すら断ってこれを秘蔵した。

以上、行賢の記すところであるが、いずれの話も、実信以来の一乗院が邦綱遺領の正統的な継承者として世間から認められていた事実を示している。

4　諸道之輩＝諸座寄人

行賢が記した「簡要類聚鈔」のなかで、豊田武・脇田晴子両氏をはじめこれまでの研究で注目を集めてきたいま一つの記述は、その第三に記された尨大な数の諸座寄人の存在である。(27) すなわち一乗院の「年中雑事注文」を記した「簡要類聚鈔第三」のなかの正月元日と同三日の部分にそれぞれつぎのような記載をみることができる。

(A) 一、座寄人等菓子酒等被レ下二行之一
元日雑掌下行分
細工所石王丸座　同東大寺座　同佐□□本座　同新座　檜物座　御作手座　釘
鍛冶本座　同新座　同孫座　官行所工新座　同寄座　染殿本座　同新座　同孫
座　漆工本座　同新座　銅細工座　裏無造本座　同新座　佐保田湯那　絵所座
足駄打本座　同新座　檜笠座　長櫃座　大檜笠座　鋳物師座　樋守座　葺工座
皮子造座　箕打座　摺粉鉢座　壁塗座　御牛飼　御厩舎人
已上十二月廿七八日之程下二行之一。員数見二雑掌等之文書一。

三日雑掌方
(B) 一、諸座寄人等菓子酒等被レ下二行之一
本座御童子　新座御童子　大童子座　下部五福法師座　下部新座　下部経徳法
師座　下部カチ法師座　細工所高畠本座　同新座　同貝本座　同北座　同菊園
座　金物鍛冶座　官行所工本座　御厩舎人　御牛飼　恪勤御力者　御中間
已上十二月廿七八日之程下二行之一。員数在二雑掌之文書一。

右の(A)が正月元日の項に、(B)が同三日の項に記されている。ここには一乗院が支配する諸座寄人の数々が記されているのであるが、右の史料について一、二の疑問点をまず検討しておきたい。疑問の要点は(A)と(B)の諸座はどういう関係にあるのかということにつきる。両者ははたして別個のものであるのか。あるいは一部は共通するのであろうか。

結論をさきに述べてしまうと、(A)と(B)は別個のものであって、両者あわせて、ともに文永年間の一乗院所属の座の実態を示すものである。以下、その根拠を述べなければならないのであるが、多少説明が入りくんでくる。

ところで行賢が記した「年中雑事注文」は、右の諸座寄人とともに、鎌倉時代の院家の身分編成をうかがう上でも興味ぶかいものである。ただ行賢のこみ入った記述のために、個々の項目の相互連関がわかりにくくなっている。右の諸座寄人にかんする二カ所に分かれた記述もその一例である。以下の説明のために行賢の「雑事注文」の全体の構成をまず略記しておきたい。

(I)　正月元日　御歯固
　　　〃二日
　　正月三日　年始木造始
　　　〃五日
　　〃七日　心経会

〃十五日　常楽会桟敷・児見物

三月三日

五月五日

七月七日

九月九日

若宮祭桟敷料・児見物

十一月一日　食始

(II)　御京上菜嶋御儲事

すなわち(I)は年中行事、(II)は院主京上のさいの雑事注文であるが、このなかがさまざまにからまりあって記述されているのである。ところで現在の成簣堂本は行賢の自筆ではあるが、弘安五年になって文永本を抄出したものであり、行賢は同じような行事がくりかえし出てくる場合は二度目からは思い切った省略を行っている。つまり、正月元日はくわしく記しても、二日には一部で「如二昨日一」などと書き始め、九月九日などはただたんに「条々如レ前」とだけ書いている。

さて、さきにかかげた史料はともに諸座寄人等に菓子酒等を下行したことを示すものであるが、(A)には「元日雑掌下行分」、(B)には「三日雑掌方」とある。このことに関連して注意されるのは正月十五日の記事のあとと、十一月一日のあとで行賢がつぎのように記していることである。

○凡色々雑事、或御庄々所済、或雑掌用意等也。委旨政所注文有レ之。又雑掌等皆令二所持一歟。元ハ如レ此之条々、一向房官仁之沙汰也。被レ止二房官一之後、別雑掌致二如レ此之沙汰一者也。

○房官役止之後、別沙汰也。

すなわち、一乗院経済の運用は文永以前の一定の時点で「房官役」から「雑掌之沙汰」へと大きな転換をとげていたというのである。行賢がこのことを記した場所はそれぞれ正月分の記述ならびに一年分の記述が終わったところである。「簡要類聚鈔第三」の「年中雑事注文」の記述は、文永・弘安年間における右の「雑掌之沙汰」たるべき雑事次第を記すのが主たる目的であったことがわかる。

さきにみた「元日雑掌」「三日雑掌」というのは、右の雑事負担をこの二人の雑掌が分担していたことを示すものである。元日の書き出しには、「正月／元日雑掌方御前已下紙立菓子幷白散之外」とあるほか、文中に「為二元日雑掌之沙汰一進二上之一」「元日雑掌之沙汰也」「元日雑掌下行分」などと書かれている一方、三日の部分には、「供御の御菓子、今日の雑掌之冣」などと記されている。もっとも同じ三日であっても別項目立ての「年始木造始番匠酒肴」については、「両日雑掌用二意之一」と記されている。両日雑掌とは元日・三日の両雑掌を

指している。同様の例はこのほか、

正月二日　御饌・御菓子（元日雑掌進ㇾ之）

正月五日　酒肴一具（三日雑掌用ニ意之一）

〃七日　御菓子（三日の雑掌用ニ意之一）

　　　　心経会味曾水（両日の雑掌之寂）

〃十五日　御粥料（両日の雑掌之寂）

などがある。(28)

以上、述べた点を念頭に置いて正月元日の記述をみてみると、そこにはつぎの小項目が列挙されている。

(ア)御歯固　(イ)酒肴一具　(ウ)御菓子十合　(エ)白散一具　(オ)公所以下酒肴等　(カ)元三間供御料　(キ)諸座寄人等菓子酒等　(ク)元日上下色目等　(ケ)元三間御饌　(コ)公所以下

右のうち(カ)(ケ)のならびに(コ)は「元三間」の三カ日の共通する記事が元日に便宜合叙されたものであるから、これを別にすると、元日の記事は(ア)(イ)(ウ)(エ)(オ)(キ)と(ク)の両者に区分される。内容をみてみると、前者は元日の行事のために年内に準備しておくべき仕事であり、後者は元日そのものの仕事であることがわかる。簡単にそのもようを再現すると、正月の歯固のために、晦夜になると酒肴一具を元日雑掌が進上し、北面沙汰者がこれを受け取り、恪勤者が棚に備える(イ)。これをはじめとして、菓子十合は御菓子奉行が人々進上の菓子のうちを進上して棚に備え(ウ)、白散一具は医道が進上して棚へ置いた(エ)。以上は院主の居処への御供であるが、(オ)の公所以下にも同様に、晦夜に元日雑掌が酒肴一具・円鏡などを進め、公所・侍所・児部屋では小童部法師が、北面では院仕法師がこれをとりあげている(児部屋には酒肴は備えられない)(オ)。こうして公所・侍所・北面・児部屋が院家に備わっていたことがわかるのであるが、以上のほかに元日雑掌が年内にすませておかねばならぬいま一つの仕事が、(キ)の諸座寄人等への菓子・酒等の下行である。さきにあげた(A)の記述が、ここでいう(キ)の仕事であって、十二月二十七・二十八日頃にすませておかねばならない。

元日になると、寺内の各所から一乗院家へ人々がやってくる。そのさいの接待はもちろん元日雑掌の仕事であり、(ク)の「元日上下色目等」の記述がその詳細を示している。ただしここには僧綱・五師(五人)・三綱・伶人ら、ならびに僧綱らについてきた寺侍や仕丁など、直接院家の構成員とはかぎらないものも顔をみせている。正月元日のようにくわしくはないが、行賢は三月三日と七月七日の記述で、同様に院家へ挨拶に伺候する人々への接待のことを記している。ただし、三月三日、七月七日は正月元日のくりかえしになるので、項目だけを残して思いきって簡略化してあり、また正月とちがってこれらの日には院家の外からの訪問客もないので、院家そのものの行事の骨組みがよくわかり、したがってまた院家の身分構成もよく把握しうる。たとえば七月七日を例示すると、

一、七月七日
長講堂御仏供
同承仕
鎮守上分
供御
公所
待所　北面等　小童部法師院仕等
知院事　頭大童子　木守
下部　諸座下行

のごとくである。三月三日もほぼ同様である。正月元日の記述は非常にくわしいが、その骨格は右のものと全く同様である。三月三日、七月七日の記事を基準にして正月元日のかなり繁雑な記述を読みとっていくとほぼつぎのようにいうことができる。

一乗院の中心建築は長講堂と寝殿であったと思われる。[29]このうち長講堂には長講衆五人と承仕二人が置かれている。長講衆は後述するように最高位の僧侶たちである。このほか鎮守には一乗院木守がおり、持仏堂には承仕がいた。一方、寝殿には院主の居処のほかに公所・侍所・北面などの部屋があり、それぞれ以下のようなメンバーの居処になっていた。

公所　(a)僧綱成業君達児　(b)凡人已講成業等　(c)中臈幷非円堂等

侍所　(a)房官并侍等　(b)侍児
北面　(a)北面者并中童子・大童子等　(b)小童部法師・小童部院仕等(30)

ここに院家における身分編成の骨格をみることができる。

正月元日に院家は参賀の人々で一杯になった。行賢は「知院事五人」の部分で、「色目同前／絵懸盤居レ之、於二公文所落板敷一行レ之。陪膳末座者役レ之」と書き、そのつぎの「頭大童子」の部分では、「色目同上折敷／無二座籍一之間、内々請取也云々」と記す。場所が手狭なこともあって、元日の饗応にあずかるのは知院事までで、頭大童子以下は菓子・肴等を請け取るだけであったことがわかる。ところでさきの正月元日(ク)のなかに記される下部等の記述をとりだしてみるとつぎのごとくである。

下部等

西御塔主典四人	御童子沙汰者三人
御共御童子人数不定	番御童子一人
御厩舎人	御牛飼
木守代	院仕小ホ（童）子二人
上番法師三人	下番法師三人
御作手四人	佐保田御作手三人
御樋法師	樋守二人

御力者人数不定　　　北番一人
御湯々那一人　　　座法師人数不定
已上人別交菓子下二行之一、酒同給レ之。

西塔主典以下これらの人々が一括して一乗院の下部といわれる身分であったこと、彼らの坐るべき座席は元日には確保されず、菓子と酒とが下行されるだけであったことがわかる。ところでこの下部らはまだ元日に参仕して右の品物を請け取ることができた。右の記事が(ク)に分類されるゆえんである。

しかしながら、七月七日の記事の最後に「諸座下行」とみえる諸座寄人らは元日の記事では(ク)からはみだしてしまい、半分は元日の(キ)に、そして残り半分は三日の部分に記される結果になっている。前者が本章の最初に掲げた(A)であり、後者が(B)の記述である。そこに記されていたように諸座寄人らは十二月二十七・二十八日頃に両日雑掌の手から酒・菓子などの下行をうけていたのである。文永・弘安の頃、すでに合計して五十三にも及ぶさまざまな座集団が一乗院家に統轄されていたことが確認されるであろう。

さきにみたように、行賢は承保二年（一〇七五）の覚信の下向にさいして諸道之輩が一乗院家に付せられたことを記し「今寄人等是也」と称している。行賢の念頭にあったのは文永・弘安の頃、毎年末に、院家へ伺候して両日雑掌から菓子と酒を下行され、新年の慶びを述べるさまざまの職能分化をとげた大和国諸座寄人らの姿であったにちがいない。彼らの商工業座としての活躍ぶりについてはさきにあげた豊田武・脇田晴子氏らの研究にくわしいのでここでは述べない。

釘鍛冶座・官行所座・染殿座はすでに本座のほかに新座・孫座（寄座）を成立せしめており、細工所佐□□座・漆工座・裏無造座・足駄打座・御童子座・細工所高畠座などは本座のほかに新座ができている。ここには承保から文永・弘安に及ぶほぼ二百年の中世成立期における寺院産業の急速な展開のあとがきざみこまれている。特に九カ所を超える細工所の数の多さは目をみはるものがある。細工所東大寺座までが一乗院に所属しており、その複雑な歴史を想像させる。檜物・作手・釘鍛冶・染殿・漆工・銅細工・裏無造・絵所・足駄打・檜笠・長櫃・大檜笠・鋳物師・樋守・葺工・皮子造・箕打・摺粉鉢・壁塗・牛飼・厩舎人・御童子・大童子・金物鍛冶など、寺院経済の運用のために統轄された散在工房としての職能集団＝座の幅広い活躍ぶりは文永・弘安にいたるまでの中世前期の歴史的達成であったことに注目させられよう。前章までに述べた一乗院家の発展の経済的基盤の一つがここにあったことが明らかである㉛。

さきにあげた(ク)が「元日上下色目等」と記すように、元日に参賀の辞を述べる人々への応対には身分の上下による序列が明確にうかがえる。知院事まではとにかく座席が用意され、頭大童子は実際上は席がない。下部や諸座寄人ははじめから酒肴の下行だけである。座席のある人々も身分の高下に従って最上位のものには高坏、ついで朱小懸盤（朱懸盤）、

表3　一乗院家元日の身分序列

高坏クラス	(A)　供御(院主)／〔公所〕僧綱成業君達児
	(B)　〔長講堂〕長講衆五人
	(C)　僧綱
朱小懸盤クラス	(A)　〔公所〕凡人已講成業等
	(B)
	(C)　五師五人(朱懸盤)／三綱*／〔伶人等〕将監(朱懸盤)
絵懸盤クラス	(A)　〔公所〕中臈幷非円堂／知院事五人
	(B)
	(C)　〔伶人等〕尉幷志等／僧綱備相具候寺侍
折敷クラス	(A)　〔侍所〕房官幷侍等、侍児　〔北面〕北面者幷中童子大童子等、小童部法師小童部院仕等／頭大童子／御所木守／木造始番匠**
	(B)　〔長講堂〕承仕二人
	(C)　僧綱備相具候仕丁

備考　＊「色目同前」と記すが、すぐ前にある五師と同じと判断される。
＊＊三日の記事に出る。

絵懸盤と下って、最後には折敷が用いられている。その状態をまとめると表3のごとくである。高坏・朱小懸盤・絵懸盤・折敷各欄の(A)欄は公所以下の執務向きを、(B)欄は長講堂などの法会関係を、(C)欄は院家への客人たちというように区分してある。一乗院家における諸身分の横断的な序列づけが明瞭に現れている。

表3の(A)欄・(B)欄の諸身分が院家の中枢を構成し、その外側にすでに述べた多彩な下部・寄人集団が広汎に編成されていたのである。これが一乗院家の基本的な身分編成をなしていた。

以上、「簡要類聚鈔」の述べるところに従って一乗院家の成り立ちを、院主次第・御領・身分編成などにわたって紹介してきた。細部については検討すべきことがまだまだ多いが、行賢や実信の目を通してみた中世前期一乗院の骨格がほぼ明らかになったと思う。そして、同時に最初に述べたような中世大和と興福寺の複雑な政治過程が中世前期にかぎってみれば少しばかりみやすくなったのではなかろうか。

注

(1) 黒田俊雄『日本中世の国家と宗教』(岩波書店、一九七五年)。

(2) 稲葉伸道「中世東大寺寺院構造研究序説」(『年報中世史研究』創刊号、一九七六年)、同「鎌倉期の興福寺寺院組織について」(『名古屋大学文学部研究論集』XXX史学二七、一九

八一年)、同「中世の公人に関する一考察」(『史学雑誌』八九編一〇号、一九七〇年)、永村眞「東大寺大勧進職と油倉の成立」(『民衆史研究』一二号、一九七四年)、同「鎌倉期東大寺学侶僧の形成とその寺内諸活動」(同一四号、一九七六年)、同「中世東大寺子院の経済活動と財政構造」(『南都仏教』三六号、一九七六年)、同「鎌倉期東大寺勧進所の成立と諸活動」(同四三・四四号、一九八〇年)、久野修義「中世寺院成立に関する一考察」(『史林』六一巻四号、一九七八年)、同「覚仁考」(『日本史研究』二一九号、一九八〇年)、田村憲美「十一・十二世紀大和国における国衙領支配と興福寺」(『古文書研究』一九号、一九八二年)、大石雅章「中世大和の寺院と在地勢力」(『ヒストリア』八五号、一九七九年)、同「中世西大寺の寺院組織について」(『待兼山論叢』一四号、一九八〇年)、安田次郎「勧進の体制化と「百姓」」(『史学雑誌』九二編一号、一九八三年)、朝倉弘「大和国雑役免庄考」(『奈良工業高専研究紀要』一八号、一九八二年)など。

(3) 前掲稲葉伸道「鎌倉期の興福寺寺院組織について」は本稿とほぼ同じ時代の興福寺を扱っている。

(4)「大乗院寺社雑事記」文明五年正月十七日条。

(5) 永島福太郎『奈良文化の伝流』(中央公論社、一九四四年)三八頁以下。同「大和守護職考」(『歴史地理』六八—四、一九三六年)。

(6)「京都大学国史研究室所蔵一乗院文書(抄)」。巻末に久野修義氏の解説がある。

(7)「大乗院寺社雑事記」文明十一年五月十三日条に「行賢五巻記」とみえる。この日、尋尊が書き写した「一乗院家御領注文」の所領名は部分的な写しちがいはあるものの、京大本「簡要類聚鈔」のそれと一致しており、右の「行賢五巻記」が「簡要類聚鈔」そのものを指すことは疑う余地を残さない。永島福太郎「摂関家領島津庄の興福寺への分与」(『日本史研究』一一号、一九四九年)。

(8) 「簡要類聚鈔」の本文中に、行賢は一度だけ自分の名を記している。それは彼が平田琴引別符を実信(近衛基通息)の死後に、その「任二御遺言一、為二行賢之沙汰一」て、基通が本尊としていた康慶作地蔵とともに聖護院僧正円忠(基通息)へ渡したと記した部分である。このとき円忠は兄実信の遺言状をみて「恋慕之悲涙」を流したと書いている。

(9) 「弘安九年記断簡」(京大影写本「近衛家文書」九)によると、実信のあとをついだ十一代院主信昭が弘安九年に亡くなったさい、つぎの覚昭(近衛基平息)の入御の次第を行賢がとりしきっている。

(10) 「大乗院寺社雑事記」文明二年四月二十五日条、内閣文庫所蔵大乗院文書「一乗院殿御院主次第」(後発心院筆)など。

(11) 範玄はその後、文治五年興福寺権別当、建久六年同別当となり、同九年に辞任、正治元年に入滅している。元興寺別当、円勝寺・蓮華王院の修理別当、法隆寺別当などをつとめており、後白河院に近い関係をもっていたもようである(興福寺所蔵「興福寺別当次第」。以下、「別当次第」と略記。なお、「続群書類従」巻二史伝部、『大日本仏教全書』興福寺叢書第二、にもあるが、本稿は興福寺所蔵本によった)。

(12) 「造興福寺記」(『大日本仏教全書』興福寺叢書第一)。
(13) 『続群書類従』二九下。
(14) 内閣文庫所蔵大乗院文書「寺門事条々聞書」。
(15) 「大和国奈良原興福寺伽藍記」(『大日本仏教全書』寺誌叢書第三)。
(16) 悪僧信実については、角田文衞「聖武天皇陵と興福寺僧信実」(同『王朝の明暗』東京堂出版、一九七七年)三七七頁以下。なお上横手雅敬「院政期の源氏」(御家人制研究会編『御家人制の研究』吉川弘文館、一九八一年)、五味文彦「儒者・武者及び悪僧」(『歴史学研究』四八八号、一九八一年)など。
(17) この間の事情は、事件当時の日記類を書き抜いた「南都大衆入洛記」(『続群書類従』二九下)にくわしい。久安六年に隆覚・恵信・尋範の三人が別当候補であったこと、「或者曰、法皇心欲㆑補㆓隆覚㆒」云々と書かれており、そのさい法皇は隆覚を推していたこと、しかし別の日記は「但権別当当時長者殿下御息、補㆓権官㆒及㆓数年㆒、度々被㆓超越㆒如何」と記していたことなどが知られる。
(18) 「兵範記」保元三年七月十七日条、『平安遺文』二九五五・二九五六号など。
(19) 「兵範記」仁安二年五月十三日・十五日条、「百錬抄」同年五月十三日・十五日条。
(20) 治承五年六月日興福寺寺辺新制案(内閣文庫所蔵大乗院文書、『平安遺文』三九六八号)。
(21) 前掲注(5)永島福太郎『奈良文化の伝流』五三頁以下。
(22) 建長五年十月二十一日近衛家所領目録(京大影写本「近衛家文書別集一」)に実信に譲ら

れた所領として大和国守庄・美濃国神野庄・大和国長河庄・山城国小泉院厩・下野国仲村庄・伊勢国益田庄・美濃国揖斐庄・鎮西嶋津庄がみえる。

(23) 大山喬平「鎮西地頭の成敗権」（『史林』六一巻一号、一九七八年）。

(24) 工藤敬一氏は忠通が亡くなった長寛二年に邦綱がまだ右京大夫兼中宮亮播磨守にすぎなかったことから、邦綱が忠通のもとで摂関家領を知行したという行賢の記述を疑わしいとみている（工藤「島津庄伝領に関する二つの問題」『九州庄園の研究』塙書房、一九六九年、二四七頁）。ただし工藤氏が引用した『大日本史料』（五編ノ九、五四頁）が引く近衛家本の「簡要類聚鈔」は誤りが多く・文意の通じ難い点がかなりあって、そのことが工藤氏の判断に微妙な影響を与えたのではないかと考える。

(25) 邦綱が亡くなったさいに、九条兼実は邦綱の生前の政治力に感嘆しながらも、「但平禅門滅二亡藤氏一、此人頗与二其事一歟、故有下蒙二神罰一之疑上、可レ恐々々」と記した（「玉葉」治承五年閏二月二十三日条）。九条家からみたこの事件への評価である。

(26) この間の事情は、「葉黄記」宝治元年正月十八日・十九日条がくわしく伝えている。なお「百錬抄」同年正月十九日条。

(27) 豊田武「興福寺をめぐる建築業者の座」（『歴史学研究』六―一〇、同『座の研究』吉川弘文館、一九八二年、所収）、脇田晴子『日本中世商業発達史の研究』（御茶の水書房、一九六九年）四三七頁。

(28) 元日雑掌・三日雑掌の名称は両者が正月元日と三日の雑事をそれぞれ分担したことからお

きたものであるが、二月以降についても両雑掌の区別があったかどうか行賢は明示していない。行事が特に錯雑する正月にかぎって両雑掌を置いて仕事を分担させたとも考えられる。

(29) 治承四年の焼失箇所を「玉葉」は「一乗院在二長講堂一　大乗院在二堂三宇塔一基一」と記している（同五年正月六日条）。

(30) 小童部法師・小童部院仕について、三月三日、七月七日は北面とならぶ独立項目のように記すが、正月元日は北面にふくまれるように書いている。後考にまちたい。

(31) 江戸時代、興福寺支配下の被差別部落であった奈良東之坂では享保九年（一七二四）に、家持十一軒の職業構成が、皮屋四、草履屋三、青屋二、太鼓屋・雪踏屋各一であった（部落問題研究所『部落の歴史』近畿篇、一九八二年、「大和」浅野安隆執筆）。引用史料にみえる裏無造・足駄打以下の諸座寄人と中世奈良坂の北山非人とのかかわり、さらには近世、東之坂との歴史的連関などについてはあらためて検討する必要がある。

Ⅳ　供御人・神人・寄人――自立しなかった商人たち

本書収録にあたって、旧稿になかった副題「自立しなかった商人たち」を新たに付した。表面的な事象の説明に追われるあまり、旧稿では事実の輪郭がかえって不明確になっている。右の副題には供御人・神人・寄人として現れる人たちの歴史的性格について、現在の視点での私の判断を率直に表現した。

人類社会は常にそうであるのだが、とりわけ近代以前の伝統社会に生をうけた人々は、日々、彼らをとりまく物質的な諸条件と向き合い、それに深くかかわり、それらに依拠し、そして拘束され、そうした諸条件とともに生きてきた。

そうした諸条件はさまざまな形をとって現れうるのであるが、大きくいえば、二つの種類に分類されてしまう。二つのうちの一つは「土地」であり、いま一つは「物」である。中世社会には主として

「土地」にかかわって生きた人たちのほかに、「物」と向き合い、「物」に拘束されて生きた人たちがいた。前者は土地を耕す農耕民となり、後者は農耕以外のさまざまな職能によって生きる人たち、職人や商人の姿をとって現れる。「物」と向き合った人々を総称してここでは職能民と呼ぶことにしたい。網野史学がいう非農業民のことである。本文で強調したように「物」の特質は、「土地」とは異なり、常に移動の可能性を有し、また実際に移動していくところにある。場所を変えて動くものと、同じ場所にあって動かないものと、この両者のちがいが必然的に職能民と農耕民に、それぞれ特有の相異なった性格を刻印していくことになる。

「物」の移動は交通を生み、交易や市庭を必然化し、人々の関係を複雑にする。こうして職能民たちの少なくない部分が遍歴の民としても現れる。また職能民が対峙し、それとかかわる「物」は時の流れにそって、さまざまに姿を変え、かつ多様化していく。特に手工業生産の場合はそうである。こうして必然的におきる「物」の変化に伴って、職能民たちの姿もやがて変化することになる。新しい「物」の出現はそれにかかわる新しい職能と、その職能や技術にかかわる人間集団＝身分を生み、古い「物」の消滅は古い職能や技術を消滅させる。

　大切なことは前近代の社会に生きた農耕民たちは、常に農業以外の職能によって生きる多くの人々と深く密接な関係を保ちながら、彼らの生活を維持していたという厳然たる事実にある。この関係をいい加減に扱ってはならない。少しむつかしくいうならば、そこにはある種の社会的分業のシステムが成立していたのである。両者の関係、つまり個別の社会における社会的分業の体系やシステムは、その社会がもつ政治や権力、背景にある文化的伝統、宗教や歴史、そして地域の自然的条件や環境の変化などなどによって、多様に展開し変化する。というよりもそうした社会的分業のシステムこそが、文化や政治その他もろもろの編成そのものの複雑な連鎖の一環をなしており、またそのことによって、それらすべてを決定づける重要な契機の一つになっていたということである。こういう考えのもとに前世紀、特に一九二〇年代後半から三〇年代にかけて、日本においても経済史ないしは社会経済史という学問がはなやかに開花した。日本中世史の分野にかぎっていえば、中村直勝や西岡虎之助・牧野進之助を先駆けとして、三〇年代はじめの小野晃嗣・竹内理三・寶月圭吾・豊田武、そして清水三男・赤松俊秀、さらには今井林太郎・徳田剣一などの諸先学の出現がそうした傾向を代表し、そこに時代の新しい雰囲気を示していた。

列島社会の中世において「物」にかかわって生きた人々は、多く供御人・神人・寄人として現れた。本稿はそうした人々を「物」ごとに観察しながら、彼らが取り結ぶ諸関係、つまり社会的分業の展開を整理しようとしている。中世都市京都は、京都のみならず、諸国の「物」が集散する全国的な市場の結節点として存在した。そこには王家が存在しており、王家による中世職能民たちの分業編成のシステムが成立していた。ここには〈魚・鳥・菓子〉についての御厨子所、〈鉄製品〉についての蔵人所、〈酒〉の造酒司、〈米〉の大炊寮、〈炭・続松〉の主殿寮などが存在して、こうした王権につらなる官司ないし諸機関が、これら多くの「物」の管轄権を、それぞれ「物」ごとに分割し、かつ独占する体制が成立していた。移動する「物」を捕捉し、それらを独占管轄するシステムである。

中世における上記のようなシステムないし職能民の存在形態を、私は御厨子所供御人を例にとって、①御厨供御人型、②諸国贄（貢進）型、③都鄙供御人型の三形態に分類している。
①の御厨供御人型にみる職能民は古い形式で、王家の直轄領とし

て各地に置かれた御厨とその供御人の存在によって体現される。彼らには、直接的には御厨子所のような王家につらなる機関が存在して、そうした機関によって管轄されている。この形式においては、職能民の扱う「物」が現地から直接、御厨子所（王家）に届けられるという、より直接的な形式が特徴となる。「物」の自由な交易と流通は、つぎの時代とくらべれば、ここではまだ副次的である。

②の諸国贄（貢進）型も古くからの形式であるが、ここでは職能民と御厨子所のような王の機関が、①の形式と異なって直結しておらず、各地の国（国衙）が両者の中間にあって、「物」ないし「物の移動」を媒介する形態である。すなわち国という地方行政機関の介在がそこにおける特色となる。

以上の①・②の形式は王家による「物」ないし職能民支配の古い編成方式を代表するわけであるが、これらの形式は中世成立期までに、さまざまの困難に直面して機能不全に陥っており、その存続が怪しくなっていた。そこで登場するのが③の形式である。すなわち③の都鄙供御人型は、中世が生んだ新しい形式であって、そこにおける特色は都市京都における広汎な「交易市場」の成立を前提としている点である。この形式の職能民たちは、「寄宿交易の公事」「和市交易の課役」といわれたように、京都を中心とする「物」の交易によって生活しており、そうした「物」の排他独占的な扱いを権利として保証され、その代償として「公事」を負担している。この形式は①・②形式の歴史的衰退にかわって、これらを補塡し、これに代わりうるものとして登場する。中世における職能民の主要な形態は③の都鄙供御人型のさまざまな変種であるが、しかしこうした形態の出現は「物」ごとに異なった様相をみせ、各種形式が混在し、複雑な現れ方をとる。

中世都市京都の市場を実際に支配したのは王家（天皇権力）ばかりではない。そこにおける山門の影響力はひときわ際立っており、また摂関家その他の世俗権門の介在もある。こうした事情が、供御人としての彼らの存在の上に、さらに権門・寺社の神人・寄人となった職能民の形態が加わり、時代とともにますます複雑な様相を呈することになる。王家はそこではもはや絶対的な権威をもたず、中世の職能民たちは王家のほかに、摂関家や権門寺社と二重三重にさまざまなかかわりをもち、どこにおいても諸方兼属の身分として現れ、そうした傾向が強くなる。こうしたあり方は職能民としての彼ら自身の選択によるものであったが、自己の自由な活動のために、より高い権威を幾重にも求め、それに依存して他者を超える有利な地歩を獲得しようとする一個の競争原理がここに現れ、全体を包みこむ。中世の職能民たちは歴史的存在としての自己自身をそうした状況に埋没させる結果になっている。

以上のような点に中世の列島社会における職能民たちの形態的特色が存する。彼らは王家・摂関家・権門寺社など、互いに依存しながらも分裂する聖俗のもろもろの政治権力と結びつき、その結果、各種の供御人・神人・寄人として現れるようになった。そこには個々の職能を超えた職能民相互の共同と団結は未成熟で、権力への依存が目立ち、中世的な市民の自立の精神について語るような素材に乏しい。これが列島社会の内外を、時には国境を越えてまで活発に行き来しようとしていた道々の輩の歴史が、一方で抱えていた困難で厳しい政治の現実であったといわねばならない。すなわち、ここまでいうといい過ぎになるかも知れぬが、供御人・神人・寄人の組織には、源頼朝によって象徴される同時代の武門の成立に体現されるような、時代を突き抜けるだけの清新な、新しい政治の形式や精神はみられない。そして、このことが列島における中世社会のあり方に一つの影をおとしていた。旧稿は『日本の社会史』(第6巻、一九八八年、岩波書店）に収載された。

はじめに

中世の社会集団の一つに供御人《くごにん》・神人《じんにん》・寄人《よりうど》と称される一群の人々がいた。彼らは原則として農民ではなく、また武士でもなければ、僧侶でもない。ましてや貴族や領主といった支配階級ではない。彼らはある場合は漁民であり、またある場合は鋳物師であり、あるいは蒟蒻《こんにやく》売りだったりする(1)。彼らの特徴は「物」を扱っている点にある。それは特殊な技能によって作りだされる「物」であり、あるいは人々の求めによって売り渡される「物」である。

中世社会においては、このような「物」を扱う人々が多かれ少なかれ、供御人・神人・寄人として現れる。「土地」と異なって、「物」の特質は移動することである。長いあいだ中世社会の根底をなすと考えられてきたのは「土地」であり、またこれと深く結びついていた「村落」であった。中世の人々は「土地」と「村落」に分かち難く結びついており、そのことを明らかにすれば、中世社会がだんだんわかってくると考えられてきた。このことはもちろん今でも正しい。

しかし、中世にはこのほかに「物」と深くかかわって生きた人々が生活していた。「土地」所有と「村落」支配を基礎にして、その政治支配を実現していた中世の政治権力は、その上にたって、この「移動していく物」を捕捉しようとした。供御人・神人・寄人はそうした「物」と深くかかわった人々の中世的な形態であった。中世の多くの農民が「土地」と「村落」に深く拘束されていたように、供御人・神人・寄人らは、彼らが関係した「物」のそれぞれの固有の特質に深く拘束されて存在していた。この小論が「移動していく物」[2]に焦点をあてて、こうした人々の形態を追っているのは、以上のような理由によっている。

こうしてみると、供御人・神人・寄人の扱う「物」は特殊な「物」、それを手に入れるにさいしては特別な経路を要する「物」ということになるだろう。もっと端的にいえば、それは中世社会における「商品」なのであるが、供御人・神人・寄人を特色づけるものは彼らが何よりもまず中世の商人だったことだともいえる。では何ゆえに中世の商人は供御人・神人・寄人であったのか。商人が明快に商人として成立する近世社会と中世の荘園制社会との大きな断絶をそこに見出すことができる。これも一つの問題である。

1 魚・鳥

文永十一年(一二七四)正月、当時、御厨子所《みずしどころ》の預《あずかり》であった紀宗信が「三条以南都鄙供御人等」の「交易往反事」についての自己の権利を主張して、御厨子所供御人は用明天皇の御宇より以来、代々建立せられる所也、然と雖も追年減失せしめるの上、諸国の贄《にえ》また以て不済の間、代々の預等、改めて都鄙供御人を立て、彼の交易上分を以て、日次供御《ひなみくご》を備進せしめる者也、(3)

と述べたことがあった。ここには、(1)用明天皇以来という伝承によって特色づけられる古い形態の御厨子所供御人の衰退、(2)これと並ぶ諸国贄の不済、および(1)(2)の事態をうけての、(3)都鄙供御人の新たな成立、という三つの日次供御備進における歴史形態が列挙されている。この三つの形態は中世の「物」の生産と流通を考え、あるいはこれと密接にからまる中世供御人の存在形態を考えるさいの分析の拠り所を提供するであろう。第一をかりに御厨《みくりや》供御人型、第二のものを諸国贄（貢進）型、第三のものを都鄙供御人型の交通（流通）となづけて、そこにおける「物」の動きの特徴をみてみたい。

都鄙供御人型

「物」の動きという観点からすると、第三の「都鄙供御人型」から説明するのが便利である。この形態の成立に関しては、右の宗信ならびに御厨子所の被官公人らが当時さらにくわしく、つぎのように語っている。

A　去る建久年中、祖父前豊前守宗季、三条以南の魚鳥以下交易之輩を以て、当所供御人に申し立てて以降、子孫等相伝奉行せしむる所也。(4)

B　近江国粟津・橋本供御人は纔《わず》かに彼の二箇浦の魚を漁ると雖も、京都に至り御厨子所供御人の売買屋四宇を借り請け、売買を致すの日、寄宿交易の公事においては当所に弁済せしむる所也(5)。

C　六角町四宇供御人においては、延喜建立六箇国の日次御贄懈怠《けたい》に及ぶの間、彼の狩取等を誘引せしめんが為に、去る建久三年当所預宗季朝臣申し立てて以来、子孫代々相伝奉行し、今に相違なきもの也(6)。

すなわち、ここでは建久三年（一一九二）に、御厨子所預紀宗季が近江国粟津・橋本の二浦の「狩取」を供御人として京都に「誘引」するために、彼らに六角町の四宇の「売買屋」を提供して、魚商売に従事させることとし、そのことによって「寄宿交易の公事」を負担させ、御厨子所の日次供御を勤めていたというのである。

右の建久三年の都鄙供御人型の成立には、源平内乱時における都市荒廃からの立ち直りのための京都下級官人による努力が込められていたと推測されるところであるが、右の史料では、「三条以南魚鳥精進菓子已下交易之輩」を指して「都鄙供御人」と呼んでいる。それでは「都鄙」供御人とは何であろうか。「都鄙」とは、都に深く関係しつつも、いわばどこと特定される「地名」をもたぬということの表明である。どこであってもよい、とにかく三条以南の「京」の市場で交易しようとするすべての魚鳥商人を都鄙供御人と称したとみることができる。

ところで彼らは、「六角町四宇供御人」として現れる。この六角町の魚商人（供御人）はのちに、内蔵寮に属して、元弘三年（一三三三）に、「六角町生魚供御人、毎月、人別に鯉一喉、人数十余人、之《こ》れ在り」といわれている[7]。彼らは鎌倉末において、ほぼ十余人の集団をなし、「生魚」を扱っていたことが明らかである。中世京都の都市生活における鮮魚＝生魚の流通経路を考えるとき、ほかならぬ京都の町に生魚を供給しうる河川や海は明らかに地域的限定をうけざるをえない。右の元弘の内蔵寮領等目録には、「六角町生魚供御人」とならんで「姉小路町生魚供御人」の名前がみえるが、この両者がほぼ鎌倉時代の京都における恒常的な生魚の供給を独占していたものであろう。鎌倉末に両者は京都市場で明らかに並びたっていた[8]。右の目録は、「姉小路町生魚供御人」の貢進を「毎月、鯉十喉、見参料一貫文、人数の増減によらず、之れを進む」と記しており、両者は内蔵寮にたいして、地域的に近接しまた類似はしていたが、互いに異なった貢納形態をとって、その保護をうけていたのである。そして、琵琶湖の最南端、瀬田川に架かる唐橋のたもとの粟津・橋本の二浦に位置して、京都への最短距離にあったこの漁民集団が、先にみたごとく建久三年に京都における都鄙供御人型の生魚流通（交通）形態成立の中核的役割をはたしたのであった。すなわち都鄙供御人型の「物」の動きの成立には、(1)琵琶湖漁業と都市京都との生魚を介する歴史的な結びつき、(2)京都における生魚商人としての「六角町供御人」と、琵琶湖における漁師＝生産者としての「粟津・橋本供御人」とが未分離であること、⑶こうした流通形態の成立には中心となる特定地域の供御人集団があって、これがこうした流通形態の成立に大きな役割をはたしていたことに注目しておきたい。

ところで、都鄙供御人型の特徴はつぎの宗信の言葉に明瞭に示される。

縦《たと》え、其の身は公家・仙洞已下の公人、並びに神社・仏寺の神人・寄人たりと雖も、売買の事においては、他方の威に募らず、一向に進退奉行せしめる者也。(9)

すなわち彼らの身は現実には供御人であるよりも前に、まず公家・仙洞以下の公人《くにん》であり、また神社・仏寺の神人・寄人であったのである。しかもここではこうした一切の公人・神人・寄人身分が、供御人の権威を前にしては意味をもたぬことが宣言されている。しかしそれはまた「売買の事」についてのみのことであって、それ以外においては供御人たることが、なんら公人、あるいは神人・寄人たることを否定するような関係には原理上は立っていなかったわけである。彼らが御厨子所ないしは内蔵寮の支配をうけるのは、ただ「生魚」という特定の商品の「売買の事」に関してのみであった。彼らはもともと諸方兼属の身分だったのである。そして彼らには短冊（鑑札）が配付されたであろう。特定の制服と持物のほかに、そのことが彼らの身分を表示していたとみることができる。(10)

諸国贄型

右のような都鄙供御人型流通にたいして、諸国贄型と御厨供御人型という二つの、これに先行する日次供御備進の形態、換言すれば生魚の京都への移動＝交通の形態が存在している。

「西宮記」裏書が「御厨子所例」として引用する延喜十一年（九一一）の官符に、はじめて「六箇国日次御贄」を定めたとする有名な記事があるが、そこに山城・大和・摂津・河内・和泉・近江の六カ国が負担すべき鳥と魚（水産物）の種類が列挙されている。(11)

山城 ［淡水魚］鯉・鮒・蝦《えび》
　　 ［鳥］雉《きじ》・鳩・鶉《うずら》・鴨・小鳥
大和 ［淡水魚］鮎
　　 ［鳥］雉・鳩・鶉・鴨
河内 ［淡水魚］鯉・鮒
　　 ［海水魚］鱸《すずき》
　　 ［鳥］雉・鳩・鶉・鴨・高戸・小鳥・卵子
和泉 ［海水魚］鯛・鰺・世比《せひ》・擁剣《かさめ》・烏賊《いか》・蛤
摂津 ［淡水魚］鯉・鮒
　　 ［海水魚］貝・蛽・擁剣・烏賊・鱸・干鯛・鰺・世比・蝦・蛤
　　 ［鳥］卵子
近江 ［淡水魚］鯉・鮒・阿米《あめ》鮒・蝦

［鳥］　雉・鳩・鶉・鴨・高戸・小鳥

［獣］　鹿宍・猪宍〔元日料〕

「西宮記」に付せられた解釈によると、六カ国はこれらの品を内膳司に進めるが、内膳司では司の官人が解文をもって蔵人に覧せ、その指示にしたがってこれらの品物を進物所・御厨子所に送ったという。残念ながらそれぞれの国における生産と貢納の具体的形態については、ここでは明らかにしえない。しかし、ここには、鳥類〔雉・鳩・鶉・鴨・高戸・小鳥〕については山城・大和・河内・近江から、淡水魚類〔鯉・鮒・鰕〕については山城・河内・摂津・近江から、海水魚類〔鯛・鰺・世比・擁剣・烏賊・蛤〕については和泉・摂津から貢進されており、京都〔朝廷〕とこれらの国々の山野や湖・河川あるいは海などが具体的な個々の生産品を介して結ばれていた事情を知ることができる。そしてこれらの魚鳥は毎月、一日は山城、二日は大和、三日は河内という順番で六日の近江まで行き、七日からはまた山城に戻るという六日ごとの規則正しいサイクルで、毎日、国別に内膳司に送付されたのである。ここに一つの典型的な「物」の京都への移動〔交通〕の形態がみられる。

御厨供御人型

ところで同じく「西宮記」は、供御貢進の形態としていわば「官司贄型」とでもいうる形態のあったことを記している。それは寛平九年（八九七）に決められたという四衛府が納めた「小鮒」の日次贄の貢進形態であって、左兵衛府が子・辰・申の三日、同じく右兵衛府が丑・巳・酉、左衛門府が寅・午・戌、右衛門府が卯・未・亥の日に交代で負担したという。[12] 注意すべきはこうした貢進制のもとにあって、四衛府に属する特定の贄人集団がいたと想定される点である。またここには今案（解釈）として「小鮒」が得られない場合は蔵人の指示に従って他物を進めること、また精進の日には「預」（御厨子所）の指示により四衛府が「雑菜」を納入していたと記されている事実である（後述）。

　さて四衛府小鮒の貢進がすでに四衛府に属する特定の贄人集団の存在を暗示していたが、さきの延喜の六カ国贄貢進のシステムにおいて、同じ淡水魚でありながら大和を除いて鮎（氷魚《ひお》）の貢進がないことに気づくであろう。「西宮記」はこの点について、近江の田上網《あ》代《じろ》（氷魚）、山城の宇治網代（鮎）、さらに葛野河供御所（鮎）、埴河供御所（鮎）などが鮎を進めていたと書いている。[13] 鮎については明らかに、特定の漁民集団が指定されていたのである。彼らの所属官司については多くは不明であるが、いまその特色を考えてみるに、(1)彼らは国を媒介せずに宮廷官司に直属しているらしいこと、(2)特定の地名を冠して網代・供御所などの形態をとっていること、すなわち固有の生産と活動の領域を確保していること、(3)しかもいまだ全国、あるいはそれに準ずるような広範囲に及ぶ支配を背景にしておらず、その点においてさきの都鄙供御人型とは明確に異なる特色を帯びていること等である。

　こうした御厨供御人型流通の担い手の典型は桂供御人であろう。さきにあげた御厨子所被官等言上状にみえる治暦四年（一〇六八）七月四日の御厨子所符案には、すでに「桂御厨鵜飼等」が「使庁役」に従うべからずとされていた。また建保三年（一二一五）九月日の蔵人所牒案になると、右の「桂御厨鵜飼」が「桂供御人」として現れ、御厨子所解状にもとづいて、丹波国宇津荘における桂供御人の飼場の権利がみとめられている（後出の**表1**参照）。右の桂鵜飼は御厨子所の供御人として現れ、検非違使庁の役を逃れようとしていたのである。京都の西郊、桂に本拠を置いた鵜飼の集団が御厨子所供御人として、国境を越えてはるか上流にさかのぼり、丹波国宇津荘において飼場を設定していたことが知られる。彼らの行動半径はけっしてせまくはなかった。その漁業権は丹波高原から流れ下る桂川水系の各所に「飼場」を設定し、これをひろく支配していたさまを知りうるのである。しかし彼らの「飼場」の権利は桂川を超えることはなかったであろう。[14]先述の都鄙供御人型が、全国型であったのにたいして、彼らは明らかに地域限定型の特徴をもって私たちの前に立ち現れる。

　ところで同じく御厨子所に属した河内国大江御厨の場合はどうであろうか。例の御厨子所被官等言上状に付せられた副進文書が示すところによると、この御厨は治暦三年（一〇六七）ならびに延久元年（一〇六九）に執行職が補任され、さらに嘉承三年（一一〇八）には惣官職が補任されている。また寛治六年（一〇九二）には御厨子所符によって「供御免田」が設置され、康和五年（一一〇三）には「番供立名」（番編成・名田制）のことが定文によって決められ、さらに元永二年（一一一九）には官符宣旨によって「検注」が行われ、嘉応元年（一一六九）には定文によって「日定」が制定された（**表1**）。つまりそこには十一世紀末から本格化していく供御免田の設定、供御貢進のために設定される御厨の番編成と名田制導入、さらにそのために行われたであろう御厨の検注、さらには供御貢進の日程の割り振りを意味する「日定」など、御厨をめぐる供御貢進の体制整備が着々と進行するさまをみることができる。

ところで応保元年（一一六一）に、内蔵頭であった重盛が河内国大江御厨につき七条にわたる要請を出している[15]。それは、(1)法通寺の妨げの停止、(2)御厨の作人が権門の威をかりて供御を備進しない事態への対策、(3)御厨の本田二百三十丁に、新しく百三十丁を加えて計三百六十丁とし、これで毎日の料田一丁に充てること、(4)これが容れられない場合は毎月十八日の魚味貢進の料として九丁八段の田を新しく認定すること[16]、(5)本田のうち河成・荒廃の田を熟所《じゅくしょ》に交換すること、(6)延喜五年（九〇五）の牒に任せて国中の池・河・津などを御厨領にすること、(7)平岡・恩智両庄を元のように御厨領にすること、の七条である。右の要請は十二世紀後半における御厨の実態をよく伝えるものとして興味ぶかいが、なかでも注目されるのが、(6)の国中の池・河・津が延喜以来御厨領であったとされている点である。特に前関白忠通がこの(6)と(7)の件を「旧跡」ありとして、これを容認する態度に出たことは見逃せない(17)。

はたして大江御厨は延喜以来、河内国中の池・河・津の領有を実現していたとみてよいであろうか。それはさきにみた六カ国贄貢進制の河内における実現形態といかなる関係にあったのであろうか。より端的にいえば、ここにみる大江御厨ははたして河内国衙に属して諸国貢進型の流通を担っていたものであろうか。またより直接に御厨子所（内蔵寮）に所属して御厨子所型の流通を支えていたのか、疑問が残る。

平安末における神人としての漁民の動向を示すもっとも有名な素材は鴨御祖社の神人となった摂津国長渚御厨の網人の場合である(18)。彼らの存在がおぼろげながら明らかになる最初は、彼らがかつて、小一条院（敦明親王、一〇五一年没）、式部卿宮（敦貞親王、一〇六一年没）父子に伝領されていたといわれている点である。やがて彼らは検非違使庁の役を逃れようとしてその身を二条関白家（藤原教通、一〇七五年没）に寄せて、散所の身分を獲得したという。さきの桂御厨の使庁役免除とほぼ同じ時期である。教通はこの散所を娘歓子（小野皇太后宮職）に譲り、鴨御祖社は応徳元年（一〇八四）に歓子からこの網人を譲られたのである。鴨御祖社が歓子から彼らの支配を受け継いださいには、長渚網人はその数わずかに三十八人、在家は二十余宇に過ぎなかった。その後、元永元年（一一一八）に鴨御祖社が御厨の結番を定めて順番に社役を勤めたさい、長渚御厨には神人と間人《もうと》の二階層が区別されており、神人が三百人、間人が二百人いた。彼らが鴨御祖社に属してからわずかに三十四年、網人らの増加はまさに爆発的とでもいう以外にいいようがない。この頃、長渚御厨の住人たちはみずから鴨御祖社の供祭人であると称し、海辺諸国を往反し、神威をかりて濫妨を働いていた。寛治五年（一〇九一）には、鴨御祖社の「神民」が近年新たに京畿に満ち、濫吹を企てているといわれ、事実この年、讃岐国から、長渚網人らが海を越えて到来し「神民」と称して濫行に及んだ事実が報告されている。

中世成立期にあたって瀬戸内をめぐる漁民集団の内部に深刻な変化が生じつつあったのである、時代は大きく動きつつあったのであり、彼らは一挙に神人の大集団に成長したのであった。ところで三条以南を除いた京都の北半分では中世いかなる魚の流れを示したのであろうか。その間の事情には定かでない部分が多いのであるが、十一世紀中頃に散所・寄人身分形成への新しい途がここでもさまざまに模索されていた事情を推察することができよう。長渚浜の網人集団にとって、それは神人になることであって、供御人になることではなかった。ここで彼らは天皇権力の直下にあった検非違使庁役からの脱出を意図して神人化したのであった。

2　鉄（鍋・釜・鋤・鍬）

中世における「物」の動きとそれに伴う供御人組織成立の実態について、その一つの典型を比較的早く、平安時代末の段階において推測せしめるのが、諸国を歩き、鍋・釜・鋤・鍬以下の鉄製品を取り扱った「鉄器物供御人」の場合である。成立期における彼らの存在については、この方面の研究に新生面をひらいた網野善彦が「民経記」「兼光卿記」の紙背にとどめられた鎌倉時代の二、三の確実な史料を要所要所に配し、真継家文書を中心にして、これに、疑問の多いその他伝来文書を巧みに操作しつつ、見事な論を展開している[19]。

右の鍋釜以下の鉄製品を扱ったのは鋳物師の集団であったが、こうした鉄製品については、古く能登にその一つの中心があった。「新猿楽記」の「能登釜」、「堤中納言物語」よしなしごとの「けぶりが崎に鋳るなる能登がなへ」、「今昔物語」巻二六の佐渡で金を掘った能登の鉄掘り六人など、能登と鋳物師の関係は古い[20]。こうした鉄製品の動く方向、その特徴をみるに、生魚が多く京都へ向かったのにたいし、鉄は逆方向をとってより広く農村をめぐっていた。

やがて彼らは、蔵人所に所属し、内侍所・清涼殿以下の燈炉を奉仕することによって、「蔵人所燈炉以下鉄器物供御人」と称するようになっていった。その時期は永万元年（一一六五）の建立と推定されている[21]。「蔵人所燈炉以下鉄器物供御人」建立の由来を語りながら、蔵人所小舎人惟宗兼宗が、のちに、

禁裏奉公の貴賤、或いは私領の田畠をもって諸供物の用劇に便補し、或いは私に進退

の便宜の家人をもって、諸供御人を建立するは、古今の習い、聖代の嘉例なり(22)。と述べたことがあった。ここには中世的な供御人組織形成にあたっての「禁裏奉公の貴賤」(中下級官人ら)の役割が語られている。それは表面的には「私」に進退する「便宜」の「家人」を一個の公的な関係(供御人)に転化させることを意味したのであったが、同時に供御人化を通じての下級官人らの新たな家領の形成がここに意図されていた。

惟宗兼宗が組織した鋳物師は、河内国丹南郡狭山郷にあった興福寺領日置荘の住人(名主)らであった。仁安(一一六六〜六九)の蔵人所牒によれば、年預惟宗兼宗はこのとき、まず日置荘の鋳物師らの請文を取って、彼らを「本供御人番頭」に組織し、この「本番頭等」に仰せて「諸国散在土鋳物師等」に「短冊」(鑑札)を書き配らせたという(23)。丹南鋳物師を「本供御人番頭」として、そのもとに全国にわたる諸国散在の土鋳物師が統制させられたわけである。本供御人番頭たる丹南鋳物師は第一に興福寺領日置荘の住人(名主)として有限所当官物のうち、ここにおいて、「雑役免」の権利を得ることができた。また第二に、彼らは衛士・使庁下部の煩いを止めて、「諸国七道、京中市町、和泉・河内両国市津」において自由に鉄売買を行うために「蔵人所燈炉以下鉄器物供御人」になったという。興福寺の荘園支配の圧力とともにここでも使庁の煩いが事態を動かしていた。十二世紀の後半に各地に散在する鋳物師集団の内部に新しい全国的な組織形成への動きが顕在化しようとしており、その中心になったのが河内に本拠を置いた丹南の鋳物師であった。それは日本の中世を規定しようとしていた各地武士集団の動きに並行した新たな現象であった。新しく配付される「短冊」はそうした集団化の身分標識として、権威のシンボルであったとみることができる。

しかしここで注意したいのは、この組織化が当初から多くの困難を抱えていたことである。諸国に散在する土鋳物師のなかにはすでに独自に諸社の神人となり、蔵人所の有限課役を拒否しようとする者が少なくなかった。年預兼宗は仁安二年（一一六七）に、これら抵抗する神人鋳物師の「本所」(神社)に圧力をかけて、彼らを「追出」し、その「業能」を停止させようとしたのであった[24]。兼宗による右の丹南鋳物師の組織化が鍋・釜・鋤・鍬の全国にわたる広域的な流通、あるいはまた全国各地に散在する鋳物師の「業能」そのものへの独占支配を意図したものであったことが明らかである。逆にいえば、抵抗する神人鋳物師の存在は、右の供御人化による全国統一の方向と真っ向から衝突する関係にあったわけである。

こうした関係のなかで、鋳物師の全国的単一組織は事実上成立しなかったらしい[25]。平安鎌倉の鋳物師集団を示すもっとも確実な史料である「日吉社聖真子神人兼燈呂供御人幷殿下御細工等解」は、惣官広階忠光以来、忠次・助延・光延とつづく四代にわたる惣官職を継承してきた光延が沙弥阿入なる人物と争ったさいの解であるが、そこには、(1)仁安三年（一一六八）に広階忠光がはじめて蔵人所燈炉供御人をたてて「惣官」となったこと、(2)

建保三年(一二一五)になって阿入が蔵人所下文を賜ったため、光延らが「殿下御細工」としての地位を利用して殿下御教書を入手し、阿入の非職の惣官職を停止してもらったことなどが書かれている。[26]ここでは殿下御細工たることが、惣官職を獲得するための手段にされていたのである。彼らは日吉社・蔵人所・摂関家に兼属する鋳物師であったが、特に日吉社の神人として各地をまわったらしく、解状のなかではみずから称して、

三月比、神人等、諸国七道に趣き、廻船の荷をもって泉州堺津に付け畢、□□無道に件の廻船の荷を点定し畢。

といって阿入の行為を非難している。ここでは神人↓領家↓院奏のルートで訴訟が行われ、院宣がでたのであるから当然、蔵人所牒を下されるべきところ、阿入の濫訴により、これが押さえられているというのがこのときの彼らの主張であった。「蔵人所左方燈炉供御人兼東大寺鋳物師」[27]「蔵人所左方幷東大寺燈炉供御人兼住吉大明神社御修理鋳物師崛郷住人伊岐得久」[28]など、中世の数少ない確実な鋳物師史料にこうした彼らの諸方兼属の事実が記されている。彼らが身を置かなければならなかった場所と地域の政治権力の形態的特質が、彼らの身分呼称に直接的に反映されているのである。用途に応じて変化する鉄製品の形態に応じ、またさまざまに移動する鉄製品をとりかこむ政治編成が、彼らの諸方兼属のそれぞれの形態を決定していた。

ところで、この「左方燈炉作手《つくて》」は嘉禎二年(一二三六)に、二十人の番頭に率いられ、

宝治二年（一二四八）にはさらに惣官中原光氏に統轄されて現れる。[29] 鋳物師組織が左方・右方に分かれて成立したことが知られるのであるが、網野は「左方」の鋳物師らが、「御作手等、指せる反歩の給免無く、只廻船と為て、諸国七道を経廻するの間……」といっていたことを根拠に、この集団が後世の「廻船鋳物師」のことであったという。

一方、草部姓を惣官職とした東大寺鋳物師の集団も姿をみせる。彼らはすでに建久五年（一一九四）・建永元年（一二〇六）の宣旨を有し、さらに承元四年（一二一〇）には、院宣を得て惣官職の子孫相伝を保証されるとともに、建暦二年（一二一二）の将軍家政所下文を得ており、その後、助延が承久三年（一二二一）に六波羅御教書を、延時が貞永（一二三二～一二三三）、嘉禎（一二三五～三八）の蔵人所牒を賜り、助時が寛元四年（一二四六）に譲りをうけて、代々惣官職を相伝し、「七道諸国往反の廻船」として存続していたと伝えている。この組織は、「左方鋳物師」と関係が深かったらしく、「左方鋳物師」を統括した中原光氏が「員外」といわれながらも、みずから「先祖相伝」を称して、助時と東大寺鋳物師惣官職を争ったこともあった。[30]

ところで、彼らが取り扱うのは、元来は、鍋・釜・鋤・鍬の鉄（鉄器）でなければならなかった。そのことによって彼らは五畿七道諸国を往反し、市津関渡において関料・津料を免除されるべき存在であった。しかし彼らは実際上、「布絹類米穀以下大豆小麦」をも同時に運搬交易していた。「動いていく物」を捕捉しようとしていた諸国の守護・地頭、あるいは預所沙汰人ら在地の支配者らにとって、このような事態は重大な関心事とならざるをえなかった。彼らが燈炉御作手鋳物師らの所持する布・絹・米・大豆・小麦などに課税しようとするのはこの意味で当然の事態であった。(31)建暦三年(一二一三)の「諸国諸荘園守護地頭預所沙汰人等」と「燈炉御作手鋳物師」の争いは、実にこの点をめぐって争われた。守護・地頭らが「錫釜以下打鉄鋤鍪等においては論なき也。布絹類、米穀以下大豆小麦を売買せしむるの条、然るべからず」と主張し、鋳物師らが、

要用に随い売買せしむ。何ぞその色を嫌わん哉。所詮、鋳物師等の所持物等においては、其の色を嫌わず、新儀今案の煩いを停止せしむべし。

と反論している。そして蔵人所牒がこの鋳物師の反論を是認し、また承久四年(一二二二)三月の六波羅探題の過所、(32)同五月の蔵人所牒によっても、燈炉作手らの諸国市津関渡の自由な通行があらためて保証されるという事態になった。(33)鋳物師の存在は鉄という一個の物理的特性を帯びた「物」を越え始めていたといわなければならない。

しかしこのようなことは、この時代の社会的分業の未展開に照応しつつも、地域ごとの領主制支配確立の上にたって、さらに地域を越えて「動いていく物」をも捕捉しようとしていた守護・地頭ら在地勢力の容易に認めがたいところであったにちがいない。同様の紛争は絶えずくりかえされたのである。そこには論理と論理のぶつかりあいがあり、それこそが中世であった。

3　酒・酢

酒と酢、特に酒をめぐる流通も中世の供御人組織と神人組織の対立・抗争の動向を知る上で一つの典型をなしている。酒と人々とのかかわりは庶民生活のあらゆる側面に及んでいたにちがいないが、しかしこれもまた宮廷の年中行事と深くかかわって、歴史的展開をとげた(34)。

中世宮廷経済における酒の需給を扱ったのは造酒司《みきのつかさ》であったが、その基礎は延久（一〇六九～七四）の宣旨、康和（一〇九九～一一〇四）の抄帳によって決められていた十二カ国にたいする納物貢進の制であった。この十二カ国とは、山城・大和・河内・和泉・摂津の畿内五国を中心に、近江（東山道）、若狭・加賀（北陸道）、播磨・備前・備中・備後（山陽道）等、比較的京畿に近い国々が指定されていた。酒における京都を中心とした諸国貢進型の交通である(35)。

造酒司のいうところによると、彼らの任務は日次供御、斎院諸宮の日貢、諸社の祭礼、官行事所・蔵人所の恒例臨時召物、道々細工等の二九升等、天皇・斎院をはじめとする神社・諸官衙以下の諸行事における酒・酢などの調進であった。

この方式に明らかな動揺がみられる最初は承元三年（一二〇九）のことであった。すなわち造酒司はこのとき、「散在の酒麴《こうじ》売」が「近年、或は諸社の神人と号し、或は権門の職と称して、自由に任せて売買」することを非難し、彼らを造酒司の支配下に置き、増加する一方の供御その他の酒・酢・麹を備進させたいといっている。[36] いわば酒における都鄙供御人型流通の実現が意図されていたのである。彼らはこうした任務を「増有りて、減無き」もので、散在する「酒麹商價之輩」をして、造酒司に従わせ、酒麹を備進させる以外に「司役」は勤め難くなってきたという。京中に拠点をかまえ、「諸社の神人」「権門の職」を盾にして酒屋商売を行う神人酒屋、権門酒屋が増大していたのである。

造酒司の十二カ国貢進制は、元来は千四百三十二石二斗六升に及ぶ諸国納物を保証するはずであった。しかし嘉禄元年（一二二五）の造酒司解にそえられた別進注文によると、この頃すでに山城・近江・若狭・加賀・播磨・備前・備中・備後の八カ国からは、その貢進が全く途絶えており、わずかに河内国の甘南備保（五十石）、和泉国土師郷（八十一石一斗）、摂津国大田保（七十二石）などの便補保からの貢進が細々とつづくだけの状態になっていた。[37]

しかし右の事態の転換は容易に達成されなかった。すなわち仁治元年（一二四〇）になって造酒司は、再度「東西両京幷に諸酒屋等に仰せて、一年中のあいだに、一宇別に供酒壱升を宛召し、諸社の祭りの神供、諸公事の用途、御厨子所殿上長日貢酒の欠分を備進すべきの由」を訴えた。[38] 承元・嘉禄の訴えと同趣旨であるが、その内容・形態がここではさらにはっきりしている。特徴的なことは造酒司自身がこの家（宇）別の上分徴収形態をこの段階にあってもなお「新儀」の課役であると認識していたことである。彼らはそのことを認識しながらも、かかる「新儀」が時代の新しい流れであるとして、いくつかの先例・傍例をあげている。すなわち、

A　内蔵寮内膳司による市辺における魚鳥交易の上分徴収と、これによる日次供御の備進。

B　左右京職による京中の保々を対象とする染藍と人夫等の宛召。

C　装束司による市における苧売買の輩からの上分の宛召。

である。彼らはこのほかいくらでも例があるといいつつ、これを総括的に「是れ皆、和市交易の課役也」とし、さらにこれを「指したる式条に載せず、併しながら新儀たるの名歟」と述べている。造酒司はこのとき、京中における酒屋の大量進出の状態を「爰に酒屋等においては、東西両京以下、条里に相分かれ、其員を知らず」と記しているが、このような酒屋の散居形式にも酒における都鄙供御人型の貢進形態が容易に実現されえない事情の一端が読みとれる。

右の造酒司の訴えにたいして、このとき朝廷は十二カ国納物貢進制を維持したまま、嘉禄の宣旨に従って納物の国々に再度これを催促するか（諸国貢進型）、それとも新しい方式に従って、酒屋公事《くじ》を徴収するか（都鄙供御人型）を下問した。廷臣のあいだでは十二カ国納物貢進制の厳密な施行を望む見解が少なくなかった。民部卿平経高も右の家別課税の

新方式に反対する理由を「民家の愁い、必ず蒼空に達するの故也。況んや家別の歎をなすは不便に候歟」と述べていた(39)。経高がここで恐れた「民家」こそが、当時京都の地において政治的な勢力を形成しつつあった「諸社の神人」であり、「酒麴商價之輩」にほかならなかったのである。

このようにして、造酒司の洛中酒屋支配は都鄙供御人型としては容易に実現しなかった。しかし正安四年（一三〇二）に後宇多上皇は院宣でもって、「酒麴売輩」が「或は諸社の神人・諸院宮酒殿諸方公人と号し、或は神社仏閣・権門勢家の領と称して」造酒司の所役に従おうとしないことを禁じた(40)。さらにこれをうけて後醍醐天皇は、元亨二年（一三二二）に洛中の酒鑪《しゆろ》について、蔵人所・左右京職の綺《いろい》（妨害）をしりぞけ、造酒司の支配権を公認した(41)。新日吉社神人の兄部則重代則安が、酒屋を営業しながら、神人身分であることを理由に造酒司への上分を拒否しようとして、検非違使庁によって後醍醐天皇の記録所に召し出され、神職の剝奪（解却）と禁獄をもって脅迫され、それに屈服するというような事件もあった(42)。こうして後醍醐天皇の施策にはたしかに、かつて十二世紀の五〇年代に「九州の地は一人の有也」との信念のもとに神人抑圧令を出した後白河上皇の理念を継ぐものがあったといいうるであろう。

このような動きはある意味では、室町幕府によって受け継がれた。やがて貞治二年（一三六三）、造酒正《みきのかみ》中原師連が後光厳天皇の綸旨ならびに足利義詮の御判御教書を得て、毎年二万疋の朝要貢進を請負うという事態となって、いちおうの安定を迎えたとみることができる[43]。こうして応安元年（一三六八）の造酒司による日吉神人への酒麴役賦課、さらに同年から翌年にかけての春日住京神人、八幡宮大山崎神人宗賢法師以下、賀茂別雷社境内における酒麴売、仁和寺嵯峨境内の酒麴売など、洛中をはじめ、河東・賀茂・嵯峨・大山崎といった京都周辺における神人への酒屋役賦課が、いずれも室町幕府の手をかりつつ実現していくのである[44]。

しかし造酒司支配下の供御人身分であることと、諸社・権門の神人であることとのあいだを当時の酒屋商人らは絶えず揺れ動いていた。こうしてこの動きは康暦元年（一三七九）以来の斯波義将の政策と、それをうけた嘉慶元年（一三八七）の足利義満による北野社西京神人にたいする酒麴役の免除、麴業独占の承認へと連なり[45]、さらに一転して明徳四年（一三九三）における「洛中辺土散在土倉幷酒屋役」の幕府による独占掌握に到達する[46]。京都における金融界を掌握するほどに成長していった酒屋商人たちは、六角供御人のような都鄙供御人型流通の中核組織の形成を欠いたままで、幕府に直接掌握されたわけである。

4　米

米を扱う供御人に深くかかわったのは大炊寮であったが、米をめぐる動きは酒の場合と似たところがある。大炊寮を分析した橋本義彦は、(1)中世の大炊寮領が御稲田・殿上米《てんじょうまい》料所・米穀売買課役の三者からなっていたこと、(2)このうちの御稲田は山城・摂津・河内の三国に分布していたが、元来これは、令制の官田の系譜をひくもので、特に官田のうちでも、その後、国へ移管された国営田と異なり、最後まで宮内省の経営にとどめ置かれた合計四十町の省営田の系譜をひいていたこと、(3)御稲田は朝廷の毎日の「朝餉」ならびに「昼御膳」の料所として存在し、往昔以来「供御」を備進しつづけたこと、(4)これにたいし諸司における朝夕の「常食」や「月粮」のための殿上米料所は延喜式に規定された二十二国の年料春米《しょうまい》運上国とのつながりが想定されることなどを指摘しつつ、同時に米穀売買について述べている[47]。ここに、米をめぐる御稲田＝御厨供御人型、殿上米料所＝諸国貢進型、米穀売買課役＝都鄙供御人型交通の対応関係を読みとることができよう。

網野善彦は、文保元年（一三一七）の大炊寮領河内国河内郡御稲田雑掌国友の言葉その他をひいて、右のような御稲田の成立時点を後三条院の延久年中（一〇六九〜七四）における山城・河内・摂津三国における供御料田の設定にさかのぼらせている[48]。やがて久安五年（一一四九）に河内国御稲田の供御人数百人が大挙して上洛し、彼らの供御田が藤原忠実の荘園に立券されるのを不満として禁裏・院に訴えた有名な事件が起きた。そのさい供御人らは彼らの名田が、保延（一一三五〜四一）の頃、本坪一段に副田一段・雑事免二段を加え、計四段の田によって編成されていたといっていた[49]。

ところで鎌倉時代になると、京都には米の商人が多数成立し始め、やがて室町時代には、

「洛中・河東・西郊米穀商売役事、諸社神人並びに四府駕輿丁、諸公人、諸被官輿舁等《こしかき》」といわれるようになっていった。[50]こうした状況のなかで、おそらくは大炊頭中原師右らの積極的な働きかけがあったのであろうが、新しい動きが元応元年（一三一九）に起きた。このとき、後宇多院の院宣により家別一果の割合で大炊寮役としての「米屋公事」が課せられたのであるが、[51]四府駕輿丁をはじめとする米商人らはこの新しい米屋公事に容易に従おうとしなかった。[51]橋本の指摘によると右の一果とはほぼ米一石にあたっている。

京都の米商人は一所に集住せず、「洛中・河東・西郊」の各所に点在していたのであろう。[52]家別一果という公事の賦課形態もそれにふさわしいであろう。本来の形式からいうと、大炊寮役として家別米一果（石）を負担するように定められた元応の米商人は、この段階において大炊寮の供御人となるべきはずのものであったと思われる。しかしさきにも述べたように、「洛中・河東・西郊」にわたって米商売に従事していた彼らは、「或は権門の号を募り、或は神人の威を仮て、寮家の下知に随わず」と記され、またこれ以後も嘉吉元年（一四四一）、康正元年（一四五五）、寛正二年（一四六一）とひきつづいて公事を対捍しては、「諸社神人並びに四府駕輿丁・諸公人・諸被官輿舁等と称し、事を左右に寄せて寮役を難渋した」と非難されている。この間には永享十年（一四三八）に「四府の米うり百廿余人」が、毎年二十貫文の納入を条件にして「家別一貫文」の寮役を免除されるようなこともあった。[53]さらにまた嘉吉元年にも前大外記中原師勝の訴えにより、両者の訴陳紏決が行われ、四府駕輿丁らは毎年二千疋を沙汰するとの請文を提出し、もしもこれに背けば「本法」のとおり「家別一果」を納入すると誓っている。

いずれにせよ、中世京都の米穀流通の中心を担ったのは四府駕輿丁であった。供御人が天皇の口に食事を運ぶ手の役割をはたすとすれば、四府駕輿丁は天皇の身体を運ぶ足として働いていた。御稲田の供御人に先んじて、四府駕輿丁の足の方が京都市場における米流通の主流を占めていたのである。京都における大炊寮の米屋支配は後発的なものであったにちがいない。京都における米の流通は、特に「御稲田」供御人を中核とすることなく、四府駕輿丁をはじめ、権門寺社の公人・神人・被官・輿舁などによって掌握されていったのであり、魚鳥にみるような都鄙供御人型の流通形態はここでもついに未成立に終わったとみてよいであろう。

5 炭・続松・材木

京都北山の広い山地にひろがる小野山の地は古来、炭焼きによって知られていたが、中世、ここには主殿寮の管轄の下に、炭・続松《ついまつ》（たいまつ）をもって宮廷につかえることを任務とした小野山供御人が生活していた。[54]

寛喜二年（一二三一）、この小野山供御人らは内蔵頭有親奉書によって、(1)御祭・御祓使・殿上日貢を除いて、蔵人が懸ける臨時召の松明を停止すること、(2)諸社の祭・諸寺の灌頂《かんじょう》・八講《はっこう》などの「立明」の人数は六人のところを半減することなどを認められている(55)。寛喜の大飢饉のため、餓死者が多く、供御人の人数が減少したための措置であった。さらに時代が降って長禄三年（一四五九）に加茂との争いに要求を通そうとして、彼らは「しょせん、御いとまを給りまかり下り、毎日の日供ならびに御こもごもの御はらい（祓）より、諸社・陣中松明役以下」をとどめて嘆き申すよりほかの方法がないと述べている(56)。彼らはまた、「放生会ならびに駒牽等松明役(57)」「供御御炭松明役(58)」を務めていた。殿上とその周辺に「火（灯）」を供給することが彼らの長くつづく務めであった。

平安末・鎌倉初の小野山には少なくとも七十余人の供御人がいた。久安五年（一一四九）には主殿寮の年預伴正方・守方父子と争いを起こしたさい、七十余人が京都に召し上げられ、このうち安正・依包・武利・依正・久国・光吉という張本六人が検非違使の家弘に引き渡されるという事件があった(59)。この事件に言及した建久七年（一一九六）の供御人らの連署起請文によると、そこに署判を加えているのは、「白炭焼御作手十人長高橋延安・筥松御作手十人長勝部貞吉・薪御作手十人長南淵童貞・中宮御作手六人長高山部依光・皇太后宮御作手長同是貞・太皇太后御作手六人長高橋大薗」などとみえる。供御人らが六人ないし十人程度の集団をなし、それぞれ「長」に率いられて、天皇・中宮・皇太后・太皇太后に直属しつつ、炭・薪以下を奉仕していたものと思われる。ただこの作手と供御人とは全く一致するわけではない。長禄三年（一四五九）に、彼らはみずからのことを「小野供御人兼御作手等」と表現したことがある。(60) 彼らは作手であることと供御人であることとをいちおう区別して認識していたのである。

ところで、先の寛喜の訴えのさい、

非供御人の輩、京中において続松を売買せしむる事多しと云々。同じく之を停止せしむ。

との禁令(内蔵頭有親奉書)が出ている。小野山供御人らはここで明らかに京中における続松(松明)の独占売買を主張していたのであり、彼らの要求のなかに都鄙供御人型への志向性をはっきりと読みとることができよう。ここでの営業独占は「京中」を対象に組み立てられている。これが彼らの営業の実態であったにちがいない。時代は降って宝徳四年(一四五二)、小野山のうちに含まれる細河の作手らが炭・薪ならびに�皮果・抹香について、隣郷甲乙人らの商売停止を認められたこともあった。(61)

炭と続松との取り扱いが古来の仕事であったとはいえ、小野山供御人たちは京都へ出て材木の商売にも従事していた。永和三年(一三七七)に、年預伴守連は供御人から「材木乞取」のことを非難されたさい、代々の年預が必要に応じて便宜の供御人に仰せて材木を採用するのが先例だと反論しており、こうした事態の背景に現地における材木採取の慣行があったことを示している。(62) このとき守連は供御人らに反論して、「去る比、下辺の炎上について、供御人等毎夜数十荷の材木を荷担して出京せしめ、夜中売買の条、露顕分明也」といい、また「或は辺土洛中の向買人を小野山に招き入れ、日々夜々京都に出て、数百荷売らしむるの条、世以て其の隠れ無し」と称している。「夜中売買」といわれているのは、彼らの材木商売が夜中ひそかに行われていたからであろう。また辺土洛中の「向買人」が「日々夜々」小野山まで買い付けに出向いているというから、材木商の主流が洛中辺土からやってくる彼ら「向買人」の側にあったことが予測される。堀川の材木商人をはじめ、彼ら以外に洛中辺土には多くの材木商人がいたわけで、小野山供御人も材木については営業権を主張したわけではない(63)。

ずっと時代が降って永正六年(一五〇九)、主殿寮頭袖判の五カ条の禁制案には、(1)供御人らが武家の被官になること、(2)恒例・臨時の公事、火炬師役、(3)松明の欠如、(4)諸関並びに諸商売の課役免除、(5)年預得分の無沙汰のことが定められている(64)。ここに十六世紀の供御人のあり方が要約的に示されているが、彼らは平安時代以来の年預である伴・中原両家の得分を無沙汰し、武家被官の道を歩む気配をみせていた。このようなことは、特に供御人らにかぎったことではないが、中世庶民の新しい選択がここにも示されている。

そして永正十五年(一五一八)、当時、小野山は上五村・下二村に分かれていたが、京都に近い下二村が杉坂に役所(関所)を設け、上五村の荷物に関銭を課すようになり、両者に紛争がもちあがっている(65)。このとき下二村は、「七村の商売……、炭木・材木・樹菓等、是れ小野山諸商売也」といって、炭・材木・樹菓などについては無課税の原則を確認し、また元来は丹州野々村の商売であった「灰」についても、供御人らが彼らの「座」を買得した以上、これらについても上五村が自由に荷物を運んでもよいと称している。そればかりか、絹・綿花・紫などについても、「自分の商売」（供御人自身の商売）ならば課役御免の趣旨に沿って課税しないとしており、供御人自身の商品はその種類のいかんを問わず、自由通行という原則をも容認している。

小野山の地は若狭と京都を結ぶ幹線路の京都への出入口にあたっており、当時、小浜から小野山までに七、八カ所の「役所」（関所）があったという。(66) 上五村供御人らはここで駄賃馬を扱う交通網の組織者になっていたのである。つまり上五村はここで「物」からの分離をとげ、さらに生産からも分離して、生産地と消費地とを仲介するだけの存在になってきていたのである。かくして、下二村は上五村供御人が第三者である荷主の品物を運ぶ場合は、駄賃・役銭（関銭）をともに徴収するとして両者の紛争がもちあがったのである。ここで下二村は、「京都・田舎の商人、役銭と駄賃並びに渡すの儀、隠れ無し」といっていた。ここには十六世紀における供御人たちの、時代への新たな対応と、上五村の供御人らが専門特化した運輸業者として登場し、その結果としての新しい紛争の局面がみられる。彼らはここでも特定された「物」と分離しつつあった。

6 菓子

すでに述べたところからも推測されるように、御厨子所を中心とする日次供御の貢進には魚と鳥のほかに、精進の日の菓子（果物）・雑菜がこれに組みあわされていた。中世京都におけるこうした御厨子所の鳥と魚と菓子（果物）の交易支配の上に、やがて内蔵頭の御厨子所別当兼担の慣行が確立する。こうして内蔵寮＝御厨子所別当対同所預による供御人支配の主導権争いがもちあがった。この別当と預との争いについては小野晃嗣がすでに早く説明したところである[67]。

先述来の御厨子所被官らの言上状に付せられた多数の副進文書は内蔵寮との裁判において、御厨子所預の側が自己の歴史的権限の由来を説明する証拠として提出したものであり、彼らの主張がここに明瞭に示されている（**表1**）。すなわちそこには、精進御薗、河内国大江御厨、桂御厨鵜飼（桂供御人）、津江御厨供御人、六角供御人、魚鳥供御人（鯉鳥供御人）、菓子供御人らがみえる。一見して平安時代には御園・御厨が多く、鎌倉にはいると魚鳥供御人（鯉鳥供御人）と菓子供御人の表記が多くなることに気づく。それとともに平安時代から鎌倉時代にかけて、精進御園から菓子供御人支配へ、また大江御厨・津江御厨支配から魚鳥供御人支配へと御厨子所の支配が転換していったことが読みとれるであろう。ただ右では、一括して魚鳥供御人（鯉鳥供御人）といわれている魚鳥を扱う商人もいくつ

表1　御厨子所預副進文書の一覧(大谷文書)

年　月　日			文　書	国	御厨・供御人	備　考
長元 8 (1035)	11.	21	当所所符		精進御薗	検校職
治暦 3 (1067)	①.	25	当所所符	河内	大江御厨	執行職
〃 4 (1068)	7.	4	当所所符		桂御厨鵜飼等	不可従使庁役
延久 1 (1069)	5.	17	当所所符	河内	大江御厨	執行職
〃 5 (1073)	1.	22	当所預外題		阿倍村	
寛治 6 (1092)	2.	17	当所所符	河内	大江御厨	供御免田
康和 5 (1103)	5.	16	当所定文		大江御厨	番供立名
嘉承 3 (1108)	4.	29	当所所符	河内	大江御厨	惣官職
元永 2 (1119)	7.	12	官符宣旨	河内	大江御厨	検注
保延 5 (1139)	11.	—	当所預外題		大江御厨供御人	
永治 1 (1141)	12.	6	当所所符		精進御薗	惣官職
応保 2 (1162)	8.	23	当所所符		津江御厨供御人	名田
嘉応 1 (1169)	6.	—	当所定文	河内	大江御厨	日定
建暦 3 (1213)	11.	23	官符宣旨	河内	大江御厨供御人	
建保 3 (1215)	9.	—	蔵人所牒	丹波	桂供御人	宇津荘飼場
安貞 2 (1228)	9.	14	綸旨		六角供御人・鳥供御人	
天福 1 (1233)	4.	9	高二位家請文		鯉鳥供御人	
〃 2 (1234)	2.	1	摂政家御教書		鯉鳥供御人	
〃 2 (1234)	2.	8	摂政家御教書		魚鳥供御人	
嘉禎 1 (1235)	12.	—	蔵人所牒		菓子供御人	内蔵寮違乱
建長(1249～56)	11.	7	別当下知状		鳥供御人	
弘長 1 (1261)	12.	25	別当下知状		鳥供御人	
〃 2 (1262)	12.	13	蔵人所牒		菓子供御人	内膳司濫妨
文永 7 (1270)	3.	5	別当下知		菓子供御人	
〃 7 (1270)	8.	—	蔵人所牒		菓子供御人	内蔵寮押妨
〃	12.	17	別当下知状		魚鳥供御人	後懸、預所沙汰
〃 11 (1274)	1.	25	蔵人所牒		都鄙供御人	諸方新儀妨
弘安 3 (1280)	12.	22	官符宣旨	河内	大江御厨	阿部村
〃 6 (1283)	1.	29	寮官久吉請文		六角町供御人	法蓮跡
正応 2 (1289)	5.	10	綸旨		鳥供御人	
嘉暦 1 (1326)	6.	15	綸旨		本供御人	

(注)　御厨子所の別当を兼任していた「内蔵寮」と同所の「預」とが互いに供御人にたいする「直沙汰」(直接支配)を争ったさい、「預」の側が法廷に提出した証拠文書の一覧。ここには御厨子所の供御人支配の変遷が要約されている。

かの組織に分かれていたもようで、さきにあげた元弘の内蔵寮領等目録に「六角町生魚供御人」「姉小路生魚供御人」とみえるほか、それとならんで「鳥供御人　毎年四十鳥」とみえている。

ところで、供御人と神人との複雑な歴史的関係についてある見通しを与えているのが菓子供御人の場合である。彼らが供御人になるか神人になるかは、そこで得られる政治的・経済的利益と深くかかわっている。

「兼仲卿記」紙背文書が示すところによると、すでに文永年間（一二六四～七五）に日吉神人と称して本所（御厨子所）の成敗に従わず、濫妨を働く菓子供御人がいたのにたいして、「神人たりと雖も、交易を致すにおいては、御厨子所に従う可きの旨」の院宣以下が下され、彼らは神人職を解却された上で使庁に召し出されている。また大和国辰市あたりの蒟若《こんにゃく》売をめぐる争いでは、すでに嘉禎年中（一二三五～三八）に多武峯墓守の身分を獲得していた蒟若売は、摂関家の権威を背景にして、このとき以来たびたびにわたって御厨子所の供御を拒否しようとした。これにたいし御厨子所衆らは、「御墓守といい、辰市住人といい、交易を致し、供御を備進せしむ可きの条、勿論」と主張している。(68) 彼らは蒟若を扱うかぎり菓子供御人とみなされたのであった。

御厨子所による「菓子」流通の掌握はその後も紛争をまきおこした。すなわち明徳三年（一三九二）九月二十八日、蔵人所に所属する丹波団栗作御園の供御人らが「栗売買」のために出京したところ、路次にあたる西七条で、「山科家殿御使並びに御厨子所使」と称する一団によって「栗駄別荷物用途」を懸けられたことがあり、栗作供御人らはこれを拒否しようとして腰刀を奪われるという事件がもちあがった(69)。

このとき栗作供御人らは、自分たちの権利を「往古より蔵人所一円進止として厳重供御役を備進」「往昔以来、他方の役に随わず」と主張して問答を加えた。そのさい彼らはまた山科家ならびに御厨子所の使のことを、「彼御使等は新座の輩たるの間、故実を弁ぜず」といっている。どちらがより古く、より正しい原則に立っていたかにわかに断定し難いが、御厨子所の側は丹波から京都に入る栗売買の商人(蔵人所栗作御園供御人)にたいし、駄別の用途を西七条において課す権利を主張したわけで、ここには御厨子所預紀宗季が建久年中に獲得した、かの「三条以南魚鳥以下交易之輩」以来の彼らの主張がこめられていた。蔵人所供御人としての丹波栗作御園の栗商人が菓子供御人として御厨子所の支配下に入るかいなかという右の争いにおいて、双方がともに供御人である以上、供御人身分に備わった彼らに固有の排他的な権威は物理的に相殺されて意味をなさない。彼らは必然的に新しい権威を求めざるをえないのである。

洛中における菓子の流通をめぐる都鄙供御人型の支配は南北朝時代になって大きく崩れていった。御厨子所供御人らが多く祇園社神人に転生していったからである。康永二年(一三四三)頃には祇園社に「未日左方菓子座神人」なるものがいて「塩小路烏丸屋」にいたことがみえる[70]。やがて祇園社には「犀鉾神人《さいほこ》」の名をもち、祇園社に属して、洛中・洛外における柑類の売買を独占する神人集団が出現するが、彼らは十六世紀になって山科郷民が菓子を売買するようになったため、これを停止するように、天文四年（一五三五）には朝廷にたいし、また同九年には幕府にたいして訴えでたことがある。

ところでこの祇園社の犀鉾神人は、菓子だけでなく鳥をも販売していたため、天文十四年に五条座（鳥三座のうちの一つ）を支配する長橋局から、御厨子所別当たる山科言継に抗議がなされている。これにたいし言継は、この座の公事は預の高橋宗頼の知行に属していること、魚・鳥の売買についても古くから認められている慣例であると答えている[71]。右の事実は、かつての御厨子所供御人が、やがて祇園社の神人に転身し、依然として京中における菓子流通を支配しようとしていたことを示している。言継はここで建久以来の御厨子所による都鄙供御人支配について語ったのであった。供御人たちは祇園社の犀鉾神人として活躍する一方、天文になっても依然として御厨子所供御人としての権利をも行使しようとしたことを示している。

むすび

日本中世における供御人と神人・寄人の相互の歴史的関係、つづめていえば中世の供御人・神人問題について、御厨子所による「魚・鳥・菓子」、蔵人所による「鉄」、造酒司による「酒」、大炊寮による「米」、主殿寮による「炭・続松」の支配を例にとって概観してきた。魚・鳥・菓子をめぐって、鎌倉時代のはじめ京都で成立した都鄙供御人型の流通形態は、「鉄」の場合にはすでに早く平安後期、十二世紀の後半にはそれに近いものが成立したが、その本拠になったものは丹南の鋳物師であり、その形態成立についての「都」の意味はより希薄であり、「地方」の比重が大きかった。酒と米の場合は時期が鎌倉末期にずれこみ、そうしたものは結局、十分には成立するにいたらず、かえって室町幕府の権威下に包摂されていった。ここでは四府駕輿丁や諸権門・寺社の神人・寄人の権威が強く、造酒司・大炊寮の右のごとき支配を容易に許さなかったからである。ここでは例示することができなかったが、主殿寮の油支配について考えてみても、鎌倉時代以来の大山崎油神人の活躍が示すごとく、全体としてみれば、これらの多数の「物」がのちになればなるほど、諸権門・寺社の神人・寄人身分によって支配されるようになっていく過程をみることができよう。中世末の京都の商工業は上京における禁裏駕輿丁座、下京における祇園諸神人によって掌握されたとする豊田武の指摘を思いだすこともできよう。

以上、まことに不十分ながら、中世における供御人・神人問題の展開を「物」に即して追ってみた。私の念頭にあったのは、平安末期の武家勢力の動向に苦慮しつつ、他方で荘園制的な寺社権門と一体になって展開する悪僧・神人対策に腐心した後白河上皇の政治動向のことであった。保元の乱に勝利をおさめ、政権を掌握した上皇は保元元年（一一五六）閏九月、七カ条からなる新制を発布し、その書き出しに、「九州の地は一人の有也、王命の外、何ぞ私威を施さんや」と書いてみずからの政治理念を高くうたい上げた。右の理念のもとに、上皇がその実現を意図したのは神社仏寺・院宮諸家の「新立荘園」の停止（第一条）であり、同じく荘園の「加納余田」・「荘民濫行」の停止（第二条）などであったが、同時にそれは中央の「本社・本山」ならびに「国司」に仰せてする「諸社神人」や「諸山悪僧」の濫行停止（第三・第四条）でもあった。このとき後白河上皇は、こうした神人・悪僧を「国司」によって統制させようとしたのであり（第五条）、一方では諸社・諸寺の社領・寺領・神事・仏事用途を注進させ、それによって、仏寺・神社全体の宗教的・財政的枠組みを国家＝王家の統制のもとに置こうとした（第六・第七条）のであった。保元の新制が一面で「神人整理令」であるといわれるゆえんであり、また同時にそれは明らかに「悪僧整理令」でもあった。

保元新制が神人・悪僧の拠点として列挙した寺社は、伊勢大神宮・石清水八幡宮・鴨御祖社・加茂別雷社・春日社・住吉社・日吉社・感神院ならびに興福寺・延暦寺・園城寺・熊野山・金峯山であった。そこでは「往古之神人」の員数に決まりがあるにもかかわらず、近年になって社司が「賄賂」をとって「猥りに神人を補し、或は正員と号し、或は其の掖《わき》と称」し、あげくのはては所部公民が国威をないがしろにすることをきびしく非難し、そうした事態を防ぐため、「本神人の交名ならびに証文」を注進し、「新加神人」を停止するよう命じている。恒例の神事には決まった所役があり、したがって往古の神人には決まった数があるとする新制の文章から、諸国の公民が賄賂をもって諸社（社司）にとりいり、神人身分を獲得しようとしていたこと、彼らには正員と掖（脇）の区別が一般的に存したという平安末期の社会的動向を知りうるのである。

右のような後白河の専制的な政治理念を実現する上で、諸国の国司に期待されるものはきわめて大きい。新制はそのことを「部内の寺社は皆是れ国司の最也」といい、国中の寺社が「数千人の神人」「巨多の講衆」を補任して吏務を妨げ、郷村を横行するのを厳しく糾弾していた。

右のような保元新制における上皇の政治理念を、その後の神人・供御人問題の動向と照らしあわせてみるとき、私たちは後白河が中世における神人・供御人問題の本質を的確に把握していたことに思いいたるであろう。十二世紀の神人・悪僧の動向には国制の基礎を危うくするようなある種の危険なものが隠されていた。そこには荘園制の動向、武士（在地領主制）の動向とともに中世における国制の根底にふれる問題がこめられていたのである。さきにも述べたように、特定の集団が供御人であることは、その集団の全存在を規定していたわけではない。彼らが諸方兼属の身分として現れるということは、それだけに供御人としての存在が、限定された領域でしか意味をもちえないことの表現である。後白河は中世の〈天皇―供御人関係〉の現実をリアルに認識していたと私には思われる。彼は中世の天皇の権威が本当はきわめて限定されたものであった事実を本能的に嗅ぎとっていたのである。保元新制はそうした神人・供御人問題に対処しようとした後白河の政治認識の理念的表現にほかならない。中世における天皇と供御人との歴史的関係の認識にもリアルで正確な目が必要ではなかろうか。

注

(1) もっとも、十一世紀以前の寄人はこれとはやや異なった性格を示している。彼らは往々にして特定の権門の保護をうけて臨時雑役を免除された地方の有力者であった。

(2) 網野善彦『日本中世の非農業民と天皇』(岩波書店、一九八四年)がこの問題の現段階の研究水準を代表する。網野の所論は贄を貢進した漁民集団についてもっとも成功しているようにみうけられる。その意味で、同「古代・中世・近世初期の漁撈と海産物の流通」(講座・日本技術の社会史2『塩業・漁業』日本評論社、一九八五年)は、通例の農村とは異なる浦(漁村)の民族的組成の問題をも視野におさめて詳細かつ説得力のある論を展開していて見事である。この漁業については、保立道久「中世前期の漁業と荘園制」(『歴史評論』三七六号、一九八一年)がもっとも包括的な網野批判を加え、さらに同「網野善彦氏の「非農業民と天皇」論について」(『日本史研究』三〇〇号、一九八七年)はさらに理論的な問題について網野の所論の難点を指摘して有益である。また脇田晴子『日本中世都市論』(東京大学出版会、一九八一年）の網野批判について、網野は「脇田晴子の所論について」（前掲書）で反論、脇田も「書評」（『歴史学研究』五六六号、一九八七年）で総括批判を加えている。小論もこれらの論争を念頭に置いているが、詳細は別に述べたいと思う。

(3) 文永十一年正月二十五日蔵人所牒（大谷仁兵衛氏所蔵文書）。

(4) 同前。

(5) 同前。

(6) （延慶三─応長元年）御厨子所被官公人等庭中言上状（「大谷仁兵衛氏所蔵文書」）。

(7) 元弘三年五月二十四日内蔵寮領等目録、宮内庁書陵部。

(8) 内蔵寮領等目録には、このほか、菅浦、上桂供御人、今宮供御人などの魚の供御人、菓子供御人、蓮根供御人、大和黄瓜御薗供御人などがみえる。

(9) 前掲注(3)史料。

(10) 小野晃嗣「内蔵寮経済と供御人」（『史学雑誌』四九編八・九号、一九三八年）九九六頁は、文安二年、文明九年の内蔵寮目代大沢ならびに御厨子所預高橋が発行した駒形札を例示している。

(11) 「西宮記」巻十裏書。

(12) 同前。

(13) このほか鵜飼が鯉・鮎（夏鮎・冬鮒）を、また鷹飼が雉を進めるとしており、鷹飼は近江に深く関係していたらしい。ここにはかなり多様な漁民のあり方が存在しているようである。

なお、「侍中群要　第四　毎日日記付書様」に「巳一刻、日次御贄を供す。衛府、随番、近江国、日次所、東西河、件の河五月五日以後、九月九日以前御贄を供う。宇治田上御網代、九月九日自《よ》り、新嘗会に至り氷魚を供う。衛府、鯉鮒を供う。近江国、鯉鮒幷びに雉、雲雀を供う。但し雉、雲雀期有り。相互に之を供う。御精進の時、衛府蔓菁《あおな》を供す。春時或は苣《ちさ》を供す。自余日次所御贄を停止す」のごとく記される。また「西宮記」巻八に「禁河」として「埴河」が左衛門府、「葛野河」が右衛門府の「検知」をうけて夏に鮎を供したとみえる。

(14) 同じような例として、鴨御祖社の供祭人＝神人が近江の安曇河について、「上は滴り水を限り、下は河尻迄、他人の希望あるべからず」と述べたことを指摘できる。

(15) 「山槐記」応保元年九月十七日・十八日条。

(16) 白河上皇の時代に毎月の六斎日（八・十四・十五・二十三・二十九・三十日）のほかに、十八日を精進の日に決めたことがあったが、この当時、後白河上皇はこれをもとにもどし、魚味の貢進を命じていた。

(17) ただこのときの重盛の要請は、後白河上皇の意志によって、結局、法通寺の妨げを停止し、作人に供御の持進を命じた蔵人所牒が出されただけで終わった。

(18) 長渚御厨についての研究は、竹内理三「荘園制と封建制」（『律令制と貴族政権』Ⅱ、御茶の水書房、一九五八年）、脇田晴子『日本中世商業発達史の研究』（御茶の水書房、一九六九年）八八～九八頁、一一二～一二一頁ほか。筆者もこの間の事実については『兵庫県史』第一巻（一九七四年）で述べた。

(19) 網野善彦、前掲注(2)書、第三部、鋳物師。
(20) 和歌森太郎「能登中居の鋳物師について」(小葉田淳教授退官記念『国史論集』一九七〇年)。
(21) 永万元年建立の推測については、網野善彦、前掲注(2)書、四五五頁注(28)。
(22) 仁安二年十一月蔵人所牒写(「真継文書」二号、名古屋大学国史研究室編『中世鋳物師史料』)。以下、鋳物師の史料については同書による。
(23) 同前。
(24) 同前。
(25) 網野善彦は永万元年(一一六五)の蔵人所小舎人惟宗兼宗による「蔵人所燈炉以下鉄器物供御人」の建立、それにつづく仁安三年(一一六八)の広階忠光を初代の惣官職とする別個の貢御人組織(おそらくこれは後世の廻船鋳物師を意味する)の成立、さらにまた東大寺再建の大勧進職として中心的な役割をはたした重源による寿永二年(一一八三)以前の草部姓の鋳物師集団たる「東大寺鋳物師」の成立を指摘する。
(26) 日吉社聖真子神人兼燈炉供御人并殿下御細工等解(「経光卿記」貞永元年五月巻紙背)。
(27) 蔵人所左方燈炉供御人兼東大寺鋳物師等重申状(「兼仲卿記」永仁元年十二月巻紙背)。
(28) 鋳物師伊岐得久申状(「兼仲卿記」正応元年十月巻紙背)。
(29) 嘉禎二年十一月日蔵人所牒写(「真継文書」一〇)、宝治二年十二月日蔵人所牒写(同一一)。二十人の番頭は、草部延時・貞依・助忠・則国・貞国・友国・助房・助則、布忍忠

村・為安・助吉、氷貞仲・則延・清則、広階友清・友安、紀助安、山河助清、橘影延、膳貞延で、これは草部姓八人、布忍姓三人、氷姓三人、広階姓二人、紀・山河・橘・膳姓各一人の集団をなしている。
(30) 草部助時解写（「真継文書」一四）。
(31) 建暦三年十一月日蔵人所牒写（「東寺百合文書」ゐ六一号）。
(32) 承久四年三月二十九日六波羅探題過書案（「阿蘇品文書」）。
(33) 貞応元年五月日蔵人所牒写（「東寺百合文書」ゐ六一号）。
(34) 酒にかんしては、網野善彦「造酒司酒麹役の成立について」（『続荘園制と武家社会』吉川弘文館、一九七八年）にくわしい。なお小野晃嗣「中世酒造業の発達」、同「室町幕府の酒屋統制」（『日本産業発達史の研究』至文堂、一九四一年）、同「北野麹座に就きて」（『国史学』一一号、一九三二年）参照。
(35) 「平戸記」仁治元年閏十月十七日・十八日条。ここには、（A）嘉禄二年十一月三日官宣旨（造酒司宛）、（B）仁治元年（閏）十月三日造酒司解、（C）同年閏十月十七日民部卿平経高請文などが引用されている。
(36) 承元三年四月二十一日蔵人所牒案（内閣文庫「押小路文書」八〇）。
(37) 前掲注(35)の（A）。
(38) 同前の（B）。
(39) 同前の（C）。

(40) 正安四年四月三日後宇多院院宣写（「押小路文書」八〇）。
(41) 元亨二年二月十九日後醍醐天皇綸旨（同前八〇）。
(42) 元亨二年四月十三日新日吉社神人兄部則重代則安申詞案（同前八〇）。
(43) 貞治二年四月十七日後光厳天皇綸旨写、同五月二日足利義詮御判御教書写（同前八〇）。
(44) 応安元年五月十四日綸旨案（春日社住京神人）・同二年四月二十七日綸旨案（八幡宮大山崎神人宗賢法師）、同年十一月二十七日綸旨案（賀茂境内）、同三年五月二十七日綸旨案（仁和寺嵯峨境内）など（同前八〇）。
(45) 康暦元年九月二十日斯波義将書状（「北野神社文書」）、嘉慶元年十二月二日室町将軍家下知状（同上）。
(46) 網野善彦「境界領域と国家」（日本の社会史第2巻『境界領域と交通』岩波書店、一九八八年）三四八頁。
(47) 橋本義彦「大炊寮領について」（『平安貴族社会の研究』吉川弘文館、一九七六年）。なお豊田武「四府駕輿丁座」（『座の研究』同著作集一、吉川弘文館、一九八二年）三四五～三五二頁。
(48) 文保元年六月日大炊寮領河内国河内郡御稲田雑掌国友申状（「師守記」貞治三年二月巻、紙背）。網野善彦、前掲注(2)書、一三〇頁。
(49) 「本朝世紀」久安五年十一月三十日条。
(50) 嘉吉元年十一月七日、康正元年十二月二十九日室町幕府御教書など（内閣文庫「押小路文書」八三）。

(51) 元応元年十二月十八日後宇多院院宣、同十二月二十六日同院宣（右同文書八三）。

(52) 豊田武は文明六年（一四七四）の「東寺執行日記」にみえる「三条室町米場」における四府駕輿丁の権限が、江戸時代の大坂堂島の米市場に継承されていったと推定している。豊田、前掲注(47)書、三五〇～三五二頁。

(53) 永享十年八月十日四府駕輿丁請文（「京都東山御文庫記録」）。豊田、前掲注(47)書、三四五頁。

(54) 千村佳代ほか「主殿寮年預伴氏と小野山供御人」（『年報中世史研究』三号、一九七三年）。

(55) 寛喜三年十月七日内蔵頭平有親奉書案（「壬生家文書」三―六六〇）。

(56) 長禄三年六月二十九日小野惣庄供御人御作手等申状案（同上七七一）。

(57) 長禄三年八月十三日小野供御人兼作手等申状案（同上七七二）。

(58) 宝徳三年卯月日主殿寮官人家方・職国申状案（同上七五二）。

(59) 建久七年八月十日小野山供御人等連署起請文案（「壬生家文書」三―六二一）。なお同文書六一七、六一八、六一九参照。

(60) 長禄三年八月十三日小野山供御人兼作手等申状案（「壬生家文書」三―七七三）。

(61) 宝徳四年六月二十七日蔵人所奉書案（「壬生家文書」三―七五五）。

(62) 永和三年九月日伴守連陳状案（「壬生家文書」三―六一六）。

(63) 堀川材木商人については、豊田武、前掲注(47)論文、および同書所収「祇園社をめぐる諸

座の神人」三三八～三四〇頁、三八〇～三八三頁を参照。
(64) 永正六年八月二十八日主殿寮禁制案（「壬生家文書」八七二）。
(65) 永正十五年七月日上小野供御人等申状案（「壬生家文書」三―八八一）。
(66) 永正十五年八月日下小野供御人等重支状案（「壬生家文書」三―八八三）。
(67) 小野晃嗣「内蔵寮経済と供御人」（『史学雑誌』四九編八・九号、一九三八年）。
(68) 年未詳御厨子所番衆等申状（「兼仲卿記」紙背文書）。
(69) 明徳三年九月日丹波国栗作御園供御人等言上状（「山科家古文書」中）。
(70) 「祇園執行日記」康永二年十一月一日条、豊田武「祇園社をめぐる諸座の神人」（前掲注(63)）、三八五頁。
(71) 「言継卿記」天文十四年六月六日条。

V　中世の賀茂六郷——系図と戸籍のある中世社会

小学校以来、私は京都洛北の下鴨で育った。一九三〇年代のはじめの頃、それまで中世以来の田園地帯であったこの地に区画整理が始まり、新しい住宅街が出現して、下鴨文化人が移り住んで生活を始めた。私はそこに新しくできた小学校を卒業したのだが、その学校の五十年誌編纂を機に、校区のさらに古い歴史を叙述することになり、請われて中世の部を担当することになった（『葵五十年誌』一九八〇年）。古代は門脇禎二、近世は藤井学、近代は浮田典良の皆さんが担当した。校区の半分はかつての上賀茂社領境内六郷の地に属し、あとの半分は詳細は不明であるが、間違いなく下鴨神社の境内地であった。私が育ち盛りであった頃、周辺にはまだ中世以来の農村風景があちこちに残っていた。

鎌倉時代以来、賀茂社に属した氏人たちは境内六郷の土地を共有し、年齢にしたがって、順次これを割り変えていく往来田制度をつくり、神社を維持してきた。賀茂社の氏人系図は、共有地割り変えのための基礎台帳として、厳密に管理され、長く戸籍の役割を果たしてきたのであった。このようなわけで室町時代の土地台帳「じからみ帳」は氏人たちが共有する六郷の土地とその景観を精密に記録している。その昔、『岐阜県史』をいっしょに執筆した頃、須磨千頴さんが「太閤検地帳は現状と合わないのに、それより古い中世の「じからみ帳」の景観が今のままです。この田圃の向こうに溝があると書いてあるので、行ってみると今でも溝なのです」と語っていた。須磨さんは「何故でしょう」と私に問いかけたのだが、もちろん私に回答があるわけもなく、突きつけられた事実の重さに、ただ絶句するのみであった。須磨さんのお仕事は昨年大著『賀茂別雷神社境内諸郷の復元的研究』（法政大学出版局、二〇〇一年）として完成したが、本稿はその頃発表されつつあった須磨さんのお仕事を頼りにして、賀茂境内六郷を叙したものである。氏人集団は現在も財団法人賀茂県主同族会という法人組織をもっており、氏の系図を大切に保管、系図その他をもとにした『賀茂神主補任史』（一九九一年）という立派な図書まで出版している。

列島社会の中世においては通例、多少とも怪しげなイエの系図はあっても、ウジの系図を完備することはない。この社会においては、ウジはそれだけ破壊され解体されていたことの結果である。そうしたなかで、カモの氏人は、完備されたウジの系図をつくりつづけていた。そこには往来田制度というウジによる土地の共有と割替制度が存続しつづけたからである。系図と戸籍のある中世は韓国社会のものである。私は賀茂氏人の歴史のなかに韓国社会における同族集団のあり方を考えていく糸口のいくつかが見出せるのではないかと考えている。本書第Ⅱ論文ではそのことに直接言及しなかったが、そこで述べた中世朝鮮半島の同族組織は現在においても社団法人を組織して、同族の立派な家譜を発行している。これは賀茂の氏人集団のやり方に共通する。本稿は賀茂の系図について、これに直接言及はしていないが、そういうやや特殊な中世社会のあり方を叙したものである。

昨年（二〇〇一年）の倭城踏査のさい、晋州の邑城にも立ち寄った。壬申倭乱のさいの激戦地の一つである。大谷大学における歴史学の教員仲間の一人で、在日朝鮮人である鄭早苗さんが同行していた。鄭さんは晋州鄭氏の一族であり、晋州邑城の奥まった一画に門扉を堅く閉ざした晋州鄭氏の見上げるように立派で広大な寺院があって、その下の道を行き過ぎながら、そのことを鄭さんから教えてもらい、あらためて韓国中世世界のひろがりの一端にふれる思いであった。

1 中世賀茂社領の成立

山城国の愛宕《おたぎ》郡に十世紀の頃、十三の郷がありました。蓼倉・栗野《くるすの》（栗栖野）・栗田《あわた》・大野・小野・錦部《にしごり》・八坂・鳥部《とりべ》・愛宕・賀茂・出雲の各郷で、このうち栗田郷と出雲郷は上・下の二郷に分かれていました。

十一世紀のはじめ一〇一八年（寛仁二）に、右の十三郷のうちの八郷が賀茂社（上賀茂神社・下鴨神社）に寄せられました。上賀茂神社が賀茂・小野・大野・錦部の四郷、下鴨神社が栗野・蓼倉・上栗田・出雲の四郷をそれぞれ分割して領有することになりました（「類聚符宣抄」「小右記」）。

時代は摂関政治の全盛期でした。ちょうど一年前に後一条天皇が母親の上東門院（藤原彰子）とともに賀茂の社に行幸し、天皇を中心とするこの国の四海の清平と万民の安楽とを賀茂皇太神の前に祈念しながら、山城国の愛宕郡を神郡《じんぐん》として賀茂社に寄せると誓いました。神郡とは郡そのものが神の領地になるということです。後一条天皇は藤原道長の孫にあたり、天皇の母親にあたる上東門院の宮廷サロンには紫式部や和泉式部らが出てはなやかな一つの時代をつくったのでした。

愛宕の一郡をそっくり神郡として賀茂社に寄せるという計画はもともと上東門院の考えであったらしく、道長はある貴族（小野宮実資）にそのことをもらしています（「小右記」寛仁元年七月十六日条）。しかし上東門院の計画はそのままでは実現しませんでした。道長も愛宕郡は皇城（皇居）のある郡だから、郡そのものより郷を寄せることにしたらどうか、という考えでした（同上、十一月十九日条）。実際、愛宕郡には皇居があり、またその頃すでに平野《ひらの》・吉田・北野などの神社もありました。郡内の北方の山のなかには天皇に氷を貢進するために五カ所にわたって氷《ひ》室《むろ》が置かれていました（「延喜式」）。その一つは松ケ崎にあり、

夏の日もすずしかりける松が崎これや氷室のわたりなるらん（藤原顕季、「堀河百首」）

と歌われています。遠い昔のことですから氷の管理はたいへんだったでしょう。氷室は主水司が管理しましたが、この役所には鴨県主の一族が多かったのです。ここで保存された氷は馬につけて徭丁が運搬しました。愛宕郡にはこうした徭丁のための「徭丁等代田」と

いう田もありました。ある貴族はこのとき、「氷室は百人の王に供すべきもので、一代の事ではない」と述べて、後一条天皇の神郡計画を暗に批判しました（「小右記」）。

こうして、まず愛宕郡のうちで一条大路から南と大宮東大路から西にあたる部分が除外され、東と北はそれぞれ郡界までが賀茂社に寄せられることになりました。残った東北部分に含まれたのがさきにあげた八郷です。

山城の国司が八郷のくわしい目録を作成して提出し、またこのとき境域の正確な絵図が作成されました。しかし寄進分として残されたなかにも問題の場所が少なくありませんでした。たとえば大原山には主殿寮《とのも》の所領があって、板松を出していました。大原は炭焼の里として知られ、たとえば、

日かずふる雪げにまさる炭竈の煙もさびしおほはらの里（式子内親王「新古今集」）

などと歌われて、主殿寮ばかりでなく公私にわたって、都の人々に炭木を供給していました。

さらに比叡山延暦寺も異議をとなえました。愛宕郡のなかでも埴川《はにかわ》（高野川でしょうか）から東は延暦寺の土地だし、八瀬や横尾の住人は以前から寺役をつとめているというのです。志豆原《しずはら》（静原）も比叡山の西塔領だといいました。このほか郡内にはまだ鞍馬寺があ

りましたし、さまざまの神田・寺田・供御所《くごしょ》そのほかの諸司《しょし》要劇田《ようげきでん》（中央官司にあてられた所領）が含まれていました。

このような次第で、さきの八郷もこれを一律に賀茂社領にするわけにいかず、神郡計画はだんだん骨抜きになりました。そしてついに境域内の山々は賀茂社への寄進地から除外することになりました。従来から山城国司が管轄してきた田地だけが賀茂社領だというわけです。ただ山のなかでも上賀茂神社の信仰の中心であった神山と葵を採取する山だけは例外として寄せられました。後者は下鴨神社の山だったのでしょう。粟栖野郷には下鴨神社が桂と葵を採っていた山があったのです（「小右記」寛仁二年十一月二十五日条）。延暦寺が主張した埴川も除かれて社領になりませんでした。美度呂池《みどろ》も除外されました。

こうして最初のプランは大幅に縮小されましたが、それでも一条大路から北の広大な田地が賀茂社のものになりました。上述の八郷からの地利（年貢）で両社の修理料（修理費用）をまかなうように定められたのです。道長などは今後は官費による修理は行わないといっています（「小右記」寛仁元年十一月二十九日条）。そればかりではありません。賀茂川は上賀茂神社のあたりで決潰しやすかったらしく、神社の前の川が損害にあったときはこれまで山城国が修理するならわしでしたが、今後は上賀茂の社司が行うようにとりきめられました。一〇一七年（寛仁元）七月にも三日二夜降りつづいた豪雨のために、一条以北の堤が破れ、京極大路や富小路あたりは巨海のようになったばかりでした。一方、下鴨神社では一条大路の隍（からぼり）を同じく山城国にかわって、天皇の宣旨をうけて社司が責任をもって掘ることにきまりました。この隍は一条大路の外側（北側）に設けられていたと推定され、洛中と洛外をこの隍で区別していたのでしょう。この隍から北が賀茂の領域に入り、領域内では従来国司に属していた権限や仕事が大幅に神社（社司）にうつされたのです。「只《ただ》、年来《ねんらい》、国司所行《しょぎょう》之例を以《もっ》て、社司同じく行うべき也」（年ごろ、国司がやってきたのと同じように、社司が何事も行う）（「小右記」寛仁二年十二月二十日条）ということになったのです。

葵学区がこのなかにあったことはいうまでもありません。賀茂社は八郷における国司の権限をひきついだのです。つまりここは、山城国の行政区域のうちにあってもなかばそこから切り離された半独立の行政区になりました。中世賀茂社領の基はこうして成立しました（なおこの一条以北賀茂社領というのは、稲荷神社が京内五条以南の地を、また祇園社が五条以北・三条以南の地を信仰領域としていた事実とどこかで対応するのでしょう）。

2　蓼倉郷と狐坂

十一世紀のはじめ一〇一八年（寛仁二）の八郷寄進は中世賀茂社領の出発点だったにちがいありませんが、しかしこれにつづく十一・十二世紀はまた大きな変動の時代でした。この時期、下鴨神社では寄進地からの応輸物（年貢）でもって、月ごとの神事を行い、日ごとの供膳（神への供え）をつとめておりました。しかし社領の田地を耕作する作手《つくて》たちはうしろだてになる権門の権威をかりたりして下鴨神社へのつとめを拒否するものが続出しました。困りはてた下鴨神社では、これを朝廷に訴えた結果、長元年中（一〇二八～三七）に再び宣旨が下り、三代にわたる山城国司の証判をもっていれば、神社に地利（年貢）を納入すると作手の権利がみとめられること、これのない田地はすべて不輸の神領として神社の進止とすることが決定されました。

しかし、その後も同様な不法がたえず、十一世紀末から十二世紀にかけて康和（一〇九九～一一〇四）・永久（一一一三～一八）・久寿（一一五四～五六）・保元（一一五六～五九）年間にもたびたび同様の宣旨が出ました。一一五八年（保元三）などは神社の役をつとめるという誓約書まで提出しながら、蓼倉郷で催促に出かけた下鴨神社の使者に乱暴した作手たちがおり、神社ではその作田に榊を立てて差し押さえたところ、作手たちには川合神社の祝《はふり》伊光がついていて、勝手にこの榊を抜き取り、耕作を始めるありさまでした。下鴨神社の祝《はふり》鴨惟明は命令に従わない作手たちの名簿（交名《きょうみょう》）を提出して山城国の拒捍使である検非違使が彼らの取り締まりにあたって欲しいと訴えています。蓼倉郷の作手たちの反抗的な姿が目に浮かぶようです。

あとで述べる上賀茂神社の場合を考えあわせますと、寛仁の寄進以来、下鴨神社では自分のところの作手たちを自由にとりかえて社領を再編成しようとし、作手たちはそうした動きに抵抗しようとしていたのでしょう。三代にわたる国司の判（証判）があるという作手の権利は容易なことでは否定しきれなかったのです。逆に榊を立てられた田地は神に差し押さえられたわけで、本来ならば、作手たちが手をふれてはならない土地でした。

下鴨神社の動きに関連して、一一六三年（長寛元）に狐坂の名前が出てきます。松ケ崎の山を岩倉へぬける狐坂は平安時代からの交通路だったのです。岩倉の大雲寺は三井寺に属し、かつては大きな寺で、延暦寺に属する鞍馬寺と勢力を競っていました。一一六三年に延暦寺と三井寺が衝突して合戦になったのですが、その余波で大雲寺が焼き払われました。大雲寺の近辺にあった下鴨神社領の在家（家屋）にも被害が及びました。おそらく栗栖野郷に属する在家でしょう。ここの住人たちは下鴨神社の神人《じんにん》に組織されており、炭・薪・御箸・加々葉（カキハ、たぶん常緑樹の葉でしょう）を日ごとに神社へ捧げており、毎日、狐坂を通っていたのです。ところが、鞍馬寺の僧侶たちは突然、狐坂を閉鎖して往来できないようにしました。彼らが大雲寺へ出入りするのをとどめようというわけです。

狐坂の北にひろがる神領からの供物がこなくなりました。このとき吉友という神人が鞍馬の僧によって頸を切り落されるという事件がもちあがりました。神人の吉友は無理に狐坂をとおって下鴨神社への供物を運ぼうとしたのでしょう。下鴨神社では自分のところの神人は大雲寺に出入りしていないこと、延暦寺の寺役をつとめていることなどを書きならべて、神郷の住人に短冊《たんざく》（身分証明書）をもたせておくから狐坂を通して欲しいと鞍馬寺へ書き送っています（『平安遺文』七―三二六二号）。

3　上賀茂六郷

一方、上賀茂社領も大きく変化しました。このことは下鴨神社では史料不足でわからないことが多いのですが、上賀茂神社領になった賀茂・小野・大野・錦部の四郷のうち、中世にまで名称が残ったのは、高野川筋の山間部にあって、田地も少なく、歴史的変化も少なかったと考えられる小野郷だけで、他の三郷の名称は表面上はすべて消えてしまいます。そして新しく成立してきたのは河上・岡本・小野・大宮・小山・中村の六郷でした。

七三四年（天平六）の正倉院文書に「愛宕郡賀茂郷岡本里」とみえます。この岡本里が大きくなって賀茂郷から分離したのが中世の岡本郷だと思われます。江戸時代の一六八〇年（延宝八）に書かれたものですが、『賀茂注進雑記』という書物に賀茂郷は河上郷になったと記しています。現在、西賀茂に川上町が残っていますが、ここは文字どおり、賀茂川の河上にあたり、また賀茂川の西にあって、東の岡本郷とむかいあっています。古代の賀茂郷が川をへだてて二つに分かれ、岡本・河上の二郷が生まれたにちがいありません。

また十二世紀はじめの「中右記」に「愛宕郡錦織郷吉田村」とあります（天仁元年十月三日条）。これは古代の錦部（織）郷が吉田を含む地域にあったことをうかがわせます。これにたいして大野郷は西にあったらしく、『賀茂注進雑記』が大野郷の地は大徳寺の所領にくみこまれてしまったといっています。現在、小山大野町の地名が残っておりますが、小山・大宮あたりは室町時代になりますと大徳寺がさかんに土地を買いこんでいきますから、このあたりがかつて大野郷だったとされていたのでしょう。

　河上・岡本・大宮・小山・中村・小野の六郷は中世の上賀茂神社の周辺にあって、境内六郷とか賀茂六郷とかいわれていました。さきにもふれたように、岡本郷は現在の神社の近辺で、大田神社のところに上賀茂岡本町の地名をとどめています。河上郷は西賀茂のことで、西賀茂川上町の地字や川上神社が残っています。大宮郷や小山郷は大宮泉堂町とか小山板倉町とかいって、現在でもよく知られた地域で大体の見当がつきましょう。小野郷は比叡山のふもとで高野川の川筋の山間部でした。一条兼良は「花鳥余情」で愛宕郡の小野里のことを「ひえ（比叡）の山よかは（横川）のふもとたかの（高野）といふ所也」と説明しています。上高野の崇道神社の裏山から小野毛人《えみし》の墓誌が発見されています。毛人は遣隋使小野妹子の子供にあたります。一五八四年（天正十二）に豊臣秀吉の代官前田玄以の書下に「賀茂社領南小野郷一乗寺四ケ村」とみえます。一乗寺あたりは南小野郷に含まれていたのです。

　さて、六郷のなかで最後に残った中村郷というのが、あとでくわしくふれるように現在の葵学区の大半を占める地域でした。この学区は下鴨神社に近く、また下鴨神社に属した蓼倉里が「山城国風土記」以下の記録にあってよく知られた地名であり、学区そのものが何となく下鴨神社と関係が深いように思いがちですが、葵小学校の現在地をも含めて、この学区の西よりのかなりの部分がじっさいは上賀茂神社の境内として中村郷のなかにあったのです。

4　社司と氏人

中世の賀茂社境内六郷を支配したのは上賀茂の神主（社務）を頂点とする社司と氏人の集団でした。『賀茂注進雑記』は上賀茂神社を頂点とするこの地域の神社組織を記しています。それによると、片岡社・貴布禰社・新宮社・大田社・若宮社・奈良社・沢田社・氏神社の八社が上賀茂神社を中心に組織されていました。この組織の頂点には一人の神主がおり、この神主が上賀茂神社のすべてを統括していました。しかしもとから神主がいたわけではありません。禰宜の上にさらに神主が置かれるようになったのは九四八年（天暦二）とも九九七年（長徳三）ともいわれています（「賀茂社旧記」）。それで中世では神主のもとに本社には禰宜・祝《はふり》・権禰宜・権祝各一人がおりました。さらに片岡社以下の八末社にはおのおの一人ずつの禰宜と祝がいました。神主を含めて本社には五人、八社に十六人、合計二十一人というのがかなり古くからの社司の定員だったようです。二十一人の社司はすべて天皇の宣旨をうけて、次第に転任するきまりで、一番末の氏神社の社職には氏人のなかから新しい人が任命されました。通例社司はすべて四位・五位の官位をもらっておりましたが、賀茂氏久が神主であった一二八六年（弘安九）から三位に叙せられる例がひらかれました。この氏久は後鳥羽上皇の皇子であって、承久の乱で上皇に味方した神主能久のもとで育ったという伝えを残しています。

新しい神主がきまると、正禰宜以下二十人の社司には社恩として、各地の荘園が割当られました。若狭国宮河庄・能登国土田庄・参河国小野田庄・伯耆国星河庄・備前国竹原別納・伯耆国稲積庄・遠江国比木庄・伊予国菊万庄・備前国山田庄・近江国舟木庄・加賀国金津庄・丹波国由良庄などの預所《あずかりどころ》職が、また時として下司職などが配分されました。社司たちは全国にわたる上賀茂神社の庄園を分割して支配する庄園領主として一種の支配者集団を形づくっていたのです。

右のような二十一人の社司たちの背後にあったのが賀茂の氏人の集団です。社司は氏人のなかから選任されたのであり、氏人は神主・社司とともに神社に奉仕し、その経営に関与しておりました。この氏人集団の前進のなかにもっとも中世らしいこの地の特色をみることができましょう。氏人たちは鎌倉時代の終わる頃、ついに往来田制度という一つの共和制的な土地制度をつくりあげたのでした。

『賀茂注進雑記』などをみますと、上賀茂神社の氏人たちは年齢順に上のものから百四十人に往来田と名づけられた土地が給付されることになっておりました。氏人たちはこれをうけて神事祭礼の役をつとめることになっていたのです。この往来田は小野郷を除く五郷に分布しており、通例各郷から一反ずつ、一人あたりで計五反が百四十人の氏人に給与されるならいで、本人が社司に任命されたとき、ないしは死亡したときに返還される仕組みでした。

この往来田の制度が最終的に出来上がったのは鎌倉時代の後期で、一三〇三年（乾元二）でした。ちょうど経久という神主が在任していた頃で、当時一条以北にあった賀茂社領の水田が貨幣経済の進展の波におされて多く人手に渡りつつありました。鎌倉幕府が有名な永仁の徳政令を出したのが一二九七年（永仁五）でしたからその六年後にあたります。賀茂社でも正安・乾元（一二九九〜一三〇三）の頃に徳政令の実施を運動し、人手に渡った水田をとりもどすことに成功しました。京都の朝廷が一条以北の賀茂社領にかぎって地域的な限定を付けて神領興行の徳政令を発布したとみていいでしょう。社司と氏人はこのとき会合をひらき、返ってきた田を配分しました。そのとき社司は十九人でした。「南柯記」が引用する神主経久の日記は、このとき氏人には一人に五反ずつ、計七十町が老者次第（年齢順）に配分されたと記しています。ちょうど百四十人分の田地があったわけです。

氏人には直接の神役（神事・祭礼の任務）のほかに社領支配のための仕事がありました。『賀茂注進雑記』が記す氏人兼担の仕事はつぎのようなものでした。

代官五人、精進頭五人、忌子《いご》（氏女）一人、神子（氏女）八人、御服女郎（氏女）五人、御秣女郎《みまくさ》（氏女）一人、贄殿別当一人、御前預一人、雅楽役一人、河上郷司一人、大宮郷司一人、小山郷司一人、中村郷司一人、岡本郷司一人、田所奉行五人、侍所所司

一人、目代一人、棚所一人、御服所一人、御馬別当一人、落田奉行一人、作所奉行一人、山奉行一人、河奉行一人、山守五人、収納奉行二人、陰陽寮一人、河口絵師一人氏人の集団を氏人中《じゅう》といいました。このなかから四十一人の氏人、十五人の氏女に仕事が割当てられたのです。六郷の警察権をにぎる侍所所司、山や河を管理した山奉行・河奉行・山守など、神社内の贄殿・棚所・御服所などの役人、おそらくは神領を統轄した目代と五郷に置かれた郷司たち、それに田地を管轄する田所奉行など、六郷支配の重要な役割はすべて氏人の兼務でした。「大徳寺文書」のなかに一三二六年（正中三）正月に大宮郷の郷司忠光が郷内の百姓職を作人に与えた下文があります。氏人の一人が兼ねた郷司は作人（百姓）の決定権をにぎっていたわけです。

5　刀禰と神人

氏人中が賀茂社領の支配者集団だとしますと、六郷の郷民たちを代表したのは刀禰でした。刀禰は六郷に四十二人あり、その衣裳は白衣であり、黄衣を着した一人の矢刀禰にひきいられていました（『賀茂注進雑記』）。一〇二一年（治安元）に大原郷の刀禰らが延暦寺の境界が未確定だということを理由に上賀茂神社の社司が課した祭の雑事（費用）を拒否しようとしたことが「小右記」にみえます（同年三月二十八日条）。一〇九二年（寛治六）には八瀬の刀禰乙犬丸らが延暦寺に属して座をつくっていました。また一〇〇一年（長保三）に世情騒然としたなかで紫野の地に今宮神社が創建されたさい、朝廷では「里のとね」に命じてこの「荒ぶる」神をまつり、これを慰撫させようとしています（「後拾遺和歌集」巻二〇、藤原長能）。十・十一世紀にはこのあたりの村々にも刀禰クラスのものが活躍するようになっていたのです。

しかし刀禰は同時にまた上賀茂神社の「下役人」でした。刀禰は氏人ではありませんでしたが、氏人につぐ地位をたもち、刀禰往来田といってやはり往来田が割当てられていました。刀禰とともに注目をひくのが神人《じんにん》です。神人とは神に仕えるため神社にその身柄をよせた下級の役人で、彼らは特に黄衣を着することを許されており、氏人のような支配者集団には属していませんが、種々の特権を与えられて、神社の雑役を勤仕し、社家権門の手足となって、一般の郷民たちに臨んだ存在でした。彼らは一般に神人の身分的特権を利用して商業活動にたずさわるものもいました。上賀茂神社では毎年十二月二十八日（大の月は二十九日）に小祭があって、御封米が計算調進されましたが、このとき小庭と中門前の二カ所で神人が御封米を計算することになっています（「賀茂注進雑記」）。

鎌倉時代の終わり頃、神主《みやじ》久藤（在任一三一七〜一九）のときに、借金のとりたてに賀茂へやってきた延暦寺の宮仕八人と賀茂の氏人とが衝突し、氏人らは集団で、逃げおくれた六人の宮仕を散々に打擲し半死半生の目にあわせました。中世の延暦寺の僧侶たちはさかんに高利貸業をいとなんでいたのです。延暦寺の報復をおそれて賀茂では騒然となりま

した。山門（延暦寺）がやってきて賀茂を焼き払うという噂が流れたのです。それで賀茂では、

社司氏人黄衣白衣郷民等ニイタルマテ、一味同心ノ用心ヲシテ、竹木ヲキリテ、木戸サカモ《（逆茂）》木ヲカマウ。

という状態でした。ここでいう黄衣が神人を、白衣が刀禰を指しているのです。

一二四八年（宝治二）に上賀茂の一の鳥居が立ちましたが、その人夫は黄衣白衣だったと記されています。また一三七九年（康暦元）の貴布禰の神祭に鞍馬寺法師ら数百人の軍兵と賀茂社側とが衝突したことがありました。このとき有福大夫氏保・慶賀大夫国定という二人の氏人が殺されましたが、同時に、「此外、黄衣白衣人夫ウチコロサル」と記されています。以上あげたように、黄衣と白衣、つまり神人と刀禰とが中世のこのあたりの郷村生活のなかで特異な役割を担った存在であったことがよくわかります。中世の一般郷民たちはあとで述べるように、社司・氏人のもとで、さらには黄衣・白衣の監督下で往来田以下の土地を耕作していたのです。

6　六郷の裁判（検断）権

中世の賀茂境内六郷では上賀茂神社が領内の裁判権をかなりの程度まで掌握しており、黄衣・白衣（神人・刀禰）はその領主裁判権の実力行使のために動員されたのでした。

一三一三年（正和二）の正月、御戸開《みとひらき》の神事のさいに殺害事件をひきおこした氏人の祐憲が神職をとかれ、布衣に乗馬といういでたちで流木《なからぎ》神社の社前で、京都市中の警察権をにぎる検非違使庁《けびいしちょう》の下部《しもべ》の手にひきわたされ、禁獄されるという事件がありました。現在、府立植物園のなかにある神社です。そのとき祐憲が住んでいた宿所は社務（神主）の命令で黄衣白衣らが思い思いにこぼち取った（解体撤収）のでした。殺人犯だけは検非違使庁に引きわたす義務がありましたが、上賀茂の境内の裁判と警察の権は神主（神社）に属していたのです。上賀茂の本社からもっとも遠く境内六郷からの出口に近い流木神社は検非違使庁と神社との出会いの場所になっていたのです。

やがて南北朝内乱期をむかえますが、一三三六年（延元元）十月にも刃傷事件があり、犯人四、五人の住屋が破却されています。しかしこのときは、社家の検断（警察）のほかに検非違使庁の下部が同行していました。ただ実際に住屋をこぼち取ったのは社家の検断でした。中央警察である検非違使庁にはまだ遠慮があったのです。

しかしやがて事情がかわります。一三七七年（永和三）に足利義満は形勢辻子《けわいのずし》の土蔵《とくら》の家主澄尊の殺人事件にからんで、武家（室町幕府）の使節松田修理進・布施民部丞（基連）両人ならびに検断山名陸奥守（氏清）の代官小林将監のさらに又代官である斎藤新左衛門尉を入部させ、種々のいきさつがありましたが、最終的には土蔵を武家方で運取り、住屋を京都へこぼち出しました。「賀茂社旧記」所収のある記録は「垂跡《すいじゃく》以来未《いまだ》カカル事ナシ」

と書いています。検非違使の入部を許さないというかつての上賀茂神社の司法警察特権が南北朝内乱のなかで否定される傾向にあったことを示しています。

一三六九年（応安二）の四月、賀茂の祭の当日、晩方になって一条大路に集まった雑人（群集）たちが印地《いんじ》に及び四、五人の死者が出ました（「後愚昧記」）。印地というのは石礫《いしつぶて》の投げ合いのことで、中世では興奮した群集によってしばしば行われ、幕府などが禁止しようとしたものです。もとは春祭や田植のあとなどにその年の豊凶を占って行われた魔除けのための手荒な石合戦に始まるもので、有名な寛喜年間（一二二九～三二）の大飢饉のさいも幕府が京中の印地を禁止したために飢饉になったと噂されたことがありました。平安時代の末には、「白河の印地」といって、北白川あたりに印地の集団が成立していました。彼らの石合戦は祭りに伴って爆発する制御しがたいような群集の恐怖と興奮を表現していたのです。公権力はこれをつねに禁止しようとしていましたが、中世の民衆はしばしば死者を出すこのような手荒な行為にこめられた彼らの祈りによってこそ、真に豊かな一年が確保できるのだと考えていたにちがいありません。

7　六郷の年中行事

後にも述べるように、中世の乙井川の水口近くに位置し、現在もなお府立植物園のなかに鎮座する流木神社は中村郷の水の神＝農耕神であったにちがいありません。元弘（一三三一～三四）の頃、中村郷内の無主地（所有者のない土地）三反が流木社の御灯田に寄進されました。この田の年貢が流木社の灯明料にあてられたのです。ここは上賀茂神社の末社の一つでしたが、先にあげた片岡・貴布禰社以下の八社と異なって禰宜・祝といった社司がいたわけではありません。中世の郷民生活により深く結びついた神社だったことがわかります。

ところで、上賀茂神社は賀茂川が山あいから平野部へ流れ出たところに位置しています。そしてその上流にあたる貴布禰神社は川上社ともいわれ、雨乞・止雨の神でした。「新古今集」十九神祇歌は賀茂の社司たちが貴布禰に雨乞いをしたときのこととして、

大み田のうるほふばかりせきかけて井せきにおとせ川上の神　　賀茂幸平

という歌をのせています。

上賀茂神社は毎年の賀茂の祭に勅使がたつというように、一方で朝廷や公家の尊崇をうける官社としての性格を強めると同時に、そこで毎年とり行われる年中の神事祭礼のいくつかは賀茂川の水系に依拠する近郷の村々の一年の生活とも深く結びついていました。

上賀茂神社の年中行事をみてみますと、ここでは新年恒例の神事がすすみ、正月七日の若菜の神供・白馬奏覧の日がすむと、正月八日に田所始《たどころはじめ》の儀が行われます。この日、小野

郷を除く五郷の田所がおのおの浄衣を着して贄殿《にえどの》に供物を捧げます。田所は氏人の兼担で、田地のことを管理する役人です。同じく十一日には正大工《しょうだいく》が檵《せんのき》（うこぎ科の落葉喬木、針桐）を持参して「千町万町の檵渡したてまつる」ととなえます。檵には豊かで広大な田園生活をもたらす呪力がこめられていたのでしょう。この日から境内の郷々では十四日の御《み》棚会《たなえ》をとりおこなうために御結鎮銭《みけちせん》の徴収が始められ、十四日までに完了します。御結鎮銭とは賀茂六郷の土地が秋の年貢とは別にこぞって負担する一種の税金で、一反につき百文程度の負担でした。

十四日の戌刻《いぬのこく》（午後八時頃）になると御棚会の神事が始められます。河上・大宮・小山・岡本・中村・小野の六郷ではこの日それぞれ真新しい白木《しらき》の棚をつくり、そこに小《こ》鯉《ごい》・小鮒《こぶな》、海産の小魚・干魚、雉子《きじ》付鳥、あるいは果実や野菜などを盛りつけ、六捧の幣《ぬさ》を神に捧げました。江戸時代になるまでこのときの小鯉・小鮒のことを安曇河《あどがわ》（滋賀県高島郡）の大鯉《おおごい》・大鮒《おおぶな》だと称していました。琵琶湖に注ぐ安曇河は平安時代から上賀茂神社の所領（御厨《みくりや》）で、ここでとれた鮮魚が日ごとに神前に捧げられていました。室町時代以降の御棚会には平安時代の記憶が長いあいだ伝えられていたのでしょう。御棚会の神事は夜を通して行われ、翌十五日の暁方《あけがた》、鶏鳴の刻に御戸開《みとひらき》があり、神供がそなえられ、社司が衣冠をただし、楽人の奏楽がありました。こうして六郷に新しい年の生活が始まります。

十日あまり四といふ夜の御戸ひらきひらくる御代はかくぞたのしき　藤原俊成

十五日の夜の爆竹《さぎちょう》、十六日の歩射《ぶしゃ》の神事があって、二月になると土解《とけ》祭があります。これは御戸代田《みとしろだ》という田圃で社務代・権祝・忌子《いご》らが苗代《なえしろ》を卜定して種子を蒔く神事です。忌子は氏女からえらばれました。ここに農耕と女性との深い結びつきがみられます。

三月三日の節供がすむと、十日には徘徊《やすらい》花祭が行われます。これには河上郷・岡本郷とともに中村郷の郷民たちも毎年参加しました。やすらい祭は平安時代に起こったもので、紫野の今宮神社を中心とした祭礼です。上賀茂の神社そのものとは直接関係はなく、これはあくまでも社領の郷民たちの祭礼でした。この日、上賀茂の郷民たちは、笛・太鼓・鉦・鼓をふきならしながら今宮の疫神を祀って一年の平安を祈ったのです。河上郷や岡本郷では現在でも形を変えて残っていますが、中村郷だけはいつのまにかとだえてしまいました。

四月には賀茂祭（葵祭）がはなやかにとり行われましたが、この時期になると毎年、片岡山（上賀茂神社本殿の東の山）の南麓にある山口神社（澤田神社）で奉幣が行われ、権祝・社務代・忌子らが御封田で早苗を植えます。そういえば清少納言が「枕草子」に賀茂社への参詣の道でみかけた田植の様子を記しています。早乙女たちが「ほととぎす　おれかやつよ　おれ鳴きてこそ　われは田植うれ」とうたいながら笠をつけ、後ずさりして中腰で苗を植えていたといいます。平安時代の賀茂のあたりの農村風景です。

六月の晦日の夜は禰宜方の御戸代会《みとしろえ》、七月朔日は祝方の御戸代会で名越《なごし》（夏越）の祓があり、魚鳥や境内でとれた河魚が神に供えられました。『賀茂注進雑記』は近年になってこの日、社辺で舞台がしつらえられ猿楽などが行われるようになったと記しています。一四四七年（文安四）の御戸代会には矢田・観世の猿楽があったと「康富記」が記していま す。矢田座は丹波国矢田郷（亀岡市内）の、観世座は大和の猿楽です。中世以来のにぎわいが想像できましょう。なお一四六四年（寛正五）に糺河原で行われた観世座音阿弥元重勧進猿楽は足利義政以下貴賤の見物でにぎわいました。

さて、九月八日の夜には橋殿の南の庭で相撲の内取があり、饗膳が行われましたが、これは大宮・小山両郷が右方、小野・岡本両郷が左方で担当しました。九日は神前の儀が終わって細殿の南庭で相撲、十日の饗膳は左方が中村郷、右方が河上郷の沙汰でした。

十月晦日には御田刈の神事があり、権祝・忌子・社務代が御封田に参向して神夫に稲を刈らせました。そして十一月の初の卯日は相嘗会《あいなめ》、この日はじめて一年の新穀・生茄子が神に供えられ、それがすむと神主・忌子らが新穀を食べるのが社例でありました。またこの日から祠官が冬装束にあらたまります。

やがて年の暮れの二十八日、神社の中門と小庭で神人たちが納入された御封米を計算する神事がとり行われます。

上賀茂六郷の郷民たちの農耕生活のリズムは右のような上賀茂神社の内外でとり行われる年中行事と深く結びついておりました。このなかには民衆独自の祭もありました。特に前述の三月のヤスライの祭は賀茂境内六郷の郷民たちの生活が社司・氏人などの支配者集団とは別個の独自の深みとひろがりをそなえていたことを示しています。こうした中世庶民の生活にわけ入ることはなかなか困難ですが、注目していい事象であるにちがいありません。

下鴨神社でも上賀茂と同じような行事が行われていたのでしょうが、いつしかくわしいことは忘れ去られてしまいました。

8　中村郷

上賀茂神社には一四五一年（宝徳三）と一五五〇年（天文十九）の中村郷の検地帳、さらに一五五一年（天文二十）の上中村郷の検地帳が残っています。いずれもたいへんくわしいもので、名古屋の南山大学にいる須磨千頴さんが長年にわたる苦心の結果、これらの検地帳を明治になってからの地籍図と比較対照しつつ、見事に図上復元することに成功しました。須磨さんのお仕事は名古屋の研究室で復元された室町時代の地形が、昭和三十三年にはまだ上賀茂近辺にそっくりそのまま残っていたことから、急速に進展したと聞いています。つまり近代の技術で最初につくられた明治の地籍図と室町のくわしい検地帳とを相互に比較対照することが可能になり、十五世紀の景観復元が可能になったのです。

須磨さんが復元された室町時代の三枚の地図で判断しますと、中世の中村郷は北は松ケ崎の山の麓、西は鞍馬街道（府立大学前から深泥池へぬける道）と鴨川、南は下鴨一本松のところで下鴨本通りを横ぎっている古い街道だったようです（森ケ前児童公園を過ぎて高木町のところで北大路を横ぎり、京都生活協同組合のところを松ケ崎方面へむかう道）。この道から南は一、二の例外を除いて中村郷の田地はありません。また郷の東側は松ケ崎の山ぎわでは松ケ崎方面へのびていましたが、大体のところ、現在の岸本町・東梅ノ木町・東本町の東側の境界線が中村郷の東の境界線だったようです。

したがって葵学区で中村郷だったのはつぎの各町内でした。

水口町・北芝町・南芝町・北茶ノ木町・南茶ノ木町・北野々神町・南野々神町・狗子田町・前萩町・萩ケ垣内町・神殿町・梁田町・夜光町・賀茂半木町（上中村郷）

北園町・西半木町・東半木町・西梅ノ木町・東梅ノ木町・梅ノ木町・岸本町・東本町・本町・西本町・膳部町・芝本町（下中村郷）

こうしてみると、学区内でも東岸本町・塚本町・東塚本町・高木町・森ケ前町・蓼倉町・東森ケ前町は中村郷の区域外でおそらく蓼倉郷になります。こちらは主に下鴨神社の所領だったのでしょう。ただ西高木町がどちらに入るか少し判断に苦しみます。

9　復元された地図

須磨さんが復元された三枚の地図はたいへんくわしいもので、十五・十六世紀の葵学区の大半の事情を精細に示しています。そこには中村郷の道路や畦道（畦畔）、用水路、山や藪をはじめとして、一筆ごとの耕地、その面積、作人の名前とその居住地、往来田《おうらいでん》、供《く》御所田《ごしょでん》、台盤田《だいばんでん》等、その耕地の年貢の納入先の名称、さらにところどころにはその耕地が属する坪名（地字名）などが記されています。池尻・茶木原・ナツメ坪・ナカフケ・池内・ミクツ坪・エノコ田・一町田・殿カイト・野々神坪・高殿（神殿）・八坪・七坂坪・坂坪・中窪田・西窪田・下窪田・石塔・萩垣内・坊垣内・蔵垣内・門田・横田坪・角田・猪尻・尾堂・野口・芝本など、復元図から知られる中世のこの地域の坪名（地名）のいくつかです。したがってすこしばかりの空白部分が残されていますが、すこしたんねんに現在の地図と対照する労をいとわなければ、中村郷の旧域に住む人々は自分の屋敷が室町時代に、たとえば野々神坪の西よりの二反でみると、宝徳三年には祝公事名《はふりくじみょう》の田で作人は浄幸、天文十九年の作人は御泥池の者、同二十年には御泥池の孫左衛門であったこと、二反の西側は道路でそのむこう側には水路があり、また北側にも水路があったなどと探してみることが可能です。

さきほど現在の町名で中村郷の東の境域を説明しました。これにはすこし理由があるのです。町名に注意しながら葵学区の地図を眺めていますと、現状の町と町の境界線が、現在の道筋や川筋あるいはその他、地上の景観と全くずれておりながら、ある一定の規則をもってならんでいる部分がかなり多いことがわかります。ここには、いまは失われてしまった古い時代の川筋や条里制耕地の坪界のあとがその痕跡をとどめているのです。

たとえば、北園町の北端に当たる東西にのびる一本の長い線は、西から東へ萩ケ垣内町・神殿町・夜光町の南端と接していますが、この線は中世の中村郷を上・下の二つに区分していた乙井川の流路のあとだったのです。須磨復元図と学区図とをにらみあわせているうちに、復元図の乙井川、この川は賀茂川から引水して現在の府立植物園のなかを流れておりますが、植物園からさきは北園町と萩ケ垣内・神殿・夜光町のあいだの境界線を流れていたことがわかってきます。復元図には、現在は植物園のなかにとりこまれてしまった流木（半木）神社が乙井川用水のかたわらに描きだされています。この乙井川は流木神社のまわりを池から流れ出るような形で植物園の森のなかにだけ、今もひっそりと残されています。

さて、話題をもとにもどしますが、葵小学校の東のあたりを、(1)岸本町・東梅ノ木・東本町、(2)東岸本町・塚本町・高木町、(3)東塚本町という三グループに色わけしてみますと、(1)と(2)のあいだ、(2)と(3)のあいだに等間隔の南北線が浮かび上がってきます。復元図と対照すればこれが中世以来の条里制耕地の坪と坪の境の線であったことが読みとれます。すでに述べたように、⑴と⑵のあいだの線が中村郷の東端だったのです。

10　復元図が語るもの

須磨さんの復元図によりながら、葵学区（中村郷）の人々の様子をもう少し観察してみましょう。

年度によって多少のちがいがありますが、たとえば宝徳の地図では中村郷の土地の多くは「松有大夫往来」とか「出雲前司往来」とか記されています。これはこの土地が松有大夫とか出雲前司などと名乗る氏人の往来田であったことを意味します。ここにある大夫というのは五位の通称です。前司とは退任した国司のことです。賀茂の氏人たちは五位の位をもらうか、国司などの官職に形だけ任命されて彼らの身分をかざっていました。田地が氏人の往来田でない場合は、台盤田・経所田・檜物田・深草田・御目代田・郷司田・図師田・土祭田・御酒田・神人往来・刀禰往来などさまざまの名称が出てきます。深草というのは土器のことです。他所でもそうですが、上賀茂神社の経済の仕組みに応じて中村郷の田地も右のようにさまざまの用途にふりあてられていたのです。また地図には作人として「下鴨源介」・「梅辻さ衛門九郎」・「御泥池二郎九郎」というように作人の住所と名前が記されています。そこで作人たちの居住地をみてみますと、中村郷では郷外からの出作者の多いことに気がつきます。梅辻・山本・藤木・中大路・竹鼻など岡本郷（上賀茂）のものが特に多く、上中村郷の全域、さらに下中村郷でも鞍馬街道から西には特に多く分布しています。ただ御泥池の住人は鞍馬街道から東が多いようです。これにたいして下鴨の住人はやはり乙井川を越える場合はなく、下中村郷にかぎられております。それも下鴨神社の周辺は別として少し北へいくと現在の下鴨本通と重なる道（この道を直縄手といっていたようです）から東側の土地を耕作しています。一方、松ケ崎の作人は上中村郷の東半分にはかなり進出していますが、これも乙井川を越える場合は原則としてありませんでした。乙井川はやはり生活空間のくぎりを示していたようです。

　しかし復元図の作人は農民ばかりではありませんでした。「万里小路帯屋」・「万里小路道善」・「一条檜皮屋」など京中居住のもののほか、「杜下畳屋左衛門五郎」・「からさきの縫物屋」・「米屋衛門」・「瓦大工」・「さいもく（材木）ひこ三郎」・「かわらや」など商工業者もかなり分布しています（宝徳三年）。また宝蔵・善・ひこ太郎・左近五郎・五月・八・三郎四郎・助・三郎二郎・介などの人物はいずれも「かわら者」「瓦者」と記されて、それぞれかなりの土地を耕作する作人として現れるのが目につきます。またこれとは別に散所の左衛門次郎も作人としてみえます。ここにみる「かわら者」や散所は、中世後期の被差別身分の人たちであったと判断されます。中村郷には上賀茂神社領でない土地もかなりありました。ここでは浄土寺田と記された土地の作人にさきの「かわら者」が出てくる場合の多いことに気づきます。この浄土寺と宝蔵以下の「かわら者」とのあいだに特別なつながりがあったことを思わせます。
中世の中村郷には多様な人々が出入りしていたのです。

11　土一揆と徳政

中世の後期は土一揆の時代でした。一四二八年（正長元）の土一揆につづいて、一四四一年（嘉吉元）に大規模な一揆が起きました。とりわけ嘉吉の土一揆は組織だった大規模なもので、徳政令の発布を要求して京都を包囲しておりますが、坂本・三井寺辺・鳥羽・竹田・伏見・嵯峨・仁和寺とならんで賀茂の辺が物忩《ぶっそう》だといわれており、「建内記」に記すところによると、この年の九月三日の夜には賀茂の辺で土一揆の鬨の声が揚がったといいます。洛中にまで聞こえてきたのでしょう。五日には一揆の陣が東寺をはじめ京の周辺の十六カ所に分かれて陣を構え、四角八方から京をうかがっていますが、その一つに「イツモチ口」（出雲路）というのがあります（「東寺執行日記」）。賀茂の郷民たちが土一揆のなかに参加していたにちがいありません。

一四七二年（文明四）十月に賀茂の堺内で徳政が実施されています。幕府では神主の勝久がこれを実施しているという疑いをもち、賀茂社に事情をたずねていますが、賀茂社では神主が実施したのではないといいながら、結局は勝久が責任をとって神主を辞任しています。おそらく郷民たちの徳政要求とこれをおさえようとする幕府の板ばさみにあって辞任したのでしょう（「親長卿記」）。

12　戦国の争乱と六郷

一四七六年（文明八）八月に上賀茂神社で社司と氏人中が戦闘に及び、社頭に籠った氏人らは社司の攻撃をうけて三十六人が殺されるという事件が起きました。

支配者集団の内部分裂です。「親長卿記」や座田文書の「文明八年一乱之記」という記録などによると、ことの起こりは六郷のうちにあった吉田神社の作田を氏人が勝手に押領して作人を任命してしまったのを、社司が取り締まろうとしたという点にあったようですが、両者の対立の根はもっと深いものがありました。同じ氏人といっても社司になる家柄は早くから固定しておりました。神主になる家筋も固定していました。父親が神主でないとなかなか神主になれませんでした。社司は上賀茂社のなかの貴族階級を形づくっていたのです。実際に中央政界に出入りし、宮廷貴族の一員でもあった社司と、一方において氏人相互の平等原理につらぬかれ、同じように支配階級に属しながらも、何がしか農民的であった氏人集団との対抗関係というのが中世の実情でした。この両者のあいだにある微妙なバランスが中世後期には大きくくずれてきたのです。すこしさかのぼれば、氏人の一人和泉守季宣を主謀者とする惣氏人の文和・延文（一三五二〜六二）の強訴というのがあり、これは室町幕府の介入によって弾圧されていました。

一四七六年（文明八）の五月に氏人たちは西賀茂を襲って六人の社司を殺害しています（「親長卿記」）。すでに氏人中の圧迫にたえかねて社司たちは西賀茂に脱出していたのです。しかし氏人中からいわせると、社司たちは諸国にちらばる神領を支配しながら神事のつとめを怠り、神木を伐って私宅をかざり、西賀茂の水辺に山荘を構えて遊女を集め、日夜朝暮に酒宴と好色の道にふけっていたというのです。両者のにくしみはまことにすさまじいものでありました。同年八月、社頭に火を懸けて氏人中を攻めおとした社司らは、殺害した三十六人の氏人たちの首を山本大路に並べて尻切《しりきれ》（足半《あしなか》、短い草履、足の裏の半分しかないところからくる名称、ここでは戦闘スタイルを示す）で蹴りまわっていたといいます。

このときの衝突で、氏人の一人藤木氏経が子息たちとともに社司に味方しました。社司たちは藤木氏経を目代に、また五人の子息たちを五郷の郷司にそれぞれ補任してやるという約束をしていたのです。目代—郷司というのは上賀茂神社における六郷支配の大きな骨組みでした。戦国の争乱期をむかえて氏人の内部にこれを親子だけで独占しようというものが出ていたのです。この頃氏人のなかには武家の被官《ひかん》（家来）になるものがあって、氏人が凡人の被官となるとはという歎きの声も聞かれました。

一四七二年（文明四）に賀茂の境内だけに行われた私徳政《しとくせい》についてはさきにふれましたが、一四七七年（同九）に室町幕府は賀茂社氏人中にたいして、近日の土一揆について張本人を尋捜《たずねさが》して誅伐し、同意与力の輩があればその名簿を提出せよと命じています。賀茂六郷でまたまた土一揆の動きが出ていたのです。

13　郷民の自治

一四六四年（寛正五）に、おそらくは洪水のためでしょうが乙井川の井口（取水口）が使えなくなっていました。中村郷の井口がなくなってしまったのです。そこで小山郷内の田地で流木後田《うしろだ》という場所の二反をつぶして河を掘りました。この在所は地名からみて流木神社のうしろの土地だったにちがいありません。小山郷の土地が賀茂川の東側にも多少くいこんでいたのです。上賀茂神社ではこの田の年貢四百文と御結鎮銭百六十文とを免除する手続きをとりました（大徳寺文書五一四号）。

賀茂六郷はどこでもですが、なかでも大宮郷は特に室町時代から戦国時代にかけて大徳寺がその経済力にものをいわせて田地を買込んでいきました。賀茂六郷のうち小野郷を除く五郷は賀茂川の用水を利用していました。日照りがつづくとその配分が問題になります。五郷は用水のために大番をつくって水を各郷に割当てていました。いわゆる番水です。そのためには賀茂川の川筋を修築したり、井堰を整えたりしなければなりません。

一五一七年（永正十四）に細川高国が大宮郷と賀茂社の用水をめぐる訴訟問題をさばいていました（上賀茂神社文書）。このときすでに問題が起きていたのです。一五四一年（天文十）になると大宮郷の郷民たちは大徳寺興臨院と結託して、大徳寺の田地にいかなる課役（役目・費用）をもかけてはならないという後奈良天皇の綸旨を手にいれました。おさまらないのは他郷の人たちです。上賀茂神社ではそういうことなら大宮郷へは水を渡さないといいだしました。この件は結局、室町幕府があいだに入って、大徳寺の側が折れる形で両者に和解が成立し、大宮郷の郷司保智と大宮郷の長中《おとな》のあいだで誓約状がとりかわされました。郷司保智は氏人の一人だったにちがいありませんが、彼が上賀茂神社の社中を代表し、大宮郷の長中が郷中（郷内の農民の組織）を代表していました。オトナとは郷村の指導層です。大宮郷ではこのとき中林助右衛門尉宗久と星野入道宗星がオトナ中をひいていました（大徳寺文書五九五・五九六号）。

しかしながら大徳寺は、朝廷や幕府のうしろだてを得て、五郷の用水大番の慣行に強い圧力を与えつづけていました。一五五〇年（天文十九）になると、今後は小山・中村・大宮三郷の百姓らが三郷の出銭を惣並《そうなみ》（平等）に負担するということをとりきめ、おのおの神水を飲んで協力と団結を誓いあいました。神水を飲むとは郷民たちの集団のもっとも神聖な意志表示の方法だったのです。しかし大徳寺は大徳寺領の諸役（税金）を免除するという天皇の綸旨・室町将軍家の下知状・守護細川の奉書・三好長慶の折紙をもちだして、三郷の百姓たちに、大徳寺領について彼らの組織である郷中としては段銭・段米はかけないと約束させました。署名したのは大宮郷が宗皇（さきの星野宗星の誤記かと思われます）、中村郷が浄清、小山郷が与五郎という人物です。彼らはいずれも「郷代」という肩書きをつけていますが、いうまでもなく各郷のオトナ中を代表していたのです（同上七四五号）。

こうして中世後期の郷民たちは大宮郷と小山・中村郷の内部対立をはさみながらも団結力を強めつつ複雑にゆれ動いていたのです。郷民自身が寄合をひらいて、各郷に出銭（段銭・段米）を割当て、賀茂川の水系を共同で管理していたのです。中世の後期はこうして郷民たちの自治があらゆるところで前進をとげた時代だったのです。

いよいよ戦国争乱の時代がおとずれていました。十六世紀は戦国の争乱が長くつづく時代でした。賀茂社境内六郷でも一五〇五年（永正二）に細川政元の家来香西又六（元長）が半済を行おうとしました。前年に下京の町衆が地子銭半済をもらって香西又六について淀へ出陣しました。加茂でも住人たちの要求があったのでしょうか。しかし中世の賀茂社領は伊勢神宮領・石清水八幡宮領とならんで三社領としての不入の特権が与えられていたこともあり、幕府は半済とりやめの命令（奉書《ほうしょ》）を六郷の名主沙汰人あてに出しました。細川政元も制札を下して賀茂社領を保護しました。このほか細川澄元・細川高国・三好長慶・三好長逸・三好之長・柳本賢治・細川晴元などがたちかわりこの地をおさえて禁制を下し、軍勢の乱妨を停止し、社領を保護しています。

やがて織田信長が一五六八年（永禄十一）に京都を制圧し、一五七四年（天正二）に賀茂の寺社領境内六郷と散在の所領を安堵する朱印状を下しました。さらに信長が亡くなったあと一五八二年（天正十）に豊臣秀吉がこの地に検地を実施し、一五八三年（天正十一）

に賀茂社境内六郷を安堵しました。秀吉の検地によって旧来の体制はうちこわされ、新しい秩序がもたらされることになりました。なかでも一五八九年（天正十七）の秀吉検地は大がかりに行われ、上賀茂神社領として領有がみとめられたのは本郷（上賀茂）が千六百四石五斗余、小山郷が五百六十一石四斗余、中村郷が三百七十一石四斗、西賀茂河上郷が三十四石六斗、合計二千五百七十二石でした。この検地でこれまで境内六郷にあった所領の過半が減少してしまったといいます（「賀茂注進雑記」）。

やがて江戸時代をむかえ、一六一五年（元和元）、一六一七年（元和三）、一六六五年（寛文五）に幕府がみとめた上賀茂神社領は、西賀茂三十四石六斗、上賀茂二千五百三十七石四斗、合計二千五百七十二石でした。石高の総計は一五八九年（天正十七）と変わりません。ここには中村郷と小山郷の名がみえませんが、この南郷を含めて上賀茂と称していただけのことです。すでに長い中世の時代は完全に幕をとじておりました。

付録　上賀茂神社の精進頭人について——大谷大学博物館収蔵「上賀茂神社文書」

＊本稿は、大谷大学図書館報『書香』第21号（二〇〇三年十一月二十八日）に掲載されたものである。

大谷大学のキャンパスは、中世の賀茂別雷神社（上賀茂社）境内六郷の一つ小山郷の一画に位置する。つい先日、大谷大学博物館に一連の上賀茂神社文書が収蔵され、現在整理作業が進行中である。そのなかに賀茂社の「精進頭」（精進頭人）に関する興味深い史料が入っている。

賀茂別雷神社には、現在、総計一万四千余通に及ぶ古文書が残されており、六年がかりの本格的な整理作業の結果『賀茂別雷神社文書目録』（京都府教育委員会、二〇〇三年）がさきごろ完成したばかりである。これを機に各地に散逸した文書の全貌も徐々に明らかになるであろう。

本学収蔵の文書のなかに近世初頭の「精進頭」にかかわる興味深い巻子本が含まれている。それは表題に「年中行事」と記すものであるが、装丁を同じくする他の三巻から判断すると、四巻がともに徳川政権下になって京都所司代支配のもと、戦国以来の賀茂社の政治的経済的権益について、その歴史的由来を明示する証文類として巻子仕立てにされたことが明白である（前掲『目録』、大山の「解説」参照）。

上の巻子本「年中行事」は巻頭に六ヶ条からなる「賀茂社御祈禱条々」を記し、続いて「同神事方年中行事」として、正月一日から十二月晦日にいたる賀茂社年中行事を月毎に書き記している。

上の「御祈禱条々」は、その第一条が「五人之御精進頭」の役にあたった「役人」について、天下安全のための御祈禱を正月十六日から翌年の正月十六日にいたる一年間、怠りなく勤めるべきことをうたうのであるが、これ以外の五ヶ条もすべてこの精進頭にかかわる規定になっている。

①毎日二度、賀茂社へ参詣する。貴布禰社へ丑の日ごとに参詣する。（第一条）
②貴布禰社へ、毎日一人づつ参詣する。（第二条）
③下鴨社へ毎月、参詣する。（第三条）
④神道のおこなひと護摩を執行する。（第四条）
⑤毎月、御祓百座を執行する。（第五条）
⑥御田楽を、正月、五月、九月に執行する。（第六条）

このなかでとくに興味深いのは、彼らは一年間、貴布禰参詣のほかは「禁足ニテ在所ヲ不出、あらこもに座して、汚穢不浄ヲ不見、精進潔斎ニ相勤候事」（第一条）と記されることである。

賀茂社の氏人集団は鎌倉時代以来、百四十人の定員を有し、年齢に応じて往来田の割替えをうけて賀茂の信仰生活を維持してきた。こうした氏人たちは多くの場合、京官受領名（政府の中央官職名ないし地方国司の職名）をもっており、そうでなければ福鶴大夫、尊千代大夫などと童名で呼ばれていた。

賀茂社では宝永七年（一七一〇）に「三手新写系図」十二巻を作成し、そこに系図読解

のために「凡例一巻」が付せられた。すなわち、

旧譜、精進頭行事をつとめおハるの人、当社におゐてかりに名つくる京官受領等の称をもつて　勅任とおなしくこれを載す（下略）（第八条）

無足の人ハたとい京官受領等の名を称すといふとも、勅任のほかハ是をしるさす。各童名はかりをしるして旧譜の例にしたかふもの也（第九条）

などとある。氏人が名乗る京官受領名は勅任のものもあったのであるが、旧譜（昔の系図）作成以前から、賀茂社内部に独自の身分秩序が成立しており、精進頭行事を勤め終えて、彼らは京官受領の官職名を名乗ることができる仕組みになっていたのである。

＊

大谷大学所蔵上賀茂神社文書には冊子本で十八冊の精進頭関係の書籍があり、このほか数点の関連文書が入っている。表題にしたがって十八冊を列挙する。

A　年々精進頭人之次第
B　精進頭人中年中簡略之式
C　精進頭参籠中雑記
D　精進頭人参籠雑事秘記
E　精進頭人年中雑事秘記

F　精進頭人参籠雑々幷勤役私記　全
G　精進頭人仲ヶ間参籠中記
H　精進頭人参籠中雑記
I　精進頭人参籠中記
J　精進頭人年中勤方記
K　精進頭人行事中日次記
L　精進頭行事私記
M　精進頭人雑事記
N　精進頭人日記　天
O　精進頭人日記　地
P　嘉永四亥年精進頭人臨時祭勤役雑記
Q　嘉永五年正月精進頭人参籠中雑事記
R　精進頭濫觴

以下、簡単にその内容を紹介したい。

Aは精進頭関係の歴史的由来の確認を意図して作成されたもの。その前半部分に正保三年（一六四六）以来の「幣殿張文目録」、つぎに「張文」案文、大永六年（一五二六）以来の「差文」を載せ、今後も未見の「差文」を調査すべきであるとする。後半部分は正保二年（一六四五）から文化十三年（一八一六）にいたる精進頭の名簿であり、この部分は数筆の書き継ぎになっている。

上の「幣殿」とは精進頭たちの詰所であり、新任の精進頭たちは毎年正月十六日に年中の役目を怠りなく勤めることを誓って、新しい張文をここに掲げたのであった。Aによって判断するに、前の年の張文は順次「精進頭人之箱」に収められた。この箱は精進頭人に代々伝わっていたのである。

賀茂の氏人集団は東・中・西の三地域（三手）に分かれて編成されており、彼らは「三手若衆中」なる組織をもっていた。「三手文庫」とはこうした氏人集団の文書管理のための「文庫」だったのだが、享保四年（一七一九）九月二十四日の三手若衆中の寄会は、正保三年（一六四六）から正徳六年（一七一六）にいたる六十九年分六十九枚の張文を「衆評」（決議）によって「三手文庫」に収納することにした。さらに享保九年閏四月十四日の三手若衆中寄会は享保二年（一七一七）から同八年（一七二三）にいたる七年分七枚の張文を三手文庫に移管している。

Aは上の事実とともに、保管してあった張文の控え（案文）を各年度の文字の異同に注意しながら記している。それによると、もっとも古い正保三年の張文は七ヶ条からなり、

①毎日、両度参詣の事

②正、五、九月に廿一度、参詣の事
③毎旬、幣殿において中臣祓一百座、ならびに八所の摂社に祈請して中臣祓六十四座を執行の事
④節供ごとに幣殿において中臣祓廿一座を執行の事
⑤丑の日ごとに貴布禰社へ参詣の事
⑥申の日ごとに氏神社へ参詣の事
⑦正月七日から十五日にいたる一七ヶ日参籠の事

を記す。さきの巻子本「年中行事」と比べると、ここにはいくつかの重要な相違点がある。とくに目立つのは第七条の正月七日から十五日にいたる「一七ヶ日」間におよぶ参籠のことで、これは巻子本「年中行事」に見られない規定である。

さきに触れたとおり、巻子本「年中行事」は近世初頭のもので戦国時代ないしそれに先立つ中世以来の慣行を記していた。この参籠がいつからはじまったか分明ではないが、Aによって判断すれば、正保三年には新しい慣行が確実に成立していたのである。その変化とは、精進頭として一年の間、荒薦に座したまま在所を出ることなく、精進潔斎して神事をつとめて満行を迎えるという形態から、一年の最後に正月七日から十五日にいたる一週間にわたる参籠をおえることによって、翌十六日から次年度の精進頭へとバトンタッチする近世的形態への変容である。ここでは〈禁足と荒薦の一年〉はすっかり緩んでいる。

正保三年ののちも享保年間にいたるまでに、承応四年（一六五五）と明暦二年（一六五六）に張文の文言や形式に多少の変更が加えられている。明暦二年からは張文に当該年度の精進頭五人の署判が加えられるようになってもいた。しかし彼らの行事内容に本質的な改変が加えられた形跡はない。

Bは以降の大谷大学所蔵の精進頭関係文書は近世社会におけるこの神事の詳細と変化の様相を詳しく伝えている。正保三年張文がはじめて示すように、近世における精進頭の一年は、正月十六日に始まり翌年正月六日に及ぶ通例の勤務と正月七日から同十四日に及ぶ参籠の一週間に分かれる。前者の記録が「年中勤方記」の系統であり、後者が「参籠中雑記」の系統である。しばしば両者は一対のものとして現れる。

Bは享保八年（一七二三）十一月の老若衆中・三手若衆中による規約をもとにして、天明二年（一七八二）十二月、新たに追加された規定を朱書で加筆したもの。

Cは沢田禰宜庸清による享保十七年（一七三二）正月の参籠中雑記を寛保四年（一七四四）正月に清足が借用書写したもの。

D、Eは一対のもので、Cにみえた清足（従四位下賀茂県主）が宝暦三年（一七五三）十二月に精進頭を勤めたさい、「前輩」の記すところ、「今時」の所行、ならびに「相伝」の旨を大概書記したもの。清足本は後述するように江戸時代における一連の類本の祖本の位置を占める。ただしEは清足本を宝暦十二年（一七六二）十一月に直矢（従四位下賀茂県主）が懇望して模書したものである。

Fは寛政八年（一七九六）正月に「寛政五丑年追々加条々」の遵守を再確認したものだが、本書は文政八年（一八二五）正月の氏彦書写本である。

Gは安永十年（一七八一）正月、精進頭の一人であった秋保の書記にかかる参籠中記が底本。本書は秋保の子息保一が勤務のさい朱点を加え、ついで秋保の孫保房（正五位下）が、弘化三年（一八四六）に「後鑑」のため謄写したもの。

Hはさきのと同じ「寛政五丑年追々加条々」を文久三年（一八六三）正月、保房（正四位下）が書写したもの[1]。

I、Jは一対のもの。前者は前出の「寛政五丑年追々加条々」の遵守を再確認した寛政八年（一七九六）正月の参籠中記を、天保四年（一八三三）、章顕（従四位下周防介）が加筆、それをさらに天保八年（一八三七）九月、氏善（従四位下）が書写したもの。後者も章顕から恩借の年中勤方記を同じく天保八年九月に氏善が経国県主に筆写させたもの。

Kは文化四年（一八〇七）十二月以降、氏逸（正四位下）が書記したもの。

Lは文政元年（一八一八）十二月のもの。

Mは天保二年（一八三一）正月に父の保一が発端数紙を書写していたものを、子の保房が嘉永三年（一八五〇）四月に引きつぎ完成させた雑事記。

N〜Qの四冊は、嘉永三年末から同五年正月にかけて、嘉永四年の精進頭を勤務した賀茂太氏（正四位下備中守）が記したもの。Qには「以上以重誠県主記、肝要之分記之、彼記専故清足翁記以下諸人之記考正之旨也」との奥書がある。清足→重誠とつづく類書の整備過程が窺える。同書表紙には座田家蔵印を捺す。

最後のRは文中に文久二年（一八六二）の張文例文を載せる。これ以後成立の「精進頭濫觴」記であるが、精進頭の歴史的由来を天武天皇の時代に求め、天武以来常住精進潔斎の県主等五人がいたと記すが、幕末のこの時期に彼らの濫觴がいかに茫漠としたものと化していたかを物語っている。

＊

五人の精進頭はそれぞれ小野郷をのぞく賀茂境内の五郷を代表していた。Aが示す大永六年（一五二六）の差文は、この記録の作者が目にしえた最古の差文であったが、この差文によってこの年の精進頭に指名された人物は、河上郷が散位保智、大宮郷が散位増顕、小山郷が散位是顕、中村郷が散位秀直、岡本郷が散位氏定の五人であった。差文の彼らはすべて「散位」であり、京官受領名を記していない。賀茂社では毎年正月十四日に御棚会の神事があり、十五日の夜は鶏鳴の時に御戸開きになる。御棚会神事における精進頭五人の重要な役割が賀茂の神の農耕神としての姿を如実に語るのであるが、詳しくは今後の研究にまちたい。

注

(1) 但し奥朱書に「此記者、弘化四年阿波守重誠県主以勤役之記、今度予勤之、其中古今相違之分、聊加今案了、余者如此記、無相違者也、雖然依時宜可斟酌事共少々有之、……于時文久三儀房誌之」とあり。後考をまつ。

Ⅵ　西楽寺一切経の在地環境——平安後期の親族と社会

本稿は『興聖寺一切経調査報告書』（京都府教育委員会、一九九八年）に収録されたものである。この一切経の悉皆調査は平成六年から九年にかけて京都府教育委員会が中心になって四年がかりで実施された。興聖寺は京都の堀川通りに面してあり、一切経はこの寺の経蔵に伝来する。禅苑の清冽な雰囲気をたもつ興聖寺境内の奥には古田織部の墓があり、京都の町では一般には織部寺の名で知られている。堀川通りをへだてた斜向かいには、裏千家の茶道会館がある。数年以前に中尾堯氏を中心とする松尾社旧蔵一切経の発見調査で話題を呼んだ妙蓮寺からみると数ブロック北に位置する。

興聖寺一切経には延暦四年（七八五）書写の大唐西域記があって、そこに古訓点が施されているなど、その資料的価値の重要さによって、仏教学や国語学では早くから注目され、その方面ではすでに有名な一切経である。

本稿が西楽寺一切経といっているのはこの興聖寺一切経を指す。現在の興聖寺一切経の主体をなすものは平安時代の後期、丹波国桑田郡の西楽寺にあった一切経からなっている。一一六〇年代に、京都の西、老の坂を越えたところにあった西楽寺の勧進に結縁して、近辺住人たちによって書写されたもので、当時、「西楽寺一切経」「桑田一切経」などと呼ばれていた。西楽寺そのものは、中世に入ってからも多少の痕跡を残すもののいつしか消滅して、その後は丹波国衙が所在した亀岡盆地の地には存在しない。十二世紀後半、近在の在地貴顕層の信仰生活の帰結として西楽寺に納められた一切経もまた、長くは丹波の地にとどまらなかった。

鎌倉時代初期の戒律運動に大きな足跡を残した解脱坊貞慶は承元二年（一二〇八）に笠置を去って、南山城の海住山寺に移るが、当時すでに西楽寺一切経は貞慶の手許に移っており、海住山寺に安置された。貞慶没後、元仁二年（一二二五）に行われたその十三回忌法要にさいして、この一切経に生じていた欠巻を埋めるために、貞慶に帰依し海住山寺の第二世になっていた慈心房覚真（俗名藤原長房）らによって新たに補写が試みられている。正三位参議民部卿にまでのぼった長房はかつて後鳥羽院の近習であった。その後、中世末まで、一切経は長く海住山寺の経堂（現在の文殊堂）にあった。興聖寺がこれを購入したのは慶長三年（一五九八）のことであった。

江戸時代の修補のさい、西楽寺一切経の奥書の多くは無造作に裁断破棄されたもようである。しかしそれでもここにみられる奥書に、丹波国桑田郡から船井郡にかけての在地貴顕層の名前が多く残されている。特に私が注目したのは、結縁する人々が多く夫妻連名の形式をとっている点である。彼らは別々の姓を名乗っている。女性たちは、夫妻別姓という列島社会の長い慣行にしたがって、ここでもその生家の姓で現れる。夫妻たちはそれぞれ別姓を名乗りながら、夫妻単位でともに来世の安穏を祈願していた。ただし夫は姓と名を記すが、妻は姓のみでその名を隠している。それでもここに、ほぼ郡単位の地域における十二世紀、地方貴顕層の親族組織のひろがりの様相を観察することができる。列島各地において、地方武士団が急速に姿を整えつつあった時期である。

付録の「ヨメ・ムコ・アヒヤケ考」（『日本史研究』二四二号、一九八二年、例会ニュース）は鈴木国弘氏のお仕事に啓発されて、鎌倉幕府の追加法一四〇を素材として、幕府裁判における奉行人の退座規定を考察したものである。若いカップルの成立によって生まれるヤケ相互の新しい結合関係が、鎌倉武士団における親族組織の横のひろがりをつなぐ特徴的なあり方を示している。私はこれをヨメ・ムコ・アヒヤケ関係、略してアヒヤケ関係と名づけて、これが中世武士団における特徴的な親族編成のあり方を示す、という私なりの見通しをそこで語っている。ここではそれはたんなる見通しに過ぎなかったわけであるが、それを地域にそくして具体的に示すことは、その後における私のひそかな願望となった。京都府庁の石川登志雄さんの誘いで調査の機縁を与えられた興聖寺（西楽寺）一切経の調査は、私にとって長年の願いを満たしてくれる重要史料の一つになった。

1　西楽寺一切経

京都の堀川通りに所在する興聖寺（臨済宗）に一切経五千余巻が現蔵されている。この一切経の中心は平安時代の末に、丹波国桑田郡小川郷にあった西楽寺で書写された一切経で、その後、南山城の海住山寺を経て、慶長年間に興聖寺に伝わったものである。

西楽寺一切経が書写されたのは長寛元年（一一六三）四月から嘉応元年（一一六九）八月まで、年号でいうと長寛・永万・仁安・嘉応のあいだであったことがその奥書によって知られる。十二世紀六〇年代のことである。実際に書写された場所は例外を除いて丹波国桑田郡と同船井郡のうち淀川水系の源流域をなす地域（現在の亀岡盆地から園部にかけて）に点在する寺々であった。西楽寺一切経が語る当時の在地環境について、奥書の記載をたよりに少しく紹介し、同時に日本中世成立期の親族組織の実態につき見通しを述べてみたい。

a　桑田郡小川郷石白村

西楽寺の所在地は奥書の記載によってそれが桑田郡にあったことが知られる。しかし、それを小川郷とするものと桑田郷とするものがあって、郷名には混乱がみとめられる。これは奥書執筆者に思い違いがあったことを意味している。僧慶盛執筆の奥書をもつ経巻が二七五箱の中阿含経巻二一～三〇、三四四箱の四分律蔵その他に集中してみられる。このうち特に二七五箱の経巻はこの点の疑問を解く鍵を提供している。すなわちここに収められた中阿含経十巻のうち七巻分に奥書が残されており、うち四巻は西楽寺の所在地を正しく、

丹州桑田郡小川郷石白村

と書き、残り三巻（巻二三・二四・二九）は同じ箇所を、

丹州桑田郷

と書いて、あとで「郷」の字を「郡」に訂正したり、あるいは書きかけて訂正している。慶盛は途中で勘違いに気づいたのである。[1] 慶盛と同じ勘違いをした人物は多い。僧信尊もその一人で、彼は西楽寺は桑田郷にあると信じ切っており、常に、

丹州桑田郷西楽寺（三五二箱二・一〇）

丹州桑田郷石代村西楽寺（三五三箱二・三五四箱八）

のごとく記している。一例をあげれば、

仁安四年四月廿二日巳時書了、丹州桑田郷／石代村西楽寺一切経内二百七十五巻僧信尊／為過去慈父現在悲母現世安穏後生善処、殊／法界衆生平等利益也、敬白／為遠者往生極楽証大菩提、近者息災延命恒受快楽也（三五四箱八　尼羯磨巻下）

のごとくである。同じ勘違いをした人物に出雲恒里・丹波氏夫妻願経の執筆者某がいる。この人物はこれを全巻にわたって、

桑田郷石伐村西楽寺（三五二箱　根本説一切有部一百羯磨二、六）

のごとく記していた。多数の人間が西楽寺の所在する郷名を取り違えていたということになるが、これはこれで当時の「郷」という存在の景観上の特質を考える上で興味のある事実である。

郷については以上のごとくであるが、村の名称もバラバラである。慶盛執筆経はこれを、

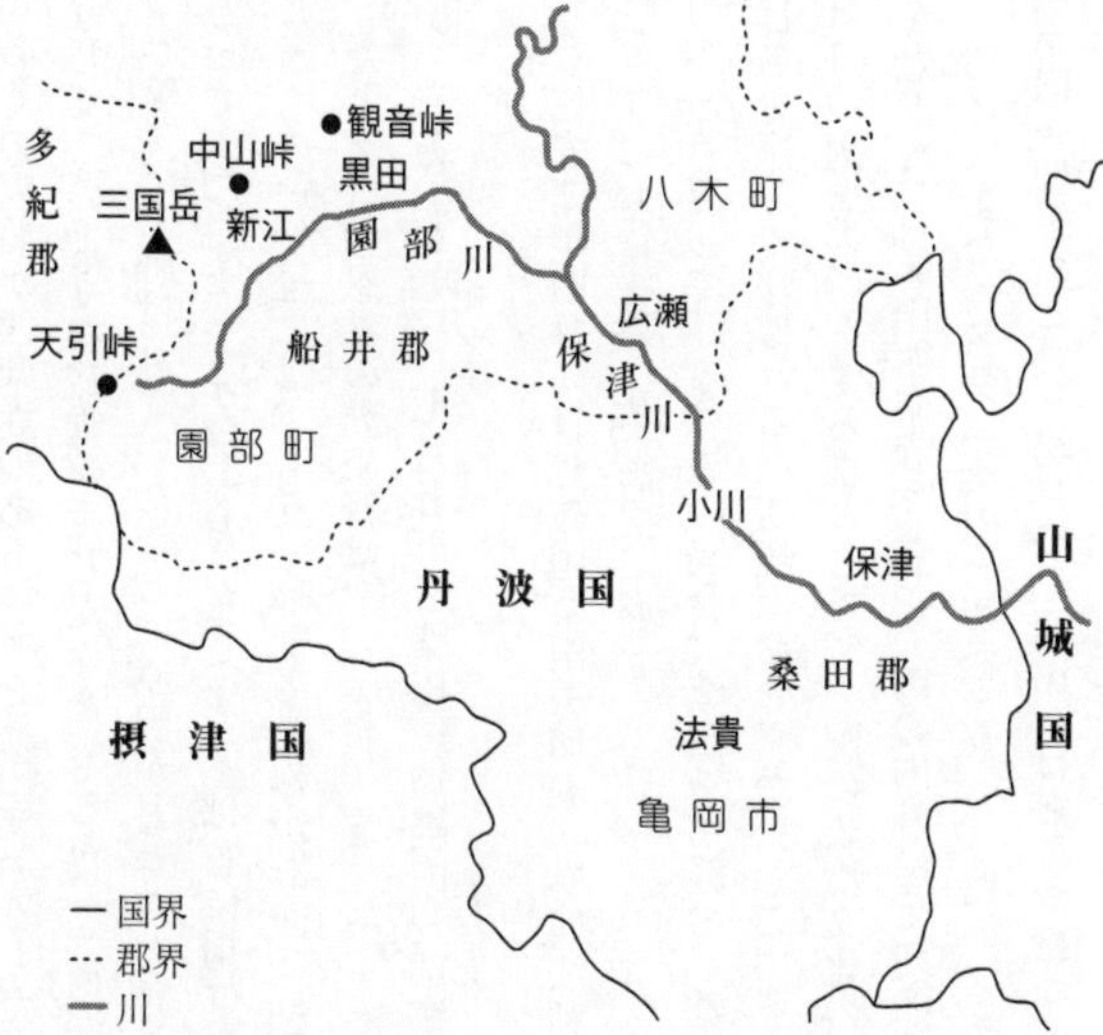

小川郷石白村

と記し、一方、信尊執筆経は、

桑田郷石代村

また出雲恒里・丹波氏夫妻願経の執筆者某は、

桑田郷石伐村

と書いている。三者三様であるが、村名の訓みについていえば、ここは「いししろ」ないし「いわしろ」という村であって、最後の石伐村の執筆者は「代」の字を「伐」と書き誤る癖があったと判断していいであろう。漢字表記の最終的な正否は断定しがたいが、注意ぶかさという点では、慶盛の「石白村」を採るべきかも知れない。[2]

多くの人間が西楽寺のある場所を桑田郷のうちだと錯覚していたと判断したのだが、どうしてこのような錯覚が生じたかを考えるに、西楽寺が当時一般に「桑田西楽寺」（桑田ノ西楽寺）と呼ばれていたことに原因があったと思われる。書写経の名称は寺院の名前をとって、「西楽寺一切経」といったことは右に掲げた僧信尊執筆経にみえるところであるが、この一切経には、もう一つ別の名称があって「桑田一切経」ともいわれている。

たとえば僧忍覚の執筆経は、

永万二年才次丙戌　七月廿五日桑田一切経内荒部郷書写了執筆僧忍覚（二六二箱六　摂大乗論巻六）

仁安二年四月一日丹破（ママ）国桑田一切内、為興法利生書写了、結縁輩執筆僧忍覚（花押）

（三二七箱一六　仏説四天王経）

のごとく記している。この場合、桑田一切経の「桑田」とは郡名を意味したのであった。郡名を冠して呼ばれる一切経はおのずからそこにその歴史的性格を露呈している。桑田郡は丹波国衙の所在する郡として、一国の政治文化の中心をなしていた。西楽寺はこの郡名を冠して、「桑田西楽寺」として国の内外にその名を知られており、そのゆえに西楽寺の一切経はまたの名を「桑田一切経」といったのであろう。くりかえすが、「桑田西楽寺」「桑田一切経」という場合の「桑田」は郷名ではなく、郡名を意味したのである。

b　書写の範囲・地域

奥書には、書写の場所が記されることがある。西楽寺一切経が書写された場所は奥書にみるかぎり、丹波国の桑田郡ならびに船井郡の一帯である。それらを列挙しておこう。

（Ⅰ）池人郷保津村観音寺

池人郷保津村観音寺（七四箱五　仁王般若陀羅尼釈・永厳執筆経）

保津観音寺（三八八箱九　阿毘達磨大毘婆沙論・僧慶禅願経）

当時、保津村に観音寺なる寺院が存しており、ここは池人郷に属したことが知られる。なお池人郷は、「和名抄」にはみえない郷名である。(3) いま観音寺は現存しないが、亀岡市保津町字観音寺に字名をとどめており、その故地を確定できる。(4) ここは合併以前の旧村名を「案察使」といい、保津川の左岸、保津山の山裾に位置している。

（Ⅱ）法貴寺

永万二年歳次丙戌正月十七日法貴寺書写了（下略）（一〇四箱四　大哀経巻二）

法貴寺も現存しない。ただ現在も亀岡市曾我部町に大字法貴の地名がみえる。法貴寺はこの地に存した寺であろう。曾我谷川の上流域にあたり、丹波国衙から摂津国（現高槻市方面）へ通じる道に沿った場所である。

（Ⅲ）荒部郷

永万二年才次丙戌七月廿五日桑田一切経内荒部郷書写了執筆僧忍覚（二六二箱六　摂大乗論巻六・

僧忍覚執筆経）

右の文章にみえる荒部郷は書写の場所を意味している。「和名抄」の桑田郡の項に荒部郷の名がみえている。

（Ⅳ）船井郷黒田谷別所／棚波瀧

仁安元年丙戌才次十一月廿四日棚波瀧書写了、船井郷黒田谷別所住僧精範智妙房（二九七箱八　仏説十一想思念経）

船井郷黒田谷別所は僧精範の居所を示すが、彼はこの経巻を「棚波瀧」の清冽な水で書写したのであろう。この瀧の場所は特定できないが、おそらくは黒田谷別所にある神聖な瀧壺であったと解される。黒田は現在の京都府園部町の一部。

（Ⅴ）船井郷新江村極楽寺

船井郷新江村極楽寺書写了（二九七箱一一　大愛道般泥洹経・僧定意執筆経）

当時、船井郷のなかに新江村が属しており、ここに極楽寺という寺院が存したのである。極楽寺の場所は不詳。近世の新江村は、近代にいたるまで上下二村に分かれて存続していたが、そのうち下村だけがいまに「仁江」（新江）の名をとどめ、上村は他村と合併して現在は「竹井」に属するようになっている。ここも現在の京都府園部町。

黒田・新江（にえ）はともに、十二世紀にあっては船井郷に属していた。この地は淀川水系の源流域の一つに属し、船井郡を南北に分かつ観音峠・中山峠の東南側にあたっている。峠の向こうの由良川水系に属する船井郡西北部の地とは歴史的に生活文化圏を異にしてきた。一方、丹波多紀郡との境には三国岳が位置し、東の山麓を天引川が流れて園部川に合流する。峠の向こうにある丹波国多紀郡は加古川水系、船井郡黒田谷や新江村は淀川水系に属している。

(Ⅵ) 勝尾寺

永万二年四月、慈珍が勝尾寺の錬禅房において成唯識論十巻を書写している。これは二六六箱に収められている。勝尾寺は摂津国に属し、やや距離が離れている。原本を検するに、慈珍の字は一般に西楽寺一切経の田舎風の字と比べてどこか洗練されたものである。この書写には丹波に、書写のさいの手本となるべき「成唯識論」が得られないなどの特別の事情があったらしく思われる。

(Ⅶ) 此明山

永万二年二月廿七日書畢　此明山住僧応俊(一三七箱四　方広大荘厳経巻四)

とあるが、此明山の場所は不詳。

以上、奥書にみえる地名を通覧すると、関係地名が桑田郡ならびに船井郡南半部に集中していることに気づく(5)。丹波国衙を中心としながら、その広がりは桑田郡と船井郡の南半分に濃密である。この地域に西楽寺一切経書写事業の地域的文化的背景があったとしてよいであろう。

ところで奥書に郡名がみえるのは桑田郡のみである。郷名としては桑田郡に小川郷・桑田郷・池人郷・荒部郷がみえ、船井郡では船井郷がみえる。村名としては小川郷に石白村（石代村）、池人郷に保津村、船井郷に新江村があったことが知られる。十二世紀の丹波国では、「郡―郷―村」の行政組織がかなり明確に存したことが想定されよう。寺院名として西楽寺のほか、観音寺（池人郷保津村）、法貴寺、極楽寺（船井郷新江村）、黒田谷別所（船井郷）の名があって、この地域の文化圏を形成していたことが認められる。

c　中原真弘

西楽寺一切経書写の発願者は中原真弘という、おそらくは丹波国府へ下向していたと思われる人物であった。彼は西楽寺一切経の校訂者として奥書に何度も姿をみせるのみならず、この一切経が原形をとどめていた時期には、すべて巻首に見返し絵があって、そこには発願者としての彼の名前が記されていたと解される。西楽寺一切経は江戸時代になってから、従来の巻子を折本形式にあらためている。そのさい大部分は巻頭部分を裁断して渋紙表紙を新たに付しているのだが、一三一〜一三四箱に収められた大般涅槃経全三十六巻のうち三十二巻分には紺表紙を付している。そしてこの紺表紙本は、もとの経巻にあった見返し絵を保存している。おそらくは別の工房の手になるのであろうが、それによると見返し絵には九体の摺仏を刷り出しているが、その両側に一行ずつ、

願以書写功徳力　自他共生極楽界（右）

安置伽藍名西楽　願主真弘即五品（左）

の二十八文字を書き記している。中原真弘が西楽寺一切経書写のもともとの発願者だったのである。彼は尾張国七寺一切経における散位大中臣安長と同じ立場にいたものである。(6) 西楽寺一切経奥書のなかで中原氏は特異な現れ方をする。すなわち中原氏は真弘のほかに真方と弐王丸がみえるが、彼らは一貫して書写された経巻の校訂者としてのみみえている。その回数は真方十三回、真弘七回、弐王丸一回を数える。真方の「方」はあるいは「弓」で、これは「弘」の略体だとも読める。そうすれば真弘の校合は署名をしたものだけでも二十巻に及ぶことになる。こうした中原氏の現れ方は、つぎに検討するように、西楽寺一切経奥書に姿をみせる氏族集団の多くがそれぞれ相互に緊密な婚姻関係で結ばれているのと対照的である。中原氏はおそらく都から丹波国衙へ下向していた中央官人の一人であったと判断してよかろう。

d　地方貴顕層

ところで、西楽寺一切経書写事業に結縁したのは近在の有力者（地方貴顕層）であったにちがいない。奥書にはそうした施主として三十のウジの名乗りを見出すことができる。と同時に、ここには夫妻連名の施主が数多く存在していることに注意したい。奥書の形式からこれらをここでは夫妻結縁経と形式分類したい。西楽寺一切経奥書を通覧すると二十五の婚姻例（夫婦＝カップル）を発見することができる。

彼らは、桑田・船井両郡にわたるこの地域の平安末の地方貴顕層に属していた。日本中世史研究の上で、このような郡規模の狭い地域で、このように多くのウジの名前と多くの婚姻例を示すことができるのははじめての経験である。

2　日本中世の親族形態――ウジ・イヘ・ヤケ

日本社会においてその親族集団を示すヤマトコトバとしてウジとイヘとヤケの三つがあった。このうちヤケはコトバとしては早く衰退していき、中世ではほとんど使われていない。ただ万葉の歌人大伴家持（ヤカモチ）のヤカ（ヤケ）、あるいは公（オホヤケ＝大きな家）や屯倉（ミヤケ＝国王のヤケ）などのヤケとして長く日本語のなかに記憶されてきた(7)。

日本中世の親族をその歴史的形態において観察するにさいして、そこには少なくとも三つのレベルがあることを認識し、これらを区別する必要がある。第一のレベルはウジである。ウジは親族形態のもっとも大きい規模を示すコトバであり、日本語にはウジより大きい範囲を示すコトバは存在しない。イヘはウジを代位することもあるが、通常ウジよりも小さい範囲を示し、ウジのなかにいくつかのイヘの分立をみることが多い。イヘとよく似たコトバにヤケがある。イヘもヤケもコトバとしては建物＝家屋の意味において使用されうるが、両者のあいだには画然とした区別がある。それはヤケが人間生活の場として機能する家屋そのものの存在と終始不可分なコトバであるのにたいして、イヘはそうした拘束をうけず、それ自体自由なひろがりをもちうる概念として存在するという点である。ヤケは建物を意味する家屋に密着した意味をもち、同時にその家屋で生活をともにするかぎりでの夫妻単位の生活共同体＝小家族を指したのであった。一方、イヘというコトバには、一個の建物を越えた意味があり、親子兄弟のひろがりとともに、世代を越えて意味する範囲を拡大していく機能が内包されている。現実生活の場としての建物に拘束されて存続するヤケと、拘束されることのないイヘとのちがいである。

しかし、実際の歴史過程においてはヤケというコトバが衰退していき、逆にイヘがひどく広い意味をもつことになった。そのため、ウジのことを含めてあらゆる次元における親族組織をイヘという一つのコトバで表現するようになり、かえってイヘとは何であるかを一義的に定義することがひどく困難な事態にたちいたった。

ここで私は日本中世の親族組織を分析するにあたって、ウジとイヘのほかにヤケ概念を設定することが有用であると判断する。ただヤケというコトバは実際にはイヘと呼ばれることが多かったのであるから、これをその他の広い意味におけるイヘと区別して、必要な場合はイヘ（ヤケ）とも表示することにしたい。こうした意味におけるヤケは広義のイヘ内部にある小単位であって、イヘを構成する基礎的な夫妻単位の小家族のことである。広義のイへは通常、共通の祖先を有する多くのヤケから構成されており、同時にまた各イへは、より大きなウジの一部をなし、いくつかのイへが集まってウジを形づくっている。

3　日本中世の親族形態――アヒヤケ構造

鎌倉幕府の裁判官には退座規定というものがあった。それは裁判官が自分の身内＝親族の関係する裁判には関係しないという原則を定めたものであって、これまでも日本中世における親族の範囲を示す材料として、先学によってさまざまに論じられてきた史料である[8]。

一、評定時、可退座親類事　延応二　四　廿五評
祖父母　父母　子孫　兄弟姉妹　聟　舅　相舅　伯叔父　甥　従父兄弟　夫妻訴訟之時、可退座也
烏帽子々

At the time of a trial (*hyojo*), those who should recuse (*taiza*) themselves include the following. Decided on Enno 2 (1240). 4. 25.

Grandfather and grandmother (*sohubo*) ; father and mother (*fubo*) ; children and grandchildren (*komago*) ; brothers and sisters (*kyodai. simai*) ; son-in-law (*muko*) ; son-in-law's father and daughter-in-law's father (*shuto*) ; both fathers of the young couple (*ahiyake*) ; older and younger uncles (*haku. shukufu*) ; nephews (*oi*) ; cousins (*itoko*) ; husband (*otto*. When his wife is appearing he should withdraw, *taiza subeki*) ; children of patrons or "social fathers" (*eboshigo*).[9]

ここには祖父母・父母・兄弟姉妹・従兄弟などと並んで、聟と舅、さらには相舅が記載されている。このうち相舅はアヒヤケと読み、舅同士を意味する日本語である。鎌倉幕府法の旧い注釈書にここだけ「あいやけ」と振り仮名を付したものがある。[10]早くからこの単語が一般には読みにくくなっていたことを示すとともに、彼らの関係の歴史的淵源がヤケ同士の関係として意識されていた時代のあったことが明らかである。M. Collcutt 教授はこれに、both fathers of the young couple の訳語を与えたが、まさに若いカップルの父親同士が、互いに幕府法において相手側の親族（親類）に分類されていた事実に注目したい。

このアヒヤケと烏帽子々を外縁とするラインの内側が鎌倉武士の親類にあたり、それ自体複雑な様相を示すにちがいない政治的・社会的な諸要因を捨象して考えるならば、このラインの内側にこそ、一つの運命共同体としての中世武士団が存在したと判断しうる。彼らは合戦にさいし、運命をともにすべき集団の成員として、社会的に期待された存在であったと推察することが可能である。[11]

こうして、日本中世武士団の族的結合には二つの原理が内在していたという想定が可能になる。この二つの原理をタテ軸とヨコ軸の関係として図示することができる。

タテ軸を構成する原理は各世代の夫と妻を介して受け継がれ、父から子へとつながっていくイへに求められる。それはイへの時間的連続性とともにあり、《過去・現在・未来を共有する集団》として存続している。一方、ヨコ軸を構成する原理はアヒヤケ構造である。この関係が成立する結節点は、一組のヨメとムコ関係の成立と存続である。このヤングカップルを中心にして双方の父親（both fathers of the young couple）が互いのヤケを背後にもって結合している。この関係がヨメ・ムコ・アヒヤケ関係、略してアヒヤケ関係である。これはイへ原理の時間的連続性にたいして、世代を越えた結合としては存在しない。この関係は《現在を共有する集団》としてのみ現れるところに特徴をもっている。

このさい、若いカップルはヤケとヤケとの結びつきの結節点である。若いカップルの両親＝シュウト（舅）はさきに述べてきたような意味あいにおいて、ヤケを代表し、みずからヤケを名乗ったのであった。

そしてこのさい、アヒヤケの存在に体現されるヤケは父親自身が帰属する大きなイへの内部に存在する彼自身の小規模な家族（ヤケ）のみを意味したとみるべきである。もっといえば、そのヤケの代表者としてのアヒヤケは相手の親族とのあいだに横たわる境界領域に位置する存在であったとみるほうがあるいは正確であって、相手のヤケのムコとなった若者だけが完全な意味において、先方の親族のメンバー（親類）とみなされたと考えるべきかもしれない。このように考えると、ムコだけは生まれたイヘとヨメのイヘという二つのイヘに両属したのであった。このことは重要で、中世武士団を構成する男子は常に二つのヤケを通じて、二つのイヘに帰属していたことになる。それを避けようとすれば、彼は族内婚の範囲にとどまらなければならなかった。[12]

以上のような関係を中世のヨメ・ムコ・アヒヤケ関係という。私は日本中世の武士団がイヘを基軸にしつつも、こうしたアヒヤケ関係を随伴しつつ存続しており、ここにこそ中世武士団の族的組織の編成原理があったと考えている。以上、ここに紹介したのは私の旧い仮説であり、ずいぶん以前にある場所で報告し、その要旨は私自身の文章として活字になっている。[13] そこで示した仮説では、一組の夫妻の結びつきが社会全体の編成原理として重要な役割を果たすような特定の社会が想定されている。私はそういう関係の存在を疑わなかったが、しかしそれを地方在地社会に即して具体的な事例で示すことは史料の関係で、長いあいだできないできた。

4　西楽寺一切経結縁衆のヨメ・ムコ・アヒヤケ関係

今回の五年にわたる興聖寺一切経（西楽寺一切経）の調査でそれが可能になった。そこで作成したのが次頁の図である。

西楽寺一切経の奥書には本稿がいう夫妻結縁経形式のものが多く含まれている。[14] ここで

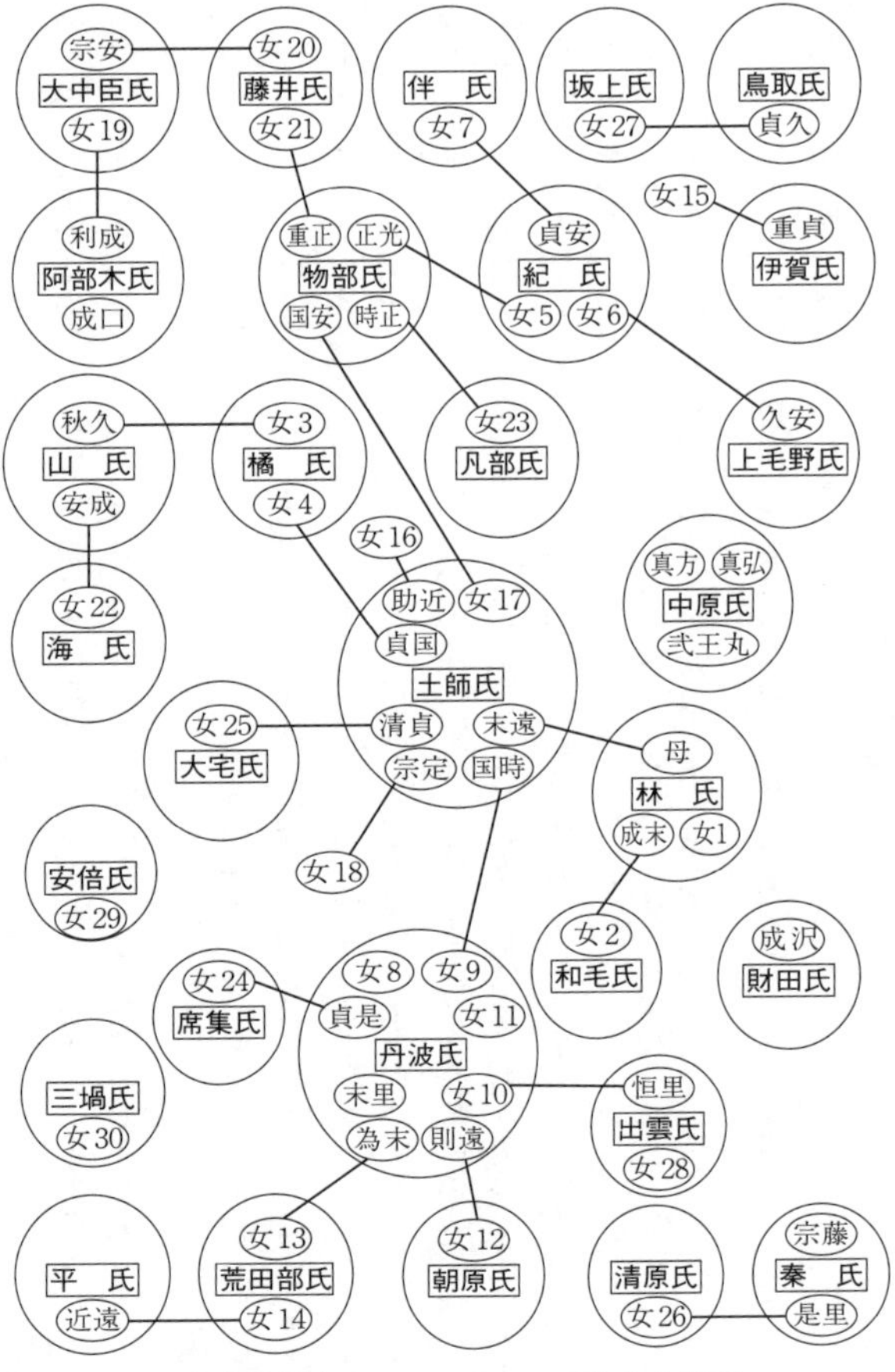

西楽寺結縁衆のヨメ・ムコ・アヒヤケ関係

は夫妻のうち夫は姓と名をともに記している。しかしこの一切経では、妻は自分の生家の姓を記して「土師氏女」「丹波氏女」のように記すか、あるいは「女」を省略して、ただたんに「土師氏」「丹波氏」とも記し、さらにはたんに「女」とだけ記すものも含まれている。つまり彼女らは自分の個別の名前を記していないのである。

ところで、図では奥書にみえる結縁の人々を、所属するイヘ（ウジ）ごとにマルでくくってある。一例をあげておくと、土師氏のマルのなかには、清貞・宗定・貞国・助近・末遠・国時の六人の男子と一人の女性がみえている。この七人が土師氏の人間だったのである。このうちで清貞は大宅氏の女性の夫である。図では二人の夫妻関係を示すために両者を直線で結んでいる。⑮ 同様に土師氏の女性は物部国安の妻である。奥書記載の制約上、ここでは女性の名前を知りえないので、個体識別のために女性に番号を付してある。たとえば、土師氏の女性は女17である。土師助近の妻である女16、同宗定の妻である女18は生家の姓を知りえない。したがってこの二人はマルで囲まれておらず、宙に浮いている。これは所属するウジが無いのではなく、わからないという意味である。伊賀重貞の妻の女15も同様である。⑯

ここにみえるのは、西楽寺一切経の奥書から抽出される十二世紀六〇年代における桑田・船井両郡の地方貴顕層相互のあいだにあった濃密な婚姻関係の断面図である。

ここにみえる土師氏、丹波氏以下の各ウジ（イヘ）には何人かの男性と女性がみえる。

西楽寺一切経の奥書は夫妻の関係しか書いていないので、親子兄弟姉妹といった一つのウジ（イヘ）内部における親族組織の構成は不明である。この点については何ほどのことも語ることはできない。しかしながら、この図から、十二世紀の六〇年代に、彼らが丹波国の桑田・船井郡あたりに蟠踞して、相互に個々のウジ（イヘ）を越えた濃密な婚姻関係で相互につながっていたことだけは明瞭にこれを読みとることができる。ここにみえる二十五例のヨメとムコの双方が互いに相手方のヤケを通じて、生まれたウジ（イヘ）と相手のウジ（イヘ）の双方に帰属していたこと、日本の中世とはそのことに特別に重要な意味があった、そういう社会であったことはさきにみたとおりである。

　時は保元・平治の乱のあと、中央では平氏政権が確立しようとしている時期にあたる。こうした時期のこの国の国衙を中心とする（丹波国府は桑田郡にあった）桑田・船井両郡の地方貴顕層の実状が鮮やかに浮かび上がってくると思う。以上のような地方貴顕層の動向のなかから在地領主制が形を整えていくことを念のためにつけくわえておきたい。西楽寺一切経の最後の奥書が記されてからわずか十三年ののち、治承・寿永内乱のさなか治承五年（一一八二）のはじめに、平氏は丹波を含む五畿内および伊賀・伊勢・近江の九国に「総管」（平宗盛）を置き、丹波国に「丹波国諸庄園総下司」（平盛俊）を置いて、これらの地域を軍政下に置き、この内乱をのりきろうと試みていた。[17] 国衙の周辺にいたここにみえる地方貴顕層の動向が気にかかるところである。

注

（1）小川郷は亀岡市千代川町に「大字小川」の地名をとどめている。また近くに延喜式内社の小川月読神社がある。亀岡盆地の中央部にあたる。桑田郷も近辺にあったと考えてよい。

（2）なお尼崎市如来院には桑田郡西楽寺の鐘がある。この鐘の追銘に「右此鐘者為／丹波国桑田郡□田村／西楽寺公用永代自河／島之倉令買得者也／嘉吉三年癸亥小春廿一日施主周証」（奈良国立文化財研究所『梵鐘実測図集成』下、同研究所史料三八冊、一九九三年）とある。

（3）ちなみに、「倭名類聚抄」が記す郷名は桑田郡が小川乎加波・桑田・漢部・宗我部・川人加波无止・荒部・池辺・弓削・山国・有頬の十郷、船井郡が刑部・志麻・船井・出鹿・田原・野口・須知・鼓打・木前の九郷である。

（4）『新修亀岡市史』本文編、第一巻（一九九五年、三八二頁）。同付図「大字小字図1」。

（5）なお『聖語蔵』普曜経巻七の奥跋に、「仁安三年八月七日書了、丹洲桑田郡弘瀬登蓮寺住僧永暹」とみえるが、原史料を実見すれば西楽寺経との関係が明らかになるだろう（『平安遺文』題跋編二五五一号）。

（6）治承二年八月の一切経安置五箇条起請文で、安長は「願主惣大判官代散位大中臣安長・女弟子民女」と記している（近藤喜博「七寺一切経について」『尾張史料七寺一切経目録』一九六八年）。実物をみていないが「民女」は「氏女」ではなかろうか。

（7）吉田孝『律令国家と古代の社会』（岩波書店、一九八三年）。特に、Ⅱ「イヘとヤケ」参照。

（8）追加法一四〇（『中世法制史料集』第一巻、鎌倉幕府法、岩波書店）、鈴木国弘『在地領主

制』(雄山閣出版、一九八〇年)、特に第一章「中世領主層の族縁共同体」など。
(9) M・コルカット教授の訳による。筆者は一九九八年九月十七日にプリンストン大学において本稿の内容を話す機会に恵まれた。そのさい、右の箇条を外国人に説明するためにコルカット教授に訳していただいた。なお、蛇足ながら中世五山の研究者である教授は興聖寺住職の友人で、興聖寺の庭には教授夫妻の植えたプリンストンのドッグウッドの小木がある。
(10) 「沙汰未練書」(『中世法制史料集』第二巻、室町幕府法、岩波書店)。
(11) ここでは個々のケースに当然随伴する社会的・政治的要因についてはこれを捨象している。一つの想定しうる原理についてだけ述べていることを了承して欲しい。
(12) 興聖寺の近く、少し南にある妙蓮寺で発見されて話題を呼び、近年、調査を終えた松尾社一切経の奥書には、平安時代の松尾神主秦親任の一族がかなり濃密な族内婚をくりかえしていた事実が語られている(中尾堯編『京都妙蓮寺蔵「松尾社一切経」調査報告書』大塚巧芸社、一九九七年)。
(13) 大山喬平「ヨメ・ムコ・アヒヤケ考」(例会ニュース『日本史研究』二四二号、一九八二年)。
(14) 以下の分析は、峰岸純夫「金石文などにおける「縁友」について」(『鎌倉遺文』一〇巻月報)、同「中世社会の『家』と女性」(『講座日本歴史』3、中世1、東京大学出版会、一九八四年)、同「平安末・鎌倉時代の夫婦呼称の一考察」(前近代女性史研究会編『家族と女性の歴史』古代・中世、吉川弘文館、一九八九年)、勝浦令子「院政期の宗教活動に見える夫と妻の共同祈願」(『高知女子大学紀要』人文・社会科学編、第三五巻、一九八七年)などの成果を念頭に置いている。中世の仏教史・文化史の専門家は峰岸・勝浦両氏の研究にもっと注意をむけるべきである。

(15) 土師末遠と林氏の関係のみは母と子である。便宜、直線で結んである。

(16) 丹波氏に入れた女11は「大施主信心女」(三五六箱二)とのみ記している。したがって厳密には姓不詳であるが、奥書の文章その他から丹波氏の女性と推断してここに収めた。

(17) 石母田正「鎌倉幕府一国地頭職の成立」(石母田・佐藤編『中世の法と国家』東京大学出版会、一九六〇年)三六頁以下、「玉葉」治承五年正月十六日条、同二月八日条。

付録 ヨメ・ムコ・アヒヤケ考

〔報告要旨〕

報告では、まず近年の鈴木国弘氏の注目すべき中世「家族」研究を同著『在地領主制』(雄山閣、一九八〇年)の内容に即して、図化しつつ、これを紹介し、つづいて一、二の試案を提出した。

(1) 鈴木氏の鎌倉幕府追加法一四〇条以下の退座規定をもとにする中世「親類」(族縁共

同体）の範囲確定＝図化作業（同書第一図）はたいへんな努力を要した仕事であるが、そこには退座規定にある「相舅」の位置づけがみられない。

「相舅」はさしあたり、シウト同志のことであって、一組のヨメ・ムコ（夫婦）を中において、双方の親同士の関係がすなわち「相舅」である。ただし「相舅」は「相嫁」（アヒヨメ）「相婿」（アヒムコ）などとはちがい、アヒシウトとはよまず、アヒヤケとよむ。つまり一組のヨメ・ムコ（夫婦）を媒介として成立するヤケ（宅）とヤケ（宅）との関係が中世のアヒヤケ（相舅）結合にほかならない（ちなみに「沙汰未練書」退座規定の条文にある「相舅」には「アイヤケ」の振り仮名がある）。中世の「相舅」（アヒヤケ）にはヨメ・ムコ双方の舅がそれぞれに代表する二つのヤケ（小規模家族）の相互結合の意味がかくされていたとみなければならない。こうしてみると、鈴木氏の苦心の作成になる親族図（第一図）をもとにして、これにアヒヤケ構造を組みこんで一定の修正を施すと、そこから中世の族的結合（ないし家族形態）の実態がうかんでくるように思う。

(2)図Aに示したように、日本中世の同族形態として(a)ウジ、(b)イヘ、(c)ヤケの三段階が区分されるだろう。ヤケは聞きなれないけれどアヒヤケのヤケである。このうち(a)のウジは前代における最高の血縁集団であり、平安・鎌倉期には急速に実態を失いつつあったとはいえ、なお無視しえない政治的機能を発揮する面もあった。(b)のイヘは前代のウジの解体のなかから新しく成立してきた血縁集団であって、中世においては、すでに共通の先祖

図A　日本中世の同族形態(父系制)

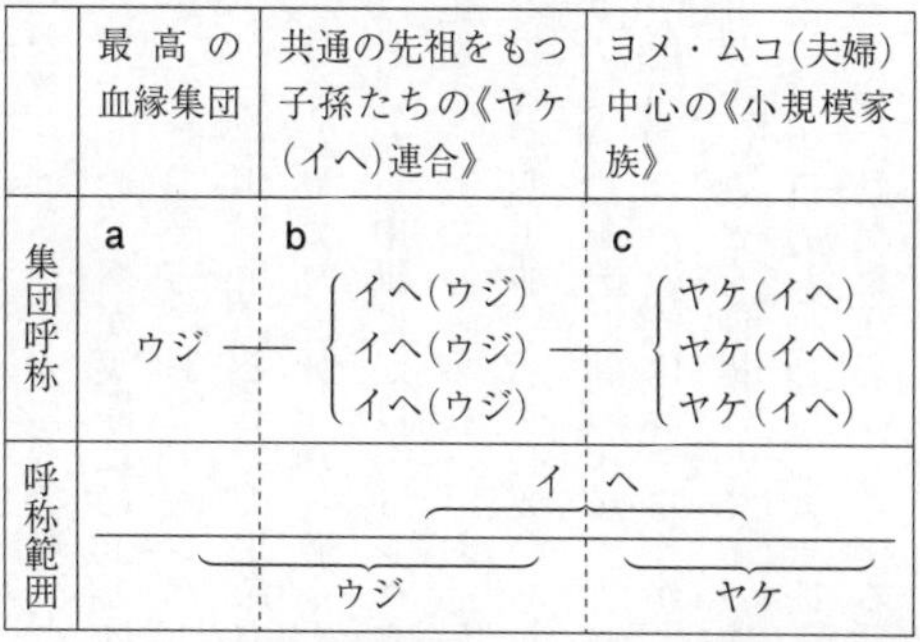

	最高の血縁集団	共通の先祖をもつ子孫たちの《ヤケ（イヘ）連合》	ヨメ・ムコ（夫婦）中心の《小規模家族》
集団呼称	a ウジ	b イヘ（ウジ） イヘ（ウジ） イヘ（ウジ）	c ヤケ（イヘ） ヤケ（イヘ） ヤケ（イヘ）
呼称範囲	ウジ（a・b）	イヘ（b・c）	ヤケ（c）

図B　中世在地領主の族的結合＝「親類」

タテ軸　イヘの時間的連続性(過去・現在・未来を共有する集団)

ヨコ軸　アヒヤケ構造〈ヤケの相互関係、ヨメ・ムコが結節点〉(現在を共有する集団)

をもつ子孫たちによって形成されるヤケ連合の形態をとる。ただし前代のウジは実態としては歴史的な解消の方向をとっていたものの、用語としては容易に死滅せず、(b)のイヘのことをも次第にウジといいかえることが多くなり、一見、ここではイヘとウジとの区別がつけ難いかのような印象を与えている(たとえば、源氏と平家)。(c)のヤケは、右のアヒヤケの用例などから判断するかぎり、一組のヨメ・ムコ(夫婦)を中心として形成される狭い範囲の小規模家族を意味したらしい。中世武士団の武力編成の方式などを観察するかぎり、ムコはヨメのイヘ（一族）に包摂されてあらわれるようにみえる。右の意味でのヤケが(b)レベルのイヘ（ウジ）の内部に現実に存在したことはいうまでもない（たとえば源義経の舅として、罪をかぶって滅びた河越重頼）。

ただ、(c)のヤケが実際には(b)と同じくイヘと呼ばれることの方が多かったらしいのは何故か。実際、一方において(a)レベルのウジが実体としては歴史的生命を終えつつあったにもかかわらず、用語としての生命力を維持し、他方において、建物に住む家族をも意味したかつてのヤケの語が、いち早く死語に近くなっていったという事情にも規定されて、イヘは古代から中世にかけて(b)レベルのみならず、(c)レベルの小規模家族の呼称としても一般化していったとみられる。おそらくは、中世においても(b)のイヘではなく、(c)のイヘであることを明示的に示す必要があった場合、たとえばさきの鎌倉幕府法の退座規定のアヒヤケのような場合には、(c)レベルにおける小規模家族を固有に意味するものとしてヤケの語が用いられたのではなかろうか。

(3)以上のことを前提にして、日本中世の在地領主の族的結合を定式化すると図Bのようになる。中世の在地領主（武士団）の族的結合は何よりもまず(b)レベルのイヘ（ウジ）結合を中核にした集団をなしている。ここにみる武士団としてのイヘ結合はまさしくイヘへの時間的連続性のなかに生きており、過去と現在と未来を共有するところに集団としての結合原理がある。と同時に右のイヘとしての武士団は婚姻関係を通して、アヒヤケ構造によって、本来は族外のヤケをも包摂している。この(b)レベルにおけるイヘ（ウジ）の時間的連続性をタテ軸とするならば、アヒヤケ構造は中世武士団の族的結合の空間的ひろがりをヨコ軸として示している。アヒヤケ構造によって機能する族的結合はさきのタテ軸とは異なり、より短期的であり、いわば現在だけを共有する集団として成立している。二つのヤケの相互結合はまさしく相互的であってそれが属した(b)レベルのイヘとしての武士団同志の結合を意味することはけっしてなかった。この関係はまた中核となるヨメ・ムコ関係の存続によってのみ保証されている。中世において、イヘとしての武士団の外延部にその武士団にとっての婿が恒常的に現れるのはそのためである。中世におけるアヒヤケ構造がいかに強烈であったとしても、しかしそれはついにヤケの枠を越えることはなかった。ヤケの成員の運命が、ヤケの枠を越えて、(b)レベルのイへの運命を左右するようなことは巧妙に回避されていたようである。だから武士団としての(b)レベルにおけるイヘ（ウジ）とイヘ（ウジ）との強固な結合はもしあったとしても、他の複雑な政治的諸要因によってのみ成立しえたものであったと考えられる。

Ⅶ　歴史叙述としての「峯相記」

旧稿は『日本史研究』（四七三号、二〇〇二年）に収載された。本書のなかではもっとも新しく、Ⅰの「ゆるやかなカースト社会」の文章と相前後して執筆している。

大谷大学大学院仏教文化の修士課程では日本関係の数人の教員が一緒になって、各自の指導学生とともに年間を通じて順次、適当な文献を読んでいくという面白いクラスがある。二〇〇〇年度の演習に私は「峯相記」をとりあげた。その年は片岡了（国文学）・大桑斉（日本思想史）・豊島修（宗教民俗学）の各教授と一緒であった。各教授がそれぞれテキストを指示するから、ふだんは縁遠いような文献を毎年、数冊は読み、それについて討論ができるので有益である。以前、黒田俊雄さんが在任中にも「峯相記」をとりあげたことがあったとのことで、大桑さんは当時の学生さんが残した分厚い報告レジメを大切にしてもっておられた。

「峯相記」が面白い作品であることは、『兵庫県史』本文編の薗田香融さんのお仕事で以前から気がついていたのであるが、今回ゆっくり読んでみてその面白さを再認識した。ともに演習を指導してくださった各教授、報告を担当した学生さんたちからも有益な示唆を多く与えられた。演習の印象が薄れないうちにと思って、取り急ぎ文章にしたものである。

はじめに

人類の社会的存続にとって歴史的な認識というものがもつ一個の巨大な意味を、人々は目先の日常生活に忙しくて、とかく忘れがちである。しかし歴史認識を軽視するものたちはあらゆる場所において、必ず歴史の手痛い報復に遭うことになるだろう。

列島社会の十四世紀は、その中心部において悪党の時代を経験しつつあった。当時における歴史的変動の中心舞台はたしかに京都という巨大な政治・文化都市に置かれており、都市京都における政治と文化を軸にして、歴史は回転していた。しかし悪党の時代はむろん京都においてのみ完結していたわけではない。

十四世紀もなかばを過ぎた頃、播磨国において一個の新しい歴史叙述の形式が成立した。それは「日本書紀」や「古事記」のような全体としての国家の歴史でなく、また列島社会の仏教史を描いた「元亨釈書」のような個別の部門史でもない新しい歴史認識の形式であった。近代の用語でいえば、播磨という一地域を対象とするまさしく「地域史」というにふさわしい歴史叙述の誕生である。本稿がとりあげる「峯相記《みねあいき》」は、これを歴史叙述の書であるというについては少しく説明を必要とするであろう。それは一面では播磨の地誌としての性格をもち、また信仰の書であり、また明確にフィクションを含んだ一個の創作ですらあった。そうした複雑な性格をあわせもちながら、しかしそこには明確に一個の新しい知の枠組みとしての歴史的精神が成立していた。本稿が「峯相記」を歴史書であるというについては、この作品がもつこうした歴史的な認識のスタイルを主たる根拠とするものである。

「峯相記」はそこにある播磨の悪党についての叙述の卓抜さをもって有名である。しかしそれはこの作品の一部分にすぎない。従来の歴史研究は、「峯相記」そのものを全体として論じることはあまりなかったといっていい(1)。

こうしたなかで、「峯相記」の叙述を生かしながら、鎌倉・南北朝期の播磨一国における宗教・文化・社会の文化史的な把握に成功した出色の業績として、すでに古いものであるが、薗田香融の『兵庫県史』の記述をあげることができる(2)。薗田の叙述は、学術論文としての形式を踏まなかったためか専門の悪党研究者からも見過ごされてきたようであるが、その叙述は、播磨の悪党として現れる階層の歴史的実態、彼らの日本仏教史展開における檀越としての積極的役割、彼らの信仰形態などの究明に大きく道筋をつけたもので、石母田正が『中世的世界の形成』を発表して以来、長くつづいたかつての悪党論争に終止符をうつだけの衝撃的な内容を備えていた(3)。

薗田は「峯相記」の記述から、文永(一二六四〜七五)の頃、播磨国に「五ヶノ奇麗ノ念仏堂」が出現して地域の宗教界に活況と新しい賑わいをみせたこと、これらの念仏堂には国内の「富貴ノ輩」が檀越としてその経済基盤を支えていたこと、十四世紀に入るところ念仏堂の多くが東福寺派の禅宗寺院に転換し始めること、浄土教から臨済禅へのこれら寺院の転換が、時期的にみて播磨悪党の出現と併行する現象であったことなどを読みとっている。

はじめ柿帷《かきかたびら》に、「柄鞘ハゲタル」刀をもち、異類異形の体をして、小人数で忍びやかに動いていた播磨の悪党が、やがて良き馬に乗り列なり、豪華な衣装を身につけて各地を横行するようになっていく時期に、播磨の禅宗がひろまっていく。薗田は文永の「奇麗ノ念仏堂」の一つ浦上の福立寺の建立者で、「当国富貴ノ輩」の一人として「峯相記」が紹介する「南三郎入道」が、その後、正和四年(一三一五)になって同国矢野庄に乱入した悪党の中心的人物の一人浦上誓願の親として、「東寺百合文書」にその名をみせる「南五郎入道」の誤記ないしは近親者にちがいないことをつきとめている。こうして薗田は鎌倉最末期・南北朝初期に突如として登場する華やかできらびやかな播磨悪党の主体が、文永の頃の「当国富貴ノ輩」の後身であると断定し、同時にまた彼らが世紀の転換期に「痛快な」気風に富む東福寺臨済派寺院の信奉者に転身していたと述べたのであった。

右に述べたような薗田の指摘は、鎌倉最末期に登場する播磨の後期悪党が前期のそれとはすでに階層と主体を異にするものであって、彼ら「当国富貴ノ輩」の本格的かつ主体的な悪党としての登場のうちに、鎌倉最末期の地方社会の構造的な変化が存したのではないかという当然の推論に導くであろう。「当国富貴ノ輩」の悪党集団への本格的転身こそが、地方社会がその底辺において、本格的な内乱への移行準備を完了した事実を指し示している。「峯相記」が叙述するのはそうした播磨の歴史にほかならない。

中世の国衙とその周辺は、この時代の地域文化の拠点をなしていた。「峯相記」の叙述から、都と地方の、いわゆる文化の都鄙間交流の実態を、都からではなく在地の側から読み解くことが可能である。「峯相記」は何よりも播磨の文化が生んだ歴史叙述であり、中世播磨文化の成果であったから、それを読み解くにあたっては〈播磨の視点〉が何よりも大切である。

井原今朝男や平雅行が指摘するように、中世においては、延暦寺・興福寺など中央権門寺院の修正会が、同時に幕府の鶴岡八幡宮で、あるいはまた諸国における一宮や国分寺、さらには地方有力寺院から庄園鎮守・村落寺院などにいたるまで全国一斉に行われており、仁王講・五節句・春秋神事・六月祓・彼岸会・歳末読経なども同様であった[4]。これらを新しい国家儀礼の創出による民衆意識の中世的・文化的統合であると位置づける近年の諸業績にも示唆をうけつつ、ここでは播磨の視点にこだわりながら、「峯相記」が示す歴史叙述の特色とそこからみえる中世播磨の歴史の現実を観察してみたい。

1 「峯相記」の目次と構成

「峯相記」の記述を全体として読みとるために、最初にこの作品全体の構成をたしかめておきたい[5]。

九つの問答

「峯相記」全体の構成はそこに収められた「九つの問答」によって成り立っている。その問答には舞台が設定されており、貞和四年(一三四八)十月十八日に、「峯相記」の作者が播州峯相山鶏足寺に参詣し、そこで旧知の老僧と出会い、誘われるまま老僧の宿坊において夜を徹して語り合い、さらに翌十九日にも場所を寺内の常行堂に移して語り合ったということになっている。

宿坊の夜の問答がいわば「峯相記」の第一幕をなし、翌日の常行堂における問答がその

第二幕にあたるといってよい。第一幕と第二幕では主題が異なっている。すなわち第一幕の主題はもっぱら二人の僧侶の心の内面の問題、二人の信仰にかかわるものである。「抑モ何トシテカ今度ヒ生死ヲ離レ候ヘキ」という旅僧（以下、作中に登場するフィクションとしての作者を旅僧と呼んで、「峯相記」の本当の作者と区別する）の問いとそれにたいする老僧の答えが中心であり、宗教問答、教理問答として展開されている。これにたいして翌十九日に行われた第二幕の問答の主題は、さらにもう一日の逗留をと、引き止められた旅僧が「次ヲ以テ当山ノ事トモ悉ク尋問ハヤ」と語るように、当山すなわち鶏足寺の事、ならびにそれにつづく播磨一国の万般にかんする問答であって、こちらはもっぱら〈播磨一国の過去と現在〉についての旅僧の問いと老僧の説明に終始している。第一幕が人間の内面を問題とするのにたいして、第二幕は播磨にかんする客観的・具体的な歴史事実の提示である。

二日にわたる問答において、旅僧は鶏足寺老僧にたいし宿坊において二つ、常行堂に移ってから七つ、合計九つの問いを発している。

問いを発するのはつねに旅僧であり、答えるのは原則としていつも老僧である。(6)「峯相記」が取り扱うテーマはこの九問答であり、作品はテーマごとに全九巻で構成されているとみることができる。九つの問いを第一幕、第二幕に分けて列挙してみると以下のようになる。作品全体のながれがよくわかるであろう。「峯相記」はよく整理された記述をなしていた。以下の説明のために〔　〕のなかに問いの内容を摘記した巻名（私案）をつけておいた。

第一幕　宿坊

鶏足寺に参詣した旅僧は、老僧と会い、二人は夜を徹して語り合う。

第一問　抑モ何トシテカ今度ヒ生死ヲ離レ候ヘキ〔**生死出離の巻、その1**〕

第二問　宗々ノ趣キ委ク承リヌ、抑モ老僧ハ此内ニハ何ヲカ此度ノ出離ニハ思シ定テ候〔**生死出離の巻、その2**〕

第二幕　常行堂

翌朝、老僧に引き止められ、そのまま逗留。二人の物語がつづく。霊鷲山に似た鶏足寺の情景描写、漢詩の応酬がある。

第三問　抑モ当山ハ建立以後、星霜幾程ヲ経テ候ソヤ〔**鶏足寺の巻**〕

第四問　所々ノ霊場ノ本縁起、承リ度候〔**所々霊場の巻**〕

第五問　是程ニ当国ノ事、御存知候ケリ、サテ社頭ノ事ハイカニ〔**当国社頭の巻**〕

第六問　郡郷田地ノ様、御存知候哉〔**郡郷田地の巻**〕

第七問　当国ノ古事共語リ給へ〔**当国古事の巻**〕

第八問　諸国同事ト申ナカラ、当国ハ殊ニ悪党蜂起ノ聞ヘ候、何ノ比ヨリ張行候ケルヤラム〔**悪党蜂起の巻**〕

第九問　元弘以後、京鎌倉、諸国ノ事ハ世隠無ク、人皆、知レリ、当国中ノ有様承度候〔**元弘以後の巻**〕

目次試案

旅僧から発せられる九つの問いにたいして、鶏足寺の老僧がさまざまに答えている。内容が多岐にわたるので、整理の都合上、段落（話題）ごとに名称（表題）をつけ、それに番号をつけて「峯相記」の目次を別表に作成してみた。試案であるが、以下、この目次にしたがって内容を読みとっていきたい。

全体の構成

最初に、「峯相記」で何が論じられているか、概観しておきたい。

さきに少しふれたように、第一幕はもっぱら鶏足寺老僧と旅僧との出離問答であって、二人の僧の信仰内容が論じられている。第一問、第二問が「生死出離の巻、その1、その2」になっているのは、老僧の回答が第一問では、まだ出離を述べるところまでいかず、最初に日本における「宗々ノ趣」（仏教諸派）を説明しているためである。この部分が

「その1」にあたり、「その2」が本当の出離問答である。その間に鶏足寺界隈の情景描写はあるものの、第一幕ではまだ播磨国の具体的な事象が扱われるわけではない。一般に「峯相記」が播磨の地誌であるというのは、もっぱら第二幕の諸問答からくるこの作品の特徴である。

残りは第二幕であるが、その前半は、第三問が「鶏足寺の巻」、第四問が「所々霊場の巻」、第五問が「当国社頭の巻」という具合になっており、播磨一国における宗教世界、寺院・神社がここで総覧されている。第三問の鶏足寺は、問答の舞台となったこの寺を個別にとりあげたということである。すなわち第二幕前半の主題は播磨一国の宗教界のことであり、これと第一幕をあわせて、「峯相記」は播磨の宗教世界を教理と実態との両面で説明したことになる。内容で分類するならば、この部分は「峯相記」の宗教編に相当する。

つぎに第二幕の後半部に入ると、まず第六問「郡郷田地の巻」と第七問「当国古事の巻」については、これを一対のものとみることができる。前者は播磨一国を空間の広がりにおいて捉えているという意味で、播磨の地理的な面を総括的に示しており、後者は播磨国の古事を時間軸に沿って紹介しているという意味で、播磨の歴史的把握をなしている。あとにつづく第八問「悪党蜂起の巻」と第九問「元弘以後の巻」は、彼らにとっての播磨の近現代史を記したもので、前者は悪党という個別テーマを扱い、後者は目の前に展開しつつある播磨の現状を叙述するはずであったが、「元弘以後の巻」は設問だけがあって、

(別表) 峯相記目次

第一問 生死出離の巻、その1
1―1 一代諸教、我朝十一宗の事
1―2 華厳宗の事
1―3 真言宗の事
1―4 天台宗の事
1―5 禅宗の事
1―6 涅槃宗の事
1―7 浄土宗の事
1―8 法相宗の事
1―9 三論宗の事
1―10 倶舎宗の事
1―11 成実宗の事
1―12 律宗の事
1―13 法花宗の事
第二問 生死出離の巻、その2
2―14 鶏足寺老僧・旅僧出離問答の事
第三問 鶏足寺の巻
3―15 峯相山鶏足寺の事
第四問 所々霊場の巻
4―16 書写山の事
4―17 増井寺の事
4―18 法花山の事
4―19 八徳山の事
4―20 妙徳寺の事
4―21 普光寺の事
4―22 此外、聖道所の事
4―23 粟賀の犬寺の事
4―24 白国の亀井寺の事
4―25 安室の草上寺の事
4―26 平野の東西両院の事
4―27 賀古北条の千手観音、その他の事
第五問 当国社頭の巻
5―28 一宮伊和大明神の事
5―29 二宮荒田大明神の事
5―30 酒見大明神の事
5―31 白国大明神の事
5―32 生石子・高御倉の事
5―33 垂水大明神の事
5―34 日向大明神の事
5―35 稲根明神の事
5―36 松原別宮の事
5―37 魚吹八幡の事

第六問　郡郷田地の巻
6—38　郡郷田地の事
第七問　当国古事の巻
7—39　播磨国人文石少磨呂、白狗となりて斬られし事
7—40　押羽皇子の御子二人の事
7—41　播磨国司山部連の先祖の事
7—42　百済僧恵弁・恵聡、播磨配流の事
7—43　佐西蔵本丸、五色の大鹿殺害により厳島流罪の事
7—44　鵤庄由来の事
7—45　大市破巌明神の事
7—46　徳道上人、俗名武吉丸の事
7—47　印南郡頓宮の事
7—48　柿本人丸、明石浦に住するの事
7—49　吉備大臣、牛頭天皇を広峯に祭る事
7—50　佐与媛明神の事
7—51　安志奥の伊佐々王、大鹿退治の事
7—52　その他の事（明石浦人魚、千草大蛇、宇野山賊党、丹生寺鬼神、千町原老翁、小山寺等本縁等）
7—53　播磨的氏の祖貞国、新羅異賊を退けて西五ケ郡大領となる事
7—54　志染国府（寺）の事
7—55　英賀・三宅、当国陰陽道の事
7—56　小宅の万歳・揖保の四コフ両長者の事
7—57　野口の数信上人往生の事　付湛阿、野口大念仏の事
7—58　藤将軍文修、揖保郡の賊徒を誅罰の事
7—59　当国五ケの奇麗の念仏堂の事
7—60　信寂上人播磨義の事
7—61　書写山浄雲坊の事
7—62　播磨道邃正覚房の事
7—63　城入道景盛法師息修道房の事
7—64　書写山護法所遷宮の事
7—65　世良田長老法照禅師、書写山灌頂の事
7—66　当国禅院始まるの事
7—67　安東蓮性、福泊築造の事
7—68　福井庄蓑寺の薬師・観音利生掲焉の事
7—69　此比の披露、比興多きの事
7—70　理教上人・妙観房、西山義に入りて臨終正念の事
第八問　悪党蜂起の巻
8—71　当国悪党蜂起の事
第九問　元弘以後の巻
9—72　政務、武家の心に任せ、天下乱れ始の事

実際の回答はこのことについては言及せず、かわりに内乱勃発にいたる平氏政権以来の、彼らにとっての日本近現代史を、武家政権の功罪を中心に略述しただけで終わっている。第六問から第九問までの「峯相記」第二幕の後半部分は、第七問「当国古事の巻」を除けば、その主題がすべて世俗の事象に属し、前に述べた宗教編に対置してこちらを「峯相記」世俗編ということが可能である。

前半の宗教編、後半の世俗編の二区分で割り切れないのが、第七問「当国古事の巻」に属する物語・古事の類である。そこには宗教・世俗両方面の物語が時間軸に沿って、ともに多様に載せられている。「峯相記」作者の意図がここでは両側面の統合をはかることにあったからである。ここに載せられた物語（段落）の数は三十二段に及ぶ。全七十二段のうちの三十二段を占めるこの第七問が全体のなかで特別の性格をもたされていることが明らかである。そのことを考慮して、第七問の部分を宗教・世俗両編から切り離して、これを歴史編と分類しておきたい。宗教・世俗両編にはそれぞれ「生死出離」「鶏足寺」「所々霊場」「当国社頭」「郡郷田地」「悪党蜂起」「元弘以後」などといった特定の個別主題が存在しているのにたいし、ここでは抽象的に「古事」（＝歴史）という以外に、右のような個別主題をもたないのが特徴である。すべての事象が時間軸のながれに沿って、総括的に把握されるのが、歴史的思考の特質であるとすれば、歴史という知の枠組みに沿った編成意図がこの第七問とその回答には存在するのである。

こうしてみると、「峯相記」は宗教編・歴史編・世俗編の三つで構成されながら、全体として播磨の歴史を語った作品であると考えてよい。それらの話題は、前半が宗教編、中間が歴史編、後半が世俗編という順番でほぼならんでいるのである。

2　「峯相記」の作者像

「峯相記」に作者は明記されていない。しかしその作者の人物像についてはかなりのことが推察可能である。

出離問答

作者の思想的立場がみえるのは第一幕・宗教編2—14段である。二人はここで日本仏教諸派のうち、どの立場を選択するかを語り合う。こうした場面を作品の最初の部分に設定したことは、信仰生活における思想的立場の表明に作品執筆の大きな意図があったことを示すであろう。作品に表現された思想は、特別の場合を除けば作者自身の思想的立場の表出にほかならない。

まず鶏足寺老僧についてであるが、彼はその生涯を播磨の「小山寺」（小さな山寺）である鶏足寺で過ごしたと旅僧に語っている。若い頃の念願であった本寺本山における本格的な学問も、また諸国修行も果たすことができず、一期がむなしく過ぎようとしていたが、ある聖に会って念仏の尊さにめざめたという。彼は鶏足寺のことを「可様ノ小山寺」と表現し、そこにおける勉学を「如形ノ事相真言シテ、法花経ノ文字読シタル計」であったともいっている。こうした学問は、「一宗ノ趣キヲモ不弁」というのが実状で、世間では自分のような僧を「闇証ノ禅師、誦文ノ法師」（暗記して呪文のように唱えるだけの僧）といって「仏法ノ外道タニモ及ヨハス」とみていると語る。本格的な学問の欠如が「小山寺」の「小山寺」たる条件の一つであったにちがいない。

こうした鶏足寺老僧であったが、ある聖が述べた「其有得聞彼弥陀仏名号歓喜乃至一念、自致不退転」（ソレ彼ノ弥陀仏ノ名号ヲ聞クコトヲ得テ、歓喜ナイシ一念有レバ、自ラ不退転ニ致ル）の語を貴く覚えて発心し、「一生所作ノ善根ヲ極楽ニ廻向シテ、今ハ一向ニ念仏シテ往生ヲ期シ候也」とその宗教的立場を述べている。

これにたいして旅僧は、自分は若い時分に比叡山で修行し（文面には比叡山延暦寺という明示はないが、全文を読めば明らかである）、離山したのちは、関東に心をよせ、その方人（味方）になっていたが、鎌倉幕府の滅亡にあって無常を感じ、念仏の道に入ったといっている。彼ははじめ「聖道ニテ候ヒシ時」のこととして、「如形、論義学生ヲ立テ、天台宗ノ談義等ニ合フ由シニテ」過ごしていたといい、天台の学生であった時分には、「出離ノ道」など考えもせず、他人はともかく、自分についていえば、「酒宴乱舞、興会遊戯」にふけり、「児童寵愛ノ心」「嫉妬執着ノ振舞」で、「在家白俗」と同様であったと述べる。

彼はやがて「離山」して俗塵に交わっていたが、「天下闘乱」になったのちは、「関東方人タル由テ候シカハ、彼ノ滅亡ヲ見聞候シニ付テモ、憂世ノハカナサ」を知ったといい、自分が関東に付いた理由を「凡ソ時ニ乗スル道理ニテ候シ上」のことであり、さらにまた「武命ノ難背キ厳約モ承テ」のことであったと述懐している。「関東方人」として時流に乗ろうとしながら、幕府滅亡による時代の転変に翻弄されたみずからの経験を語る旅僧の口ぶりには、老境にいたって過ぎ去った人生の経験を省みる老人の真情がある。

こうして旅僧もまた聖道門を捨て、念仏の道に入るのであるが、彼は、「諸教ノ学解ハ至極淵底ノ上ニ、尚自力ノ念精ニ止ル」と聖道門の立場を批判し、「只天ニ仰キ地ニ臥シテ、本願助ケサセ給候ヘト信スルヨリ外ノ才学モナクテ、念仏ヲ唱候」と述べている。「他力浄土ノ一門」を「最上ノ極善」とする自己の立脚点の説明である。旅僧はまた「浄土宗ノ学生」が述べる「縦ヒ一代ノ聖教ヲ学ストモ、念仏ノ安心ニヲヒテハ此上ノ已証更ニアルヘカラス」との言葉を頼みとして念仏の生活を送っていると鶏足寺老僧に語っている。

両者はともに今は浄土門に属している。しかしその立場は旅僧においてより徹底したものであった。「一生所作ノ善根ヲ極楽ニ廻向シテ」念仏に励むという鶏足寺老僧には自力の要素が残るが、旅僧のそれは徹底した聖道門の学解の否定、他力本願の立場であり、聖道門の学解にたいする両者の温度差は明瞭である。

以上、2—14段における老僧と旅僧の「出離問答」を中心にみてきたが、両者の言葉から「峯相記」の作者が意図した思想的立場の推定が可能である。それは浄土門、特に他力本願による聖道諸門の学解批判に力点がかかるものであったといえよう。これが同時に「峯相記」作者の思想的立脚点でもあったにちがいない。

作中のモデル

鶏足寺老僧と旅僧の二人は創作上のフィクションとみてよいが、「峯相記」の作中に二人と同じ思想的立脚点に立つ二人の人物が登場する。第二幕・歴史編7—70段に現れる理教房と妙観房である。

このうち理教房は、「近年山門ト増井寺ト兼テ、天台宗ノ学文スル人」として描かれる。理教房は山門にも播磨の増井寺にも籍があって、両者を兼帯する寺僧だったのである。彼は「智慧高才ニシテ、諸教ニ暗カラス」、一切経をたびたび披見して、「一生不淫」「持戒持律」の高僧であったが、六十歳を過ぎたある夜の暁から、「万行・万善」をさしおいて「称名念仏」の道に入り、「余業」を交じえず、「交衆」(寺僧集団)を遁れて、「香山」という場所の「古堂」に籠居して念仏していたという。(7) もう一人の妙観房は瀬戸内交通の要衝「室泊」にいた。彼は「内外典」に通じ、生涯「論義」につまったことなく、以前は書写山の法師であったが、浄土宗に入り、西山義の法門を語っていた。

香山にいた理教房は、妙観房の噂を聞いて室泊を訪ねる。そこで二人は天台を捨てて、称名に移った理由を語り合うのであるが、二人の考えはすべて同じ思いの出立であったという。このとき妙観房は、「釈摩訶衍論」について「浄家」に入ったと、訪ねてきた理教房に語っている。両者の思想的な立脚点を示す論書である。[8] 香山の理教房が嘉暦(一三二六〜二九)の頃に、また室泊の妙観房が正中二年(一三二五)に臨終正念をとげたと、作者は鶏足寺老僧に語らせている。

以上みたように、香山の理教房は山門と播磨増井寺を兼帯していたがこれを捨て、室泊の妙観房もまた播磨書写山の僧として天台の学僧であったが、そこを出て浄土門に入り、室泊に住している。彼らの軌跡は作中に現れ、舞台回しの役をつとめた旅僧の軌跡に近似している。もっとも理教房や妙観房は学問をきわめた高僧であり、鶏足寺に現れた旅僧の学問は形ばかりのものであった。日常的で平凡な仏教者が仰ぎ見る思想史上の理想型が理教房・妙観房として形象化されているのである。作者は理教房・妙観房のことを、「此等ハ物ヲ知ラスシテ、シコトノナサニ念仏申ス者ノ類トハ云カタキ歟、当代ノ事ナレハ、当国、皆人知レリ」といってこの実話をしめくくる。念仏が聖道門の学解を超えた「深微」なる「法文」であることを作者はここで語ろうとしたのである。

ところで、この実話は「峯相記」歴史編「当国古事の巻」の最後に配列されている。このことは、「峯相記」作者が理教房・妙観房両人の臨終正念物語を播磨の歴史の到達点を飾るにふさわしい内容をもつものと考えていたことを示している。

作中における鶏足寺老僧と旅僧の出離問答は、室泊において実際にあった理教房・妙観房両人の往生念仏問答を下敷きにした一個の創作であった、と私は推察する。さきにふれたように、鶏足寺を訪ねた旅僧は理教房・妙観房のような高僧ではない。こちらは学問も修行も中途半端な、ありふれた一人の天台僧の発心譚である。聖道門の側からの嘲りを、作者は鶏足寺老僧に、「諸宗ノ人々ハ、念仏申ス者ヲハ、小乗浅近ノ教、歴劫迂回ノ行也ト、世ニイヤシケニ思ヒ下シ、剰ヘ田夫野叟尼入道ノタワフレ事スル様ニ思食タリゲニ候ソヤ」と語らせている。作者にとって重要であったのは、天台の学僧が学問を究めたのちに、播磨国衙を中心に繁栄を示していた仏法・人法繁昌の播磨の天台世界を離脱して、称名念仏の道に入ったという事実だったのであり、「峯相記」述作の意図が、こうした聖道門からの嘲りにたいする反論の開示にあったとすることができるであろう。

以上、検討したところから、おぼろげながら作者の人物像が浮かんでくる。おそらく作者は播磨の浄土宗西山義に属し、理教房ないし妙観房の近くにいた人物で、本人も比叡山と播磨天台寺院とのあいだを行き来した経験を有し、またかつては俗塵にまみれ、鎌倉幕府に荷担したという経歴の持ち主であったと考えられよう。鶏足寺の老僧は第六問「郡郷田地の巻」のなかで、天平年中（七二九～七四九）、寛治年中（一〇八七～九四）、嘉禎二年（一二三六）、建治二年（一二七六）における播磨国の田数をあげて、それを「若ク候シ時、符辺ニテ人々集会ノ場ニテ聞候シカハ」云々といって、彼の知識が国衙から出たものであることを明らかにしている。俗塵にまみれていたとき、作者自身も播磨国衙に席を置いたことがあるのではないかと考えられる。

鶏足寺の老僧は貞和四年（一三四八）の問答のなかで、「当山ヲ離レスシテ七十余歳」と述べている。年数を計算すればわかるように、「峯相記」の時代設定では鶏足寺老僧がここに住み始めたのは弘安（一二七八〜八八）の頃に設定されているのである。また旅僧については、「生涯既ニ極テ、日車傾キヤスシ、六十年ノ春秋ヲ送リ来候へハ」云々と語らせて、幕府滅亡後における浄土門への転身の動機を語らせている。いずれにしても作者は鎌倉の後半期を十分に経験し、さらに南北朝へかけて生きた人物であったということができる。

抑制のきいた合理的思考

「峯相記」の作者はおだやかで抑制のきいた合理的な歴史的思考の持ち主であった。作者は歴史事実をできるだけ客観的に、また合理的に解釈し叙述しようと心がけている。「峯相記」第七問「当国古事の巻」は、さきに述べたように「峯相記」全三編のうちの歴史編をなしており、作者の歴史認識がもっともよく現れている部分である。「当国古事の巻」には、7―39段から、7―70段にいたる三十二段の話がほぼ時代順に採録されている。

それらを語るなかで、作者は節目節目に区切りをつけながら、順次、次の話題へと移っている。以下の引用は、そうした「峯相記」歴史編の節目の個所に置かれた文言である。

①実否ハ知リ候ハス、古キ物共ヲ見及候分、少々申ヘク候。（第七問「当国古事の巻」）

これは第七問への回答のはじめに鶏足寺の老僧が述べた言葉である。ここで「古キ物共」といっているのは「扶桑記」「日本記」「水鏡」など、老僧が引用する旧い文献を指している。こうした文献には合理性を欠いた荒唐無稽の記事が交じっている。作者は播磨の歴史を語るにさいして古記録をいくつも引用するのであるが、こうしたものにたいして「実否ハ知リ候ハス」と突き放した態度を持している。

②小目暗等ノ物語ニ申セトモ年記等分明ナラス、事久キ歟ノ間、巨細申者モ無之、此外ノ小神等ノ垂迹ニ興有ル物語共候ヘトモ、且ハ分明ナル所アルモ無シ、且ハ尽期アルヘカラス、後賢必スカムカヘ加ヘシ。（7―51段）

この文章は安志奥という場所に高さ二丈余の大鹿が出現し、数千の鹿を従えて人類を「喰食」したので、勅使が下り、国中の衛士らを動員して追い殺したという話につけられたものである。作者は年記も定かでなく、詳細もわからぬと疑いを向け、またこのほかに小さな神々の垂迹譚に興味のある物語もあるが、はっきりしたことはわからぬと述べている。

③所々ノ小山寺等本縁等、証拠モ時代モナク大様ナル伝説共ニテ候間、存知ノ分モ、

委細申モ憚多候間、是ヲ存、略候也。（7—52段）

これは直前に置かれた大鹿退治の話（7—51段）につづいて記された文言であって、「明石浦人魚」「千草ノ大蛇」「宇野ノ山賊党」「丹生寺ノ鬼神」「千町原ノ老翁」などの伝説の存在だけをあげて、こうした物語は「証拠モ時代モナク大様ナル伝説共」にすぎないと、これを退けたさいの文章である。たんなる伝説の類は作者の取るところでなかったことがわかる。

④是マテハ承及分ニテ候、マノアタリ見タリシ事ヲ語リ申ヘク候。（7—63段）

7—62段からつぎの7—63段にうつるさいの言葉である。作者は歴史編を前半と後半に区分していて、62段までが「承及分」、63段以降が「マノアタリ見タリシ事」である。過去の伝聞と同時代体験とを区別し、両者をむやみに混同しないという作者の批判精神の現れである。

⑤所々ニ権現アマクタリ給由、此比、披露多シ、大旨比興事共ニテ恐クハ無実也。（7—69段）

中世はさまざまの霊験がつぎつぎに起こり、それが風聞となってひろがっていく社会であった。7—63段以降に配された同時代現象であっても、作者はこうした風聞を「恐クハ無実也」といって、「安志ノ堀出ノ毘沙門」「笠寺薬師」等々の事例をあげながら、こうした不確かな風聞をきびしく退けている。

⑥当代ノ事ナレハ、当国、皆人知レリ。（7―70段）

これは先に紹介した理教房・妙観房物語の最後につけられた言葉であって、直接にはこの物語の同時代体験としてのたしかさを述べたものである。しかし作者は、ほかならぬこの言葉でもって第七問・歴史編の記述を終えている。私はこうした配置のなかに、この言葉を歴史編全体にかけようとする作者の含意を読みとるものである。さらにいえば、「峯相記」叙述のうちにおける同時代体験にもとづく記述の信憑性を作者はここで特に強調しているように思うのである。

すなわち作者にとって「峯相記」に盛り込まれた物語は、「承及分」（過去の伝聞）と「マノアタリ見タリシ事」（同時代体験）の両者に分類されていた。前者は文字化されているか否かをとわず、「日本記」以下の古記録、寺社縁起、盲目の法師の語り物などにいたるまで、それらはすでに物語化されている事実の再録であり、後者は「峯相記」の作者によってはじめて文字化され物語化されることになった生起したままの初（うぶ）な歴史である。

以上、「峯相記」歴史編のなかの六つの文章をかかげて、作者の歴史事象にたいする姿勢をみてきた。遠い過去の事実について、その実否についてはこれを保留しつつも、作者はそれが播磨の過去を語るさい必要であるかぎり、それに言及し、紹介している。と同時に、自分の同時代体験については確信をもって、これを記述していることがわかるであろう。したがって、「峯相記」の作者によって文字化された作者の同時代記事は、たとえそこに作者の勘違いによる誤りが含まれていたとしても、書かれたかぎりの事実は大枠において信憑性の高いものであったとみることができる。

ところで、「マノアタリ見タリシ事」は7―63段「城入道景盛法師息修道房の事」から始まっているが、この事件が起きたのは弘安八年（一二八五）十一月十七日のことであった、と「峯相記」は記している。事件を知った修道房は山の里の舘に火を懸け、美作国八塔寺の山に逃亡、追手の渋谷一族に捕らえられ、関東の指示で八歳の子息ともども一つ籠で尼崎の海底に沈む。鎌倉政治史における一つの画期をなし、安達泰盛の変として知られる霜月騒動の余波が播磨に及んでいたことを示す話である。

以上のような事実をもとに判断すると、「峯相記」における同時代史は鎌倉後期、弘安年間から開始されると認められる。ほぼ霜月騒動以後というのが「峯相記」における同時代史である。これは作中の鶏足寺老僧がこの寺へ現れた時期にまさしく照応する。

3　国衙文化圏の様相

鎌倉幕府の成立による武家の軍事的覇権とともに、地方政治における国衙の地位が一挙に解体したわけでないことは、現在では広く認識されるようになった。「峯相記」第六問答「郡郷田地の巻」には、嘉禎四年（一二三八）に「関東御教書」にしたがって「田所等」

が、またこの国の守護職が得宗家の手におちた建治二年（一二七六）には、得宗家の「内御教書」をうけて「両庁直、両田所」が、それぞれこの国の田数を、幕府ならびに得宗家へ注進したことがみえている。ここにみえる「田所」や「庁直」は、いずれも播磨国衙の役人として、鎌倉時代にあっても、一国の田制を掌握しつづけていたのである[9]。以下に述べる国衙文化圏の様相はそうした時代における播磨国衙の周辺にあった文化の動向整理である。

国衙天台六カ寺

先述のように、第四問「所々霊場の巻」はそれ自体、十二段落（物語）に分けて播磨一国の霊場寺院を紹介するのであるが、作者はそれらを内容的にみて三グループに分けて説明している。

すなわち第一のグループは、書写山・増井寺・法花山・八徳山・妙徳寺・普光寺の六カ寺である。作者は第四問を説明するにさいして、最初にこの六カ寺を順次とりあげてくわしく紹介するのであるが、六番目の普光寺（4—21段）の説明を、

已上六箇寺ハ公家・武家ノ御願所ニテ、国衙ノ最勝王経講讃・仁王会等ヲ勤修ス。

という言葉で結んでいる。六カ寺は公家・武家の御願所であるとともに、播磨国衙と特別な関係をもち、国衙所願の最勝王経講讃・仁王会等をともに勤修する寺院として播磨国内

において特別の政治的位置づけをもっていたことがわかる。国衙の最勝王経講讃・仁王会は「府中御願」とも記される。すなわち増井寺のところでは、「府中御願最勝講等、此寺ヲ先トシテ書写山以下勤仕」云々（4—17段）と書かれている。両会は「府中御願」の法会としてひろく世に知られていたのである。

播磨寺院の第二グループは、「此外、聖道所の事」（4—22段）のなかに列挙されている多数の寺院である。ここに現れるのは先の六カ寺以外の播磨国内にある聖道所、すなわち聖道門に属する諸寺院である。作者はこれを法道上人の建立になる清水寺・周遍寺・法楽寺などの十九カ寺をはじめ、尊意僧正の高成寺、弘法大師の黒沢山、離念上人の性海寺・近江寺、童男行者の志深の高男寺、行基菩薩の船越山・楽々山・棚原山等六カ寺、澄光上人の松尾山・長福寺・稲富寺等四カ寺、秦内満の三野山、性空上人の住所で一心上人再興の円明寺など、寺院建立（再興）の上人と寺院名とを列挙する。そして最後に、「此外小院等、聖道所多者也」と書いてこの段を終える。作者はここで建立の上人の名と寺院名、ならびにその本尊をただ列挙するだけで、個々の寺院についての個別の説明をしようとする姿勢を示していない。

最後に残った第三グループが、4—23段の粟賀の犬寺から、4—27段の賀古北条の千手観音その他、までである。ここに並ぶのは記憶すべき由緒や霊験譚をもつ古刹でありながら、貞和の時点ではすでに廃寺ないし廃寺に近くなってしまった過去の寺院である。すなわち粟賀の犬寺は、「本寺ノ跡ニ小堂一宇、有今」（4—23段）、白国の亀井寺は「安和年中炎上ノ後、再興ナシ」（4—24段）[10]、草上寺は「石スエ計リ残レリ」（4—25段）[11]、平野の東西両院は「東院ハ形ノ如ク相残レリ、西院ハ跡絶テ、瓦・石スエ相残レリ」（4—26段）[12]、賀古北条の千手観音は「当時荒廃シテ、一堂相残レリ」（4—27段）というごとくである。

以上のように、「峯相記」作者は播磨一国の寺院を三グループに分けており、第一グループが国衙天台六カ寺、第二グループがその他の聖道所、第三グループが史上から消え去ろうとしている過去の寺院跡である。

作者が力点を置いて説明しようとしているのは第一グループの諸寺院である。これら六カ寺が中世播磨における政治と文化の中心に位置し、播磨を代表する寺院だったからである。なかでも六カ寺の筆頭にあげられる書写山の歴史は特にくわしく記述されるが、そこに、「当時、山上繁昌シテ仏法・人法盛也」（4—16段）との文言が記されている[13]。同様に法花山もまた、「其後、仏法・人法繁昌シキ、富貴・名望、世皆知レリ」（4—18段）と書かれている。こうした文言は六カ寺すべてに記されているわけではないが、妙徳寺については不慮の炎上にもめげず、「寺僧等、諸方ヲ勧進シ、随分ノ力ヲ尽シテ、本ノ如クニ二堂造営畢」（4—20段）とか、普光寺については、焼失の憂き目にあったが、「寺僧等、東西ヲ勧進シ、如本造立シ」云々（4—21段）と書くように、その繁栄ぶりを言外に読みとりうる記述がここにならんでいる。中世における、仏法・人法繁昌の六カ寺といっていいであろう。

別稿で述べたように、この六カ寺は前面に海を控えた播磨国衙（姫路）の背後の山々に点在していた。[14] すなわち書写山円教寺（姫路市書写）が西にあって、中央に増井寺（随願寺。姫路市白国）、東に法花山（一乗寺。加西市坂本町）が位置する。この三カ寺を前列とすれば、その奥に西から東へと、八徳山（八葉寺。神崎郡香寺町相坂）、妙徳寺（神積寺。神崎郡福崎町東田原）、普光寺（蓬莱山。加西市河内町）の三カ寺が位置している。

六カ寺の参加による播磨国衙の最勝王経講讃ならびに仁王会がどこで行われたか、残念ながら場所を特定することができない。国衙ないし近辺の由緒ある場所でそれは厳粛に挙行されていたであろう。ところで六カ寺参加による行事はほかにもあった。酒見大明神（加西市北条町）における大般若の読誦と五問一答の論議である。「峯相記」は長寛二年（一一六四）のこととしてつぎのように記している。

長寛二年二月一日、大般若経読誦ノ次ニ、五問一答論議講有。当国六箇寺碩学二十人、講師ハ巡年ノ役ニテ、寺々ノ義勢、其器用随一ノ碩才ヲ選フ。無双ノ重事也。今ニ絶ヘス。（5—30段）

すなわち酒見大明神の社頭における大般若経読誦とそれにつづく「五問一答」の論議は、「当国六箇寺」の「碩学二十人」によってとり行われており、その講師は「巡年ノ役」として「寺々ノ義勢」をかけて「器用随一ノ碩才」を選んで行われるというのである。それを鶏足寺老僧は、「無双ノ重事」であると述べている。老僧はまたこの論議について「今ニ絶ヘス」とも語っている。この部分は「峯相記」がよくやる同時代記述である。酒見大明神社頭における大般若読誦と論議は鎌倉・南北朝期における播磨「無双」の年中行事であった。そこにおける「論議」は寺々の「義勢」(学問の勢い)が試される戦いの場であり、「講師」は六カ寺による毎年の回り持ちになっていた。中世播磨六カ寺は学問的な緊張のうちにあり、互いに競い合い、「論義」を通じて国衙を中心に修学の濃密な雰囲気が保たれていたのである。酒見大明神は山上に位置する六カ寺を結んでできるラインの内側、加西平地の中央に位置していた。そして平地には中世庶民の生活の場があった[15]。

六カ寺における修学は学問であるとともに祈りでもあった。「峯相記」には記していないが、仁平三年(一一五三)の旱魃に六カ寺の僧衆が酒見明神の神前で、大般若経を転読して雨を祈り、法義問答を行ったことが「増井山縁起」によって知られる[16]。

「峯相記」の記述によると、酒見大明神は山酒人の子孫が代々神主を継承し、中世には氏人・神人・供僧の組織をもち、毎年四月の初丑の日に行われる御祓の行事は、古くは飾磨津において、中頃は田原川の鈴森で、当時(現在の意)は社頭の南の常滑へ出て御祓と神遊びが行われていた。保安三年(一一二二)三月三日には、ここで「鶏合始」があり、これが「国中第一ノ神事見物」であったとも書いている。

「鶏合」とは闘鶏の行事であって、三月三日、桃の節句の日、神占いの神事として各地で行われた。加西郡の北条に鎮座する酒見大明神が、本来は飾磨津で恒例の御祓をしたというのはこの神が、田原川（現在の市川）流域の広い範囲を信仰圏にもつ農耕神であったことを示唆するであろう。

中世、ここは航海の神として知られる住吉神社の末社であった。「峯相記」によれば、住吉神は白髪の老翁となって山酒人の前に現れ、摂津住吉からきたと告げている。六カ寺による大般若経転読と法義問答は、民衆生活展開の舞台をなす平地部の神社の社頭で、毎年恒例の行事として挙行されたのである。近年の研究が強調するようにこうした論義は、たんなる抽象的な学問論義だったわけではない。のちにもふれるが、書写山住侶浄雲坊の話（7―61段）に、仁治・寛元時分（一二四〇〜四七）のこととして、

天下大旱魃有キ。府中惣社ニシテ六ヶ寺衆徒、種々ノ仏事ヲ成テ、雨請ノ事有キ。

と書かれている。仁平の酒見大明神社頭における法義問答にかわって、こちらは府中の惣社が雨乞いのための「種々ノ仏事」の場に選ばれていたのである。(17)

六カ寺相互の緊密な結びつきは、いろいろな局面に現れている。たとえば書写山の一切経会は後白河院の御願として始められたというが、これには平清盛が一切経七千余巻を寄進し、円実法眼の奉行によって仁安三年（一一六八）に始行され、毎年、神無月の中の六日に行われることになる。以上のことを記したあとで「峯相記」は、「此次ヲ以テ前後ノ日、法花山、八徳山ニモ此会ヲ移セリ」（4―16段）と書いている。書写山を中心にして

後白河院御願の一切経会が、三寺の連携による一連の仏事として開始されたというのである。

以上、述べたように、六カ寺による最勝講会講讃・仁王会が播磨国衙の中心的な仏教行事であったが、「峯相記」にはそのほかにもいくつかの国衙行事がみられる。

①**鶏足寺**　新羅国の質子王子御願の暗誦行法。敏達天皇十年に新羅国の質子王子が一堂（鶏足寺）を建立して入滅する。王子御願の法咒師は「国衙ノ祈禱トシテ今ニ絶ヘズ」と記される（3—15段）。

②**稲根明神**　鶏足寺老僧は「当山麓ニ稲根明神トテ坐ス」とこの神を紹介する。この山の頂の池に生えた「香稲四本」が、勅によって諸国にひろまったというのである。「峯相記」は「国衙ヨリ是ヲ祭テ、村里仰キ奉ル。国衙奉免田地、四至有リ。（中略）天下撫育ノ本社也」と記している[18]（5—35段）。

③**一宮伊和大明神**（宍粟郡一宮町）　宰吏任初の参詣・祭礼。これは播磨国でも行われている。「任国宰吏必先参詣ス。毎度田薗ヲ寄付シテ、国衙官人歩ヲ運テ、祭礼ニ随ヘリ」とある。任初の拝礼だけでなく、一宮の祭礼は毎年、国衙官人の参加を得てとり行われたと記される（5—28段）。

④**酒見大明神**　大般若経読誦・五問一答論議。先述。

⑤**松原別宮**　放生会流鏑馬役。「近キ比マテ当国重代人々、放生会ノ流鏑馬ヲ巡役トス」

云々とある。ここにいう「当国重代人々」は鎌倉時代の播磨国御家人を指すのであろうが、平安以来の諸国国衙在庁と諸国御家人とはきわめて近しい関係を維持していた。播磨でも同様であったと推定される。ただしこれは「近キ比マテ」のことであって、鎌倉幕府が滅びた貞和の現在においては行われていない。流鏑馬役の廃絶のことと後述する「当国富貴ノ輩」の悪党化との関係が問題になろう（5—36段）。

以上、数は多くはないが「峯相記」にみえる国衙ないし国衙周辺の諸行事である。国衙が祭り、村里が仰ぎ奉ったという稲根明神の伝承と祭礼には、豊かな稲作を願う中世庶民の心性の表現をみることができる。

鶏足寺老僧は、一宮伊和大明神・二宮荒田大明神・酒見大明神・白国大明神・生石子・高御倉（陰陽二神）・垂水大明神・日向大明神の八社をあげて、「当国八所大明神是也、此外神名帳面百七十余座ト見タリ」（5—34段）と書いており、八所に入らない稲根明神のような神はただの「明神」であって「大明神」とは呼んでいない。一宮・二宮・酒見の各社には「正一位」を授位されているが、こうした「当国八所大明神」といったような類別化には、おそらく国衙とのかかわりも影響していたと思われる。

中世播磨の国衙文化圏

「峯相記」は中世播磨における六カ寺について、「仏法・人法繁昌」をこの地に現出するものとして描き出している。その一つ妙徳寺は、正暦二年（九九一）に大納言範卿の息慶芳内供が、田原庄有井村において夢告を得、東の山の下に「仏法繁昌・四神相応」の地を得て建立したもので、内供はこれを一条・三条両帝の御願所に申しなしたという。慶芳内供の弟子覚照阿闍梨は三条院の宮（子息）であったという。妙徳寺の寺務を開始したのはこの覚照であった。

仍、国中、彼勧進ニ与シ、上下、彼ノ願意ニ随テ、堂舎・仏閣興行シ、天台碩才ヲ招テ、法花一乗ノ義理ヲ談シ、又密教ヲ勤修ス。（4—20段）

とある。覚照のような高貴の出自のものが、播磨国衙文化圏の形成に大きな役割をはたしていたことに注目させられる。天台の法華講会については東舘紹見の研究があるが、播磨においても「天台ノ碩才」が招聘され、「法華一乗ノ義理」が論じられ、また「密教」が勤修されたのであった(19)。時代は転換点にさしかかっており、播磨国衙文化の興隆は中央との強い結びつきの上に築かれた。十世紀以来そして院政期には、この地に中央貴顕が多く訪れるようになっている。彼らをひきつける独自の何かがこの地に成立していたのである。

中世播磨の学問を代表する人物として、『峯相記』は二人の人物をあげている。その第一は浄雲坊である。「峯相記」にみえる「書写山浄雲坊」という人物は、「円教寺長吏記」や「本朝高僧伝」などによると、名を寛昌といい、平清盛の弟門脇中納言教盛の末子であって、平氏が滅亡したときに二歳であった。はじめ栄西の弟子になり、のち叡山に上り、また参議菅原為長に詩文をならったという。渡宋ののち、書写山に住んで長吏の地位につき、書写山の「本願式和讃」は彼の作になるという。[20]「峯相記」は彼のことを仁治・寛元（一二四〇〜四七）の頃、求法のために唐へ渡り、在唐十余年、天台山へ登り、道邃和尚十七代の末流道教法師にあって天台の奥旨を伺い、密教の淵底を究め、顕密両宗の唐書百余巻を伝来したと書く。また峨眉山文伯先生にあって外典七百余巻を読書し、「顕密ニ暗カラス、兼テハ外典ニ其ノ才アリ」といわれた。帰朝したのち、書写山にいて天下の大旱魃に六カ寺の衆徒が惣社で雨乞いをしたさい、三水の文字で祭文をつくり、また甲子暦という暦をつくってこれが天下に流布したとも述べている。彼の学問が天文暦学などの外典に強かったことがうかがえる（7—61段）。

第二の人物は、「府辺姫路山」にいたと「峯相記」が記す正覚房である。「播磨国増井寺集記」（随願寺蔵）によると、彼は大江匡房の子供で、嘉承二年（一一〇七）に出家して毘道法師の徒となり、康治年中（一一四二〜四四）に姫路山称名寺を建立、のちに随願寺長吏十七代となり、保元二年（一一五七）に地蔵院で亡くなったと伝えられている。[21]硲慈弘を引用して薗田がすでに述べていることであるが、正覚房は宝地房証真とならぶ院政期天台宗の学匠と評される人物であった。[22]「峯相記」は正覚房が播磨の道邃といわれるようになった由縁をつぎのように述べている。

正覚房は山門において学道を究めた天台宗の碩才であり、宗要の科文について、古今自他の聞書に愚案を加えて姫路抄三巻を著した。これは「日本一州義科ノ本書」とされ、本山（延暦寺）においても依用したものであった。また彼の著述になる三十帖疏は三大部にかんして六祖の所判がやり残した部分を埋めるもので、自作と称しがたいので、道邃和尚の作としておいた。しかし内々に人の知るところとなり、彼のことを「播磨道邃」と呼ぶようになった。その余流の抄物はすべて増井寺（随願寺）に残されているという（7—62段）。

「峯相記」がいう「姫路抄三巻」とは、「宗要集姫道抄三巻」のこと、また「三十帖疏」とは、「天台法華玄義釈籤要決」「天台法華疏記義決」「摩訶止観論弘決纂義」の各十巻、計三十帖の疏を指している。(23) 後者は中国天台の第六祖である荊渓湛然が、天台三大部（玄義・文句・止観）について著した釈籤・疏記・弘決の注釈を研究したものであったが、正覚房は自分の名を秘して荊渓湛然の高弟であった道邃の名を借りたが、世の人はこれを知っていたというのである。道邃は入唐した最澄が師と仰いだ高僧である。「日本一州義科ノ本書」となった「姫路抄」を生み、姫路は彼によって院政期における天台教学の一方の拠点としての地歩を占めたのであった。

4　「峯相記」歴史編の内容

「峯相記」作者にとって播磨とは何であったのだろうか。作者が播磨という地域の歴史をいかなる方法でもってみていたか、その内容を端的に示す部分が第七問答・歴史編である。「峯相記」歴史編には世俗・宗教双方の物語が混在して時間軸に沿って配列されている。とりあえず別々にみてみたい。

世俗譚その他

第七問答は叛乱譚から始まる。播磨在地勢力の王権にたいする叛乱の物語である。雄略天皇の十三年、播磨の国人に文石少磨呂（アヤシノコマロ）なるものがいて、有力強心で、路頭で物を奪い、通行を妨げ、商売を断ってしまい、国法に違反した(24)。天皇は春日小野臣大樹を派遣し、軍兵一百人で、火をかけて焼かせた。時に火炎のなかから白狗が暴れだす。白狗の大きさは馬ほどもあったが、大樹は顔色も変えず刀を抜いてこれを斬ったところ、白狗は文石少磨呂になったという。「峯相記」はこの話を紹介したのち、これは射目前明神の説話で、この山には「変石」があると付記している。「射目前明神」がここに出てくるので、これが飾磨地域の叛乱譚であったことが知られる(25)（7―39段）。

第二の叛乱譚は、天徳年中（九五七〜九六一）の揖保郡の「勇健ノ武士」の物語である。彼は弓箭を先として「土龍」に乗っており、強力で甲冑を帯し、大洪水のときでも揖保川を馳せ渡り、東西の山頂から瞬時の間に往来していた。多くの勇士を味方につけ、賊徒を召し従えており、郡内も、国中も、その威に恐れて従わぬ者がないというありさまであった。この場合も西国から運上する年貢や上載の官物を押しとどめ、旅人も通わず、商売の道も絶えてしまったという。揖保一郡を中心とする中央政府への叛乱状態の現出である。彼は揖保郡の西側の嶮難（けわしい）の峯に城を構えていた。中央政府は藤将軍文修をさし下し、播磨の在地豪族内山大夫、来栖武者所、大市大領大夫、白国武者所、矢田部・石見郡司らを国の案内者としてこれを誅罰することに成功、文修将軍はこれによって播磨国の押領使を給わった、という話である。在地豪族としてみえる来栖・大市・石見らは、「和名抄」では揖保郡に属する郷の名称としてみえている。(26) これは揖保郡を拠点においた叛乱の歴史物語として記憶されていたのである（7―58段）。

こうした叛乱譚ではないが、地方の勇士が中央政府によって屈服させられていくという物語はまだある。推古天皇の時代、印南郡に長さ八尺、高さ二丈余、角が二つに七つの草刈があって、五色の色をもつ大鹿が出てきて、一夜のうちに作稲を二、三段食べてしまう。この鹿は浜へでて、海へ入り、「ミナフ嶋」へ現れる。かの嶋の村老佐西蔵本丸は諸人の愁いを嘆いて、待ち伏せして大鹿を射殺したのであった。しかし五色の獣は帝の宝物である。これを許可もなしに殺した罪はのがれることができず、蔵本丸は安芸国厳島へ流されてしまう。それから時が流れて、推古天皇元年（五九三）秋九月十三日の空が晴れ、海上が静かなときに、錦綾で飾った船が一艘、波の上に現れる。船には天童の形をした女躰三十三人が乗っており、蔵本丸がこれを崇め奉ったという。これは厳島大明神の縁起譚であるが、ここでは諸人の愁いの原因をなした大鹿が帝の宝物と位置づけられており、村老として在地社会の指導者であった佐西蔵本丸はそうした庶民の嘆きを代弁して、王権に立ち向かった英雄として位置づけられている。明示的に述べられているわけではないが、船に乗って現れた神はかつての大鹿であったにちがいない（7―43段）。

大鹿の物語はもう一つあるが、こちらの大鹿は数千の鹿を従えて、人類を「喰食」するという位置づけになっている。安志の奥に伊佐々王といって、この鹿も高さ二丈余、二つの角に七つの草刈をもつというのは、さきのものと同様の大鹿が出現する。(27) こちらの鹿は、「身ニハ苔生ヒ、眼ハ日ノ光ニ異ナラス」と表現されている。勅使が下され、国中の衛士らを招集してこれを追い殺したという物語である。これは「小目暗等ノ物語」にあるが、年記もはっきりせず、昔のことでくわしいことを申す人間もない、と作者は述べている（7―51段）。

二つの物語にみえる大鹿は対照的である。前者は印南郡に現れ、後者は安志の奥というから宍粟郡の物語である。大鹿は両方とも人民の嘆きをひきおこすものであるが、前者は帝の宝物で、これを殺した村老が罪せられ、後者の大鹿はすでに単純に人々の嘆きの的であって、これを討つのは勅使である。王権と庶民生活にかかわる大鹿のこうした地位の逆転は往々にして起こったことであろう。前者の大鹿は帝の宝物であるが、人民に害を与え、在地の指導者によって殺される。しかしそれはやがて厳島の神となって、王によって罪せられた在地指導者の前に現れ、彼によって崇め祭られることになる。ここにみえる王権と神（大鹿）と在地指導者との三者が、人民の前で演じてみせる歴史的葛藤は複雑で、すべてが生き生きとしており、歴史としての現実味を帯びているのにたいして、後者の鹿は単調かつ類型的でつまらない。おそらくは前者のそれがより古態をとどめているとみてよいであろう。

「峯相記」には、播磨と中央との都鄙間交流を物語る話がいくつもある。有名な顕宗・仁賢両帝の物語もそうしたものである。履中天皇の孫市辺押羽皇子の子供二人は雄略天皇に父親を殺されて、丹波から、さらに播磨に逃れて名前を変え、身分をかくして、郡司の家に仕えて年月を送ったが、清寧天皇の代になって、身分を明かし、やがて都に上って顕宗・仁賢両帝になる。身分を知った郡司らは、「恐レハナナキ」急いで御所を造って敬い、子細を当帝清寧天皇に知らせ、都から迎えの使者がくるというのである。(28) 二人が隠れていたのは当国宍粟郡であるというから、先の郡司は宍粟郡司を指すのであるが、「古事記」「日本書紀」によれば、これは「縮見屯倉」でなければならず、郡もちがい、もとの屯倉の管理者がここでは郡司といった中世風なものに変化している。「峯相記」が「実否ハ知リ候ハス」というとおりである（7―40段）。

都鄙間交流譚は同時に播磨在住の氏族たちの始祖物語である場合が多い。播磨国司山部連の先祖伊予来目部小楯が清寧天皇二年冬十一月に赤石郡に到来して新嘗の供物を弁じたというのもこの種の物語である（7—41段）[29]。「峯相記」は「私云」と書いて彼らの子孫に言及する。それによると、康保年中（九六四〜九六八）に当国の在庁であった兄部明石大夫大和明緒、修理進同佐緒、同明賢、同明資らが、新嘗の供物を備進した記録があるというのである。「峯相記」は、ここにみえる大和一族を山部連の後胤であったと述べている。しかしその後、新嘗の供物の役も、その子孫たちも断絶し、歴史から姿を消したと記す。兄部とは在庁の首席をいう。彼が明石大夫を称していることはその本拠が明石郡にあったことを示している。藤原貞国の話（7—53段）にみえる天平宝字七年（七六三）の「明石大領大和綶長宿禰」もその一族で、ここでは大和氏は明石郡の大領であった。伊予来目部小楯の話は、明石の郡司職を伝領する譜代郡司大和一族の始祖伝承として、一族が絶えてしまったあとも明石の地に深く根をおろしていた。「峯相記」はこうして明石を支配した古代豪族のかつての栄光を書き留めたのであった[30]。

右にふれた藤原貞国の物語も、播磨における古代豪族の始祖物語をなしている。大炊天皇（淳仁）の天平宝字七年（七六三）のこととして、当国揖保郡布施郷に五足の犢（仔牛）が生まれる。これは異賊襲来の験であるとの占いが出るが、翌年になると、新羅の軍船二万余艘が攻め込んで播磨の家嶋・高嶋に陣を取る。朝家では藤原貞国に「的」（イクハ）の姓を与えて将軍の宣旨を下し、異賊を滅ぼす。このとき家嶋・高嶋に陣取った新羅の軍勢を攻撃するため、貞国は一陣として魚吹津（ウスキ）から出陣、中手の大将は播磨国司と飾磨郡司ら、東手はさきにふれた明石大領大和繅長宿禰らであったという。[31]

この勝利によって貞国は、播磨西五カ郡の大領に任命されたという。追討にあたって播磨国の正税を調伏壇所の供料ならびに兵粮米にあてたが、弘曜大徳が国分寺東院の千手霊像の前で兜跋天の秘像を本尊として、勝軍勝敵の秘法を行ったという。このときの祈願の寺社は、寺院が大田寺・池上寺・蓮城寺・蓮花寺・河原寺・日輪寺、社は松原・魚吹・弘山・那祇山の八幡大菩薩であったという。[32]貞国の領所（所領）は大田・福井・石見等で、その住国（郷）は大田郷であった。楯鼓原黒岡の明神はこの貞国を祭ったものであり、その後胤として「的氏」といって「当国ニサル人々有也」と「峯相記」にみえる（7―53段）。

大田・石見は、「和名抄」の播磨国揖保郡に属する郷である。[33]的氏が大田・福井・石見などを中心に、揖保郡の海岸部に本拠を置いた豪族であったことが読みとれよう。的氏の所領の一つ福井（庄）には、鎌倉時代になると関東出身の吉河氏が地頭として華やかに入部する。的氏はそれだけ地方政治の表舞台からしりぞいているのであるが、しかしかつての豪族の子孫は各地に名残をとどめ、貞国も地域の明神として祭られつづけていたのである。古代から中世への揖保郡における大きな勢力交替がここに暗示されている。

ところでこの物語の新羅の侵攻はもちろん史実ではなく、そこに文永・弘安のモンゴル侵攻物語が投影されているのはすでに先人が指摘するとおりである。ただ「峯相記」が異賊襲来の年にあてる天平宝字八年は仲麻呂の乱の年にあたる。藤原仲麻呂（恵美押勝）に擁立された淳仁が廃位され、淡路廃帝となった政治的大事件が、この物語に影を落としている。

「今昔物語」などにもみえるように、播磨には陰陽師の流れが存在していた。彼らの祖先は道満で、安倍晴明と一条院の時代に「一双ノ陰陽道ノ逸物」であったが、道満は藤原伊周の誘いにのって、御堂関白（道長）を呪詛し、道長が外出する道にその「封物」を埋めておいたところ、安倍晴明がこれを見破って掘り出し、封物は白鷺になって飛び去ったという。

罪を得た道満は播磨国に流され、佐用の奥に住したが、帰洛することなく死去する。その後胤らは当国に沈落して、多く英賀・三宅あたりに形だけこの芸を継ぐものがいるが、これらは皆道満の後胤であるという。中世、播磨国内にも陰陽師がいて、彼らが英賀・三宅など特定の地域に集住していたことがわかる[34]（7—55段）。

中世播磨の長者譚も興味ある主題である。小宅郷の万歳長者と揖保庄の四コフの長者とは聟舅になって、互いに興を催す日に、大河に樋を渡して、酒を越し渡したため、そこを樋山というようになった[35]。二人は諸々の宝に飽き満ちて、万事豊饒であった。しかし四コフの長者は未申の方角に氏寺を造って子孫が滅亡した。氏寺は今の大道寺であり、屋敷は揖保の男上にあった。万歳長者の跡も絶えた。近年、小宅の牛飼童が夕方帰ってきて、石塚のなかに黄金に光る石をみたと語ったところ、一人の男がそれを尋ねて行ったが、その夜、妻子を引き連れて姿をくらました。その石も無くなっていた。そこは長者の屋敷跡で、たぶん金であったのであろう、というものである。これは「土龍」に乗った「勇健ノ武士」が洪水の揖保川を自在に渡って、中央政府に背いたという揖保の叛乱譚につづく第二の揖保川物語である（7—56段）。

鶏足寺の老僧は広峯山のことを利生掲焉（明らか）で、賞罰厳重のため、自国他国の人間が「歩ヲ運テ、崇敬スル事」は熊野御嶽にも劣らぬので、自分も結縁のために一度参詣したことがあり、そこで成り立ちの根本を尋ねたが誰も知らず、麓の禅院に一宿して老僧から聞いた話として、吉備大臣の話を記す。吉備大臣は元正天皇の霊亀二年（七一六）に入唐し、在唐十八年、十三道、特に陰陽を学んで、聖武天皇の天平五年（七三三）に帰朝する。広峯山の麓に一宿したとき、夢うつつのうちに、貴人が現れ、自分は古丹の家を追い出され、蘇民に助けられて浪人となってから、居所が定まらず、汝と唐朝で契りを結んだのを頼んで追ってきたと告げる。そこで大臣は当山に崇め奉った。これが牛頭天皇で、数年のちに、平安城を立てられたさいに、東方守護のために祇園荒町に勧請した。したがって当社が祇園社の本社にあたるというのである。この説話に播磨文化の京都文化にたいする一種の対抗意識を読みとることが可能である（7—49段）。

以上、世俗譚その他から、私なりに興味深い物語をいくつか拾いあげて紹介した。そこには播磨内部におけるそれぞれに個性豊かな各地域の歴史物語が並んでいた。このような「峯相記」の多彩な歴史物語の多くには、作者自身の〈現在の視点〉が備わっていたことを指摘できる。過去の歴史物語は、作者にとって、播磨の現在を語るものとして選択され、記述されていて、それはたんなる過去ではない。「証拠モ時代モナク大様ナル伝説共」に作者は興味を示しておらず、こうしたものは作者の知的好奇心の対象からはずれていたといえるであろう。

仏教譚

播磨の古事を語る第七問答・歴史編の中身はこうして多彩であるが、なかでも仏教の盛衰にかかわる話が多く載せられている。つぎに播磨の仏教譚、播磨仏教史の流れをみてみたい。

最初の説話は、百済の僧恵弁・恵聡の物語である。欽明天皇の時代、この国に戒を伝えるため、恵弁・恵聡が渡来する。しかし物部尾輿によって播磨国に流され、矢野の奥の草庵に住む。三年たって召し返されるが、今度は物部守屋によって大和の生駒へ流され、還俗させられて恵弁を右次郎、恵聡を左次郎といった。守屋は再度、二人を播磨へ流し、安田の野間に楼(牢屋)を作って籠め置いた。毎日、粟一合を食べ物に与えたが、二人は戒を破らぬため、日中以後の食べ物には手をつけず、経論を誦していた。口に経を誦しているという守門の者の報告に、守屋は自分を呪っているのだといって、いよいよ監視を厳しくした。それならと二人は無言をつづけた。二人は守屋が追罰されたのちに召し返されて、髪を剃り、また僧になった。野間の棲のあとに一伽藍を建立して現在も存在する、という物語である。これは蘇我・物部の崇仏論争によせて、播磨と仏教との物語の始まりを述べたものにほかならない[36]（7―42段）。

播磨国第二の仏教譚は推古天皇時代の聖徳太子にかかわる話である。聖徳太子は勝鬘経を講じた布施に播磨国に三百六十一町の土地を与えられた。これが鵤庄の起源で、太子は播磨に下り、四方の堺に牓示石を埋め、寺を造って斑鳩寺と名づけ、川を富雄川、山を片岡と名づけ、檀徳カ峯という行道の峯に馬をつなぎ、その松が近代まであった、という物語である（7―44段）。

三番目は、神亀年中（七二四～七二九）に、揖保郡矢田部村出身の徳道上人が行基に法相宗を学び、役行者所伝の真言教を行じ、長谷寺を建立した話がくる。徳道上人は普光寺を建立したのであるが、これは六カ寺のところに譲られてここでは軽くふれるだけである[37]（7―46段）。

四番目に現れるのが教信上人の物語である。この物語は播磨における浄土教の起源を語るものである。教信上人は興福寺の碩学、法相宗の明匠であったが、深く「南浮ノ苦」を厭い、「西土」（西方浄土）に生まれたいと思い、本寺を出て、西海に赴き、当国賀古郡西の野口に留住した。この地は遠く西が開けていて、極楽を願うのに条件がよく、ここに草庵を結び、髪を剃らず、爪を切らず、衣を着ず、袈裟を懸けないで、昼夜に称名を怠らず、寝ても覚めても宝号を唱えていた。人は彼を阿弥陀丸と名づけたが、彼は農夫に雇われて田を植え、畠を反し、あるいは旅人に従って荷物を荷ない、粮物をもらって生涯を送った。貞観八年（八六六）八月十五日の夜、摂津国勝尾寺の勝如上人に来年の今夜迎えにくると告げて、端座合掌し、西方に向かい、名号を唱えて、息とともに臨終した。音楽が闇に聞こえ、異香が室に薫った。翌年の今夜、勝如上人も約束どおり往生したという。現在の教信寺がこれで、公家・武家などさるべき人々が菩提所となし、堂塔を造立し、田畠を寄進したという（7―57段）。

興福寺の碩学が本寺における学問を捨て、西方浄土への願いをもって、播磨国賀古郡の野口に草庵を結んで留住したという話である。[38]「峯相記」は、教信の称名念仏をのちの一遍上人の時宗の先駆けとして位置づけている。元亨三年（一三二三）一遍の門弟湛阿が勧進して、自国他国の念仏者を集め、教信臨終の八月十五日を結願として七日のあいだ声音を絶やすことなく、数百人が常行三昧に念仏し、野口の大念仏として上下の人々が群集するという。九世紀における教信の生涯を、ここでは湛阿を中心とする播磨の時宗が継承していたのである（7―57段）。

五番目は、法然上人の上足の弟子信寂上人である。[39]文治年中（一一八五～九〇）の頃、信寂上人が賤しい姿の老法師になって室泊の長者の家に現れ、ここで「柴ヲ取リ、木ヲ切リ、モチカツキシテ」召し使われていた。長者が「古今集」を書写したさい、真名字が書けなくて空けておいたところ、留守中に老法師が筆を取って空けてある部分を埋めておいた。下女からあの老法師が書いていたと聞いて長者は不思議に思っていたところ、福井庄を拝領して播磨に下ってきた吉河の一族が室泊に遊んで、この法師をみて敬い合掌して拝した。吉河氏は老法師を福井庄へ召請し、朝日山の東麓に堂を造り、坊舎を立てて、仰ぎ崇めた[40]。この上人の流れは播磨義という一流の法文（門）となり、顕寂・顕実らが出て現在につづいている（7—60段）。

六番目が「五ヶノ奇麗ノ念仏堂」である。文永（一二六四～七五）の頃、播磨国に「五ヶノ奇麗ノ念仏堂」が成立した。檀越は「皆当国富貴ノ輩」であって、安志田所兼信が塩野寺（宍粟郡安富町）を、南三郎入道が浦上に福立寺（揖保郡御津町）を、筑紫尼公が河内に伊勢寺（姫路市林田町）を、医王平三入道法蓮が鵤に孝恩寺（揖保郡太子町）を、雲大夫入道が飾万津に光明寺（姫路市飾磨区）を造っている[41]。

これらの念仏堂はどれもみな、金銀をのべ、錦綾を飾り、費用をかまわず、華麗をつくした建築であった。当国の浄土宗の学生らは、春夏秋冬の毎季に十二日ずつ、一年四十八日、この寺々において、三部経・浄土論・御疏九帖の談義を行った。その様子は、「自宗ノ美言、玉ヲ吐キ、浄土ノ己証、此時ニ尤盛也、僧侶群ヲ成シ、諸方送リ物ス」という盛況を示していた。しかし朝日山顕実上人が他界したあとは、仏事がすたれ、現在は姫路ならびに觜崎（ハシザキ）辺（揖保郡新宮町觜崎）に季念仏という称名が形のごとくに残るだけである。[42]福立寺は延慶（一三〇八～一一）の頃禅院になり、孝恩寺は一時、禅院になったが今は律院である。塩野寺は禅院、伊勢寺は当山（峯相山）へ移し造っている。光明寺だけは本宗の寺として残り、顕証上人という人が西山義を興行している（7―59段）。

右の二つで、老僧は播磨における鎌倉時代の浄土宗の盛衰を概観している。法然の弟子信寂の流れが、地頭吉河氏の庇護をうけつつ、福井庄の朝日山を拠点に信寂・顕寂・顕実の時代に隆盛にむかい、文永年間、播磨各所に現出した「五ヶノ奇麗ノ浄土堂」を舞台に毎年四十八日に及ぶ季念仏と華麗な浄土教学をくりひろげ、世に播磨義として知られた事実、ならびに顕実上人他界ののち、これが急速に衰え、延慶（一三〇八～一一）以降、多く禅宗にとってかわられた事態を述べたのである。

七番目が禅院である。播磨に禅院が始まるのは東福寺門徒の潜渓国師が平野に法覚（宝光）寺（姫路市平野町）を建立した永仁（一二九三～九九）の末のことであった。[43]つづいて延慶の頃禅首座が浦上の福立寺を禅院にあらためて成覚上座にこれを譲り、正和（一三一二～一七）の頃、仙覚（光）上座が上岡山崎に金剛寺（龍野市神岡町）を建てた。元亨二年（一三二二）に、東福寺龍吟庵の門徒玄広上座が大市の観音院（姫路市西脇）を禅院にして、正中元年（一三二四）の没後、桂昌庵の門徒隆首座がこれを継承した。同じ頃深首座が坂越庄に常楽寺（赤穂市坂越）を建て、正和（正中か）の頃、良円鑒寺が上揖保に福光寺（龍野市揖保町）を、永明庵門徒の明欽上座が桑原に慶福寺（龍野市揖西町）を、覚恩上座が下揖保に安養寺（龍野市揖保町）を、果満上座が同所に弘宗寺を、源明上座が那波嶋に寺（相生市那波）を建て、また松井庄の瑞光寺（多可郡中町門前）、福地の東条（寺）（揖保郡太子町福地）などが同じ頃に成立した。(44) このほか僧侶が二、三人、あるいは現在独住のところなどを入れると国内に四十余所の禅院があるという（7―66段）。

十四世紀に入る頃から禅宗、特に東福寺派禅院の急速な広がりがみられたのである。つづいて「峯相記」は、友梅西堂を開山とする金花山法雲寺（赤穂市上郡町苔縄）が暦応年中（一三三八～四二）の供養であり、諸山のうちに列せられ、御願所になっており、供養のときには、檀越（赤松円心）が下洛し、一国が馳せ集まり、諸国群をなして、万人の耳目を驚かせた、と記す。(45)

以上のような浄土宗・禅宗寺院の隆替をよそに、播磨仏教の中心は依然とした書写山をはじめとする国衙天台六カ寺にあった。そのことを述べたものが、さきにふれた書写山の浄雲坊（7―61段）と播磨道邃こと姫路山の正覚房（7―62段）の物語である。

老僧は書写山の賑わいを語っており、それらは書写山繁昌譚とでもいえようか。正応四年（一二九一）春の書写山護法所の遷宮は、「言語道断ノ結構、自他国、上下男女馳集ル、西国第一ノ見物」であったし（7―64段）、正安二年（一三〇〇）春の頃の、書写山の先の住侶で上野世良田の長老法照禅師を招いてとり行われた両夜の灌頂は自他国の貴賤上下が道をあらそって往詣し、八十余人が一度に灌頂をとげて、見物の上下が堂外に群集し、「殊勝ノ見物、無双ノ大会」であったとみえる(46)(7—65段)。

こうした播磨の天台寺院が中世播磨の民衆生活のなかに深く浸透していた様子は、福井庄山本村の蓑寺の事例に明瞭にみえる。正和二年(一三一三)の頃、坂越庄へ下った旅人が英賀の西田寺に雨宿りしたさい、たわむれに古仏二体を背負い、福井庄山本村に蓑を覆って捨てる。古仏二体は薬師・観音両像で、その辺りの人々が板で上を葺いて崇め奉った。この仏像は「所求所望」すべてかない、祈るところ空しからずという噂が広まって、目暗は眼前に目を開き、腰折は即時に立ち馳せるというので、遠方からも人々が集まった。

七八月ノ比ハ当国ニ限ラズ、摂津・河内・和泉・紀伊・但馬・丹波・備前・美作、四国辺土、京田舎集ル間、二三里カ内ハ諸方ノ道、更ニ通リエズ。米銭等ノ類、勧進物、其数ヲ知ラス、一万部経、九品念仏、管弦、連歌、田楽、猿楽、咒師、クセ舞ヒ、乞食、非人、数百人充満シ、灯明仏供、昼夜経営、市ヲ成ス。

と書かれている。利生掲焉の現世利益の数々に人々が群れ集うありさまが活写されている。

こうして三間四面の大堂を造立して文保二年(一三一八)十一月八日、書写山の長吏俊盛が導師をつとめて供養が行われた。中世において、民衆のなかに時として起こる宗教的興奮状態の出現であるが、こうした現象が書写山長吏俊盛によって宗教的な総括を与えられているところに、聖道門仏教の強靭な繁栄基盤があったといってよい(7—68段)。

こうして播磨における書写山を中心とする聖道門仏教の仏法・人法の繁昌ぶりを述べてきた作者は、第七問答・歴史編の最後に理教房と妙観房の出離問答を配置したのであった。

5 同時代史としての「峯相記」——むすびにかえて

同時代体験を叙述し総括するという作業は、一個の知識人にとって、簡単なことではない。「峯相記」の面白さは、作者がそういう作業に真正面からいどみ、見事な叙述を後世に残した点にある。「峯相記」の第八問答「悪党蜂起の巻」がとりわけ注目される理由は、そこに悪党蜂起の二つの段階が、文学的に形象化されて見事に描き分けられているからにほかならない。これこそが「峯相記」における同時代把握の典型であり、ここに歴史叙述としてのこの作品の、他にかけがいのない価値が存している。

「峯相記」第七問答・歴史編には雑多な事実の混沌があるとともに、十世紀に始まり、院政期、鎌倉前期を経過して作者の同時代に流れ込んでくるいくつかの歴史の流れがとらえられている。そうした流れは世俗譚においてよりも、播磨の仏教譚においてより顕著であるようにみえる。しかし歴史編世俗譚がそういう中途半端な印象を与える原因は、作者にとっての近現代政治史を意味する「悪党蜂起の巻」が、ここから切り離され、第八問答として別置されたためであって、「峯相記」自体の性格ではない。

「悪党蜂起」は作者にとっての同時代政治史である。「峯相記」は第八問答の最初に短く「上岡・高家等ニ所務相論ノ事共候ケレトモ、サノミ無理ナル事ハ候ハサリケルヤラム」と述べている。悪党はすでに発生していたが、それはまだ散発的で「所務相論」の延長にとどまっていた段階である。この点に注意すれば、「峯相記」は播磨悪党の蜂起を二段階ではなく三段階で把握していたことになる。

悪党の動きが「目ニ余り、耳ニ満テ聞へ」、それが「日ヲ逐テ倍増ス」る状態になるのは、正安・乾元（一二九九〜一三〇三）以降のことであった。そうしたなかで元応元年（一三一九）の春に六波羅探題大仏惟貞の指揮のもと、山陽・南海十二カ国で大規模な悪党追捕が実施され、播磨においても悪党の在所二十余カ所が焼き払われ、犯人が誅せられ、逃亡した悪党五十一人については、これを名簿にのせ、国中の地頭・御家人に逮捕が命じられた。明石・投石両所には警固番が編成され、両三年のあいだはともかくも国内は静かであった(47)。正安に始まる第二期の特徴は悪党の跳梁は日ごとに増加しつつあるものの、六波羅の軍事力による政治的秩序維持がともかくも有効性を残していた点にある。

第三段階は正中・嘉暦（一三二四〜一二九）に始まる。この段階の播磨悪党の振舞は、「吉キ馬」を五十騎、百騎と連ね、金銀をちりばめ、照り輝くばかりの武装に身を固め、追捕、狼藉、苅田、苅畠、討入、奪取を働いており、さらに重要なことは、「国中ノ上下、過半」が「彼等ニ同意」するという容易ならざる事態にたちいたっていることである。この時期の悪党は、「武士ナラハ、腹切カ党、縦ヒヲノツカラ恥ヲハ知レトモ、軍陣ニヲイテハ、沙汰ノ外」と恥を恥ともせぬ行動と倫理をあらわにし、警固の守護・追罰の武士も手が出せない状態にたちいたっていた。(48)彼らの生活倫理はすでに「武士」の範疇を逸脱していた。旧体制の目からみるとき、そこには完全な無法・無秩序状態が現出していたのであった。「ハタシテ元弘ノ重事出来ル」というようにそれは内乱前夜の様相であった。

多くの読者には唐突に聞こえようが、私には、このような悪党に歴史の「頽廃」を読んだのは、第二次世界大戦下に天皇制ファシズムの暴圧と闘って屈しなかった、半世紀以上も前の、ほとんど孤立していた一人の若者の、革命幻想以外のなにものでもなかったように思われる。(49)悪党は「孤立と頽廃」のうちにあったのではない。内乱前夜にあって、それは「国中ノ上下、過半」によって支持され、容認される事態に突入していたのであり、このことを「峯相記」の作者はきちんとみていたのである。

すでに述べたように、「峯相記」作者にとっての同時代は、弘安八年(一二八五)の霜月騒動前後に開始されていた。これを前提にすれば、「峯相記」作者の同時代史(政治史)は四期に区分されるとみてよい。

第一期は、弘安八年の霜月騒動以降の十五年である。この時期、悪党行為はまだ所務相論のたんなる延長であった。第二期は、悪党の跳梁が日々激化していく正安・乾元(一二九九〜一三〇三)以降の二十五年、十四世紀の第一四半紀がこれにあたり、元応元年(一三一九）春の悪党追捕に始まる両三年の静謐の時期がここに含まれる。そして第三期が、「国中ノ上下、過半」によって悪党らが支持される正中・嘉暦（一三二四～二九）から元弘元年（一三三一）にいたる八年の政治的混乱の激動期である。そして第四期が、元弘の幕府滅亡以後、貞和四年（一三四八）の鶏足寺出離問答にいたる十八年である。最後の第四期の具体的記述が省略されていることは先述のとおりである。ここで捉えられているのは、ほぼ十年、二十年を単位として局面を転換させていく歴史における中期波動のリズムにほかならない。「峯相記」はこのような歴史の局面転換を的確に把握し、叙述している。

「峯相記」歴史編にかぎってみた場合、もっとも目立つ第一の流れは、九世紀、野口の教信に始まる浄土教の流れであった。衣服もまとわず、爪も切らず、髪を剃らずといった教信の称名の流れは、鎌倉末、元亨三年（一三二三）に突如として、一遍の門弟であった時衆の湛阿に引きつがれ、野口の大念仏に流れ込んでいた。同じ浄土教の流れには、もう一つ鎌倉時代のはじめ福井庄に現れた地頭吉河氏の庇護のもと、同庄朝日山に拠点をもった信寂に始まり、その後、顕寂・顕実へと受けつがれた浄土宗播磨義の流れがあった。こちらの流れは文永（一二六四～七五）の頃に、「当国富貴ノ輩」を檀越とする「五ヶノ奇麗ノ念仏堂」を華麗に現出させながら、顕実の死とともに衰頽にむかう。

第二の流れは、播磨義にとってかわり、それをはるかに凌駕した東福寺派臨済禅の普及である。播磨の禅院は永仁（一二九三～九九）末の平野の宝光寺に始まり、正安二年（一三〇〇）春の世良田長老法照禅師による書写山の灌頂をきっかけに順調に教線を伸ばしていたが、正中（一三二四〜二六）になって、それが一挙に加速していく。

第三の流れは、書写山など前代以来の国衙天台六カ寺の変わらぬ隆盛であるが、こちらが中世仏教の本流であることは、「峯相記」宗教編の記述をあわせてみれば明らかである。ここでは、寺々の義勢を懸けて、天台の碩学が学問を競い合い、法華一乗思想にもとづく論義と修法を通じて、中世庶民の「所求所願」にこたえつつ、仏法・人法繁昌の世界を形成し、鎌倉末期になると、書写山内部に禅院の流れを包摂するようになっていた。

鎌倉時代末期の播磨における天台と禅と念仏の三つの流れは複雑にからみながら、正安年間と、正中年間を二つの画期としてそれぞれ異なった様相をみせていた。薗田が述べたように「峯相記」の作者には、悪党の跳梁と禅院の進出という二つの局面が一つのリズムで動いているのがみえていたのである。「峯相記」が意図していた他力本願にたつ称名念仏の道はこういう政治・宗教状況のなかで模索されていた。作者の眼前において赤松円心の時代が到来していた。ちなみに後醍醐天皇の尊崇を受けた大燈国師宗峰妙超は浦上一国を父として浦上庄で生まれている。かつての悪党浦上誓願の一族である。作者はそれらすべてを、透徹した目で、まんべんなくみつめていたのである。

以上、あれこれと述べてきたが、最初に述べたように、「峯相記」は日本における地域史叙述の先駆けであったといっていい。「峯相記」作者は日本を代表する優れた歴史家であった。作品のなかで、彼はあくまでも、事実そのものにこだわる態度をくずさない。これが彼の特徴であり、ここにこそ歴史としての知の枠組みが存していた。ほぼ同時代を彼より少し早く生きた「沙石集」の作者無住（一二二六〜一三一二）が、事実を述べて話題の面白さに重きを置くのとこれは対照的である。

知の枠組みとしての歴史はもともと危険に満ちたもので、むやみに弄ぶべきものではない。このことはこの国の近い時代の史学史をひもとけば誰の目にも明らかである。近年、再び周辺にこうした動向が生まれている。その意味でも、十四世紀にあって、事実そのものを疎かにせず、事実にこだわって歴史をみようとした一人の歴史家がいたことを大切にしたいと思う。

注

（1）東郷松郎「南北朝争乱期における守護赤松氏と播磨国諸寺院」（『播磨国の古社寺と荘園』しんこう出版、一九八八年）、黒田俊雄「日本中世における寺院と民衆」（『日本中世の社会と宗教』岩波書店、一九九〇年）などは「峯相記」の記述全般に目をむけている。

（2）薗田香融「神仏信仰の隆盛」（『兵庫県史』第二巻三章二節、一九七五年）、同「朝日山信寂と浄土宗播磨義」（竹田聴洲博士還暦記念会編『日本宗教の歴史と民俗』隆文館、一九七六年）。

（3）悪党研究会編『悪党の中世』（岩田書院、一九九八年）など。なお、同書には「悪党関係文献目録」がある。

（4）平雅行「鎌倉仏教論」（岩波講座『日本通史』第二巻中世、一九九四年）、井原今朝男「中世国家の儀礼と国役・公事」（初出、一九八六年）、同「中世の五節句と天皇制」（初出、一九九一年）、いずれも『日本中世の国政と家政』（校倉書房、一九九五年）、上島亨「中世王権の創出と院政」（大津透ほか『古代天皇制を考える』講談社、二〇〇一年）など。

（5）本稿では「斑鳩寺蔵本」を底本とした『兵庫県史』史料編中世四、「峯相記」を用い、『続群書類従』巻八百十六、二十八輯上、「峯相記」を参照した。魚澄惣五郎『斑鳩寺と峰相記』（全国書房、一九四三年）に「斑鳩寺蔵本」の影印版がある。

（6）旅僧が語る部分は・鶏足寺老僧の「サテ御方ハ何事ヲカ修行セサセ給フト返問セラレ」て、自分の生涯を述べた個所だけである。

（7）「和名抄」揖保郡の「香山郷」、「播磨風土記」は「香山里」。揖保郡新宮町の東部に「香山」あり。

（8）「大乗起信論」の注釈書。龍樹の注釈とするが偽撰。本覚にたいする自由奔放な解釈を特色とし、空海によって引用され日本における本覚思想高揚の源泉となった。田村芳朗「天台本覚思想概説」（『天台本覚論』日本思想大系九、岩波書店、一九七三年）五〇四頁。

（9）熱田公「悪党の時代」（『相生市史』第一巻）六一〇頁。

（10）「播磨風土記」の「枚野里」に「新羅訓村」（シラクニ）がある。姫路市白国近辺。

(11)「和名抄」の飾磨郡に「草上郷」、「播磨風土記」の「巨智里」に「草上村」がある。
(12)「和名抄」は平野郷、「播磨風土記」は「枚野里」。姫路市平野町。
(13)院政期、書写山は「聖の住所」(「梁塵秘抄」)として都に知られた。のち、後醍醐天皇が飾磨郡安室郷(もと辛室郷)を、足利尊氏が丹後国志楽庄を書写山に寄進(4—16段)。なお小林基伸「円教寺所蔵の古記録」(『兵庫県立歴史博物館総合調査報告』Ⅲ)。
(14)拙稿「『峯相記』から中世播磨文化を読む」(『ふるさと香寺』第二号、香寺町教育委員会、二〇〇一年)。
(15)前掲拙稿。
(16)『兵庫県史』第二巻、三六四頁。
(17)六カ寺の論義は近世にもつづいた。宝永五年(一七〇八)の酒見講は六月一日に行われ、論題は摩訶止観第六から出され、物講師が妙徳山永理、問答講師が同山快伝で、第一問を法華山義秀、第二問を八徳山昌雄、第三問を蓬莱山呈性、第四問を書写山春雄、第五問を増井山獅雄が担当した(『兵庫県史』第二巻、三六六頁)。
(18)前掲拙稿。
(19)東舘紹見「平安中期天台宗における講会開催とその意義」(『仏教史学研究』第四三巻二号、二〇〇一年)。
(20)『兵庫県史』第二巻、三六一頁。
(21)鎌倉時代の姫道山称名寺は時衆の寺、後嵯峨上皇の菩提所であった。こちらの称名寺敷地

は、「往古在庁別名、国衙御進止地」であった（元弘三年月日称名寺寺僧等申状、正明寺文書一三号、『姫路市史』史料編一）。石田善人「播磨国衙と称名寺」（『一遍と時衆』法藏館、一九九六年、初出一九七一年）。

（22）『兵庫県史』第二巻、三六四頁、硲慈弘『日本仏教の開展とその基調』下巻（三省堂、一九五三年）。

（23）後者は『大日本仏教全書』一一五（名著普及会）。そこには「伝法沙門邃撰」とある。

（24）「日本書紀」雄略十三年八月条に、播磨国御井隈（ミイクマ）の人文石小麻呂（アヤシノコマロ）とある。底本「峯相記」の「大石」は転写のさいの誤記。

（25）「播磨風土記」飾磨郡の「少川里」に「射目前」がみえる。

（26）「和名抄」揖保郡に「来栖郷」（現新宮町）、「大市郷」（現姫路市）、「石見郷」（現姫路市・御津町・太子町）があり、また「播磨風土記」に「来栖里」、「邑智里」、「石海里」がみえる。なお「播磨風土記」の「石海里」に「宇須伎津」（魚吹津）がある。「内山」は龍野市誉田町内山、「矢田部」は現太子町。

（27）「和名抄」宍粟郡に「安志郷」（アナシ）、「播磨風土記」は「安師里」。安富町安志（アンジ）。

（28）「古事記」は市辺之忍歯王（イチノベノオシハノミコ）、「日本書紀」は市辺之押磐皇子。「峯相記」の「郡司」は「書紀」では「縮見屯倉首忍海部造細目」（イトメ）。「縮見屯倉」は美嚢郡。意祁王（オケノミコ）、袁祁王（ヲケノミコ）は志自牟の家で牛飼・馬飼として働く。

(29) 山部連小楯は「針間国の宰」(『古事記』)、「針間国の山門の領に遣はされし山部連小楯」(『播磨風土記』)と書く。『日本書紀』では「国司」。『兵庫県史』第一巻、四〇四・四〇七頁。

(30) 神護景雲三年(七六九)、播磨国明石郡の人外従八位下の海直溝長ら十九人に「大和赤石連」の姓を賜った。『続日本紀』同年六月癸卯条。

(31) 魚吹津(ウスキ)は姫路市網干区宮内。魚吹八幡がある。中世は福井庄東保に属する。

(32) 松原別宮は姫路市白浜町。『和名抄』揖保郡の「広山郷」、『播磨風土記』の「広山里」は龍野市誉田町広山。

(33) 『和名抄』揖保郡に「大田郷」、『播磨風土記』に「大田里」があり、里内には「鼓山」がある。姫路市・太子町近辺。

(34) 『和名抄』飾磨郡の「英賀郷」、『播磨風土記』の「英賀里」。姫路市飾磨区英賀。夢前川下流東岸。

(35) 『和名抄』揖保郡に「揖保郷」「少宅郷」。ともに龍野市。古代山陽道が通る。

(36) 『日本書紀』敏達十三年(五八四)九月条、『兵庫県史』第一巻、四四一頁。

(37) 徳道の俗姓は「矢田部」。『扶桑略記』神亀四年三月三十日条。

(38) 教信の事績は『日本往生極楽記』(寂然)に始まり、『往生拾因』(永観)、『今昔物語』などにみえる。その特色は妻子をもつ在俗の沙弥、有声念仏の沙弥たるところにあり、勝尾寺勝如の無言観想に勝る。平安末期、敬西の『明義進行集』など、潤色が進み、教信をもと興福寺の学僧とするにいたる。『兵庫県史』第一巻、九六六頁。

(39) 信寂は生国、俗姓不詳。「法然上人行状絵図」第四十三巻に「播磨国朝日山の信寂房」がみえる。「慧命義」一巻を著して、明恵房高弁の「摧邪輪」に反論。寛元元年(一二四三)、遠江国横路へ下向、翌年同所で没。『兵庫県史』第二巻、三七四頁。

(40) 現在の姫路市勝原区朝日谷。福井庄東保に属する。

(41) 「和名抄」揖保郡に「浦上郷」、「播磨風土記」に「浦上里」があり、里内に「御津・室原泊・白貝浦・家島・神島・韓荷島・高嶋」があった。浦上郷はなかば海上に浮かんでいる。

(42) 「觜崎」は揖保川の右岸、ここを美作道が通る。

(43) 正しくは宝光寺。「峯相記」現行諸本が「光」を「覚」に誤写していることは薗田『兵庫県史』第二巻、四〇七頁。なお薗田は宝光寺設立年代の永仁末というのは潜渓が博多の承天寺に入寺する以前で、正しくないと指摘する。

(44) 現行の「峯相記」諸本は正和とするが、この前後で「峯相記」は播磨における禅院の出現を年代順に記しており、正和では不自然である。正中を正和と誤写したものと判断する。

(45) 雪村友梅による法雲寺の落慶供養は建武四年(一三三七)十二月二十五日。暦応二年(一三三九)諸山に列す。『龍野市史』第一巻(一九七八年)。

(46) 法照禅師は月船琛海(チンカイ)。寛喜三年(一二三一)加古郡の生まれ、俗姓菅原氏。北条時宗に招かれて長楽寺の師席を継ぎ二十年、徳治二年(一三〇七)、九条師教に招聘され東福寺八世になる。徳治三年六月没。月船入寂後、了果禅師を大勧進として書写山に正覚院が建立され、法流を伝える。薗田は正和の頃、揖保郡に簇生した多数の禅院が書写山正覚院の禅宗と連帯関係にあったとする。『兵庫県史』第二巻、四一二頁。

(47) 上横手雅敬「六波羅探題と悪党」(『鎌倉時代政治史研究』吉川弘文館、一九九一年、初出一九六〇年)。

(48) 斑鳩寺本は「武士ヲハ腹切カ党」とするが意味をなさない。ここは群書類従本による。

(49) 石母田正『中世的世界の形成』(伊藤書店〈初版〉、一九四六年)。

第二部　日本中世史研究の歴史家たち

Ⅷ　解説・清水三男『日本中世の村落』

戦後の中世史研究に大きな影響を与えた清水三男の主著『日本中世の村落』を文庫（岩波文庫、一九九六年）に収めるにあたって、執筆した解説である。

清水の位置づけについては本書第Ⅰ論文でもふれている。ここでは解説に寄せられたまったく正反対の批判についてふれておきたい。

一つは網野善彦さんである。私は解説で清水の日本中世の村落把握の方法と対比しながら、「網野善彦に代表されるような近年の研究は非農業民や都市的要素を中世村落から峻別させすぎており、もともと豊かであった中世村落の概念をひどく貧しいものにしてしまった」と書いている。網野の非農業民についての巨大な業績を前にして、思わず筆がすべった点もあるが、網野のように言ったのでは、日本の大地に生き、水稲耕作にいそしんだ中世の多くの農耕民たちが、いくらなんでもかわいそうだというのが私の本音である。ここで念頭にあるのは、網野がややせっかちにいういわゆる水田一元論史観批判のことである。

その後、あるパーティでたまたま網野さんと一緒になった。彼は「一刀両断ですね」といって私の乱暴な批判に怒りをぶちまけていた。「京都の人たちは清水の思想転向の意味について、曖昧な態度を取りつづけている。この事はかならず書きますよ。だけどあれがあなたの本音なんだろうな」というのである。その後、網野さんはどこかの対談でそのことについて発言している。そのことを間接的には何度か耳にしたのだが、私はまだ網野さんの文章を目にしていない。私自身は、この解説で清水の転向と戦争協力のことはきちんと書いたつもりだが、網野さんにはそれが不十分に映ったのであろう。しかし網野さんたちの発言を聞いていると、転向があったからこそ清水は、魅力的な作品を後世に残すことができたのだといわんばかりのように聞こえてくる。私はそういう見方には賛成しない。転向しようとしまいと、いい作品はいい作品である。それは思想・信条の問題ではないというのが私の判断である。

もう一つの批判は藤間生大さんからである。その後しばらくたってから、分厚い封書が届いた。あなたは清水を戦争の協力者のようにいうが、戦時下の苛酷な思想弾圧のもと、やむなく奴隷の言葉で書かれた片言隻語をとらえて、そのように言うのは、歴史的事情を無視し、若い人たちを惑わすものだ、私も石母田正も清水のことを一貫して天皇制への批判者であったと考えてきた、という抗議の書簡であった。藤間さんは、かつて日本評論社の編集者として清水の著書を企画し、世に送り出したいわばこの書の生みの親である。私は解説の趣旨を、時の特高警察をめぐる京都の進歩的グループ「世界文化」の人たちと清水との微妙な関係についてふれた石井進さんの「私の大事な本」（『歴史家の読書案内』吉川弘文館、一九九八年）の内容にもふれながら、丁寧に書き送った。その後、藤間さんから私の趣旨を了解した旨の返事をいただいたが、そのなかにあった「それでも清水は裏切りませんでした」とある最後の一言がこたえた。それは私にとって、戦時下の若者たちの「裏切り」と、彼らの学問の切実さをあらためて実感させられた一瞬であった。

本書は第二次大戦下、日本中世史研究のパイオニアであった清水三男（一九〇九〜四七）

が中世荘園制の枠組みの背後にある自然村落の実態を探り、そこに国家を形成する中世農民の豊かな農耕生活と村落の芸能・文化生活を浮かび上がらせた名著である。そこに示されていた中世村落自治の輝かしい前進についての認識に清水が戦後史学に残した大きな遺産があった。

原著は、第一部本論、第二部各論、第三部余論に分かれ、それに序がついている。本書では序と第一部本論に、第三部の余論から「村落と市場」「建武中興と村落」の二篇をえらんで収載した。第二部各論の「若狭国名田荘」「摂関家大番保」「東大寺領大和国添上郡河上荘」「山城国上賀茂社境内六郷」「禁裏御料所山城国山科七郷」と、第三部余論の「田堵の性質」「「名」に関する江戸時代の諸説」「中世村落研究の歴史」は今回、収載を見合わせた。

本書に収載するにあたって、原著の誤植その他、単純なミスによる誤りは訂正したが他は原文どおりである。また読者の便を考え、最近では活字によって簡単にみられるようになった引用史料の出典と文書番号を〔　〕を付してつけ加えた。原著が刊行されて、半世紀がすぎたいま、その後の研究によって明らかにされた事実など最低必要な事項について同じく〔　〕を付して記し、また補注にもそうした事実をつけ加えた。

本書は日本中世史研究の魅力あふれる名著でありながら、長いあいだ正面からとりあげてこれを論じることは避けられてきた。清水は一九三八年治安維持法違反で逮捕され、三九年以来、思想犯として警察の保護観察のもとにあった。四二年に書かれた『日本中世の村落』はその間の仕事であり、自己の良心と時代のはざまで引き裂かれなければならなかった一つの確信と信念の書であった。日本軍の兵士として千島列島のホロムシロ島で敗戦を迎えた清水はシベリアへ送られ、一九四七年スーチャン捕虜収容所において死亡している。

＊

清水の研究方法を貫き、特徴あらしめているのは中世社会における自然村落の概念である。清水は、文字資料には現れないが、中世にも村人たちの共同生活があったことを確信していた。清水は自然村落を説明して、「生活する村人の生存の地域としての村そのもの」のことであるといっている。

歴史家が文字資料から知りうる情報は知りうるかぎりでは正確であっても、本来限られたものである。すでに失われてしまった、われわれには未知の世界があまりにも多い。清水のいう自然村落もそういうものである。清水の主題は中世社会における荘・里・保・郷・村など、さまざまの地域単位の究明であった。それらはいずれも政治的・制度的に形づくられており、自然村落とはみとめがたい。清水はそのことを一つ一つ丁寧に解き明かしていく。しかしその先に中世後期の郷村が浮かび上がってくる。それは本来の自然村落にきわめて近い。清水はそこに日本における村落自治の実現を見、かつそこに近世的国民国家を展望している。

清水は村落研究がもつ意義について、「国家を構成する重要な要素として村落を考え、村落に課せられた国家的使命を思い、村落を通じて国家の形成をみる時、村落研究も、村落史研究も新たな意義を帯びて来る」と述べる。清水の頭に重くのしかかっていたのは、第二次大戦下の日本国家の命運とそのあるべき姿であった。

中世という時代は、「村落が国家生活の基礎」をなしていた時代であると清水は述べる。清水にとって村落とは近年の一部の歴史家によって唱えられているごとき文化的に痩せ細った村落ではない。彼にとって中世の村落とは、そこに混有されている都市的要素によって特徴づけられていた。「中世においても文化的政治的中心として都市があり、……その都市的要素は近世・現代の如く、少数の都市に集中せず、比較的地方散在的であり、……村落自体の中に都市的要素が現代・近世よりもより多く混有されていた」というのである。こうした都市認識は正当なものである。網野善彦に代表されるような近年の研究は非農業民や都市的要素を中世村落から峻別させすぎており、もともと豊かであった中世村落の概念をひどく貧しいものにしてしまった。

清水の分析の出発点は文字資料である。文字資料に現れたコトバの意味とその実態である。たとえば「保」を扱った第二章において、「保という名称と形式は律令制の衰頽にもかかわらず長く伝えられるのであるが、その内容は個々別々の変容を遂げている」と述べる。清水はここで古代から中世にいたるさまざまな「保」をとりあげ、それぞれの形式と内容、ならびに相互の歴史的連関を考察している。そこには長く変わらずに伝えられた名称と形式があり、しかもその内容は個々別々の変容をとげていると認識されている。そしてこういう認識が清水の学問の方法的特徴をよく示している。名称（コトバ）が同一であっても、コトバの背景にある歴史的実態はたえず変化をつづけている。清水はこういう変化を捉えるについての特別に鋭敏な感性をもち合わせているかのようである。ここでは「保」について述べているのだが、このことは清水の取り上げた「荘」（第一章）、「名」（第一章）、「村」（第三章）、「郷」（第四章）のいずれについても、多く同様であって、清水の研究に通底するところの特色をなしている。清水はコトバの裏に、たえず変化してやまない歴史の実態を鋭く捉えていた。

清水の日本中世社会にかんする考察は包括的であり、全体的であるところにその第二の特色がある。歴史をたえず変化の相において捉えていた清水の感性がそれを可能にさせた一つの条件であった。それと同時に、清水は中世日本社会を構成したさまざまの地域集団・人的集団（荘・名・保・村・郷など）についての個々別々の歴史的変容を考察するさい、それらの位置づけについて明確な座標軸を置くことができた。この座標軸をもつというこ とが第三の特色である。その座標軸とは一つは先に述べた自然村落であり、いま一つは国家(近世的国民国家)である。三つの特色は互いに関連しており、おぎないあって清水の学問方法を形づくっている。

清水にとって中世社会を現実に構成した荘・保・村・郷その他は、いずれも自然村落そのものを体現したわけではない。しかしながら、それらはおのずからそれぞれの程度におうじて、自然村落と遠かったり、近かったりして、遠近の距離をもっていた。

以下、簡単に章を追って内容を紹介しよう。

＊

清水にとって、自然村落ともっとも遠く「疎なる関係」を保っていたのは「荘(荘園)」であった。それを述べたのが第一章「荘園と中世村落の関係」である。清水はまず荘園が中世村落とは異なるものであって、これをヨーロッパ中世のマナーと同一視し、荘園研究をそのまま中世村落研究であるかのように解してきた清水以前の研究を批判する。日本の荘園はあくまでも領主権の対象としての中世貴族の土地領有制度＝領有関係の意味に限定して解釈されるべきものであり、村落を意味しない。より厳密にいえば荘園とは国家への租庸調の免ぜられた特定の土地人民にたいし、荘園領主が取り結ぶ経済関係・権力関係のことである。だから荘園には松殿領山城国小塩《おしお》荘や東寺領同国拝師《はやし》荘のように、広い地域にばらまかれた耕地片の集合体以上の何ものでもなく、村落といったような地域的まとまりを欠くものも含まれていたのであると述べる。

清水にとって重要なのは名・名田であった。平安・鎌倉時代の荘園は貴族の土地領有制度として形式化してしまっていた。それに代わってより実体的な意味を有していたのが荘園の内部に成立していた「名」であった。清水にとって「名」は平安末・鎌倉社会の基底を構成した存在であり、その歴史的内容は深くかつ豊かである。「鎌倉以後の大抵の荘園は名田の上に成立しており、鎌倉以後の社会経済史上の中心問題は荘園よりも名田だ」と清水はいう。こうして「武士の封建制度〔武士的領有〕は荘園の上に成立するというより、名田の上に築かれる……荘園的関係は貴族的領有関係として村落生活の外部にあり、武士的領有制は荘園公領を問わず、その下にある名田を基礎にして成立」するのである。では名田とはなにか。清水によるとこれは、「荘園的領主権の下にある土地の私的個人所有」のことである。たんなる土地の私有は律令制の園地、屋敷畠、墾田に早く現れているが、「名」はそれらの「私有」とは異なり、あくまでも「封建的領有の基礎になる私的土地所有の一形態」のことであるとする。

この名はいかにして成立してくるか。これを清水は、「国衙に対する雑役〔力役〕の奉仕義務を免除される権利」にかんして「名」の成立がみられるとみている。この関係を清水は、「実際上〔制度上〕免除されるのは……荘園領主に属する個人であるが、外形は荘民である事により、荘がこの特権を得る……この部分的特権を出発点として、この特権を与えられた者の関係した土地が、国衙領から次第に脱離して、荘園に編入されるのが一般に見られる経過で、その時、名主権もまた確立される」という。言葉は短いが、ここには清水を批判し、そして清水とならぶ日本中世史の古典的名著となった石母田正の『中世的世界の形成』にみられる基本的モチーフがすでに語られていることに、鋭敏な読者は気がつかれることであろう。『中世的世界の形成』における古代的荘園領主東大寺は、寺奴である荘民の獲得した権利を出発点として広大な寺領の獲得に成功するのである。

清水は名主の実態を地主であると捉える。「この時〔平安末〕荘園制は、名主を育て上げるとともに、日本経済の中心から退いて、名にその地位を譲る。而して名主を基礎に武士の封建所領が成長し始める」というわけである。かくして名主という地位を代表する勢力を地主・武士と考えるのが清水の立場であり、名主は時代の降るにつれて、律令制・荘園制を次第に無力化し変質せしめ、武士的封建制をつくり上げる基体となったわけであるが、清水は名主についてもその多様性に目を向け、そこに多くの形態を観察している。

清水は名主を歴史的に第一次的から第三次的にいたる三類型に分けて考察する。第一次的名主とは、大和国平野殿荘の「地主」の語につけられた注記に「名主の事なり」とあった事実が端的に語るごとき、荘園制下の地主として現れる状態の名主である。清水のここでの主張は名主が自作農的存在であるとする研究史上にあった一部の見解に対置されるものであった。つぎの第二次的名主とは、「領主化する名主」のことである。この形態には、

（イ）地頭となり、あるいは悪党として現れる名主、（ロ）東大寺領河上荘の名主職のごとく、荘園的な領主権を寺僧に配分した荘園的領主権分与の名主職、（ハ）薩摩国図田帳にある「時吉十八町　名主　在庁道友」などの例のごとく下級荘官的な名主が含まれる。さらに第三次的名主は室町時代に典型的な「名主沙汰人」のことであり、郷士的名主として村落の自治制を構成するようになった名主を指す。彼らは土豪中心の新しい村を形成し、守護領下にあっては郷村制を形成し、やがては信長・秀吉の村落制度を形づくると説明される。

右のうち第二次的名主の典型として地頭がある。清水の説明によると、鎌倉時代の地頭は村々の警察事務に携わり、また池堤河川の修理、水路山林の管理権をもち、村の作業の中枢部を握っており、勧農を握ったのであった。地頭はその所従に名田を耕作させ、一般百姓には三度の食事を支給しての地頭佃（直営田）の耕作にあたらせるなどしていた（丹波国雀部荘）。しかし鎌倉時代は名主的な農業経営が中心で、地頭はそのなかにあって、「わずかに頭をもたげていた程度」と認識されている。清水の把握はいつも流動し変化する歴史事象を流動するままに捉えようとする。「鎌倉時代の地頭は地主である面と、領主たる面を兼ね備え、その領主としてのはたらきは、主として名主（地主）を介して行われた」という具合である。

また経営形態でいうと、鎌倉時代の経営は名主単位で行われ、名主経営は最初、名子小作を支配的とし、普通小作が次第に力を得てくるのであり、地頭もそうした名主的経営のなかで、僅かに頭をもたげた程度の村落生活を送っていたというわけである。このようにして清水によれば鎌倉時代の村落は名主の経営を中心として理解されることになる。

室町時代になると、名主の代表勢力が守護勢力下で上昇して武士団をつくる。守護は残りの農村を領有対象に組み込むことになる。そこでは農村の名主作人は荘園領主的な支配からのがれ、さらには守護の支配からも脱しようとする。彼らはこうして純粋独立的な土地所有者に近づくというように展望されている。

清水は荘園の預所にも注意をむける。鎌倉の村落には、荘園側にとどまり、その領主権を体現するものとしての「預所」の活躍がみられた。荘園の出入りに輿を使い、荘民を駕《か》輿丁《よちよう》に使役、「七代の後に至るまで不忠不善を存ずべからず」と荘民に誓わせた若狭国太良荘の真行房定宴、妻子眷属以下多数の侍女・家ノ子郎等らをひきつれて行動した備中国太田荘の和泉法眼淵信などが紹介され、彼らが形式上は寺領荘園の役人の一種であり、寺家より補任され、名田を支給され、預所別進なる寺への所課を課せられていたが、実際には名主を補任し、これを統率して地頭に対立し、荘園領の武士を団結させ、支配力を強めた存在であったと説明している。彼らは外形的には地頭と対立するが、実は預所の支配の性質は地頭の領主化に似たものであったという清水の指摘は戦後、安田元久によって荘官的領主制の形成として把握しなおされることになる。

清水は中世における商業の問題をやはり名主の存在とかかわらせて理解した。この商業の理解に清水の見解の大きな特徴をみることができる。清水にとって荘園領主の消費財は本来、荘園の貢納物によって支えられていた。また荘民の消費も自給自足経済によっていた。かくして中世経済は本来封鎖的であったが、これを打ち破るものとして名主の商業活動が存在した、とこのように理解している。

＊

したがって中世商業は荘園に規制されるものでなく、「名」に規制され、それは荘園を破壊する力となって働くのである。鎌倉時代の商業の基本性格はしたがって荘園領主の経済の枠外に出た商業活動で、その主体は名主的商人であり、新たに生まれた名主層の需要、名主層の財物の商品化を中心に展開されることになる。こうして名主は商品交換を欲し、これを可能ならしめた新しい階層であり、名主は政治的代表者としての武士を生むと同時に、武士・僧侶・神官・農民とならんで、かなりの商人をもつことになっている。こうして若狭国太良荘の倉本角大夫や太良荘百姓の遠敷市《おにゅういち》における絹布売買、薩摩国入来院《いりきいん》渋谷氏所領の借屋崎村にある市庭、陸奥国宮城郡金山椿村の冠屋市場・五日市場（留守文書）などをあげながら、商人が自ら独自の経済圏をつくり、市場商人が荘園的結合とは別の関係によって新しい人的紐帯を育成していったという。清水にとって地頭・武士と商人とはパラレルの関係で捉えられていた。地頭が荘園領主を圧倒しつつ、守護大名領成立の道を開いたごとく名主的な商人が商業的な面で新しい領域を開いたのである。

＊

「荘」とならんで「保」が中世の資料上に頻出する。鎌倉時代、東寺領若狭国太良荘は国衙によって収公されると太良保といわれていた。この「保」について論じたのが第二章「保と村落」である。清水は「保」が「荘」と同様視することができぬ独自の内容と史的発展の過程をもつといい、荘園とくらべてはるかに中世の現実の村落生活に近い存在であったという。ただ清水は村落というものを全村的な結合に重点を置いて理解しようとしていた。それの体現として全村落の自由な意志の発露たる村落自治がはじめて成立するのである。こうした観点からすれば、中世史料にみえる「保」も荘園と同じく「直ちに中世村落の具現」ではありえない。中世における村落内の生活の複雑化によってかつての「全村的な結合の形式」はすでに失われており、村民内に「特別の結合」が付け加わっていると清水は指摘する。

「保」の古い形は律令制における「郷戸」の結集体としての「保」（五保の保）であった。しかしこれは郷戸主の他の村民にたいする優越せる地位が顕然化するにつれて村落内有力者の結合体としての「保」に変質していくと清水はいう。こうした過程を示す事例として清水があげるのは、「九条家本延喜式」の紙背文書として残された寛弘元年（一〇〇四）の讃岐国大内郡入野郷の戸籍である。この郷には四つの保があり、各保が四戸ないし十戸程度の戸から成立していることが示されている。あらゆる面で形骸化してはいたが、ここには一保五戸からなる律令制の「保」が納税管理の機関としての形をとどめていたと清水はみる。清水は農村の「保」とともに都市の「保」にも目をむける。同紙背文書には都市京都を構成する「保」がみえ、その保刀禰が博奕禁止の命令を遵守すべく請文を提出した事実をあげて、都市の「保」が警察の事務に従っていたことに注意する。

やがて平安中期以降、地方にはまず便補保が現れ、つぎに荘園・国衙の争いのなかで国衙領の「保」がみられるようになる。

第一の便補保は、権門勢家の所領の一形態であるが、これは律令制における封戸《ふこ》の転化したもので、御封米を封戸からではなく、一定の土地を指定（弁補）してそこから支給するもので、別符をもって特別の「保」として指定したものである。清水はこうした便補保を「保」の一形式として分析し、これを封戸と中世荘園の中間段階であったといい、荘園の「保」のさきがけであると位置づけている。

つぎに第二の荘園国衙の争いのなかにみられる「保」は若狭国太良荘のように、鎌倉時代、収公されて国衙領になれば太良保と呼ばれ、返還されて荘領になれば太良荘を称されたごとく、「荘」といい、「保」といっても両者同一実体であるがごときものを指している。

この形態の「保」を清水は、国郡の役人の私領化したものであり、保司の私領的色彩が濃いとみている。伊賀国の簗瀬・丸柱保などが保司源俊方の武力をもって成立した事情や、播磨国赤穂郡久富保が郡司で公文の秦為辰の開発によっていたなどの事例が指摘される。このようにしてこの種類の「保」は国郡司の私領に近く、平安末の荘園が名主の力におされて成立させられたにたいし、「保」は領主としての国衙側役人の強力のもとに、荘園領主と争って成立したごとく理解されている。両者の性格は荘園は広大な土地に散在する田地が多く、「保」は狭いが比較的まとまっているとも述べられている。かくして鎌倉時代の「保」は、この第二の「保」の進展した姿を示すとされ、東大寺領周防国与田保の公文があげられ、彼らが事実上の領主であって、建永二年（一二〇七）には留守所の入部が停止され、公文源尊、公文高村の地頭との抗争があったと紹介される。

　中世の神社には「保」が多い。その一つは都市的な「保」であり、いま一つは農村的な「保」である。清水は前者の例として祇園感神院に属する四条南北保をあげ、これが京都に布《し》かれた保制の一保をなしており、その得分が検非違使の俸禄に宛てられていた事実を根拠に、保の警察をつかさどるものが保内に私領を確立し、これを神社に寄進したと考えた（第一次的保）。さらに祇園社領としてみえる葱町保・瓜町保・芹町保をあげてこれを商人である神人《じんにん》の結合体としての「保」とみている（第二次的保）。ここで清水は同じく神人としての商人であっても堀川の材木商人や小袖商人たちが保をなしていないのにたいして、こうした野菜商人のみが保を称していることに注目し、彼らの組織が小さく、土地的制約が強く働いたからであろうとする。中世都市京都を構成した住民組織についての鋭い分析視角である。

同じく神社に属しながら、より農村的な「保」として松尾社の西七条六箇保《ろっかほ》神人がある。西七条の住人は「富家之輩」といわれた神人からなり、彼らは宮座を組織して、葛野郡一円の経営になる四月祭・六月御田代・九日会等の松尾社の祭礼に奉仕していた。ここにみられる六箇保は宮座の保（宮座のなかの組としての保）であった。そうした関係は本来「神と人」との古い村民の生活に起源をもったにちがいないが、古い自然村落のなかに「神人の保」という特別な団体が生じ、村人のあいだに分化が生じており、すでに古代的ではないと清水はいう。こうした宮座の「保」とならんで、商業の座にも「神人の保」がみられた。関戸保・辻保・上下保のごとき大山崎離宮八幡宮の油神人の「保」がこれである。彼らは宮座として離宮八幡宮の神事に奉仕し、油神人として石清水八幡の内殿灯明料を供進していた。

＊

荘園や保は「領主権の内容」としての性格をもち、村そのものではなかった。中世にはこの荘保的領主権の支配下にさらに「村」といわれているものがあった。こうして第三章

「荘園文書に現れた村」が書かれた。この「村」がより直接的に中世村落の姿をとどめているにちがいないと考えられたのである。

清水が示すところによると、史料上に現れる「村」は時代を追ってほぼつぎのような展開を示している。

①「村」という村落呼称は古くから存在した。しかしこれは奈良時代に郷里の制が布かれて以来、公の称としては姿を消した。②やがて奈良後期になると、私領が「村」という名称をもって現れるようになる。平安時代をつうじてひきつづきこういう「村」が新しく設置されていったが、これらを詳細に観察すると、そこには荘園と同じく錯綜した田積からなっている事例がみられ、一個の統一ある村落をなさないものが多かった。③さらに時代が降って、荘園の一円化が進む鎌倉時代には統一ある村落が多くなっていく。これは特に地頭領の武士領的村に多くみられた現象である。④室町時代になると鎌倉時代の武士領的村にたいし、名主百姓の自治村落が荘園内に発達する。これが「郷」とともに一般化して、守護大名領の内容を構成するにいたる。ここに信長・秀吉によって始められる近世郷村制の基体が存在した。

*

つぎに古代から中世への日本社会の動きを「郷」をテーマにして考察したのが第四章で

ある。

①奈良時代に国家の制度としてあった五十戸一里の郷は人間の集団に関する区分法をとっていた。郷制ははじめ郷戸を単位とし、地域による区分をとらなかった。郷の変化は戸数制から地域制への移行として現れる。郷戸主の家長制大家族制から名主的単一家族の土地所有への変化がこれに対応していた。②鎌倉以降、郷は荘園領よりもむしろ武士領として存続した。律令制地方行政組織の一単位として発足した郷は内部の構造こそ荘園と同様の形態をとるが、国衙領の形をとって存続し、やがて土豪によって把持され、現実の村落より遊離することをまぬがれて、室町時代の自治的郷村の母体になっていく。③室町時代の自治的な郷の先駆は寺社の郷であった。興福寺七郷、東大寺七郷、賀茂六郷などの分析から、そこにおける領主領民の親近性、領民自身の結合力の強さ、商工民的色彩が抽出されている。

清水は室町の郷の自治を担ったものたちを「郷民」範疇で把握している。室町時代の「郷民」は武力と政治力と文化を備えるにいたった存在である。中世の寺社は貴族文化を継承し、これを国民大衆に伝達する役割を有したのであった。清水にとって「郷民」とは、僧侶、神主、下流の武士、商人百姓らからなる国民中堅層のあり方であり、それは都市的要素と農村的要素の統一所有の状態によって特色づけられていた。そこには都市と農村との文化的対立ではなく、両者の文化が相互の交流によって進むのであった。

＊

以上、第一―第四章は中世に現れた種々の「村落制」（荘・郷・保・村その他）についての検討であった。それにたいして第五章「中世村落生活」は、これら種々の村落制の形態の下にある「純粋に村人的な集団生活」の多様かつ全面的な観察である。清水もいうように、「自然村落生活」というのは一種の抽象物であり、具体的な村落生活はつねに政治的経済的支配の下にあるわけである。清水は「荘」や「保」に貴族的土地所有の対象としての性格を、また「郷」や「村」に武士的領有の対象たる性格を読みとったのであるが、その後者の「郷」「村」については室町時代の守護大名領の基礎としての実態を認め、そこに村人の村落的生活の全貌がもっともよく現れていたと指摘している。

村人の家族形態、惣領を中心とする庶子兄弟の結合、下人や所従、そのなかにおける地侍を含む武士的存在、殿原・中間・若党・名子《なご》や間人《もうと》などが江戸時代のそれよりも中世にあっては村のなかの位置が高く、村の政治を担う一員であったことなどが豊富な材料で具体的に示される。清水は村人を代表するものたちのなかに、名主とならんで僧侶や神官に注意し、彼らの文字にたいする習熟や、農耕や医術の知識が民間宗教家たる彼らの村落行政への参加の道であったとする。村内の警察事務を担当する刀禰、惣追捕使、検校、村の書記として、検地下役人でもあった図師、筆師、あるいは農業とならび漁業や商業によってたつ村々（漁村や商業的村落）における村政の中枢にいた梶取と、彼らのなかから立ち現れる海の武士の存在、鍛冶、番匠、檜物細工、土器《かわらけ》作り、あるいは鋳物師、荘園の年貢米や年貢銭を扱う商人など、中世の村落を構成し、代表する人々の多様な身分職業がここに呈示され分析される。

中世の村落は清水にとって、つねに近世村落との対比によって捉えられていた。中世後期への時代的推移のうちに、商人の活動が活発になり、彼らの村政への進出が顕著になる一方、城下町への武士町人の吸収がみられ、中世村落が内包していた武士的要素・商人的要素が希薄になり、信長・秀吉の地方政策がこれを決定的にした。室町の村落は清水にとって純一な村落とみなされている。そこにみられるのは番頭百姓であり、名主沙汰人である。番頭がいないところではおとな・古老・老衆が全村を代表する自治機関を構成し、村政にあたった。おとなに対置されるのが若衆である。おとな・若衆という古くからの制が村落自治の機関と化し、行政的な寄合をもつようになるのが室町という時代を特色づける。鎌倉時代にはまだ地侍的な名主が村政を牛耳っていた。こうした不純分子が守護のもとに去り、そのあとに純在地的な室町の郷村が現出するとみるのである。室町時代の村落にあって、おとなは外にたいして村を代表し、村の若衆は村落内部の活動の中心をなした。ここには清水が理想とする生きた村落自治が現出していた。

こうした中世に現れた村落自治の精神的中心として、村の神、村の鎮守が位置づけられている。中世寺院は概して村人の個人的生活にかかわり、個人的信仰の面では念仏をとなえて極楽往生を欣求《ごんぐ》していたのにたいし、神社は集団生活を保護支持する精神力として働き、村人全体・国家全体の平安を祈るものとして現れたというのである。こうした観点のもとに国・郡・荘郷など、各レベルの神社とその信仰生活とが詳細に考察される。土地にいます神という土地の意味より、地方民の集団の神としての性格をそこに読みとった清水は、村人の信仰が鎌倉以降、次第に地方化していく現象を捉えている。その一方、室町時代になると国家的信仰の高まりが認められ、守護大名領の形成、近世的国民国家の成熟とともに再び国家的な神が求められるにいたった事実を、清水は荘園文書の起請文の文言をはじめ、多くの事実から読みとっている。寺院もこれに関係した。寺院は村人の個人的信仰にかかわっただけでなく、神仏混淆の時代にあって、寺院の村人の共同生活との結びつきもまた大きかったのである。西大寺の郷にみられる叡尊の用水池をめぐる寺僧と寺辺の衆庶との結びつき、荘園の鐘撞免田の存在から村人に時刻を報じ、時には異変を知らせた中世の鐘の音に注意し、鐘撞免田が村人による自治の進行に伴って現れ、村政の一つの中心となったと述べる。若狭汲部《つるべ》・多烏《たがらす》の村堂としての観音堂の存在、薬師寺の修二会にみられる寺内に置かれた宮座の機能が少なくとも室町初めにさかのぼる事実、そこには仏式神式の行事が一つの宮座で行われていたのであるが、清水はその本質を神道に求め、その精神が共同生活を強め固める神道的精神のものであったとする。清水は日本の神がもつ共同生活擁護の性格に注目するのである。

清水は室町時代の荘園のなかに郷村文化の高度な達成をみている。それらは郷々の田楽、猿楽、細男《せいのお》であり、各地の白拍子、傀儡師《くぐつし》であり、地下《じげ》の若衆の演じる神事能、田舎人の芸の高さであった。室町時代、芸能における都鄙の別は小さかった。「天下泰平国土安穏今日の御祈禱なり」という能の「翁」の祈願の精神、神を楽しませ人も楽しむ芸術的共感がここにあり、芸能が地方の神事に結びついて発達したのであった。連歌も同様であった。これが信長・秀吉の兵農分離政策以前の室町郷村文化の性格であって、そこでは郷村の生活のなかに文化的要素が分有されていたのであった。郷村の自主的な精神が室町文化の基礎であり、室町文化の粋は京都奈良の都市文化であったにしても、その根柢に郷村文化を置いていたという。室町時代、村々は共通の山の神を祭る杣人《そまびと》の連合として、あるいは用水を共有する近隣諸村の連合として村落連合体を形づくった。

中世村落は奈良・平安の異国的貴族的文化を咀嚼選択して日本の土壌に適した文化に編成し、室町文化の基底をつくった。兵農分離は地方文化層の都市集中をもたらし、村落文化は国民文化の標準から置き去られていく運命をたどる。

こうして清水が説いてやまないものは中世村落の文化の高さであった。それは室町の天才的な文化人の手によって洗練されて京都や奈良において真の意味での国民文化に転成され、室町文化を全面開花させていくのであった。この国民文化の基底を建設していた中世民衆のたくましい文化意欲について清水は心をこめて指摘するのである。

＊

余論では、清水は中世の市場が荘園領主経済の一部ではなく、さらに広い国民生活のなかに成長したと「村落と市場」で述べている。中世の市には市屋をもつ市と、店屋をもたぬ行商による市の二つの型があり、前者は地方に中小地主の向上した生活と経済の成立があってそのなかから生まれたとみる。市場の発達もまた国民中堅層の荘園関係からの脱却活動の一形態である。市場が多くの神の計により、神の恵みとして立てられたことを示す武蔵国の祭文《さいもん》、そこに想定される問屋的な市場商人の誕生、直接消費ではなく、生産のための購入消費が奈良京都においてよりも特に村落市場において発生したこと、それを担う層としての市場商人によって近世的な国家意識が早く把握されたであろうこと、彼らはしかし近世の町人ではなく、一面村を離れながら村に結びつけられており、その本質は村人の一部としての名主であったことが述べられている。自然経済の狭隘な枠のなかから、中世商業が成立してくる過程を近世のより発達した商業活動と対比させながら清水はこれらを的確に説明している。

建武中興を意義づけるために中世村落についての清水の所説を展開したのが「建武中興と村落」である。建武新政府は国に国司と守護とを併置した。清水は建武中興の意義を国司守護制の立て直しによって村人を軍事的・政治的に国家的規模のなかに強く引き入れ、そのことによって彼らの愛郷心を強め、自治的郷村の形成に導いたと評価する。地方組織としての国司守護制・村人の愛郷心・それを体現するものとしての自治的郷村の三者がここに提示され、その三者が建武中興の意図した国家形成によって統括させられている。清水は建武中興の意義を近世的国民国家への道をひらいたものであるという。それは村人の生活意識の解放として現れ、荘園内・村落内において終始する狭い生活圏内を離れて国司守護中心のより広い領域生活の確立が日本に近世的国民国家を形成させたというのである。

清水の主張はここでも中世村落の推移に置かれている。清水にとって北条氏の凋落は村落史における地頭の凋落であった。鎌倉後期における村人の意識的政治的団結は地頭非法への抵抗として組織されることが多く、したがって倒幕への企てには地頭打倒の村人の要望と荘園領家側の期待がこめられていた。新政府が地方行政の単位として守護と国司を用い、地頭を重視しなかったのはこのためであるとみる。清水は地頭の領主的経営の推移を問題にして、地頭の凋落は鎌倉時代の地頭・名主の下人私有による耕作をとどめ、彼らを年貢を取得するたんなる地主にかえたと見、ここにより自由な小作関係が一般化し、その下に村人の結合が成立し、「郷村制」に基礎を置く国司守護による地方勢力の統一が始まるとみるのである。

＊

最初に清水の学問のキータームとして自然村落と国家（近世的国民国家）の二つがあったことを指摘した。ただ清水の仕事は国家についてはきわめて抽象的で、国家についての具体的分析はほとんどないに等しい。村落について執拗に事実を掘り起こし、これを全面的に明らかにしようとしていたのと対照的である。守護の領国について清水は、近世的国民国家への可能性をそこに読みとっているのであるが、それがきわめて観念的かつ抽象的なままに放置されていることを指摘しておかなければならない。清水が国民国家を口にするとき、つねに念頭に置かれていたのは一九四〇年代前半の、第二次世界大戦を戦う大日本帝国のあり方であった。かつてマルクス主義に傾いたことのあった清水は時の日本国家に批判的言辞をもらしていない。彼はあるべき国家のあり方、民衆の自治にささえられた真の意味での国家形成をただ抽象的に説くのみである。こうした清水をどうみるかはむつかしい。清水は私の解釈では現実の日本帝国のありように意識的・無意識的に目をつぶったのだと思う。それが精一杯の清水の抵抗ではなかったかと、このように敗戦後実に半世紀を過ぎて、私は思うのである。そこにまた清水の大きな限界があったのであると。

しかし国家をリアルにみることなく、その現実のあり方との格闘を避けたところに、一方の自然村落ともろもろの中世の村制度との相互の関連が生き生きと分析されえた側面があったといわなければならない。ここには、現在の歴史学にとっても示唆深く、含蓄に富んだ分析の数々がちりばめられているのである。それは悲しい事実である。

清水は出征にさいして後輩の林屋辰三郎に一篇の論文を託した。林屋は敗戦の直後、志を同じくする友人とともに新しい希望にもえて京都の地に日本史研究会を創設し、その機関誌として『日本史研究』を創刊した。清水の後輩の歴史家たちは、林屋に託した清水の論文を『日本史研究』創刊号の巻頭に載せて彼の帰国を待った。清水は帰ってはこなかったけれども、林屋たちが設立した日本史研究会は東京の歴史学研究会とならんで、戦後歴史学を担う中心的な大学会となり、日本の歴史学を内外に代表して現在にいたっている。

Ⅸ　石母田中世史の軌跡

旧稿は京都民科歴史部会が「石母田史学をめぐって」と題して開催した一九八七年五月の例会で、古代史の山尾幸久さんと並んで中世史の側から報告したものである。石母田正氏が亡くなった翌年のことであった。二人の報告はその後『新しい歴史学のために』一八九号（一九八七年）に掲載された。

いま読み返してみると、国地頭論の部分が、一般の読者にはわかりにくいと思う。実際この論争は論理が複雑で、そこに入りこんでしまわないとなかなか理解しにくい。昔、田中稔さんや上横手雅敬さんに誘われて中世の幕府法から公家法にいたる諸史料の輪読会に参加していた頃のこと、お二人の話題がしばしば複雑な地頭論争への言及になった。当時、社会経済史の研究を志していた私は、論争の複雑さにうんざりして「どうでもいいから、早く黒白の決着をつけてくださいよ」とよくいったものである。「君、やってみるとおもしろいよ」と田中さんが笑っていた。のちに私自身がこの論争にのめり込むことになるのだが、論争をことさら複雑にした犯人は石母田さんであったと思う。石母田さんには報告でもふれた寿永二年十月宣旨をめぐる佐藤進一さんの批判がこたえたと思う。佐藤さんの批判には、歴史学における実証とは何かという問題が存在しており、ひょっとすると問題は明治の修史館史学以来の日本近代史学のあり方の根底にふれていたのかもしれない。

国地頭論文を提示することによって石母田さんは、史的唯物論の高度な論理と歴史科学との並存が可能であることを具体的な仕事によって証明してみせたかったにちがいないと思う。それが佐藤批判に答える方法となるはずであった。史的唯物論がもし本当に正しいのならば、それは歴史科学の批判に堪えられるだけの内容を備えていなければならない、と私も思う。しかし国地頭（石母田さんの言葉では「一国地頭職」）の発見は見事であったが、政治史における実証の意味を石母田さんは完全に取り違えており、歴史を理解する論理にもふらつきが目立つ。そのことの結果がこの議論をやたらに複雑にしている。石母田さんはどこかで自分の失敗に気づいていたと思う。それでなければ国地頭について突然口をとざし、そのことについて、以後一切語らなかったその態度が不可解に過ぎるであろう。

石母田さんはその昔、まだ学部学生であった河音能平さんの石母田批判の文章にたいして、君たちはその批判を理屈ではなく、事実の裏づけで具体的に展開して欲しい、自分はそういうふうに努力してきた、そして自分はいつでも、自分の立てた論理を発表する前に、この論理がどこから破綻するかをじっくりと検討してから、再度、その論理を構築し直して発表している、という趣旨の返事を書いている。河音さんは学生下宿を転々とするうちに、大事な返事の手紙をなくしてしまったということである。その後の石母田さんをみていると、この人は自分を批判しようとする後進を前にして、自己の論理をより高く、より堅固に固め、そこに立ちはだかることにこそ自分の果たすべき任務があり、またそれによって次代の学問が鍛えられるのだと本気で考えていたふしがある。

石母田さんが黒田俊雄さんの権門体制論にたいし、最後まで一顧だにしなかったのも、それが正しかったか否かは別にして、そうした石母田さんらしい決意の一つの現れだったのだろうか。あるいはそれとも佐藤批判にまともに答えることに失敗した石母田さんの側に、急速な気力の衰えがあったのだろうか、ここは私にはわからない。いずれにせよ石母田さんからの本格的な権門体制論批判が聞けなかったのは、私たちにとっては、まことに残念なことであった。

政治が目前の課題になるということは、常に若い階級の特質である。

—石母田正『中世的世界の形成』文庫本三三五～三三六頁—

本日は『中世的世界の形成』（一九四六年、文庫本一九八五年。本稿は後者による）、『古代末期政治史序説』（一九五六年）、「鎌倉幕府一国地頭職の成立」（石母田・佐藤編『中世の法と国家』一九六〇年）、それから岩波の日本思想大系『中世政治社会思想』（一九七二年）の上巻にお書きになった「解説」という、石母田さんの中世史にかんする四つの峰をなすお仕事をたどりながら、石母田さんが日本の中世史学に残していった仕事の意味について考えてみたいと思います。

最初に今日、私の話を聞いて下さる若い諸君に、石母田さんの著作のなかから一つの言葉を選んで差し上げたいと思います。それは最初に掲げた「政治が目前の課題になるということは、常に若い階級の特質である」という短い言葉であります。石母田さんの学問は、

「政治を目前の課題」にせざるをえなかったかつての一時期の日本の若者たちのために捧げられたものであったと私は思います。そのことをおいて彼の学問はなかったでありましょう。そうした彼のいう「若い階級」の姿があいまいになればなるほど、石母田さんの学問は若者にとって遠くかすかなものになっていくようにみえます。

しかし、いまはその時期ではないのでしょうが、おそらく歴史はまたくりかえし、政治の課題は時として若者の心を捉えるでありましょう。たしかに石母田さんの学問は政治史でありました。それは政治というものが頭から離れることのなかった世代に生きた人たちのための学問でありました。

ずいぶん早くから、私は石母田さんの著作に親しんできました。その私に石母田さんの学問の全体がおぼろげながらみえてきたのは、一九七〇年のことでした。私はそのことを、ある会で話し、その結果をかなり時間がたってからではありましたが活字にしました（日本史研究会春季講演「封建制と村落共同体——鈴木・石母田論争にふれて——」一九七〇年。のちに『日本中世農村史の研究』所収「中世農村史研究の課題」）。私が氏の学問についていいたいことはすでにそこで述べておりますので、それをここではくりかえしたくありません。私はそこで、氏の学問の生産様式論上の特色を「古代社会から中世社会への転換過程における直接生産者の奴隷から農奴への直接の形態変換」の理論であることを強調し、またそのような理論的立場の政治史における表現形態を「英雄時代構想を基軸とする歴史理解」

であると述べております。石母田さんの論理は多彩かつ多弁でありますが、どの部分をとっても右の二つの大きな枠組みをでることはない。したがって、この二つの点で、石母田さんの論理的破綻が明白であり、政治史の構想に無理があるとすれば、新しい学問は石母田さんを越えて進まなければならぬと考えたのであります。

そのような考えを活字の形で発表した当時、私は中世史の基本的骨組みを中世村落・領主制・身分制の三点にわたって検討し、それぞれ石母田さんの理解に従えないことを述べたのでありますが、前二者にくらべて身分制研究についての石母田批判は十分に意をつくすまでにはいたっておりません。それはあとでもふれますように、中世の国家をどのように理解するか、また鎌倉幕府をどのように位置づけるか、という問題と深くかかわっております。

今日はそのような私のこれまでの石母田さんとのかかわり方を前提にした上で、問題を日本中世史研究、特に幕府論に限定して石母田史学の足跡をふりかえってみたいと思います。

さきほど申しましたとおり、石母田さんが中世史研究に残していった仕事には大きくいって、四つの頂上があったと思います。

第一の峰は、いうまでもなく『中世的世界の形成』であって、石母田さんが三十三歳のときの作品であります。石母田さんの資質がもっともよく発揮され、豊かな混沌を秘めた作品であり、文字どおり氏の代表作といって過言ではないのでありますが、身分制の議論からすると、その欠陥はすでに胚胎しておりました。

第二の頂上は、『古代末期政治史序説』に結実していった一連の仕事であって、これは「社会構成史大系」におさめられた『古代末期における政治過程及び政治形態』を含めてほぼ一九五〇年から五六年にかけて、石母田さんの三十代の後半から四十代前半にかけての時期の仕事であります。石母田さんはこの過程でのちにいわゆる「領主制理論」といわれるようになった理論を整序し、完成させていったとみられます。『中世的世界の形成』段階ではまだ形成の途中にあった領主制論がここで前面に押し出された結果、切り捨てられたものもあり、その欠陥もまたみやすくなっております。

第三の頂上は、一国地頭職、すなわち国地頭の発見につらなる一連の「吾妻鏡」の本文批判にかかわる仕事であります。これは一九五六年から六〇年にかけて、石母田さんの四十代を代表する仕事でありますが、これは佐藤進一氏をはじめとする当時の東京大学のアカデミズム史学へのある意味での挑戦に貫かれた作業でありました。石母田さんはここで少なくとも主観的にマルクス主義実証史学の構築に真剣に取り組んだつもりであったと思われます。しかしそれは無残な敗北に終わりました（氏が一国地頭職の論文を発表しておいて、突如その仕事を中断したのは四十七歳のことでありました）。この仕事をとおして氏がやりとげねばならなかったことは鎌倉幕府論ないしは中世国家論の構築だったはずであります。どうしてこれが未完成に終わったのか。それは、つぎの第四の氏の「解説」の仕事をみればよくわかるでしょう。ただここで、忘れられないのはこれと相前後する、より正確にはその直前に発表された『平家物語』（岩波新書、一九五七年）のことであります。この仕事はもともと鎌倉時代史構築へむけての氏の大きな構想の一環をなすものであったにちがいありません。

ところで一国地頭の仕事を中断したまま、十数年にわたり古代の国際的契機と首長制にかかわる日本古代国家論構築の仕事に没頭していた石母田さんが久方振りに中世史へむけて最後に発言したのが『中世政治社会思想』上の「解説」であります。石母田さん五十九歳の仕事であり、前三者にくらべるとこれははるかに小ぶりであり、また内容にも乏しいといわざるをえないのですが、中世における国家と「礼の秩序」との関係についての発言が含まれておって、そこにおける佐藤進一・石井進・笠松宏至・勝俣鎮夫などの人たちとのかかわりもあって、少なくとも氏の意気込みからすれば、これもまた一つの峰をなして、善きにつけ、悪しきにつけ、石母田中世史学の全体を見通す上で欠かすことのできない視座を提供していると思います。

1 『中世的世界の形成』における鎌倉幕府論

『中世的世界の形成』（以下、『形成』とも省略）の第三章「源俊方」の第三節には、「中世の敗北」というテーマが与えられています。この第三節の後半部、すなわち第二の小節には表題こそありませんが、石母田さん自身の鎌倉幕府論、あるいは源頼朝論のいわば原点にあった考えが展開されております。

石母田さんが問題にしたのは、頼朝の「保守的政治」でした。「われわれはさきにこの地方における中世的世界の成立が、藤原実遠の没落と源俊方の敗北において二度その機会を喪ったことを見た。……しかし真実には頼朝の保守的政治のために中世は三度敗北したのである」（二五三頁）と述べております。これが第三節「中世の敗北」の結論であり、また第四章「黒田悪党」を含めて全四章からなる本書のうちの前半部（第一章「藤原実遠」・第二章「東大寺」、第三章「源俊方」）における石母田さんの中間総括でありました。

つまり南伊賀を舞台とする実遠所領の没落とそれにつづく源俊方の武士団の敗北という二度の中世の敗北ののちに石母田さんは鎌倉幕府の政策に起因する三度目の敗北を置きました。

石母田さんがここで強調するのは、「腐敗せる寺院の粛正」です。なぜならば、「旧大寺はその有する兵力、組織された権力、その精神的影響力」からみて、「平安末期におけるただ一つの統一ある政治的勢力」として存在し、そのため「旧寺院に対する政策は、頼朝の旧勢力に対する政治」の「もっとも重要な一環」（二四七頁）をなしていたのであるから、「鎌倉幕府の成立という大きな政治的変革に際して、東大寺領を含めて旧大寺の所領が如何なる運命になるかは、畿内一円の諸国、したがって南伊賀地方の歴史にとっても決定的に重要」(二四五〜二四六頁)であったからであります。こうして石母田さんは頼朝にたいして「腐敗せる寺院の粛正」(二四七頁)を説いてやまないのです。

しかし頼朝は、寿永二年(一一八三)十月の院への三箇条の奏請における「拙劣なる措置」(二四七頁)の結果、平氏の押領になる所領の本寺本社への返還を許し、さらに翌元暦元年(一一八四)二月の四箇条奏上において僧家武具の禁圧を求めるなどの意図を示しつつも、ついに旧大寺の現実的基盤をなした寺領そのものにたいしては明確な政策を取るまでにいたらなかったというのです。石母田さんにいわせると、頼朝は平家のごとき強硬な対寺院政策(南都焼打ちほか)を継承することなく、また承安三年(一一七三)の後白河上皇による興福寺別当以下の解官・停任・配流、さらに東大寺・興福寺以下十五大寺の寺領末寺荘園の没収(二五一頁)などが示すがごとき強硬な対寺院政策を受け継ぐこともなく、旧寺院にたいする優柔不断な政策をとりつづけたというのであります。

ここで頼朝がなすべきことは、第一に、文治二年(一一八六)に奏請、翌年設置の「記録所」を通じて、朝廷の権威と幕府の武力を背景に、本所・御家人間、本所・国衙間の所領紛争にみずから積極的に関与し、寺領変革を押し進めるべきであったというのであります。それから第二に、頼朝は文治元年の守護地頭補任権掌握にみせた「卓抜な政治的手腕」(二四七頁)をもって最後まで、荘公一律の守護地頭補任を押し通すべきであったとするのです。
このようにして文治二年六月および七月の頼朝による守護地頭制の修正（二四五頁）は、石母田さんによって頼朝の「政治的無責任」（二五二頁）、「政治に対する無理念と無定見」（同上）の現れだとされました。
私自身の地頭理解をあてはめてみますと、文治二年六月ないし七月というのは、前年十一月設定の国地頭制の放棄の時点なのですが、『形成』が書かれた時点では、のちに石母田さん自身によって発見されることになる国地頭（一国地頭）は知られておりませんでしたので、意味はちがうのですが、その同じ事件を捉えて石母田さんは、ここで頼朝が寺領改革の可能性を放棄した、と説明したのです。
私はここのところの石母田さんの説明に、いわば短絡的とでもいえることさらに激しい倫理道徳観のようなものがあって、その冷静さを欠いた情緒的短絡的な反応が気になるのです。たとえば、
頼朝が真に……寺院の腐敗と政治関与を否定する誠実さをもっていたならば、何故彼は寺領の問題についてかくも小心翼々として寺家に追従したのであろうか（二五四頁）。
とか、あるいはまた、
頼朝は自己の歴史的任務を国家の鎮護であると考えたのであったが、国家の守護とは

けっして兇徒の追討のみにあるのではなく、平安末期における退廃せる政治とその基礎をなす古代的な土地所有の否定にあることを認識すべきであった（二五四頁）。

などと述べるのであります。つまり『形成』の前半部全三章の中間総括として石母田さんが述べるのは、中世を敗北に導いた究極のものは、頼朝の誠実さの欠如にあった、というに等しい調子であります。

これはずいぶん目茶苦茶な議論です。頼朝には当然のことながら、内乱を起こし、それを勝利に導くまでのさまざまな戦略と戦術とがありました。石母田さん自身が『形成』執筆当時における院政時代の政治史研究の空白状態を指摘（二五八頁、注(14)）しているとおり、ここにはまだ同時代社会の全体の政治状況の分析がほとんどありません。『形成』は当時わずか三十三歳であった石母田さんが、戦時下の東京の、空襲の激しい困難な状況のなかで、わずか一月あまりで書き上げたものです。そういう状況にあったこの本について、上記のような点を深く追及するのはあるいは酷であるというふうにもいえないわけではありませんが、しかし、石母田さんはこういうことについてひどく断定的です。石母田さんの学問には慎重で複雑な個々の分析の外枠に検討から外されてしまった前提があって、それが大きな問題点を抱えている。鎌倉幕府論はそういったもののうちでかなり重要なものの一つだと私は考えます。

『形成』を第一の峰とすると、『古代末期政治史序説』は石母田中世史学の第二の峰をなします。ここでは院政期の政治状況が捉えられ、石母田さんの領主制理論が全面的に整序され、展開された形で示されるようになっております。このことは決して忘れることのできない史学史上の仕事でありましたが、時間の関係でここでは、先を急ぎたいと思います。

2 国地頭論の方法

一九五八年に佐藤進一さんが石母田さんの「歴史認識の方法」を批判したことがありました（「歴史認識の方法についての覚え書」『思想』四〇四号）。「歴史認識の方法」とはいいかえれば歴史理論のことですが、佐藤さんは歴史認識の方法（歴史理論）には歴史学を法則科学として体系づけるものと、歴史を個性的なもの、特殊具体的なものとして認識しようとする行き方があること、両者いずれの場合にあってもその基礎に実証的方法が存在していること、そしてこの方法、すなわち今日残された史料から事実を再構成するための技術的方法が高められ、十分駆使されているようにみえないことをあげて、当時の歴史学界の動向を批判し、その一例として石母田さんの仕事にふれ、石母田さんには、「実証面の正誤・当否を追求することなく、他の論理を導入することによって、対立する見解の調和をはかろうとする傾向がある」と批判したのでした。

具体的な事例としてあげられておりますのは、頼朝が後白河上皇から最初に東国行政権を与えられたとされる寿永二年十月宣旨の解釈についてであります。これは宣旨の本文が残っておりませんので、二つのことが断片的にわかる。片方は、頼朝にたいして、後白河が旧来の荘園領主の所領を返還するようにいっている部分、もう一つの部分は、もしもこれに従わない者があるならば、頼朝に命じて沙汰をすると述べているものです。それを佐藤進一さんは後白河上皇が頼朝にたいして東国にかんする行政権を与えたものであり、公権授与の宣旨であるとし、ここに公法上に認められた最初の鎌倉幕府の出発点があると述べました。これにたいし、石井良助博士がこれを後白河上皇が頼朝にたいし、東国の荘園公領をもとの荘園領主に返還させた宣旨だとして、佐藤さんを批判したのです。石母田さんは、この佐藤説・石井良助説の両説をともに朝廷と頼朝の政治関係の二側面を表すものと捉え、一種の調和説をとりました（「鎌倉政権の成立過程について」『歴史学研究』二〇〇号）。佐藤さんの論文はそのことを批判したもので、佐藤さんは、この宣旨が頼朝に与えられたものであること、中世の文書授与の手続き原則からいうと、文書を与えられた者こそがそれにかかわる権利の受権者にほかならないのであって、頼朝が伊勢国にたいしてこの宣旨施行のための使者を派遣した（『玉葉』）ことからみて、ここでは頼朝が宣旨の受け取り人であり、したがって頼朝をこのときの受権者とする佐藤さんの解釈が唯一の正しい解釈であると述べたのでした。

　これは、実証の問題でありましたし、また、石母田さんが考えたかぎりでの、相対立する矛盾のなかに歴史の展開をみようとした石母田政治史（史的唯物論）の方法の根幹にふれる問題でもあったものですから石母田さんにはかなりこたえただろうと思います。

国地頭（石母田さん自身の言葉で申しますと一国地頭職）の発見はそういった佐藤さんの批判にたいする石母田さんの解答でありました。一九五七年から六〇年にかけて、矢継ぎ早に石母田さんの中世史の第三のピークの仕事が出てきます。文治二年の兵粮米停止の論文、同じ時期の守護地頭停止にかんする論文、それから小さいものですが、一の谷合戦の史料、平氏政権の総官職にかんするもの、日本国総守護職の論文、最後にこの一国地頭職の論文であります、しかしこの論文を一九六〇年のはじめに発表したあと、石母田さんは突如中世史から足を洗いました。いわば古代史への華麗なる転身をとげたのです。

さて、石母田さんの「鎌倉幕府一国地頭職の成立」は長い研究史をもつこの問題に画期的といいうる方向転換を余儀なくさせた大論文でありました。

そこにおける石母田さんの業績、あるいは仕事の特徴をあげてみますと、つぎのようにいうことができるでしょう。

①史料批判の水準を引き上げたこと。「吾妻鏡」の編者の文章（地の文）と編者が引用した史料（原文）とを区別し、後者を当時の確実な史料、前者を後世の作文とみなし、守護地頭研究（ないしは鎌倉幕府研究）における確実な史料を確定したこと。九条兼実の日記「玉葉」の記事がしばしば「伝聞」の制約を免れえないものの、同時代の確実な史料として扱われるようになったことなど、この面での石母田さんの功績は計り知

れないものがあります。

②一国地頭職の発見。従来知られていた荘郷地頭とは区別される国という行政単位に設置された地頭の存在を明らかにしたこと。これは①の実証水準の高まりに支えられた史料批判によってはじめて可能になったものです。

③文治元年の幕府の「一国地頭職」の先行形態として、同年の源義経・行家の「四国九国地頭職」ならびに、その前提をなす治承五年二月の平家の家人平盛俊の「丹波国諸荘園総下司職」、寿永二年七月の木曾義仲の兵粮米にかんする「賜国」問題をそれぞれ明確に位置づけ検討したこと。

④この時期の政治的課題を「兵士・兵粮米」問題に集約して捉え、この問題を基軸にして③にかかげた四者を位置づけ、その異同と歴史的展開を論じたこと。

⑤「玉葉」文治元年十一月二十八日の記事全体（この記事を読むためにこそ、この論文が執筆されている）が、文治「地頭職」にかんする記事であるという前提に立った上で、事態を整合的に理解するためにこの論文を書いたとする不可解な態度を貫いたこと。つまり「通説」にいちおう従って論述されてはいるが、自分は右の結論には責任をもたないと言明したこと。

⑥逆に右の「玉葉」の記事が文治の「惣追捕使」にかんする記事としても、十分成り立ちうることが、特に一章を立てて述べられていること（X　玉葉の記事の解釈につい

て）。つまり、この論文は国地頭とは何の関係もなく、惣追捕使（守護）職の分析であるかも知れないと述べるに等しい態度を持したこと。

⑦右の制度上の問題を解決した上でこれを政治史に結びつけようとする研究スタイルを維持していること。つまり絶えず政治史の深みに問題を投げかけ、そこから解決の糸口を探るのではなく、制度だけを切り離してさきに考察しようとしたこと。

等であります。

以上のうち、最初の二点、特に、②の国地頭の存在の発見は石母田さん自身の留保にもかかわらず、現在ではほとんど異論がなく、長く記憶にとどめられるべき仕事になっていると思います。（補注）

ところで、こうして並べてみると、石母田さんの国地頭（＝国地頭職）論の抱えている問題点がほぼ浮かび上がってくることと思います。私の判断では、石母田さんの国地頭論の足をすくったのは結局は、④の「兵士・兵粮米」問題の処理であったと思います。石母田さんはこの問題を軸にして関連するすべての問題を処理しようとした。承久の乱後の新補地頭率法に代表してみられるような鎌倉の地頭の段別五升の加徴米と源平内乱期における反別五升の兵粮米とが制度的にも系譜的にも全くつながりのないものであることはいまでは明白な事実でありますが、そのことの混同があったためでしょうか、石母田さんは地頭の物質的基礎としての「兵粮米」に最後までこだわりつづけました。

なるほど③にみえます治承五年二月の「丹波国諸荘園総下司」が京都周辺の九国に置かれるべき「武勇之国宰」にかわり、その代案の制度たる「九国惣官」設置のあとで、もっぱらその制度的不備をおぎなうための「総下司職」として、東国追討、特に同年三月の墨俣河合戦をひかえた平家による荘公一円の兵士・兵粮米賦課のために設置されたものであったことは石母田さんのいうとおりでありましょう（三六〜三九頁）。しかし、この「兵粮米」問題がひきつづき義経・行家の「四国九国地頭」職ならびに鎌倉幕府の文治「守護地頭」問題の全体を貫く最重要課題でありつづけたとするのは、明らかに論証不足であり、行き過ぎであります。もちろん「兵粮米」問題がその一環として問題であったことは疑いありませんが、他の重要課題を見落としてよいはずはありません。頼朝は文治元年の段別五升の兵粮米徴収を翌二年には早々と停止してしまいます。頼朝にとってはこの「兵粮米」問題はより高度な政治的課題とくらべれば、それに従属すべき戦術上の手段以上のものではありませんでした。

しかし「兵粮米」問題にこだわるあまり、石母田さんは文治二年に実施された頼朝による兵粮米徴収の全面的な停止を、部分的なものにすぎなかったといって否定しようとしました。しかし石母田さんの証明はうまくいきませんでした。

第一、石母田さんは内乱の初期においては常に「兵士・兵粮米」が問題になっていたのに、内乱の過程で急速に「兵士」問題が消えていく事実に注意しながら、平家軍制の基本的傾向を兵士・兵粮米の未分離、国衙権力を通じてする国内平均の課役の実現にあったと断言し、これを在地領主制＝武士団編成による鎌倉方の軍制と対比しているではありませんか（八二〜八四頁）。平氏の軍隊が「駆武者」集団としての弱点を克服しえなかったこと と、またこれとは逆に源氏軍制においては、「御家人兵士役」の「兵粮米」問題からの分離独立があったことを、石母田さん自身が指摘しているではありませんか。

いずれにしても、「兵士・兵粮米」の未分離が急速に解消した結果、「丹波国総下司」盛俊の時点、つまり墨俣河合戦前夜における平氏を苦しめた軍制問題は、源氏においては解消していたのであると石母田さん自身がいうのであります。この石母田さん自身のこうした観点は「兵粮米」問題を、より広い観点で見直さねばならぬことをおのずからにして語っているでありましょう。

ではどうして石母田さんは、「兵粮米」問題の呪縛から逃れることができなかったのでしょうか。これには、石母田地頭論が継承していた中田薫説との連関ももちろんあるのですが、私は⑦に指摘したような石母田さんの「制度」研究と「政治史」研究の無理な分離に問題があったと思います。政治史における「理解」＝位置づけと分離されたために、「兵士・兵粮米」を中心課題に置くという石母田さん自身が依拠した仮定（仮説）は、はじめから再検討の機会を失していたのです。

私の理解では、ここには源平内乱の中心的課題を置かねばなりません。その中心的課題とは、いうまでもなく日本における領主制の確立とその存続の問題であり、成立したばかりの武家権力の命運いかんの問題でありました。これを裏返せば荘園制自体の存続の問題であり、ひいては中世国家のあらゆる面の根柢にふれる問題でありました。当然のこととして、「兵士・兵粮米」問題はそういった広範で深刻な問題の不可欠の一環ではありましたが、しかし見方によってはそこにおける一個の戦術問題にすぎないものでした。戦術上の問題は全体のなかで意味を問われ、位置づけられなければなりません。石母田地頭論ではこの肝心のところが検証されていないのです。政治史研究と制度史研究の分離、これは当然のことでありますが、石母田さんにあっては分離の仕方に反省がない。

ここでは、⑤⑥で指摘したような「玉葉」の解釈が問題です。この問題についての石母田さんの論理を追うとつぎのようなものでありましょう。

A　地頭［国地頭］解釈成立の可能性　兵粮米は地頭の物質的基礎（得分）である→兵粮米は荘公平均の一国賦課をその形式とする→国という行政単位と不可分である→文治の国地頭

B　惣追捕使［守護］解釈成立の可能性　兵粮米は守護が徴収した（承久の乱）→守護は一国（国という行政単位）に置かれた→軍事指揮者としての惣追捕使（守護）による兵粮米徴収→文治の惣追捕使

石母田さんは文中で、「一つの観点を指摘しておくにとどめたい」というような発言をくりかえしております。上の「玉葉」の記事の解釈についてもこの立場を堅持し、論文における最重要問題の位置づけ＝解釈の確定を避けたのです。私はこのことをたいへん残念に思います。おそらくこの解釈を確定することによって、成立期における鎌倉幕府が当面せざるをえなかった政治的課題の検討が容易になり、石母田さんの学問の分析力が格段の進捗を示したであろうことを確信するからです。

〈確定した解釈＝概念〉を使うことなしに、あいまいな存在をもって複雑な歴史過程を見通すことは極度に困難なことです。しかし学問が一歩一歩進歩していくことに思いをいたせば、それぞれの時点における最良の仮説の提示は仮説自身の有効性の問題を含めて、全体の学問のなかで検証されていくべきものと思われます。しかし石母田さんは完全な解釈の到来が制度研究の内部だけで確定されるまで待つ、という方針を変えませんでした。おそらくそれがもっとも実証的に優れた研究方法だと考えたのでしょう。確定された概念をもって、特定の仮説を定立し、それをもとにして幕府成立史をつきくずしつきくずしながら、だんだん真実に近づいていくという方法を石母田さんはとらなかったのです。

いまから考えてみますと、石母田さんは、彼が発見した事実を基礎にして理論を組み立てるということをやらなかったのです。石母田さんがとった方法のおかげで、この頃から鎌倉幕府論をめぐる議論が一挙に複雑になりました。多くの人があああも考えられる、こうも考えられるといいだしたからです。

①でいいましたように、石母田さんが選びだした守護地頭論における「確実な史料」は数少ないものですが、それらはいずれも幕府成立史上の決定的な転換を担った文書史料の類であります。こういうものは、そのとき一回限りの状況のなかで書かれた書状であり、奏請であったわけでありまして、そういう具体的な政治状況との関連なしには、およそ正確に言葉の意味を解釈することは本来不可能なことでありました。それを「制度」の研究と称して、具体的なそのとき、そのときの政治状況から切り離して抽象的な議論を弄ぶ傾向がなかったでありましょうか。

いずれにせよ、この論文を最後にしたままの、石母田さんの突然の中世史からの撤退によって、私たちは石母田さん自身による本格的な幕府論をついに聞けずに終わったわけであります。

石母田さんの鎌倉幕府論の展開を考えてみますと、石母田さんは結局、かつて『中世的世界の形成』第三章「源俊方」三節「中世の敗北」の最後のところで述べておりました幕府論ないし頼朝論を最後まで克服しなかったのでありましょう。新しく発見した国地頭が提起してくる諸問題を、かつての歴史理解の枠組みにぶつけることをせずに終わってしまったのです。

ここで、もう一つ付け加えておきたいのは、岩波新書の『平家物語』のことであります。この本は国地頭に結実した諸論文とほぼ併行して書かれております。これはまた名著であって、私ももちろんたいへん感銘をうけたものですが、この『平家物語』と国地頭とが石母田さんの幕府論構築のために一連のものとして実をむすぶまでにいたらなかったのも返す返す残念なことでした。木下順二がどこかで書いておりましたが、この本が創作上の衝撃となって戯曲「子午線の祀り」が生まれたといいます。石母田さんの真骨頂はあるいはこちらにあったのかもしれません。

3 「礼」の秩序

その石母田さんが久方振りに、それも最後に日本中世について本格的な発言をしたのが『中世政治社会思想』上巻の解説であります。そこで石母田さんは中世武家法を、①御成敗式目と追加法、②在地領主法、③戦国家法の三系列に分けて解説を加えました。私は石母田さんの特徴的な国家論がここには伏在していると思います。

石母田さんは鎌倉幕府法ならびに戦国家法の説明にあたって幕府や戦国大名が「国家」としての実体を備えており、これらがこうした国家によって制定された法であると強調しております。

石母田さんは「国家」権力たることの要件として、

(a) 権力意思の強制のための物理的強制力があること。「組織された強力」として存在すること。

（b）領域的権力であること。すなわち、この権力が一定の領域にわたり、一般的に行使されること（五六七頁）。

の二点をあげてこれを規定するのですが、その前提にたって、まず寿永二年段階の頼朝権力を「東国に成立した新しい「国家」またはその端緒」（五六七～五六八頁）だといい、また鎌倉幕府については、東国での「領域全体の検断権」「民庶をふくむ諸身分の訴訟裁断」「各種の行政権（勧農・祭祀その他）」「独自の身分秩序の形成」などをあげてこれを特徴づけ、ここには、「公権力・国家権力に必要なすべての機能」があると述べながら、鎌倉殿の権力が「本所的・権門的政権でなく、独自の公権力または国家である」（五八五頁）としております。

つぎに戦国大名については、戦国家法の主体を主君によって代表される「公権力または国家」であると規定しつつ、そこには、（a）組織体としての権力のあり方（合議を伴う意志決定とその細則の存在）があり、（b）組織の下部には一定の官僚制（評定衆・奉行衆―郡代・代官などと、それに対応する支城―領―衆といった領域的編成など）がみられ、さらに、（c）その統治には、準拠すべき非人格的法規（客観的規範・戦国法）の創出があると指摘し、かつその組織体が分国（一定領域）の人民を「組織された強力」として包括的に支配する場合、これは「国家または公権力」（六三七頁）にほかならないと述べております。

また他の箇所では、同じことを戦国大名が、（イ）最高の軍事指揮権をもち、（ロ）徴税権、検注権を含む行政権と裁判権を掌握し、(八) より上級の権威または法規範によって拘束されない独自の法制定権を行使し、(二) ある程度の家産制的官僚制を整備していることに注意をうながしながら、戦国大名はまず領国内にむけて「一個の公権力」(国家) として成立し、対外的にも実際にそのように認識され、「国家」として扱われていた (六四〇〜六四一頁) とくりかえしいっています。

このような石母田さんの説明のうち、もっとも強調されているのは、鎌倉幕府については、これが①本所権門的政権ではない、そうした存在を越えた独自の公権力ないし国家である、とする点にありましょう。たとえば、侍所―守護体制の武力編成が「国」という領域的・行政的原理・非人格的原理に媒介されていると述べて、これを権門的組織とは異質だとします (五六八頁)。ここのところは、当然すでに一九六三年に発表されていた黒田俊雄さんの「権門体制論」(「中世の国家と天皇」『岩波講座日本歴史』中世2) にたいする石母田さんの否定回答だと読まなければなりません。そのことを石母田さんは言外に語っているのです。

また②として、石母田さんの強調点は幕府がより上級の法規範によって拘束されない独自の法制定権を行使しているという点でありましょう (五八五頁)。すなわち、幕府法は公家法に従属していないというわけであります。

ところで、石母田さんは、幕府や戦国大名を国家だと強調する一方、そこに残された問題を国家や法とは別の次元の問題として処理しようとしました。それが「礼」の秩序（身分的尊卑観念）の問題です。たとえばつぎのようにいいます。「中世末期における天皇制の問題は、法や国家権力の問題ではなく、身分的尊卑の観念であるとすれば、上から下まで一貫する「礼」の秩序の側面をみのがすわけにはゆかない」（六四二頁）。あるいはまた「法と統治権の領域では独立で主権的な権力を確立した戦国諸大名も、「礼」の側面においては室町将軍の秩序のなかに組入れられていた」（六四一頁）。「戦国大名の中央にたいする権威志向的側面があるとすれば、それは法とは別個の領域の問題として提起される」（同上）というふうに。

このようにして、鎌倉幕府ならびに戦国大名を積極的に国家として位置づけようとすることは、石母田さんにあっては朝廷（天皇）の規定を国家原理以外の要素で説明しなければならないということになりました。鎌倉幕府の場合、ここではそのような朝廷（天皇）についての積極的な言及はみられないのですが、しかし戦国大名についていえば、天皇は明らかに「礼」の秩序の頂点に立つ存在として描かれる。このことは鎌倉幕府論の場合にあっても原理的にいえば同じ結果にならざるをえないでありましょう。いずれにせよ幕府＝（東国）国家論を推進することによって明瞭になるのは、このような立場に立脚するかぎり「礼」の秩序そのものを説明しないことには中世社会の重要なことは何もわからないということになります。

しかし、残念なことに「礼」の秩序について、私はこの論文から何か積極的な内容を聞きだすことはできませんでした。「礼」の秩序とは、身分の尊卑を明らかにするものであり、法とならぶ重要な機能をもっており、将軍家または天皇を頂点とする秩序であり、さらに在地においても独自に身分的尊卑の観念を再生産するものだ云々と、こういったことを指摘しながら、石母田さんは、広汎な名主・百姓層の「家」(家格)の問題も「礼」の秩序の問題であり、村落共同体から排除された中世独自の被差別民の存在も「礼」の秩序の問題だ、というふうにいいます。

しかし、石母田さんが、小早川弘景置文十五条のなかの「正月御弓の事、一番親類、二番山田・萱野、三番手島衆」などをあげて、正月にこういう者が順番にやってくるという「儀礼」があるといい、さらにまた、在地の年中行事や祭祀儀礼というのは秩序維持機能をもっていると指摘しているのを聞いても、それはそのとおりだと思いますが、そこにおける「秩序維持機能」を「礼」の秩序という言葉に置き換えるだけで、中世社会の重要な部分がみえてくるというたしかな手ごたえを得られないのです。

礼の秩序を国家や法の問題から切り離してしまうのならば、つぎに当然両者のかかわりが説明されなければならないでありましょう。石母田さんはそこのところを二つのものがともに機能するとみているようであります。たとえば石母田さんは、「公家新制」「関東新制」を、国家の統治法としては無内容に近いが「礼」の観点では重要といい、戦国家法における「礼」的要素の多さを指摘しつつ、「尊卑の観念」を確立する機能を「日本の公権力」の一側面（六四二頁）だと指摘しております。

つまり端的にいえば、石母田さんのいう「礼」の秩序とは、「国家」（公権力）の問題なのか、それとも「国家」とは別の領域の問題なのか、石母田さんをいくら読んでも一向にはっきりしてこないのです。まさか中世末期の「天皇制の問題」は「法や国家権力」の問題でなく「身分的尊卑の観念」だとする先の発言の裏に、しかしそれは「国家権力」の問題ではないが「国家」の問題である、といった発言が隠されているのではありますまい。「礼」の秩序を国家論のなかで扱うのか、扱わないのか、石母田さんはそのことを明確にしてから議論を始めなければならなかったと私は思います。もしも明確に「尊卑の秩序」の確立が日本の（私はこれが日本特有とは思いませんが）公権力の権能の一つであると規定づけられるならば、この解説における石母田さんの鎌倉幕府＝東国国家論、戦国大名＝独立国家論は全く異なった相貌を呈し始めるでありましょう。

逆に、いまのままの説明では、石母田さんが鎌倉幕府や戦国大名の「国家」としての独自性を強調すればするほど、天皇はますます法や国家を超えたものとなり、不可解の世界の彼方に追いやられる結果になるでしょう。そのようなことは石母田さんの真に望んだ方向だとは思われません。

石母田さんにとって御成敗式目は鎌倉殿権力が国家権力たろうとするための法（五七

九・五八五頁）であり、幕府は侍を含む社会全体の身分秩序を確立する主体（五七一頁）でありました。だから「鎌倉殿がその権力を一個の公権力として確立するためには、侍・郎従・百姓凡下・奴婢（所従・下人）という一般的身分秩序を法によって確立する必要があった」（五七五頁）などと書くのですが、日本における中世的身分秩序の確立主体を、あまりにも強く幕府に引き付けて説明しようとする石母田さんの理解にはとうてい従いがたいのです。

石母田さんはさりげなく、「僧侶・神官は副次的な意義しか持たない」（五七〇頁）と述べておりますが、この短い発言に黒田さんの寺社勢力論、権門体制論を問題にもしなかった石母田さんの中世史理解の枠組みが示されております。

「解説」における石母田中世史の理解の枠組みを特徴づけてみますとつぎのようになるでしょう。ここには、①鎌倉幕府を論じながら、かつての国地頭論は跡形も姿をとどめておりません。それに変わって、②佐藤・石井（進）・笠松・勝俣などの人々の学説への親近感と、③鎌倉幕府＝東国国家論への傾斜が目立ちます。逆にいえば、ここでは、④権門体制論、寺社勢力論への黙殺が目につきます。これが石母田中世史の到達点でありました。

むすび――「政治」と「法則」

「法」「論理」（身分）……………「政治」……「現実」「生活形態」（階級）

寺奴（東大寺の論理）…………「政治」……杣工（保有地・家宅・家族→村落）
作人（私領否定）…………「政治」……名主制・領主制（作田十余町）

石母田さんの中世史研究を概観してみてあらためて気になったのは、その用語法です。そのことを説明するために、右に表を掲げておきました。

表の中段に「政治」という言葉が置いてあります。そして上段に「法」「論理」（身分）、下段に「現実」「生活形態」（階級）と並べました。これは上段と下段が衝突して、そこに「政治」が生まれるという石母田政治史の構造を図化したものです。「法」「論理」（身分）のすぐ左には「寺奴」が、「現実」「生活形態」（階級）の左には「杣工」がきています。石母田さんは現実には保有地をもち、家宅を有し、家族をもって、やがては村落を形成していくような「杣工」が、どのような理由でもって、東大寺の論理（法）のなかで「寺奴」（奴隷）として現れなければならなかったのか、このような東大寺の古代的論理にたいして、杣工たちがどのような戦いをいどんでいったのか、ということを『中世的世界の形成』のなかで執拗に追っております。

黒田荘は天平勝宝七年（七五五）施入の板蝿杣本免田廿余町から出発し、やがて周辺の出作公田三百町をあわせた大荘園へと拡大していくのですが、この間、出作公田三百町を荘内に取り込むにさいして、東大寺は「寺奴」（奴隷）にたいする絶対的な所有権を主張し、「寺奴」が耕作する出作地もまた東大寺の全一的な支配の対象だと強力に主張します。そして、ここには現実世界における杣工を寺奴であると強弁する東大寺の論理と、杣工の実際の生活形態との相違（矛盾）があるとする石母田さんは、杣工が（a）自己の保有地と家宅をもつ独立経営として存在し、（b）また実際に家族を形成していたこと（『形成』九二頁）を強調します。しかしながらまた杣工のこの生活形態は「東大寺と杣工との社会的関係を規定するものではない（規定するものとしては現れない）」（同九四頁）というのです。ここのところの氏のレトリックは『形成』の圧巻といってよいでしょう。石母田さんは、かかる杣工における寺奴として隷属形態と現実の生活形態とのあいだの矛盾こそが、黒田荘の歴史的展開を規定すると述べます。黒田荘の歴史は、杣工による家族の形成が行われ、保有地の経営と村落の形成が展開し、こうして新しい所当賦課の対象として荘園が成立します。ここには、（a）杣工から厳密な意味における農民への転化があり、（b）名の編成があり、（c）杣から荘園への転化がみられるというのであり、同時にこの三者は労働生産性の増大という同一過程の異なった表現だというのであります（同一〇〇頁）。

少しくわしくなりすぎましたが、上記の表はその関係を図示したものです。

ところで、氏はここで使った論理を多用しております。すなわち、寺奴の次行にある作人（私領否定）というのは黒田荘の住人成守のことです。彼は源平内乱における平家与同の罪で、頼朝代官北条時定によって十余町に及ぶその私領を没官されようとしましたが、そのさい東大寺は、「作人に私領なし」の原則をふりかざし、彼を寺領におけるたんなる作人にすぎないと主張して、没官地の返還を求めました。そのさいの東大寺の論理と成守の実体（名主制・領主制）とのあいだにできた矛盾を図示しています。石母田さんは本当はここで東大寺と北条時定の矛盾を、東大寺と私領主成守のそれにすりかえているのですが、いまそれは問わないことにしておきます。黒田荘住人成守の作田十余町について、成守の「私領」としての存在（階級としての実態）と、それをたんなる「作人」としてしか認めようとしない東大寺の論理（身分規定）とを対比しながら、石母田さんはさらにこれを一般化して、身分と階級との関係に言及しているのもその一例です。東大寺によって「私領を所有しえないものとして法的意味を与えられ」たのが「作人」としての存在であり、それは「東大寺の法の産物」であり、ここには「現実の階級関係の法的な固定」があり、いいかえれば「身分」がある、というわけであります。

石母田さんの政治史は図示したように、法と現実（古代の法と中世的現実）、論理と生活（古代的論理と中世的生活）、身分と階級（古代的身分と中世的階級）との対抗関係としてこれを構造化し把握しようとします。そのさい相対立する両陣営（つまりここでは東大寺と黒田荘の住人らでありますが）の双方に二つの側面のどちらか一つをふりわけるのが特徴であります。しかし私の判断では、たとえば東大寺には東大寺の現実の生活があり、その上にその論理と法が生まれている。一方、杣工には杣工の生活と論理とそれなりの生活規範が成立していて、この両者が政治の場で全面的に衝突するとみなければなりません。それは何よりもまず「法」と「法」、「現実」と「現実」、「生活」と「生活」、「身分」と「身分」、「論理」と「論理」が衝突するのであり、これらすべてのものを総結集して古代、中世両陣営がそれぞれ総力をあげて戦ったのです。「政治」とはこうしたものの総結集の形態のことでなければなりません。石母田さんの黒田荘の分析においては、東大寺の論理を生んだ寺院そのものの現実生活とその歴史的展開が捨象されているのです。さきの図でいいますと、「法」「論理」（身分）〈上段〉と「現実」「生活形態」（階級）〈下段〉は東大寺の側にも、また杣工の側にもなければならないのです。そのことがおそらく理屈ではわかっているのでしょうが、学問の方法として全面的に意識化されないために、石母田さんの学問は歴史の切り口が恣意的主観的に、さらに言えば情緒的になりやすくなっているのです。

『中世的世界の形成』の文章を「政治」という言葉に注意しながら読んでみると面白い事実がわかってくると思います。先の表でいうと、「政治」という言葉は石母田さんの場合、中段にあるようにみえながらも上段にひきつけて使われることが多いのです。それは無限に「法」や「論理」にひきつけられることが多く、そのことが十分、意識化されていないようにみうけられます。私の判断では「政治」は中段にしっかりと位置づけられねばならないと思うのです。石母田さんの「政治」はいつでも少しふらつきながら、少しずつその焦点が移動しているのです。

ところで最後にもう一度、先の表をみてください。そこで石母田さんが「現実」という言葉に託して語っていることの真の内容は、私の解釈では「法則」(歴史を貫いて流れる法則)にほかならないと思います。下段の「現実」「生活形態」(階級)が、上段の「法」「論理」(身分)を打ち破っていくというわけです。その間には何度でも行きつ戻りつの葛藤がありますが、最終的には「法」(政治)は「現実」を押し潰すことはできないと、これが『中世的世界の形成』全体を貫く石母田さんの語りかけでありました。この語りかけが、戦時下の石母田さんの学問と論理を支えた認識であったと思います。そういう石母田さんの置かれた状況で、石母田さんの論理と学問を振り返ってみれば、石母田さんが描きだした『中世的世界の形成』の現実の重みがよくわかりますし、それが、われわれを魅了してやまなかったという事実も十分に了解できます。しかしそこには問題が残されていたということを申しました。

石母田さんが残していった豊かな業績を受け継ぎ、それを乗り越えていくのが、残された者の仕事であると思います。最初に申しましたとおり、またいつの日か政治史が脚光を浴びる日がくるにちがいありません。そのとき、私は石母田政治史の真の精華を正統に継承する人が必ず現れることを信じております。

（補注）旧稿を発表したあと、三田武繁「文治の守護・地頭問題の基礎的考察」（『史学雑誌』一〇〇―一、一九九一年）が、国地頭制の存在を否定する見解を明らかにしている。

X　戸田芳實氏の学問とのめぐりあい

旧稿は『日本史研究』三五六号（一九九二年）に記したものであるが、その後、友人たちがつくった『戸田芳實の道　追悼思藻』（一九九二年、私家版）に転載された。私自身の文章はともかくとして、高橋昌明さんが大奮闘して出来上がったこの『追悼思藻』には、時代を駆けぬけていった戸田さんの生涯と学問とが、彼の少し若すぎた死を惜しむ七十余人の人たちによって、心をこめてこもごも語られており、造本もまた河北印刷にいた猪野節夫さんの手になり、猪野さんの戸田さんにたいする友情と精魂を込めた見事な作品に仕上がっている。その頁を繰っていると、戸田芳實さんが生きた激動の時代が、彼の学問とともに多面的に浮かび上がってきて感動的である。

敬愛してやまない戸田芳實さんが夏の終わりに亡くなってもう四カ月になる。告別式の日は暑かった。九月の末の日曜日、中陰明け法要のあとの納骨のおり、京都御室の蓮華寺の墓地に金木犀の花が薫っていた。

戸田さんは京都大学の国史で私の二年上の先輩にあたり、研究室で中世史を専攻した私たちのリーダーであった。いま、戸田さんの主著『日本領主制成立史の研究』(一九六七年。以下、Aと略称)と亡くなってから出た『初期中世社会の研究』(一九九一年。以下、Bと略称)とをかたわらに置いてあれこれ思い出にふけっている。

若い頃の戸田さんの口癖は、「議論のための議論はやめておこう」「スコラ論議はやめよう」の言葉であった。抽象的な議論をとめどもなく行うことを避けて、私たちは具体的な歴史の事実でもって、自分たちの主張を示すことに努めるようになった。これは戸田さんのおかげである。一九五〇年代後半から六〇年代前後のことを思いだすと、当時の中世史研究の動向について、たとえば私たちは石母田正氏の領主制理論に飽きたらなくなっていたし、また安良城盛昭氏の議論にも納得していなかった。

戸田さんは柔軟で包括的な思考ができる学者であった。時代の影響ももちろんあったであろうが、マルクスやヴェーバーをくりかえしくりかえし読んで、日本の現代と古い時代の歴史を考えていた。しかしマルクスやヴェーバーを読むことと、日本の古い歴史を史料にもとづいて具体的に分析するということのあいだには、大きな相違が横たわっていた。

それは一見して、二足のわらじを履くようなむつかしい作業にみえた。国史研究室の一員になったとき、そして国史学専攻の誰でもが経験する特殊な訓練——古文書を読み、漢字ばかりの記録・文書を正確に理解し、面倒な考証のある論文を苦労して読んでいくというようなことであるが——を受け始めたとき、研究室の幾多の先輩のなかで、ヨーロッパの社会科学の方法や哲学の根底的なところと長い格闘をしていると思われる人は国史研究室にはさほど多くはなかった。戸田さんは明らかにそういう部類の研究者であった。

そうしたなかでも、私たちの研究会における戸田さんの議論はきわだっていた。頭の回転が早く、こちらの思考速度ではとても追い付かない。同じテンポではとても太刀打ちできないのである。私は戸田さんの方法に十分納得しない局面が多々あった。いまあらためて戸田さんの著書を読みかえしながら、自分と戸田さんの思考過程の相違について、思いをめぐらしている。

研究会でのやりとりをつづけるうちに、私は戸田さんと対等に議論するための呼吸を会得するようになった。戸田さんはつねに一気に自分の意見をまくしたてる。たいていの場合、私には戸田さんの発言が半分くらいしか理解できない。理解できないまま、うっかり反論すると戸田さんは、前にも増してものすごいスピードでまくしたてる。だから戸田さんが一息いれたところで、「なるほど……。で、つまり、どういうことですか」とやるのである。戸田さんはそこで、前と同じことを、今度は材料を変え、分析の視点を変えてまた最初から説明しだす。今度は十分論理を組み立てていないから、戸田さんの説明のスピードはかなりゆるやかになる。それを聞いていると戸田さんの論理の構造が私にもかなり明瞭になってくるし、こちらも、その間に反論を組み立てる余裕が生まれる。それでも理解できないところは再度説明を求めるのである。まず戸田さんに十分にしゃべらす、こちらの反論はその後のことである。こうしてようやく私たちのあいだに討論らしきものが成立し始める。彼の思考のテンポに巻き込まれた日には、一方的にまくしたてられて、対話と討論など成立する術がない。こんなことができるようになったのはかなりのちのことであったが、私たちの研究会はこうして実り多い討論をくりかえしくりかえし行うことができたように思う。

一九五九年に、戸田さんは、『歴史学研究』誌上に実証主義的社会経済史研究にみられる制度史的・機能論的な研究法を批判する論文(「平安時代社会経済史の課題」同誌二三四号。のちにA—十章)を書いた。それは竹内理三氏と村井康彦氏の研究方法を批判したものであった。村井さんはこの頃「田堵の存在形態」(『史林』四〇巻二号、一九五七年)を書いて、従来の学問の枠を破った斬新な実証によって注目を浴びていた。戸田論文はそのことを認めつつも、「実証主義的社会経済史が主に制度史的・機能論的な研究方法に頼って、社会構成史、社会発展史の方法にもとづく学説を批判するという方法上の限界あるいは欠陥」(A—三八一頁)を指摘し、社会構成史、社会発展史の立場、生産様式論を欠如した研究の限界をついたのであった。その前後だったと記憶するが、日本史研究会の中世史部会で戸田さんが村井さんをきびしく批判したことがあった。たしか広小路にあった立命館大学の清心館一階の会議室だったと記憶する。私も村井さんの学説整理、石母田批判ですべて石母田説が崩壊すると思ったわけではないが、何よりも村井さんの平安時代の農村構造を照らしだす具体的な分析には抗し難いような新鮮な魅力があった。しかし戸田さんはほとんど意に介さず、猛烈に村井批判をくりひろげた。私など呆然として聞いていたというのが実情であった。そして、その後、村井さんの姿は部会から消えた。

戸田さんはあるとき、脇田晴子さんの商業史研究について、批判をくりひろげたことがある。晴子さんも青ざめていたが、私のみるところ、彼女は戸田さんのいうことを全く聞いていないようであった。戸田さんが何度批判しても、彼女は前と全く同じ主張をくりかえして、戸田批判の不当なことを指摘し、反論した。これには戸田さんのほうが音をあげた。その後も脇田さんは戸田さんの批判は目茶苦茶だといって怒っていたが、戸田さんの意のあるところは通じなかったようである。こうして脇田さんの商業史研究は戸田さんの批判に屈することなく、のちに豊かな実を結んだ。

戸田さんは一度、これも猛烈な大山批判を展開したことがあった。これはマルクスの『資本制生産に先行する諸形態』(『フォルメン』)で展開されていた本源的所有の理解にからむものであった。私は事情があって、国史学を専攻し始めた頃には、マルクス主義にかかわる文献を読まないといった時期が長くつづいていた。それでも一九五五年の春に国史研究室の一員になったとき、一年上の狩野久・工藤敬一・有泉貞夫・秋宗康子さんらを中心に、民俗学をやっていた高取正男さんがチューター、地主制研究の中村哲さんがサブ・チューターで開かれていた愛称「高取ゼミ」という研究会に参加させてもらう機会があり、そこではじめて『フォルメン』とめぐりあった。私はその内容に惹きつけられ、その後何年かのあいだ、『ドイツ・イデオロギー』などマルクスの初期の著作の定式化されない試行錯誤のくりかえしのような文章を、自分勝手な読み方をしながら楽しんでおり、それを日本の中世に具体化しようと作業を始めていた。もちろん大塚久雄氏の『共同体の基礎理論』などはさほど面白いとは思わなかったからでもある。

そうこうしているうちに突然、芝原拓自さんが『新しい歴史学のために』の誌上に芝原さんの『フォルメン』理解の文章を発表した(「前資本制分析の方法にかんする覚書——とくに『諸形態』の理解について——」同誌五二号、一九五九年)。私はそれを一読して、驚嘆した。私はもともと同級生で明治維新史を研究している芝原さんが日頃『フォルメン』など読んでいないことをよく知っていたからである。聞くところによると、芝原さんは塩沢君夫さんが報告した日本古代史の研究会に出て、塩沢さんと論争になり、『フォルメン』理解が問題になって、急に思い立ってこれを読み、たちどころに新しい解釈を示したというのである。芝原さんには感心したが、私の読みとったところを読んでいない局面もあった。

私も文章を書いて、芝原さんほか、何人かにみせた。芝原さんは是非、研究会で『フォルメン』の話をしろというものだから、ある夜、百万遍の神戸屋の二階で開かれた研究会で発表した。私の文章は何人かのあいだで、まわし読みされていたのだが、それが戸田さんのところへもまわっていったらしく、研究会では、戸田さんが猛烈に私の『フォルメン』理解にかみついた。私には戸田さんのいっていることが理解できなかった。芝原さんはじめ、そこに同席した友人たちもアッケにとられて、多くを語らなかった。私はその文章を『新しい歴史学のために』の誌上に発表してもよいと思っていたが、戸田さんの理解を得られないようでは、他の中世史家の理解はとうてい望みえないと判断し、発表しないことにした。戸田さんとは日本中世史の具体的な分析の場で論争することがいくらでもあった。「議論のための議論はやめておこう」というわけである。

それにしてもいまにして思えば、一九六〇年前後の頃、戸田さんがどうしてあれほど、実証的な制度史研究、歴史の機能論的研究を批判し、生産様式論、社会構成史的研究にこだわったのか理解することができる。戸田さんにとって、生産様式論とは、歴史をその深みと広がりとにおいて捉えうる方法そのもののことだったのである。

歴史を把握するとは、とりもなおさず歴史をその広がりと深みにおいて捉えきることにほかならない。そのための方法を求めて真の歴史家はつねに骨身をけずる努力を惜しまない。村井康彦さんが石母田さんの「中世的土地所有権の成立について」(『古代末期政治史序説』上）の所説を「百姓名＝墾田起源説」に分類して、これを批判したとき、戸田さんは村井さんの批判には、石母田説の問題提起の広がりと深さについての誤認があると感じたのであった。しかし、生産様式論をもちだすことで、その問題が解決されえたであろうか。戸田さんは社会構成史の立場を、土地所有・共同体・経営・階級・生産力などをその基本的範疇とし、生産様式の法則的な展開に基本的な視点を据える研究であるとしている。まことに言やよし。だが、現実の問題として戸田さんのいう生産様式論が右の歴史学の課題を真に担いえたのであろうか。問題はここにあったのである。

戸田さんは博士課程を終えたさい、最初、関西大学の助手に採用されながら、学生時代の活動歴を理由に決定を取り消されたことがある。このことは当時、関西の新聞に三段抜きくらいの大きさで報道されたと記憶している。戸田さんのほかにも中世史専攻の私の親しい友人の一人が大阪の某私立大学の設置にからんで、文部省へ提出する承諾書に判を捺し、設置認可もおり、次年度のカリキュラムもきまり、教授会へも出席していながら、突如採用を拒否されるという経験をしている。当時はまだ現在では想像しにくいほど、学問における思想の自由を確保するのに、日本中世史といった分野においてすら、研究者たろうとするものの一人一人に、自己の学問にたいするあるひそかな決意を要請する時代であった。私たちの議論には外部の世界からくる、一種の重苦しい緊張がはりつめがちであった。

＊

戸田さんの理論は生産様式論としては農奴主経営範疇の設定に特色がある。平安時代農村を特色づける階層として、戸田さんは富豪層を抽出した。それは営田と私出挙によって周辺の農民たちを隷属させつつある存在である。彼らは歴史の可能性としては隷農制をも農奴制をも自己のうちにはらんだ存在であったが、具体的には農奴主経営として、平安農村のなかで自己を実現していた存在である。この農奴主経営がのちに権力的編成をとるようになると領主制が成立する。田堵は農業経営の専門家として、その上部には富豪層を含むが実際にはその下のクラスにあたる農村有力者が多く、社会の中間層を占めていたと理解されているようである。戸田さんはこの中間層の位置づけを力説していた。

東京あたりでなされる研究史の整理などをみると、戸田・河音・大山説などと一括される場合が少なくない。しかし、私自身はこの農奴主経営範疇を現在までのところ論文のなかで積極的に使った記憶はない。これは主として戸田さんと河音さんの用語である。何度もいうが戸田さんは柔軟で全体的な思考のできる人である。彼は制度史的機能論的な研究方法を批判しながら、社会構成史、生産様式論の検討が欠かせない、歴史理解にとって欠かせないことを力説したのであるが、自分の富豪層理論を機能論的制度史的研究の成果であると明言してもいるのである。

あの頃の私にとっては、生産様式論には魅力がなかった。安良城理論をいくら読んでも面白いとは思わなかったし、戸田さんの農奴主経営説もほとんど興味をひかなかった。生産様式論とはいうものの、そこで論じられているのは、農業経営の形態論を大して出ていないように私には思われたからである。

どうして私が当時の生産様式論争を避けて通ろうとしたのか、いま思いかえしてみると、幾つかの理由づけが可能のようである。その主たる理由は、当時の生産様式論が具体的な研究を切り開くための範疇としては生産的だとはどうしても思えなかったからであると思う。安良城説では戸田さんの説明した実体がおしなべて奴隷制経営とされるのであるが、ここで奴隷を農奴といいかえてみても、事態は少しも明瞭にはならない。もっと歴史的事実に密着したところで、歴史的範疇としてこれが具体化されなければ、あれやこれや議論してみたところで大して意味があるようには思えなかったからである。

戸田さんの生産様式論に不満であったのは、自然と人間の本源的な関係における人間の側における結合の特有な形式として、農奴主経営が位置づけられていなかったという点にあった。戸田さんの農奴主経営範疇の設定には、土地所有の契機、人間と自然との特有の関係としての所有の歴史的形態が捨象されたままになっていた。私もやや意固地になりすぎており、生産様式を問題にするならばそのことをきちんと位置づけることが必要であると考えていた。そうすることによって、私たちの歴史理論は豊かな成果を導きだせるであろうというわけである。

当時、私が日本における領主制成立の契機に勧農権の問題を位置づけようとしたのは、勧農をめぐる人間関係のうちにこそ、在地における生産過程の一定の形式、つまり人間諸力の編成の問題を解く鍵が隠されているとの判断にでるものであった。また、中世の直接生産者の形態を探るについて、「散田作人」範疇を提出したのは、ここに土地（耕地＝生産の諸条件）と生産者との中世特有の結合の形式が表現されていると判断したからであった。また式目四十二条が規定する中世の百姓の法的形式としての「自由な性格」を歴史合理的に説明できないような生産様式論争に参加するだけの気持ちの余裕が私には欠けていたからでもあった。

こういうわけで、戸田さんや河音さんと議論しながらも、私は農奴主経営説に積極的にくみすることも、また逆に異を唱えることも結局はしなかった。学説整理のなかで戸田・河音・大山説というように分類されることもあったが、敢えて異を唱えたわけではない。私が戸田・河音説に近いところをうろうろしていたことは否定しようがないからである。

人間と自然との関係について戸田さんが自分の見解を系統的に述べたのは、「中世文化形成の前提」（『講座日本文化史』二巻、一九六二年。のちにA—第九章）においてであった。戸田さんはアンリ・ルフェーブルの「人間が自然を享受する仕方としての人間の自由の条件」という言葉の意味を中世文化形成の前提としての開発、地主神（地方固有神）の秩序、等をあげながら縦横に論じている。私がこだわっていたような、人間と自然との特有の関係という観点は生産様式論といったような抽象度の高い次元においてではなく、より具体的な歴史分析の場で、具体的に多面的に論じられているのである。

いまから考えると、戸田さんはすでにその段階でこれらの諸局面を頭のなかできちんと分析的に整理して論を進めていたのであろう。一つのことにこだわると、容易にそこから抜けだせない私とここがちがうところである。当時の私は文化というような複雑で高度な現象は自分のような単純な頭脳のものが扱うべき対象ではないと考えていたのだが、開発といったような文化とはもっとも遠いところに位置する経済行為が、一つの時代文化を分析する上での出発点に据えられるという戸田論文の斬新さに、あらためて度肝を抜かれた記憶がある。

山野に展開する諸生産活動の意味づけ、それらを歴史認識のなかで正当に位置づけることにおいて、戸田さんは私たちよりはるかにたしかな仕事をしている。「山野の貴族的領有と中世初期の村落」(『ヒストリア』二九号、一九六一年。のちにA—八章)がこれである。また中世成立期の耕地の状況については、「かたあらし」をはじめて位置づけ(「中世初期農業の一特質」『国史論集』一九五九年。のちにA—五章)、その新鮮な問題提起に多くの研究者をひきつけた。

「平安初期の国衙と富豪層」(『史林』四二巻二号、一九五九年。のちにA—一章)、「中世成立期の所有と経営について」(『日本史研究』四七号、一九六〇年。のちにA—二章)、「国衙領の名と在家について」(『中世社会の基本構造』一九五八年。のちにA—七章)などの諸論文が平安時代の国衙と経営の理解に投げかけた問題がどれほど重要であったかはここであらためて述べるまでもないであろう。

戸田さんが重視したのは律令制の枠を突きやぶって新しく成長していく歴史的諸形態の姿そのものであった。律令制の権力が掌握しきっていない宅地所有のうちに領主制形成の起点を見いだした点に戸田さんの学問の特徴がよく現れているであろう。一九六三年提出の学位論文をもとにした「律令制下の「宅」の変動」(A—三章)、「領主的土地所有の先駆形態」(A—四章)、「在地領主制の形成過程」(A—六章)は戸田さんのこうした領主制理論の完成形態を示している。戸田理論は誰がいいだしたのか「宅の論理」と称されるようになった。戸田さん自身はそう呼ばれるのを嫌がっていたのだが……。これに反し、私の念頭を離れなかったものは、そうして成長してきたものが結果として受け取ることになった特有の歴史的形態についてであった。日本の在地領主にとっての職の体系のもつ意味、これは律令制以来の国制の枠組みとそこにおける古い形態の残存の問題、一口でいえば、中世国家の中央集中的構造とそのもとにおける日本の領主制の歴史的限界のもつ問題点などのことであるが、私には荘園領主としての王朝貴族の長い歴史的生命とそれらを統括する中世天皇制の存続と、職の体系のそれとは一体の歴史現象に映ったのである。

しかし、そういうことを重要なものとみる論調に戸田さんは終始批判的であった。領主制の実体がすでに形成されているではないかというのである。戸田さんはそれを「国衙権力偏重の領主制形成史観」(A—一一七頁)と批判した。戸田さんは私などとは異なり、歴史の発展的契機により多く目を注いでいたのである。しかし、国衙の勧農権は戸田さんがいっているように単純に上から与えられた国衙公権なのではない。これは毎年の農耕生活のくりかえしの上にはじめてその存続が保障されるのである。このくりかえしを保障するような政治体制を権力はつねに模索しなければならない。日本の領主制はそのような状況のなかで、かかる勧農権の奪取の上にその歴史的展開をとげたのであって、戸田さんのようにみたのでは日本中世の歴史的課題が浮かび上がってこないというのが私の言い分であった。こうしたことを私たちはくりかえし主張しあった。

＊

戸田さんと学問以外のことはほとんど話さなかった。特に政治向きのことは何ほども話題にならなかった。あるとき、街を歩いていて、戸田さんがぽつりといったことが忘れられない。「あなたは民主主義のことを考えているでしょう。わたしは民族のことを考えています」と。たったそれだけのことであったが、いまにして思えば、戸田さんのほうが歴史を冷静にまんべんなくみていたのかもしれない。しかし、それもこれも歴史にたいする時代時代の思い入れのしからしめたところであった。

戸田さんと私の見解の対立の一つは在家（農民）の理解について現れた。私は在家を人格的隷属民の範疇で捉えることに反対した。端的にいえば、在家とは式目四十二条にみえる百姓の一形態であって、幕府法のたてまえからいえば、人格的隷属からの「自由」をその属性とすると考えたのであった。それにたいする戸田さんの批判は、生産手段と労働条件の「占有者」にとどまるような形態においては、所有関係は同時に直接的な支配および隷属関係として現れるとするもので、大山のものは「人間支配不在の在家論」にとどまっているというのである（A二三四〜二三五頁）。

中世の百姓の「自由」の問題は近年もくりかえし論じられているが、式目四十二条の解釈は肥後国人吉荘から始まった私の中世史研究の出発点であったし（『中世社会の基本構造』一九五八年）、戸田さんとの激しいやりとりの原点でもあった。マルクス『資本論』第三部四十七章「労働地代」の文章を引いての戸田さんの大山批判の意味するところを、私は理解しなかったわけではないが、戸田さんのいうことは前近代史の総論部分の論述において述べられる現象であって、各論部分では、そのことが「自由」として現象しうるのであり、その各論のほうにこそ、歴史学が解くべき主要な課題があると私には考えられたのであった。

この点について戸田さんはのちに、「平民百姓の地位について」（『ヒストリア』四七号、一九六七年。のちにB―三章）を書いている。そこで戸田さんは下人身分でない、在地領主の人格的支配から相対的に自由な平安時代の一般農民を「平民百姓」と規定し、説明している。戸田さんの「百姓の自由」の扱い方は穏当で、説得力に富み、のちの網野善彦氏のそれのような激烈な調子はない（たとえば網野『日本中世の民衆像――平民と職人――』岩波新書、一九八〇年）。しかし、私には百姓の「相対的な自由」について語る戸田さんの説明に戸田さん自身の生産様式論との直接のつながりが認められないのが不満であった。

戸田さんとの貸し借りということでいえば、戸田さんには「初期の下人について」という論文が用意されていたのであるが、思わぬことで公表にいたらなかった。これは先述の「平民百姓の地位について」とならぶすぐれた論文になるはずのものであった。このことには私に一端の責任があるので記しておきたい。岩波書店が企画した『講座日本歴史』で私は、「中世の身分制と国家」（中世4、一九七六年刊行）というテーマを与えられた。戸田さんは講座の編集委員の一人であった。私はそのとき中世社会の身分制を理解する上での基本身分として、侍と、凡下・百姓と、下人という三身分を設定し、それとの関連で非人身分をはじめとする中世のその他さまざまな身分を位置づけようと意図した。執筆要請をうけたさい、私の念頭にあったのは、田中稔さんの侍ならびに凡下についての所説であり、いま一つは戸田さんの下人についての理解であった。しかし具合のわるいことに、これらはいずれも当時の学界には正式には未公表の考え方であり、私はそういう独創的な学者の所説を前提にしなければ、とうてい私自身の身分制論を展開するわけにはいかなかった。このうち田中さんの考えについては、上横手雅敬さんや工藤敬一さんが田中さんとともに始められた法制史料を読む研究会に私も途中から参加させていただき、かなり早くからこの問題についての田中さんの持論を聞かされていたので、十分承知していた。しかし、すべてに慎重な田中さんはそれを一向活字にしないのである。私は田中さんに早く論文にしてくれなければ迷惑だといって強く迫った。田中さんは困ったような顔をしていたが、快く私の願いをかなえてくださり、こうして「侍・凡下考」(『史林』五九巻四号、一九七六年。のち『鎌倉幕府御家人制度の研究』所収)という、以後の身分制理解の骨組みを変えるような田中さんのヒット作が生まれることになった。

一方、一九七四年十月の京都民科歴史部会例会において、「初期の下人について」という戸田さんの報告を聞いていた私は、戸田さんの考えが、長いあいだ私が考えあぐねてきた中世下人身分の特質を捉えるための核心をついた所論であることを確信し、田中さんにしたのと同じような懇請を戸田さんにもしたのであった。しかし、こちらのほうについては私の希望はかなえられなかった。私は編集委員でもある戸田さんの了承を得て、戸田さんのアイデアと必要最少限の史料とを利用させてもらい、かつそのことを注で断ったのであるが、結局、戸田さんはその後、これを論文の形にされなかった。論文での私の下人についての言及は、そういう事情だから最小限にとどめている。報告のときに聞いた戸田さんの史料の引用ははるかに充実し、豊かな分析であった。やむをえない事情があったにもせよ、私には悔やまれてしかたがない。

戸田さんは平安時代農村の一年の農事暦、四季おりおりの農耕生活の復元に意を用いていた。私がややもすると、領主と農民の政治的交渉に力点を置きがちであったのにたいして、戸田さんは農民生活そのものに密着した日常の営みをリアルに復元しようとしていた。そうした仕事には歴史家としての戸田さんの感性があざやかに表現されていて見事である。「十―十三世紀の農業労働と村落」(『中世社会の成立と展開』一九七六年。のちにB―四章)などにそのことがよく現れている。

書いているとあれやこれやと、とりとめがない。こんなとりとめのない雑事を書くのは気が重く、まだまだ早すぎる気がしないでもない。この夏、私たちはすぐれた中世史家であった田中稔さんと戸田さんをあいついで失った。戸田さんとはもう永久に討論をする機会はないのであるから、少し早すぎるけれども、思いきって述べさせてもらった。もちろん戸田さんは昔そうであったように、私の議論には少しも納得しないだろうと思っている。視野がひろく、それらを問題ごとに分析的に整理することができた戸田さんの明晰な資質を思うことしきりである。

(一九九一年十二月十三日記)

追記 昨年暮にこの文章を書いて編集部に渡した直後、「ソビエト社会主義共和国連邦」が解体してこの地上から姿を消し、同時に民族問題の根深さがあらためて人々の上にのしかかってきている。歴史における「民族」について思いをめぐらしていた戸田さんは、当然「ソ連」の解体を知らずして逝ったわけである。一つの時代が過ぎたといえようか。(一九九二年三月、初校のさい)

XI　黒田俊雄氏の学問にふれて

黒田俊雄さんが亡くなってから、著作集が編まれた。そこで私は『変革期の思想と文化』と題する第七巻の編集を河音能平さんと一緒に担当した（『黒田俊雄著作集』一九九五年、法藏館）。ちょうどその頃、大阪歴史科学協議会が「黒田俊雄史学を考える」というシンポジウムを企画し、何か報告をせよとのことであった。本稿の前半は著作集の解題のための原稿であり、後半はシンポジウムの報告（『歴史科学』一三八号、一九九四年）である。

黒田史学は、中世の政治・国制における権門体制論と、宗教・文化面における顕密体制論として、史学史のうちに大きな地歩を築いたのであるが、列島社会における十四世紀の評価においても大きな構想を示していた。

黒田さんは、一方で、石母田正以来の、領主制論を厳しく退け、他方で網野善彦さんに代表される新しい社会史の中核部分を激しく攻撃していた。網野氏の無縁・公界の位置づけについては、私もこれを容易に認める立場にはなく、黒田氏の網野批判に共感する部分も多いのであるが、他方で戦後史学の主流を形成した領主制研究の重要性を全否定しようとする黒田説にも従っていない。

　二十一世紀の新しい歴史学がどこへむかおうとしているか、列島社会の中世史がいかなる形をとろうとしているのか、私自身は戦後史学とそれの批判の上に立つ黒田・網野両史学の渦巻きを前にしてさまざまに思い迷うのであるが、ここでは黒田史学にたいして率直な感想を披瀝したつもりである。

一　黒田史学と変革期の思想

1

歴史における変革と激動の時代を生きる人々の思想や信念、あるいはその時代の文化の全体を把握し理解することは、時代そのものの洞察と同義である。十四世紀の南北朝内乱期は日本列島の歴史における巨大な変革の一時期を形成しており、古来、歴史家の目は多くここに注がれてきた。

およそ、半世紀に及ぼうとするその学問的生涯を通して、日本社会の現実の動きに無関心でおられず、絶えず現実のなかで歴史の現代的意味を問いつづけた黒田俊雄にとって、南北朝時代の史的究明は普通想像される以上に重い意味をもっていた。黒田の学問は後世、権門体制論、顕密体制論、寺社勢力論、中世身分制論などとして記憶されることになるであろう。これらの分野における黒田の発言が黒田史学の主旋律をなしていることはいうまでもない。上記のような分野とちがい、建武政権論を含めての南北朝時代評価は黒田においては未完成、スケッチのままで終わったといわなければならない。しかしそれらは黒田の生涯を通して模索されつづけており、彼がもう少し生きていたなら、やがては主旋律として浮かび上がるはずのものであった。本巻(『黒田俊雄著作集』第七巻)にはそうした作品群が集められている。

それら作品群の第一は建武政権と南北朝時代論である。ここで黒田は十四世紀の変革と激動の方向を見定めるために、建武政権の政治形態をみきわめ、悪党現象を時代を担う人間類型として説明しようとしている。第二のグループは中世人の歴史叙述を通じて中世という時代の把握を試みた作品群である。これは中世人の歴史認識を通して中世を理解しようとする試みであるといってよかろう。後述するように黒田は、「愚管抄」の歴史認識に沈潜することによって、近代日本の「武」に傾きすぎた歴史把握の一面性を批判的に対象化することができた。つぎの第三グループは、「太平記」に代表される中世文芸を通して中世人の多彩多様な人間模様とその時代に迫る試みである。変革を生きた人々の多彩な生き方を黒田は自分の周辺にいた激動の現実社会に生きた人々の日常と重ねあわせて理解していたのであろう。そして第四に、黒田が中世における民族の問題をどのような観点で総括しようとしていたか、荒けずりのスケッチのままではあるが、そうした黒田の見方をうかがいうるものとして、「日本文化史（中世）序章」がある。

2

晩年の黒田は中世の天皇を聖なる存在と捉え、世界に類のない何か特別の装置をもつかのように扱うことに反対していた。黒田は天皇の神秘主義的な把握に反対し、天皇を普通の目で観察し、これを中世日本の国王として把握しようとした①。そうしたなかでなお中世の天皇には宗教と王権との特有のかかわりが存在した。このことを後醍醐天皇について論じたのが「建武政権の宗教政策」（一九七五年）である。ここで黒田は、建武政権の権力編成の特色を宗教の側面から照射し、その顕密的特色を解明している。

後醍醐天皇は隠岐から京都へ帰った早々、建武元年（一三三四）五月七日以前に、諸国一宮・二宮の本家職・領家職を停廃した。中央諸権門による荘園制的な一宮・二宮支配を解消させようとしたのである(「建武年間記」)。また後醍醐が持明院統の後伏見・花園両院などにたいして、その伝来の所領である長講堂領・法金剛院領・室町院領半分その他を返還安堵したさい、播磨国衙とともに熱田社についてはこれを除外して返さなかった事実がある。つまり後醍醐は持明院統への所領返還にさいして草薙の剣を祀る熱田社を除外し、これを持明院統の所領支配から切り離したのである。

明治・大正の久米邦武・田中義成・中村直勝以来、南北朝時代史を扱った学者がそれぞれに解釈してきたこの事実について、黒田は特に宮地直一などが明治以来の神仏分離による国家神道的見地に立って、これを無批判に後醍醐天皇による復古的な神事興隆政策として理想視するのを批判している。特に北畠親房が「元弘一統のはじめ熱田社を官社にした」と「神皇正統記」に記した事実につき、ここにみる「官社」の意味を、中世の顕密仏教の実際から検討し直し、これが国家神道的見地からする宮地流の解釈から遠く隔たったものであることを力説した。

黒田によると建武政権は顕密主義にもとづく宗教的色彩の濃厚な封建王政である。黒田は後醍醐天皇が「すべて天子として顕密仏教を掌握支配する態度を示した」(著作集第七巻、八五頁)と述べ、醍醐報恩院の秘密道具についての天皇の執着ぶり、みずから「天長印信」を書写した事実、空海作「観心寺不動明王」を内裏へ移転させたこと、四天王寺の

「太子御手印縁起」の書写と奥書のことなど、天皇がありとあらゆる寺宝に異常な関心と執着を示していた事実を指摘する。

こうして黒田は天皇が国家統治の体制（装置）として密教・禅・宋学などの宗教・思想を位置づけるとともに、さらに王権のシンボルとして「神器」を権力の中枢に置こうとしていたと述べる。つまり神器をもつ熱田社は伊勢とならんで王権の中枢に、また諸国一宮・二宮は王権による地方支配の脈管にそれぞれ位置づけられる。「王権は宗教を支配し統治の中枢（熱田社）あるいは脈管（諸国一宮二宮）に位置づけようとしつつ、みずからも顕密主義によっていっそう神秘化した」というのであり、黒田はこれを伝統的な顕密主義を越えるもの、すなわち顕密体制の第二段階と位置づけるのである。

なお黒田は、「建武政権の所領政策」を書いているが、先の宗教政策の論文とあわせて黒田の建武政権論の基礎に据えられるべき個別分析である。建武政権論には、これを後醍醐天皇が宋朝官僚制にならって君主独裁の実現を意図したものとし、そこに強烈で現実無視の綸旨万能主義の存在を指摘する佐藤進一の有名な学説がある[2]。佐藤の論拠となったのは元弘三年六月十五日の口宣案と同年七月二十三日の官宣旨であり、前者を一切の法慣習を無視して綸旨による旧領回復を命じたもの、後者をその修正、つまり後醍醐の政治的意図の挫折と佐藤はみるものである。黒田の解釈は佐藤説を批判して両者をともに後醍醐による当知行保護政策と解するものであり、この解釈の相違は建武政権の土地政策の根幹を

左右するだけに軽々に済まされない問題をはらむものである。(3)

3

黒田には慈円の「愚管抄」、北畠親房の「神皇正統記」に始まる中世人の歴史意識と歴史叙述についての一連の考察がある。これらには「梅松論」から「太平記」にいたる南北朝、室町時代の戦記文学がひきつづいて考察されることになる。

なかでも「愚管抄」における歴史意識の考察は黒田史学の形成を考える上でも興味深いものがある。黒田によると慈円は日本の歴史を王法の衰えゆく過程として理解するが、正法から末法への移行の不可避性にたいして、王法を守る「道理」がつぎつぎに現れてくる。第一に仏法の渡来であり、衰えゆく王法を支えてなお正法の時代がつづく。それがさらに衰えて中古にいたると臣家（摂関家）の成立をみる。御堂関白道長の時代は「ヨキコトノミ侍リケル世」ではあるが、「誠ノ賢臣」がいなければ「アヤフカリケル世」として中古なのである。保元以後の武者の登場は末法の到来を意味する。そこでは武士は「悪」として位置づけられてはいるが、しかしそれでもなお、ここに武士を制御して王法の扶翼とする可能性が「道理」として追求される。これが鎌倉幕府成立後の九条兼実派の政策基調であり、慈円はその九条家の出身であった。慈円はそれを承久の乱前夜における九条道家の息摂家将軍頼経の東下にみたのである。「摂籙家ト武士家ヲヒトツニナシ、文武兼行シテ」

世を守り、君を後見まいらす、という政治形態の到来を予見していたのである。黒田は未来記的な歴史意識の所産をそこに読みとる。こういう黒田の「道理」の把握は「愚管抄」における歴史叙述としての和語（仮名）の採用についての考察とあいまって注目すべきところがある。

当然のことながら、「愚管抄」には武家の論理を中心に置いて、歴史を裁断するといった後世の思考形式はまだ現れていない。日本近代史学を拘束してきた江戸時代以来の武家中心史観からの脱却を意図する黒田が「愚管抄」における歴史把握に深い関心を示したことは注意しておいていいであろう。黒田の権門体制論における中世政治の形態把握が「愚管抄」のそれと一脈通ずるところがあるのはたんなる偶然ではあるまい。公家、寺家、武家が相互補完の関係に立って、天皇と朝廷を中心に中世の国家機能を分担しあうという権門体制論の中世理解の源流は慈円にあったのである。

4

一九五二年の日本史研究会の大会報告「太平記と南北朝内乱」に黒田史学のある意味での出発がある。大学を出て四年、当時二十六歳であったここでの黒田説は、南北朝時代封建革命説として知られる松本新八郎説の枠組みを全く出ていない(4)。ここでは天皇・貴族・荘園制はあくまでも古代的であり、鎌倉幕府は最後までこれを打倒することができず、働く農民が田畠の耕作権を確保し郷村制をつくり、その上に、武士がより進んだ守護領国制をつくっていく、というように時代が展望されている[5]。

私はそのことはさておき、ここで「太平記」が南北朝の内乱が生んだ「戦記文学」として位置づけられ、内乱が生んだ文学的形象の分析を通して逆に内乱の複雑な性格を把握しようとする立場が貫かれている事実を重視したい。「太平記は史学に益なし」と断言した久米邦武以来[6]、「太平記」は日本の中世史、とりわけ南北朝時代史の中心的論点を形成しつづけてきた。黒田史学もまたこの例にもれない。

報告では内乱に登場する諸勢力として、

(一) 天皇・貴族
(二) 社寺
(三) 豪族的武士（東国）
(四) 悪党的勢力（西国の中小武士農民）

などが列挙され、それらの政治的対抗関係が分析される。またこの内乱が天皇の反革命として始まり、次第に局面を転回させていく内乱の全経過が諸段階に分けられ、各局面が分析されている。そこでは戦闘形態として東国の騎馬武者の戦術・戦略と、西国的な野伏・足軽・悪党・溢者のゲリラ戦術とが対比され、その間の天皇権威の失墜と新しい人間像が提示される。妙法院御所の紅葉事件にみる佐々木道誉の無礼、「院と云か、犬と云か、犬ならば射て落とさん」といい放ったという土岐頼遠、あるいは、「王なくて叶ふまじき道理あらば木を以て作るか、金を以て作り鋳かして……」云々といってはばからなかった高師直の存在には、時代の制約をつきぬけるだけの奔放さがある。ここには天皇を中心とする旧来の体制秩序に拘束されることのない、反抗的で自由な新しい人間像が提示されている。

一方、自己の権威を守るために天皇を超越的な権威として位置づけ、天皇への反抗的態度を理由にして彼らの生命を奪った人物として足利尊氏が位置づけられている。また貞和五年（一三四九）の四条河原の田楽に、「洛中の地下人商売の輩」「貴人達」の「交り雑居」する集団的逸楽をみて、ここに民衆相互の連帯意識と民衆文化の方向をさぐるなど、ここにはこうした現象のうちに日本における新しい民族形成の可能性をみようとする後年の黒田につながる指摘をみることもできる[7]。

黒田の大会報告は、切り離された部分の分析に満足していない。彼はここで、未熟ながら時代の全過程を段階的かつ階層的に整理し、時代そのものの全体を包括的に解き明かそうとしていたといえよう。

5

大会報告は黒田にとってけっして満足すべきものでなかったであろう。黒田は報告の二年後に「太平記の人間形象」(『文学』二二―一一、一九五四年)を発表、「太平記」における文学的モティーフを「悪党的反逆的人間形象」を中核とするという観点を明確に打ち出したが、さらに数年たって「悪党とその時代」(『神戸大学教育学部研究集録』一四、一九五七年)を著し、悪党を鎌倉末期における社会全般の矛盾の表現として把握し、悪党的現象が時代の文化のさまざまの面とかかわりあうさまを追求した。

十四世紀には社会・宗教・文学など各方面に「悪党的」現象が横溢し、これが十四世紀という変革の時期を理解する上で決定的な意味をもっていること、この「悪党的」時代現象には進歩的・体制破壊的側面があると同時に、他面において支配者的・没論理的・非英雄的な側面が目立ち、ここに時代の「複雑な性格」が露呈されているというふうに説明される(著作集第七巻、二一九頁)。ここで黒田は荘園体制を古代的とみる見方から脱却し、これを封建的大土地所有を本質とみる見方にはっきりと移行している。ここでのモティーフは大会報告以来目指されていた、時代の全体把握の方法的深化である。黒田の立場はこうした歴史の「複雑な性格」に正面からたちむかおうとする点にある。

悪党現象を時代の退廃の一環と把握し、退廃を知らない倫理感に満ちたものたちの英雄的行為のうちに新しい時代の展望を求めようとしたのが石母田正の中世史理解であったが、このような中世理解の一面性を克服しようとする黒田の努力がここに示されている。[8] 一方、松本説は悪党のことを惣領制度を打破し、新しい地主・小作関係をつくりだしてくる凡下・甲乙人を代表とする社会的勢力と捉える。松本はかかる存在こそが幕府にとっても京都の王朝にとっても、ともに「悪党」であり、これが弾圧の対象になったとし、「悪党」の変革的側面を評価する（著作集第七巻、四一四頁）。黒田はその双方に加担しようとしない。第三の道を模索するのである。

時代はうつり、一九七九年の「変革期の意識と思想」（『歴史公論』四六）において黒田は、「変革期の思想」のことを「さきを見とおせない状況での思想のありかた」であると定式化している。大会報告の松本説一辺倒からここにいたるまでの二十七年の時間の流れと黒田の思索のあとが、この一言に込められている。

主題の南北朝時代にそくしていえば「変革期の思想」とはつぎのようなものからなる。それは第一に、単純素朴に要求を主張し、実現へつきすすむ即自的な意味での変革肯定の思想態度であり、それは悪党・野伏・溢者あるいは高師直のような存在に示される。第二にそれは、動乱のゆくえを模索しながら、みずから新しい秩序を創出し、確認していく思考態度としても現れる。たとえばそれは足利政権を肯定的に捉えようとする「梅松論」などの立場である。さらに第三にそれは、動乱の展開にたいし自己の既存の信念を適用してこれを理解し、さらに信念を強固にしていく態度としても現れる。円観恵鎮や無窓疎石、そして特に北畠親房などがそれにあたる。

ここには「変革期の思想」として、変革を志向する思想だけでなく、先のみえない時代に苦闘するさまざまのタイプの思想をすべて包括的に捉えようとする黒田の幾重にも多角的複眼的な視線をみることができる（著作集第七巻四四～四五頁）。たしかに私たちは、時代の趨勢と学問の進歩を虚心に読みとろうとしない傲岸な老人たちが、学問の世界にも、また政治の世界にもいたことを知っている。こうした第三のタイプに属する「神皇正統記」の北畠親房について黒田は、親房の信念はすでに動乱以前に確定しており、親房の思想にとって動乱が与えたものは「よりきびしく、より硬化した姿勢、傲岸なばかりの信念化」であったという。これにたいし足利尊氏・直義兄弟や楠木正成などのそれぞれの「模索的な生き方」のうちに黒田は、「変革期の思想史がもつ自覚的・知的な側面」がもっとも尖鋭に描きだされる（著作集第七巻四七頁）と述べる。黒田がみずからの生涯と学問に課したものは、現代社会における自覚的で知的な思想史を生きることであったにちがいない。

やがて動乱の時期がながれ、そしてそこにあった、「展望を欠いた奔走は、人びとをくたびれさせ、時勢を慨歎させ、ついには思考を放棄させる」と、黒田は「太平記」の退屈な結末をこういうふうに説明する。こうして天台の玄旨帰命壇の信仰、密教の邪義的な秘法、濃厚で奇怪な神秘主義などとともに、さまざまな形の露骨な即物主義が時代の表面に現れ出る。黒田はそれらをとりあげ、そこにある種の思想的達成とどうにもならない限界とがあったことに注意の目をむける（著作集第七巻、五一頁）。網野がのちに明らかにする

ことになる『異形の王権』の後醍醐天皇像とは明らかに異質の把握である。(9)

戦後五十年、いまや脱イデオロギーの時代が到来したかのようである。こうしたなかで黒田は幾重にもしたたかで、柔軟で物に動じない思想の達人であった。黒田個人のうちにあっては、十四世紀の悪党現象を革命と腐敗の二者択一で分断しようとした石母田・松本以来の硬直した理解水準は遠く乗り越えられていたとみてよいであろう。しかし黒田はそれらを学問対象として本格的に論ずることなくして終わってしまった。本巻(著作集第七巻)に集められた黒田の作品はそうした黒田の思索の跡を物語るであろう。

注

(1) 大山「権門体制論における国家と民族」(『歴史科学』一三八号、一九九四年。本書所収)。

(2) 佐藤進一『南北朝の動乱』(中央公論社、一九六五年)。

(3) 小川信「南北朝内乱」(『岩波講座日本歴史』六　中世2、一九七五年)は、黒田・佐藤両説をそれぞれ批判的に紹介しながら、後醍醐が採用した綸旨による個別安堵方針を、六波羅占領直後から武士たちの着到を受理し始めた足利尊氏の存在を意識した、後醍醐の主従主義的原理にもとづく現実的な対抗措置であったと位置づける。

(4) 松本新八郎「南北朝内乱の諸前提」(『歴史評論』二巻八号、一九四七年)、「中世末期の社会的変動」(東京大学歴史学研究会編『日本歴史学講座』一九四八年。いずれも、同『中世社会の研究』東京大学出版会、一九五六年、所収)。

(5) 黒田はのちに松本新八郎と本巻(著作集第七巻)にも再録された「南北朝内乱と天皇制」「一揆と民衆」(『文化評論』二五七・二五八号、一九八二年)で対談している。そこで松本は、第二次大戦前の東京の学問動向について豊田武・遠藤元男に言及して、これを「封建制度におけるブルジョア的発展」を歴史研究の基本に置く立場であったとし、さらに今井林太郎の仕事をそれらへの抵抗としての「農村の問題、荘園の問題、荘園制度の問題、そこでの一揆の問題などを体系的に研究すべきだ」とする議論であったと回顧し、自分はそうした学問的雰囲気のなかで育ってきたと述べている。そこにおける学生時代以来の研究課題として、松本は第一に、経済的土台、荘園のなかでの生産力と生産関係の問題の究明が主目標であり、これを明らかにしないと政治過程は明らかにならない。第二に、地主—小作関係の発生、夫役制の惣領制度から現物地代の小農経済への移行時期、第三に、悪党の蜂起と内乱を明らかにすることをあげている。「われわれが問題にするのは、社会の全構成、生産諸関係のうえに上部構造がどのように構築されているかということです。……そのなかで歴史を動かしていく基本的な勢力は何か、基本的な経済的、社会的な関係は何であるか、それでもって社会の本質を規定すべきだということですね」という松本の回顧的発言(四二八頁)は、戦後の歴史学が矮小化してくる道筋を明瞭に示すであろう。そこで松本は今井林太郎が清水三男の学問に依拠したこと、みずからは牧健二、中田薫、三浦周行、とりわけ牧野信之助『土地及び聚落史上の諸問題』に影響をうけたと述べている。清水—今井—松本とつづく学問の継受関係とともに、この点に注目したい。
(6) 久米邦武「太平記は史学に益なし」(『史学会雑誌』二—一七・一八・二〇・二一・二二、一八九二年。『久米邦武歴史著作集』二巻、吉川弘文館、所収)。なお、鹿野政直・今井修「日本近代思想史のなかの久米事件」(大久保利謙編『久米邦武の研究』吉川弘文館、一九九一年)参照。
(7) 本巻(著作集第七巻)Ⅳ「日本文化史(中世)序章」(初出は一九六二年)。
(8) 石母田正『中世的世界の形成』(岩波文庫、一九八五年。初出は一九四六年)。石母田の中世史理解の特徴については大山『日本中世農村史の研究』(岩波書店、一九七八年)の「序説」で述べた。
(9) 網野善彦『異形の王権』(平凡社、一九八六年)。

二　権門体制論における国家と民族

1　八〇年代の黒田説

一九八〇年代とそれ以降は黒田俊雄の最後の十数年にあたる。六〇・七〇年代につぎつぎに新しい学問領域を開拓していた黒田の到達点である。今日はそこのところの確認から始めたい。

すでに七五年に「中世寺社勢力論」を発表していた黒田が再度『寺社勢力』(岩波新書)を著して日本中世における「もう一つの中世」としての「寺社勢力」の存在にひろく注意を喚起したのは八〇年であったが、それ以後黒田は、前面では第二次大戦後の一時期の歴史学を主導し、当時なお影響力のあった領主制理論を従来よりもさらに徹底的に撃破しようとし、また同時に側面の論敵として網野善彦の『無縁・公界・楽』学説の中世理解に果敢な論争をいどみ始めている。この論争は黒田の健康上の理由と九〇年代早期の逝去によって、未完成のまま中断することになった。八〇年代における黒田は自己の学問的アイデンティティを確立するために、最後まで「孤絶」の発言をくりかえしていたようにみうけられる。黒田が何をしようとしていたか。何をし残したかをもう一度たしかめてみたいと思う。
ここで八〇年以降の黒田の足跡をふりかえっておくと、まず八二年に「中世社会論と非人」を発表、当時勃興しつつあった非人研究の動向を整理し、網野・大山以下の諸説を批判、旧来からの自説をさらに展開し、独自の立場を鮮明にしている。[1] 翌八三年には「中世における個人と「いえ」」を発表、中世における「孤絶の個人」のあり方を概観しながら、さらにきびしく網野・大山説の弱点を暴いてみせた。さらに八七年に、すでに健康上の不安を抱えながら「中世の身分意識と社会観」、「中世における地域と国家と国王」を書いている。特に最後の論文は当時注目を集めつつあった歴史における「地域」論に配慮しつつ、網野説がよって立つ日本中世における東西二つの国家論を批判している。「地域・国家・国王」を主題としたこの論文の文章には、これだけは言い残したいとでもいわんばかりのせっぱ詰まったせっかちさが目立つ。高橋昌明がこれを黒田の「頭ごなしの批判」と評したゆえんである。黒田はここで永年の問題に一挙の解決を与えたかったかのようにみえる。[2]
一連の著述において黒田が試みたものは、先述のように一つには石母田正に始まる新・旧の領主制理論にたいする批判であり、いま一つは網野善彦の所説「無縁・公界・楽」理解（網野の周知の日本中世理解をここでは「無縁・公界・楽」学説、ないし「無縁・公界・楽」理解と呼んでおきたい）にたいする根底的な疑問の提示であった（網野七八年。末尾の文献一覧参照。以下、同じ）。

歴史の解釈から意識的・無意識的な一切の先入観を払拭しようとし、歴史をありのままにみようと努力することは歴史研究に志すものの当然の態度であるが、それは往々にして困難なことがらである。研究者もまたみずからが生まれ育った個性的な文化とその感性や価値観を身につけている。みずからの文化と感性と、そこから生まれる価値観を相対化し、疑うことができる歴史家は少ない。その意味でつい最近にいたるまでの日本人が江戸時代以来の「さむらい」の倫理観と精神に強く囚われていたことは、さまざまに思い知らされるところである。

黒田は領主制理論を基軸に置く中世史理解を武士道賛美の精神を継承する「武士中心史観」であると断定し（黒田八三年、一四五頁など）、日本の歴史は「石母田（正）氏が英雄時代論風に想定し胸を躍らせたような発展形態よりも、もっと複雑で面倒できびしいもの」であったと述べている。黒田の批判は日本の武士身分にヨーロッパ的中世を発見した原勝郎に始まり、大正文化史学を介して戦後につづく日本近代史学の総括的な批判を構成していた。(3)

日本の歴史の「複雑」と「面倒」と「きびしさ」に真正面から取り組もうというのが黒田の思想的・学問的営為であった。そのような黒田の立場からすると、彼の目の前にあった石母田以来の戦後の領主制理論が想定していた歴史理解は一つの幻想であり、サムライ精神に毒された「近代日本の自己欺瞞の所産」にすぎないのであった。黒田は大山を批判するにさいして、河音能平・戸田芳實を引き合いに出しながら三人のことをつぎのようにいう。

石母田氏の理論と心情への深い理解や同情をいまも味わっていることに、(自分は)重大な意義や出発点を求めない、

と。これは黒田の旧・新の領主制理論へのあらためての決別宣言である。

黒田は旧・新の領主制理論が「非農業的生産」や「寺社勢力」について「軽視・無視・蔑視に近い扱いしかして来なかった」(黒田八二年、一一四頁)と批判する。こうした結果重視の、かなり過激な相手批判は「非農業民」を重視して旧来の研究を「水田一元史観」と位置づけて批判する網野「無縁・公界・楽」学説が好んで採用する常套的手法であるが、黒田もそれをまねているとしか思えない。その過激な調子をそのまま承認するわけにはいかないが、しかし網野・黒田両学説がいう「寺社勢力」「非農業民」(山民・海民・道々之輩)のあり方を結果として無視してきたという両者の領主制理論批判には、大正期以来の日本中世史を特色づけた文化史研究の批判的継承に失敗した戦後歴史学の致命的欠陥として、聞くべき部分がもちろん多いと考える。(4)

2　天皇は国王である

黒田の批判的言説は多方面にわたりその戦線は複雑であるが、私はそれらのなかで黒田

の批判がとりわけ「無縁・公界・楽」学説における「天皇支配権」あるいは「天皇統治権」理解に向けられていた事実を重要視したい。いまここで有名な網野学説をあらためて紹介するまでもなかろうが、黒田は網野説における「天皇支配権」「天皇統治権」の位置づけを大略つぎのように説明する。

「天皇支配権」「天皇統治権」とは「……あわただしく小刻みな波の上で変動する政治史あるいは法制史でいうような、そういう支配や統治ではなく……はるかに波長の長い」もので「太古のいにしえ、人びとには本源的でかつ自由な……大地と海原」があって、そのような「大地と海原」の「本源的な自由」を保証してきたものこそが網野氏のいう「天皇支配権」「天皇統治権」であった、と。私なりにいいかえれば、その「大地と海原」における自由な生活の本源的なひろがりのことを網野は私的な支配との縁が切れた（縁が始まっていない）という意味で「無縁（原無縁）」の世界であったと規定したのであった。

また黒田は網野の学問を「民族史的」視点の研究であるという（「「南北朝」を問う」八七年c）。

網野氏は「社会構成史的次元」とは異なる視点からの南北朝期の画期的意義を強く主張し、……農民とはことなる身分として天皇や神仏に「直属」していた「非農業民」が、かつて「無縁」の境涯として〝太古からの自由〞を保障されていたのに、この時期を境にその「誇り高い地位」を失っていくとみる。そして商工業や都市の発展にも積極的な意義をもっていた（と氏が考える）その「無縁」や「公界」を〝中世の自由〟の観点から重視し、単に中世の前期と後期を分ける時点としてではなく、「民族史的次元」での大転換期として南北朝期を位置づける、と。一言だけ付け加えれば、「無縁・公界・楽」学説では天皇の支配や統治は人類史（民族史?）を遠くさかのぼり、太古の、階級や搾取の出現する以前の「人々」と「大地や海原」との本源的で自由な関係との対応において位置づけられていたのである。

黒田はこのような天皇の解釈を「「天皇」をもっぱら権威として扱い、その宗教的・観念的神聖性をみる考え」（黒田八七年b、三六四頁）、「「天皇」がなにか世界に類例のない一種の神秘的な特殊な社会的仕掛け（人間関係）をもった存在であるかに論ずる」立場（同上、三六九頁）、「「天皇」を……ひたすら観念的な「聖なる」存在として強調する見地」（同上、三七〇頁）だといっている。

網野のような解釈を、黒田の網野批判を敷衍しながら、ここでは「天皇の神秘主義的把握」の一種であると説明しておこう。黒田が批判するのは、「無縁・公界・楽」学説のこうした天皇にたいする「神秘主義的」解釈である。日本の天皇のあり方には歴史的に形成された特有の神観念や宗教とのかかわりがあり、そこには歴史的・社会的に特有の構造が成立していたことは疑いなく、その点の解明が要請されることはあらためて説くまでもない。しかし黒田は、天皇が右のごとく歴史的に形成された特有の宗教的・政治的個性をもつにしても、そのもっとも基本的な部分においては日本という国（国家）の国王として存在したことの確認が何よりも重要であり、中世天皇の存在は結局のところ、それ以上でもそれ以下でもないというのである。黒田にとって中世の天皇は端的にいって「国王」なのであった。

私がみるところ、黒田にはその世代には珍しく、プラスの意味にもマイナスにも「天皇への過度の思い入れ」がない。ここが網野と異なるところである。増田四郎のいう「国家理念」の三つの類型としての「世界帝国」「国民国家」「くに」（地域）の概念を援用しながら、日本中世における地域の問題に言及した黒田は中世日本の国家と国王の所在について右のように考えたのである⑤。

網野は神人・寄人・供御人等をとりあげ、それらが「下人」とは異なる隷属形態にある点で、百姓・平民と同じ「自由民」に入るにしても、それだけにとどまっていては、その身分的特質を見失ってしまう点に注意をうながし、黒田のような見方では、「これらの人々が神仏・天皇など「聖なるもの」の「奴婢」—直属民として、「百姓」—平民身分と明確に区別された「隷属形態」の下にあったこと、いいかえれば世俗の主を持たぬ、より意識的な「無主」の人々であったというその身分的特質が全く視野の外に出てしまう」と黒田に反論している。網野は、「聖なるもの」の「奴婢」—神の「奴隷」は、未開の要素をなお強くもつ諸民族の国家―王権の下にもみいだされるもので、広く「世界史的視野」から捉えなければならないと強調している（網野八八年）。網野はここで「聖なるもの」と「世俗の主」とを対立概念としてあやつりながら、天皇をもっぱら「聖なるもの」の範疇に入れ、「世俗」の面を否定しようとしている。網野はこうした天皇的王権が世界史に普遍的に存在しているようにいうが、そのようなことを強調する以前に「世俗の主」として実際に権力を掌握してきた天皇―日本国王の現実の側面を無視してはならないとするのが黒田のいいたかった点であろう。

黒田にとって、「無縁・公界・楽」学説のごとき超歴史的な「神秘主義的」天皇把握は、合理的認識の範囲を遠く逸脱した荒唐無稽の論に映ったのである。

3　中世の自由

a　深淵の境涯

黒田は、網野の所論には「深淵の境涯」がないと批判する。

ここ（網野説）には……社会の周縁あるいは外側へ押し落とされた深淵の境涯というものがない。排除・転落・脱落・疎外の世界がない。人ながら人でないあり方がない（黒田八二年、一〇六〜一〇七頁）。

と。あるいはまた「氏の主張は……体制・社会・秩序の内と外の論理、脱落・排除・疎外の〝構造〟の論理を欠いている」と（同右）。

黒田のいう「深淵の境涯」とは端的には中世社会において「人ながら人でないあり方」（非人）のことである。これは中世の非人を「身分外身分」として定式化した黒田説にたいし、こうした規定は「事実を正確かつ多面的にとらえる道をふさいでいる」と批判した網野説への反批判である（網野七六年b）。

ここで黒田はキヨメを一種の職能（芸能）とし、非人を「職人」の一種とみなす網野の「職人としての非人」論を批判している。すなわち黒田によると、中世の非人のもっとも普通の姿は、「乞食・癩者」＝生産の社会的分業の総体系からの脱落者・被疎外者として現れる。したがって、そうした身分の本質はけっして「芸能」（職掌）などではないのである。黒田は非人にはつねに広範な自然発生的な孤独な者と、奈良坂・清水坂以下の集住集団が「併存」すると考えるのであり、したがって非人が集団・組織としてのみ存在したかにいう網野説は誤りである（黒田八二年、一〇一～一〇三頁）ということになる。*

＊　中世の非人世界の内部には俗世界とは縁の切れた空間で、世俗社会と同様の、あるいはそれ以上の抑圧の構造が存在したことは建治元年（一二七五）の清水坂非人集団や弘安五年（一二八二）の和泉国取石宿非人が叡尊にあてて提出した起請の文言をみるだけでも明らかである。長吏を頂点として組織される排他的な階層ヒエラルヒーは黒田のいう「広範で自然発生的な孤独な脱落者＝非人」たち、あるいは右の起請にいう「路頭往還の癩病人」たちをつ

ねにまちうけており、したがって黒田のいう非人の第一のタイプは現実の中世社会では長吏たちの苛烈な抑圧と支配にさらされ、そのままでは存在の余地がほとんどなかった、というのが大山の見解である。黒田のいう乞食や癩者をまちうけている「深淵の境涯」そのものがすでにキヨメの構造をもった宿の長吏の乞庭に分割されており、そこを離れて彼らは生きていけないというのが中世の現実であった。黒田がいうようなことは中世の現実にあっては絵空事に近く、そのような無色透明の政治空間は存在しないと思う。これは日本列島の歴史の上に成立した差別の構造のもつ黒田と私との問題認識の相違にもとづくものである。念のためにつけ加えておくと、日本において差別（キヨメ）の構造が都市を中心として本格的に成立してくるのは別稿で述べたように十世紀以降、中世の成立過程においてである（大山七六年a）。この点で網野が「鎌倉時代には非人に対する体制的な賤視、差別は決して出現していない」と述べるのは、そこで大山の指摘した事実の無視の上に成立している。網野は差別がなかった証拠として寛元二年（一二四四）の清水坂との相論において奈良坂非人たちが自分たちの清目の役を指して、これを「重役之非人等也」と誇らしげに主張した事実をつねにとりあげるが、みずからが果たしていた彼らに固有の職能への誇りと、なお現実に存在する社会的差別の構造とは、たとえ彼らの心理にある種の屈折したものを与えていたにせよ、何ら矛盾なく併存しえたにちがいなく、それは少なくとも網野のような評価にたえうる史料ではない。

そのことは別にして、黒田はこのような「無縁・公界・楽」学説を「現実にあった悲惨な差別」から目をそらし、「前近代の生産力の低劣さからくる苛烈な生存条件」を無視するものであり、それは「太古への幻想」につながる仮説的な見通しの域を出るものではない（黒田八二年、一〇五頁）といっている。

黒田の目が捉えていたのは、日本中世民衆の悲惨の現実であった。中世の民衆は、黒田によれば、アジア的な共同体の解体するなかで破片家族として零落の生涯を送るのである。

b 「いえ」と孤絶の個人

黒田の「深淵の境涯」についての考察は網野が強調する中世の自由と平和についての所論におそらくは触発されつつ、八三年の「中世における個人と「いえ」」にいたって、中世における「真の自由」の源泉としての「孤絶の個人」の把握にまでいきつく。

日本中世の「自立的主体」としての「いえ」に注目したのは勝俣鎮夫の「家支配権」についての衝撃的な発言（同「中世武家密懐法の展開」『史学雑誌』八一編六、一九七二年）に始まるが、在地領主の「いえ」を重視した石井進（「中世社会論」岩波講座『日本歴史』8、中世4、一九七六年）や、村上泰亮ら（『文明としてのイエ社会』中央公論社、一九七九年）、中世の百姓の「イエ」の自立性に注目した大山の所説（大山七七年）などをおしなべて「一種の社会集団論的文明論」と総括しながら、黒田はこれらの諸説が前提にしている一つの考えにたいして、「いえ」を中世における社会の原理的な存在とみることができるか、さらには「いえ」が社会生活における自立と集団の唯一の原点であったかどうか（黒田八三年、一二八頁）と問いかける。

黒田によれば、中世には「いえ」を欠く生活条件に生きた多数・多様な人々がおり、彼らは何らかの集団を組織していたが、その組織は究極一種の「個人」であったと説き、

（一）不完全な百姓としての「流浪」（小百姓から孤住にいたるまでの不完全家族）

（二）孤絶の個人としての非人と聖

（三）個人の集団化の代表的存在としての寺院大衆（寺社勢力）

などをあげ、中世における「個人の自立」と「社会的・精神的自由」は「いえ」を離れたところで成立すると結論づけている。

中世農村社会が定着度の薄い、流動的な性格をもつことについては、散田作人層の存在にふれて私自身早くから述べてきたところであるが（大山六五年）、黒田はあらためて、非定住と移動生活を「非農業民」のみならず、小百姓・散田作人を含む中世農業そのものにみる基本性格であるとし、流浪は中世の民衆にとって最後までその基本的属性であると述べている（黒田八三年、一三九頁）。

中世は安定的な家族と不安定な家族が併存する時代であり、こうした点で黒田が注目するのは第一に、「アジア的共同体」の解体と「いえ」の形成との狭間にある「不徹底な個

人」として流浪に近い生活を送る「不完全な百姓」ないし「百姓の破片」的存在である。こうして黒田は中世の非人を、「一切の社会的・集団的きずなを断たれて、一個の自然的生体としての個人になった人間のひとつの姿」として理解する。「非人に「いえ」はない。社会的に承認された家族もない。非人は領主の「いえ」からも、百姓の「いえ」からも最も遠い存在である」(同、一四〇～一四一頁)と位置づけるのはこのためである。だから「非人とは自然発生的・慣習的用語であって、法制的に定義された身分呼称ではなく、体制的身分秩序(法制的に定義されたという意味の身分秩序のことらしい)から疎外されている人びとを指す言葉」だと理解されている。だから黒田がいう「身分外身分」とは「法制的に定義され、体制的に定められた身分秩序の外に排除された人びとを指す自然発生的・慣習的な法制的な定義もない身分」の意味であると解せられる。黒田は私に「中世社会は建前でいえば非人などいないことになっているのだ」と語ったことがあったが、それはこうした意味だったのである。こうして非人とは「解体したアジア的共同体のなかの大家族が放出する不完全家族の極限的な形態、浮浪的破片(孤絶の「個人」)」(同、一四二頁)となる。

こうした「孤絶の個人」は、第一に奈良坂・清水坂以下の宿の長吏のもとの集団として、第二に精神的超絶を求めて世俗を脱出した聖として生きていくことになる。第二の「出家」した孤絶の個人の自覚形態として明恵の「非人高弁」の自署があり、さらに『沙石集』巻十の「遁世の非人」が存在する。そこには「いえ」から隔絶された〝孤絶の個人〟としての「中世の自立的主体」が一つの社会的原理として存在した（同、一四三頁）というのである。黒田はそのようなものとして、アジアの社会構成の歴史との深いかかわりを想定しながら仏教の出家主義・東洋的隠逸主義がもつ強靭な精神に注目していく（同、一四八頁）。

このような脈絡の上に中世寺院の「大衆」（寺社勢力）は「いえ」から析出された個人の巨大な溜り場として位置づけられる。

黒田にとって「いえ」は家長（惣領）を中心にした家父長制原理を基軸にして把握され、他方そこから離れて中世には、個人を自立的主体とした集団化の原理が認識され、そのようなものとして、非人集団の座的構成や寺院大衆の組織が位置づけられるのである（黒田八三年、一四六頁）。

「いえ」と「孤絶の個人」の対比にみる黒田の所説は「いえ」を自立的主体の源流とみる大山ならびに高橋昌明の身分制理解にたいする批判を意図したものであり、同時に非人をして「身分外身分」とする黒田説を批判した網野説への反論であった。

黒田は自立的主体としての「いえ」を重視するこれら多くの学説にたいして、「日本中世社会における……「いえ」的主体なるものははじめから終わりまで国家権力にもたれかかる傾向が著しく、真に自立的で自由な精神は孤絶としてのみ成立した」と記し、さらに

「いえ」をもたないことが体制からの自由を裏づけているという側面」のあったことを強調している（同、一四八頁）。

黒田はここである種の無理な飛躍をしているのではないか。黒田の意図や心情を理解しないわけではないが、中世における「身分外身分」の存在と「孤絶の個人」を強調してここにまでいたると、私には新しい学問の地平を切りひらくために苦闘する一人の「孤絶」の思想史家としての黒田の影がどうしてもちらついてしかたがない。中世の自由はもっと平凡であっていいのではないか。別稿で私は中世の自由の原点に「無縁」の原理を置く網野の市場理解にたいし、中世の「市庭の自由と平和」が究極のところ至極単純に「市場経済の原理」にもとづいていた（大山九三年、一七二頁以下）と述べたが、黒田の場合も事態をやや深刻に考えすぎているのではないか、という思いを禁じえない。時と場合によることはもちろんながら、「孤絶の個人」のみならず「イエ」もまた十分に中世の「自由」の原点たりえたと思う。

4　民族の問題

a　網野学説の「民族史的次元」

網野は日本列島における十四世紀の転換を強調してこれを社会構成史的次元の転換ではなく、民族史的次元の転換であったという（「社会構成史的次元」と「民族史的次元」網野八四年、など)。

網野の右の提言にはそのキイ・タームである「民族史的次元」についての概念規定がない。したがってそこには右の転換の実体について、読者の側がこれを認識しようとするならば網野のあげる数多くの個別事例の脈絡を追いながら、あれこれとこれを感得し、推察・納得するというはなはだ茫漠たる仕組みが用意されている。もちろんこうした事実の詳細にわたる提示をもってする説明と説得こそが、歴史学の仕事であるとすることもできる。後者の意味における網野の業績ははかりしれない。

ところで黒田は網野のいう「民族史的次元」なるものの実体を基本的には民俗学などでいう「基層文化」の意味に解してよかろうと述べる(黒田八七年b、三七〇頁)。こういうところが黒田の鋭いところである。網野の「民族史的次元」という難解で実体のはっきりしない用語を「基層文化」というわかりやすい言葉に置き換えるだけで、考察の対象に据えられている事態の輪郭が急に鮮明になり、学問の対象として把握しやすくなる。おそらく「基層文化」は「民族」という包括的概念を分析的に扱うさいの重要な基礎概念をなすものであって、「民族」の意味はこうした分析的な基礎概念によって解析されることが学問の上ではまず必要な作業である。ともあれ一つの民族の歴史にあって、そこにおける基層文化に転換が認められるとするならば、それこそが民族史的次元の転換であると網野にならって私も思う。

網野は南北朝時代、十四世紀の基層文化（民族史的次元）の転換について、あらゆる事態の変化があったかのようにいう。それは日本語の言葉の意味の変化であり、人々の意識の変化であり、また習俗の変化なのであるが、そういうものをかなり雑然と列挙しながら、そのなかで網野が明確に指摘するのは、社会から未開の状態が失われ、文明化の進行によって先述来の「聖なる天皇」の権威が徐々に低下し、それに対応しつつ、従来は誇り高い職人であったものたちへの賤視と差別が社会のすみずみまで行きわたるようになるという事実である。

中世前期はまだそういう変化が起こる以前の段階であった。そこでは「聖なる天皇」とそれにつらなる供御人や道々の細工や非人たちがおり、有縁の農業世界のかたわらで「無縁・公界」の境域に生き生きと生活する人々が存在していたと力説されている。

b　黒田の民族文化論

黒田・網野の二人は一九二〇年代の生まれである。この世代の人たちにとって、南北朝時代の歴史的評価は、戦前・戦中の学問との直接の接触のない私たちのような三〇年代生まれの戦後第二世代の想像を越えた重みをもって語られてきたようである。それは第一に戦時下における平泉史学からの脱却の問題であり、平泉史学と全く裏腹の関係にある松本新八郎の戦後の「南北朝時代封建革命説」への傾倒とそこからの苦渋に満ちた再脱却の過程である。[*]

＊　平泉澄とそれを否定した松本新八郎の仕事について、これまでにも多くのことが語られているが、最近のものとして佐藤進一・網野善彦・笠松宏至著『日本中世史を見直す』（悠思社、一九九四年、八頁以下）における三人の対談をみよ。佐藤・網野の二人が松本説から受けた衝撃について語り、笠松がそれを全く理解できない事態であると述べている。ちなみに笠松は一九三一年生まれである。

かつての一時期、日本はアメリカ軍の占領下にあり、そのアメリカ軍は隣の朝鮮半島で戦っていた。それはいつ果てるとも知れない日本の置かれた現実であり、人々はおびえていた。民族の行方が熱っぽく語られたのはそういう時期であった(6)。

あまり注意されていないようであるが、黒田にも中世の民族とその文化についてのかなりまとまった考察がある。黒田が「権門体制論」を正面から提起したのは一九六三年の「中世の国家と天皇」に始まるのであるが、黒田はその前年に『講座日本文化史』の第三巻「中世」を編集し、「序章」を執筆しており、そこにおいてすでに「権門体制」という用語を実際に使用し、これを「社会の封建化への貴族階級の対応の産物」であると述べていた。この「序章」の主題は「民族的文化」の形成であった。黒田はこのとき、先の時期における政治主義に傾斜しすぎた民族論争にいち早く決着をつけ、新しい学問の構想を温めていたのである。

やがて平和がよみがえり、日本は独立し、表面上の繁栄が訪れると、人々の頭のなかから民族への関心がうすれていった。黒田にもその後、民族とその文化についてのまとまった考察がなかったようにみうけられる。しかし網野も黒田もそのことを忘れてしまっていたのではなかった。「無縁・公界・楽」学説における民族史的次元（基層文化）の提言はこうして私たちの前に現れたのであった。

ところで黒田における民族ないし民族的文化とは何であろうか。それは近代国家のもとで「国民」が成立する前提、歴史的前段階としての「民族」であり、またその「文化」のことである*（黒田六二年、四八・五二頁）。

* 黒田は井上清の提案（『マルクス・エンゲルス選集』五巻月報）をうけて「民族という語を近代統一国家が成立する以前から存在し、統一後も国民（Nation）の一構成要素である（Volk）の意味で用いる」という。これは当時、かなり一般化した見解であった。

ところで黒田の言によると、日本の古代にはまだ一つの民族といいうるほどの文化的成熟はみられない。日本列島において国民国家形成の母胎をなすような「民族」がはじめて形成されたのは中世であった。じつに「中世文化」こそが日本における最初の「民族文化」なのであった。これを黒田は「国内的文化圏」の形成という言葉で説明した（もっとも八七年になると黒田は、「民族的社会・文化圏」〈黒田八七年b、三六四頁〉ともいっている）。

古代の日本社会にはまだ「文化」の共通性は存在しなかった。貴族と人民とは共通の文化的課題も志向ももたず、帝都と地方は分裂し、人種としてはともかく、そこには一つの民族文化の存在はなかったと認識されている。

黒田はまた「国内的文化圏」というさいの中世の「国」について、これを近代的な意味での国家ではなく、近代国家が成立する以前の政治も経済も「地域的な割拠状態」にあり、また「集権的な国家主権」さえ未成立な封建制段階の「国」を意味するという。それは地域としては本州・四国・九州を中心とするのみで、境界でさえ不明確な、唐天竺を含む世界のなかの一地方としての「日本国」のことだと説明する。

右のような前提にたって、黒田は日本における民族的文化とその創造について包括的かつ体系的な考察を行っている。そこには黒田の思考方法の特徴がよく現れている。

すなわちそれは、まず中世における文化創造の「場」への注目として現れる。その「場」とはさしあたり「村落」と「都市」である。「村落文化」と「都市文化」との対比的考察が黒田民族文化論の大きな柱となる。第二に、それぞれの「場」において文化の創造にかかわった諸階層と人々とが、類別され列挙されてそれぞれの役割が考察される。文化創造にかかわった人々がここに揃って登場する。第三に、そこには時代を担った心性への正当な関心がみられる。そうしたものとして「村落文化」の基底にあり、かつ中世文化全体の性格を貫くものとして人々の自然観・呪術的多神観の存在が指摘され、それとの必然的連関のもとに中世の文学・芸能・宗教といった時代の知的生産活動の諸形態が位置づけられている。さらに第四の特徴として、民族文化形成に果たした旅や遊行の意味、荘園制の流通機構や権門の政治体制の意味がとりわけ重視されていることに注意される。ここではさまざまな形におけるいわばマルクスのいう「交通形態」のもつ文化創造の意味が重視されており、民族と文化を論ずるさいの周到な手続きと配慮が組織的になされている。

右の事実を少しくわしく紹介するならば、黒田にとって、顕密の旧仏教は中世の呪術的多神観を理論化したものとして把握され、もろもろの神道説もそうしたものとして存在していた。すなわち中世人にとっての自然とは恵みの源泉であり、同時に不可解な脅威に満ちたもので、森羅万象すべてが神性に満ちており、自然も社会もあらゆる存在が山の神・田の神・水の神などからなる呪術的な多神観にもとづいて理解され、説明される。こうした自然と社会の理解の仕方と説明にこそ中世の説話と芸能の成立母胎があり、その上に彼らの宗教が成立する。それは自然の脅威を合理的に克服するだけの科学的思考が生産を指導する以前の段階に特有の、中世社会の生産力の本質的性格に基礎をもち、またそれ故に文化のあらゆる面において決定的な規制力をもち、中世の説話・芸能・宗教の形態を規定すると説明されている。

黒田の村落には、

(一) 在地領主(地頭・庄官)の館

(二) 鎮守の社・寺庵

(三) 民家

が掲げられ、村落の諸階層として、

(一) 上位身分である名主

(二) 一般の農民

(三) 所従・下人

(四) 間人(住みついた他所者)・寺庵の僧・巫女・山伏・雑芸・乞食などの半定住層

があげられる。

また、都市では文化的創造意欲が集中する「場」と、そこにおける文化のおおまかな性格として、

(一) 宮廷、貴族の邸宅・別業(貴族的文化)

(二) 社寺(技能者的文化)

(三) 街頭(庶民的文化)

が掲げられ、かつそれらの文化を統合するものとして、たとえば後白河院の存在が指摘される。こうした都市の諸階層として、

(一) 封建領主化した貴族(権門勢家)

(二) 諸寮諸司の下級官人層(舎人・楽人・絵師・随身・寄人・雑色・青侍)

(三) 僧侶(別所の聖・町屋の俗法師)

（四）新興商工業者（供御人・神人・四府駕輿丁、借上・土倉・酒屋）
（五）半流浪の下層民（雑芸人・餌取・犬神人・河原者）

などが指摘される。

こうして農村においても、都市においても、さまざまの階層の領主と農民、貴族と新興の都市民が「階級矛盾をかかえながらもそれを越えて共通の文化創造の場」を創造し、高雅・優美・深遠なる伝統文化遺産と清新・素朴な創造的意欲との対立と交流が行われて、国内が一つの共通の文化圏としてまとまっていく、というのが黒田のいう「国内的文化圏」形成の意味するところであった。そこでは中世における地域と階層の相違を越えた交流が観察され、一つの文化としての共通性が列島内に成熟していくのである。

こうして国内的文化圏の形成をもたらしたものは京都を中心とする権門の政治体制と荘園制の流通機構に対応したコミュニケーションのひろがりであり、より民衆的な遊行と旅の存在であった。都市と村落の文化は京都（あるいは奈良・鎌倉）を中心に流出と集中の対流をなし、そこには、

（一）都市文化を身につけた受領その他の地方への土着、地方武士の氏寺への中央の高僧の招請、中央寺社の本尊・祭神の在地勧請、神事・風流などの作法や様式の移植など——荘園体制による国内的文化圏促進の事実。同時にそれによる文化の形態・内容への逆拘束という二側面。

(二) 聖・山伏・巫女・御師・呪師・声聞師・説教師・琵琶法師・絵解比丘・傀儡師など「非僧非俗」の遊行と漂泊の、文化形成にもつ機能、京都風の信仰・芸能、さらには工芸の地方伝播、そうじて中世文化の民衆的な部分における専業的な伝播者の一群による国内的文化圏(日本の民族)の形成。遊行と旅(西行と一遍、その背後の名もない聖や遊芸民、仏教的無常観、ひいては中世の文学・芸能・宗教)。

の存在が指摘されている。

以上のごときものが、黒田による網野「無縁・公界・楽」学説の民族史理解批判の裏にあった黒田自身の民族史理解である。黒田はこれを権門体制論と併行して構想しており、いわば権門体制論の民族史理解をなすものであった。黒田の網野批判は未完成のまま途中で終わっている。網野の南北朝時代「民族史的次元」転換説にたいして、このあとに何が語られるはずであったか、興味はつきない。黒田が残していったものはしかし大きいのである。

注

(1) 黒田が批判の対象としたのは、網野七二年、七六年a、七六年b、七九年、大山七六年a、七六年b、七七年などである。

(2) 原勝郎『日本中世史』第一巻(冨山房、一九〇六年)、同『日本中世史の研究』(同文館、

一九二九年。このうち主なものは平凡社東洋文庫から一九六九年に再刊)。
(3) 同前。
(4) 大正・昭和前期の文化史研究の動向についてはあらためて論及したい。
(5) 増田四郎『社会史への道』(日本エディタースクール出版部、一九八一年)。
(6) 一九五〇年六月、朝鮮戦争勃発。その前後、歴史学研究会大会は「世界史の基本法則」(一九四九年)、「国家権力の諸段階」(一九五〇年)から、「歴史における民族の問題」(一九五一年)、「民族の文化について」(一九五二年)へとテーマを変えている。ここには法則認識志向型テーマから民族問題への関心の転換がみられる。永原慶二「戦後日本史学の展開と諸潮流」(『歴史学叙説』東京大学出版会、一九七八年、六三頁以下。初出、一九七七年)、神田文人「歴史学における民族問題論争」(『現代と思想』13、一九七三年)。

[文献一覧]

【黒田俊雄】

「序章」(『講座日本文化史』3、三一書房、一九六二年)。著作集第七巻。

「中世の国家と天皇」(『岩波講座日本歴史』六 中世2、一九六三年。『日本中世の国家と宗教』岩波書店、一九七五年、所収)。著作集第一巻。

「中世寺社勢力論」(『岩波講座日本歴史』六 中世2、一九七五年)。著作集第三巻。

『寺社勢力』(岩波新書、一九八〇年)。

「中世社会論と非人」(『部落問題研究』七四、一九八二年。『歴史学の再生』校倉書房、一九八三年、所収)。著作集第六巻。

「中世における個人と「いえ」」(『歴史学の再生』校倉書房、一九八三年)。著作集第六巻。

「中世の身分意識と社会観」(『日本の社会史』7巻、岩波書店、一九八七年a、『日本中世の社会と宗教』一九九〇年、所収)。著作集第六巻。

「中世における地域と国家と国王」(『歴史科学』一〇九号、一九八七年b、同上所収)。著作集第一巻。

「「南北朝」を問う」(一九八七年c、『史稿雑々』一九八九年)。著作集第七巻。


【網野善彦】


「中世における天皇支配権の一考察」(一九七二年。『日本中世の非農業民と天皇』岩波書店、一九八四年、所収)。

「中世前期の「散所」と給免田」(一九七六年a、同上所収)。

「非人に関する一史料」(『年報中世史研究』創刊号、一九七六年b)。

『無縁・公界・楽』(平凡社、一九七八年)。

「中世身分制の一考察――中世前期の非人を中心に――」(『歴史と地理』二八九号、一九七九年)。

「「社会構成史的次元」と「民族史的次元」」(一九八四年、前掲『日本中世の非農業民と天皇』)。

「中世前期における職能民の存在形態」(永原慶二・佐々木潤之介編『日本中世史の軌跡』東京大学出版会、一九八八年)。

【大山喬平】

「中世史研究の一視角」(一九六五年。『日本中世農村史の研究』岩波書店、一九七八年、所収)。

「中世の身分制と国家」(一九七六年a、同)。

「奈良坂・清水坂両宿非人抗争雑考」(一九七六年b、同)。

「中世社会のイエと百姓」(一九七七年、同)。

XII 三浦圭一さんと地域史研究

旧稿は三浦圭一さんの没後一年、一九八九年九月二十三日に行われた「三浦圭一先生を偲ぶ会」で話したものである。三浦さんの遺著『中世日本の地域と社会』（思文閣出版、一九九三年）の巻末に、高橋修さんの「解説――三浦圭一の学問と本書所収論文――」とともに収められた。

三浦さんの地域史研究や和泉研究は、八〇年代以降、現在に及ぶ「地域社会論」の先駆けであった。近年では、『小特集 シンポジウム 日本中世の地域社会』（『歴史学研究』六七八号、一九九五年）、稲葉継陽『戦国時代の荘園制と村落』（校倉書房、一九九八年）、榎原雅治『日本中世地域社会の構造』（校倉書房、二〇〇〇年）、錦昭江『刀禰と中世村落』（校倉書房、二〇〇二年）、湯浅治久『中世後期の地域と在地領主』（吉川弘文館、二〇〇二年）などが、続々、実を結びつつある。

三浦さんが亡くなられて一年がたちました。三浦さんは専門は日本中世史でしたが、扱われた領域が広く、私が三浦さんの学問と人柄について語るのにふさわしいかどうか危惧いたしますが、長いあいだ三浦さんに色々お世話になってきましたので、御恩返しのつもりで話をさせていただきます。

ここしばらく、三浦さんの膨大なお仕事をもう一度読もうと思って読んできましたが、とてもとてもカバーしきれずに、今日を迎えてしまいました。私の頭のなかはいま、三浦さんの生涯と三浦さんが求めた学問でいっぱいですが、そのなかから、時間をいただき、私の思い出も含めて、お話させていただければと思います。

私が京都大学の三回生になって、国史学を専攻し、初めて国史研究室へ出入りするようになったのは昭和三十年（一九五五）の春でしたが、三浦さんは愛媛大学を卒業し一年間堺で高等学校の先生をなさったあと、一年前に大学院に入っておられ、修士課程の二年目になっておられました。現在は古文書室といっているあの頃の国史研究室で、いつも静かに影写本を繰って、黙々と史料を写しておられた三浦さんの姿が目に浮かびます。

その当時の助手は門脇禎二さんで、一年後に石田善人さんに代わりました。私はかなり早くから中世史専攻にきめましたが、何しろ影写本などというものは読めませんので、たいへん困りました。その当時、先輩の人から「そこらあたりで、読んでいる偉そうな人の所に行って聞けば親切に教えてくれるから聞きなさい。誰でもそういうふうにして読めるようになったんだから遠慮することはない」といわれておりました。結局、三浦さんがその役を引き受けて下さることになりました。私たちは三浦さんの迷惑を顧みず、読めない字は三浦さんのところへ行って、「これは何と読むんですか」と教えていただくことになりました。

その三浦さんが『和泉市史』の編纂に携わるということで一九六一年に和泉の方へ転居して行きました。三浦さんがいなくなると、工藤敬一・河音能平さんなど、私たち前後の新米の中世史の学生は困惑することになりました。しようがなく、工藤さんなんかと相談しながらでも、最後まで読むというようになったことを記憶しております。

三浦さんが亡くなって穴があいた立命館の大学院の古文書演習を、去年、半年分だけ担当させていただいたのも、昔、影写本の読み方を手にとって教えてもらった私にとってはひとしおの感慨でありました。

先ほどもふれましたが、三浦さんは広い領域をカバーした研究テーマを扱い、その一部はすでに思文閣出版から『中世民衆生活史の研究』（一九八一年）にまとめられておりますが、いまあらためて三浦さんがたどった学問をいくつかの時期に分けてみますと、『和泉市史』開始以前が第一の時期になります。その間、三浦さんは古代にかんするもので、

「吉士について――古代における海外交渉――」(『日本史研究』三四号、一九五七年)を発表、さらに「室町期における特権商人の動向――楠葉新左衛門元次をめぐって――」(『中世社会の基本構造』御茶の水書房、一九五八年)を書いています。これは林屋辰三郎先生の鹿ケ谷のお宅で毎週木曜日の夜に開かれていた『大乗院寺社雑事記』を読む会のグループが出した論文集に書いたものです。この頃の三浦さんは中世の商業史に関心をむけ、『史林』に「中世の頼母子について」(四二巻六号、一九五九年)を書いたりしております。

大学院の頃の三浦さんは、赤松先生がなさった金閣鹿苑寺の住持鳳林承章の江戸初期の日記『隔蓂記』の校訂の仕事を手伝っていました。藤井学・藤岡大拙・秋宗康子さんらが一緒でしたが、とりわけ三浦さんが中心になって原稿をせっせとつくっておられたことを思い起こします。『隔蓂記』の記者の鳳林承章は勧修寺家の出身で晴豊の子供にあたり、相国寺の住持をつとめました。勧修寺家はこの晴豊の頃に天皇家と婚姻関係があって、承章の叔母が新上東門院、つまり後水尾天皇の祖母にあたる人であります。そういうことで、この日記には江戸初期の京都五山の僧侶や、公家たちの動向が出てくる。お茶の関係でいえば、千宗旦、金森宗和、陶工の野々村仁清あるいは儒者林羅山などというような文化人が出てくる。三浦さんはこういう人たちの動向に親しんでいたわけです。三浦さんの仏教にかんする広い関心はこのときに大きく膨らんだものでありましょう。三浦さんはここに出てくるたくさんの僧侶や、交遊関係にあった文化人のことを調べるために、五山関係の近世文書等を読みました。中世を専門とした三浦さんはこの仕事を通して近世の史料に親しむ機会をもたれました。これがのちの三浦さんの学問の特色の一つを決定づけることになったと思われます。特に大徳寺にある膨大な近世初頭の文書を引っ繰り返して、『隔蓂記』に出てくる人名の比定に苦慮したということです。

そのあと三浦さんは、同じく近世初頭の南禅寺の金地院にいた最岳元良の『金地目録』を『近世仏教』に一九六一年から六二年にかけて出されました。私は三浦さんがたくさんのカードをつくりながら、その人名を一つ一つ当たっておられた姿を思い起こすことができます。

やがて、三浦さんは、一九六〇年の末に、先ほど申したように、『和泉市史』の編纂に携わることにきまりました。いまでこそ、地方史（自治体史）の編纂は盛んですが、当時はそれほどではなかった。近年の自治体史はそれぞれの時代の専門家がそれぞれ得意とする時代と分野を分担して、全体をまとめあげるのが、普通のスタイルになっております。しかし、赤松先生の理想は市民が市史を書くということにありました。「京都あたりに住んでいるものが、時おりでかけていくだけでその土地をよく知らないで良い市史が書けるはずはない。その土地の住人になりきって、はじめて良いものが書ける」と何度もいっておられました。

三浦さんは赤松先生の推挙があって和泉に行かれる。『和泉市史』全二巻の編纂が一九六一年の春に正式に始まり六八年に完成します。半分くらいは史料編ですが、ここに古代から明治維新にいたる史料を載せています。市史のうち考古学にかかわる部分を森浩一さんが手伝ったことと、そのほか、二、三の方が部分的な執筆をなさった以外はすべて三浦さん一人の執筆になるものです。第二巻の最後の章は「幕末の動乱」で、第二次長州戦争と和泉市の横山の農民たちの関係についての文章で終わっておりますが、古代から通してそのほとんどを一人で執筆したのです。中世の専門家である三浦さんが中世の史料編を独力で完成されただけでもたいへんな仕事ですが、近世ならびに古代の史料編を一人で完成された。これは三浦さんの学問がオールラウンドだったことの一つの現れで、三浦さんの生涯を貫く学問の性格がここでも決定づけられたと思うわけです。『和泉市史』の仕事が始まると、三浦さんはとにかく自分の足で現地をよく歩きました。その学問はオールラウンドであると同時に和泉国というホームグラウンドをもっており、和泉において形成された学問でありました。

『和泉市史』が始まって一年後の六二年に三浦さんは、『史林』四五巻二号に「和泉市新発見の大般若経について」という短い紹介文を書いております。それをみますとわずか一年のあいだに、和泉市平井町で宮里三カ村の平安時代から鎌倉時代にわたる大般若経五百九十八巻を発見しています。さらに池部弘氏所蔵の正暦二年（九九一）の覚超僧都の自筆願文を発見しております。この覚超僧都は恵心僧都源信の高弟にあたる人で、池部という家の出身でした。その自筆願文が池部さんのお宅に残っていたのです。覚超僧都の願文は赤松先生が紹介文を書きましたが、発見者は三浦さんでした。鎌倉の大仏は最初、寛元元年（一二四三）に木造で作ったのですが、暴風雨にあってこわれてしまい、建長年間（一二四九〜五六）にあらためて鋳造の大仏が造られました。建長の再建のために書かれた大仏一切経が、やはり池部さん宅で発見されました。また文永年間（一二六四〜七五）に興福寺で刷った春日版大般若経が和泉市小野田町で発見され、さらに室堂町でも春日版大般若経が発見されております。モンゴル襲来のすぐあとにあたる弘安九年（一二八六）に大唐国江西路何三於なる人物が、補正をしたという奥書が付せられております。いずれも鎌倉時代の大般若経であります。

三浦さんは紹介文のなかで、「こういう悉皆調査を始めた」と書いていますが、この悉皆調査のなかでつぎつぎに古い文書を発見していきました。こうして、三浦さんは和泉という国がもつ一種の国際的雰囲気、あるいは開明的な地域の文化交流のあとにふれたのではないでしょうか。一切経は初めから和泉にあったわけではなく、初めは播磨にあったり、鎌倉にあったりしたのが、やがて和泉の地に移ってきたものです。

それまでは主として商業史、あるいは近世の仏教史（三浦さんの愛媛大学の卒業論文は近世の不受不施派、日蓮宗にかんする論文でした）を主なテーマに学問を始めた三浦さんが、やがて村落史研究にぶつかることになった最初の論文「中世における農業技術の階級的性格――「門田苗代」を素材として――」(『日本史研究』八二号、一九六六年)が出ます。これは三浦さんの文章によりますと、悉皆調査を開始した六一年の夏に、和泉の松尾寺の古文書を調査したさい、三浦さんはこの近辺の池田郷に居た刀禰僧の頼弁という人物が松尾寺の良祐らと交わした永仁二年(一二九四)の契約状に出あい、それをきっかけにして書かれたものです。三浦さんは和泉の松尾寺という地方寺院の僧とその近辺の土豪刀禰頼弁や村落有力者とのあいだに交わされた永仁の契約文書に出てくる梨子本池、同新池が鎌倉時代の池田荘上箕田村(現在の納花《のうけ》・万町の集落)にあり、さらにそこには、頼弁の系譜を引いた(と思われる、と三浦さんは書いていますが……)池田という家があって、その池田氏の屋敷が(もちろん江戸時代のものでありますが)現存している事実を発見します。そこで三浦さんは、荘園現地の灌漑用水路や地名調査といった近年の荘園研究で、盛んになってきております研究方法をいち早くとりあげ、鎌倉時代村落像の復元作業に取り組むことになったわけです。そういうことで『和泉市史』の仕事が中心になって、そこから新しい研究の芽がつぎつぎに派生してくることになりました。

先ほども申したように、三浦さんは、『和泉市史』が完成する一九六八年には、和泉地方についての古代から中世、それから近世にかけての色々な諸現象を自分で整理し、頭のなかに入れることになりました。一つの地域を充分知り尽くした上で個々の文書をみていく、そういう三浦さんの仕事のスタイルがこうして徐々に確立していったように思われます。

『和泉市史』の編纂中に三浦さんは二つの重要な文書に遭遇しました。その一つは奥田家文書です。この奥田家文書は大阪府泉郡の南王子村という近世の未解放部落に伝えられた文書です。この文書はその後できた奥田家文書研究会の手によって近世の分が『奥田家文書』として全十五巻、さらに明治時代の戸長文書を中心とした『大阪府南王子村文書』として五巻、あわせて全二十巻が公刊されることになりました。全二十巻が完成したさい、奥田家文書の所蔵者である奥田久雄氏が書いた文章をみると、この文書は、「代々続いて庄屋を勤めた先祖（喜田家）の心をこめた保存によって今日まで伝えられて来たものである」こと、「すなわち代々の先祖が散逸を恐れてみだりに門外に出さず、宅地内の土蔵（一名、火いらずの蔵）に保管して災害を防いだこと」によって現在に伝来したものであるが、「一九六一年に『和泉市史』が編纂されるに当り、奥田久雄がその編纂委員に加えられたが、その節、編纂専門委員の三浦圭一氏より、奥田家に伝えられる古文書は稀にみる貴重なものであって、厳重に保存すべき必要があるが、今度の市史編纂に際してはこれを悉く開放して研究の便をはかり、市史を充実させることができてこそ、この文書の貴重なるゆえんを発揮せしめることになると力説」されたというのであります。それまで門外不出であった文書がこうして公開されることとなったのだと書いておられます。

三浦さんの誠実な人柄が奥田氏を動かして、この希有の未解放部落の文書を公開させたのであります。『和泉市史』の編纂にうちこんだ三浦さんの態度をうかがい知ることができるように思うわけです。三浦さんは奥田さんが公表に踏み切って下さった、それに応えて十分な研究をしなければならないと心に誓ったと書いています。

もう一つの文書は中家文書です。お手許の和泉国の地図をみていただきますと、和泉国の海岸線に沿って紀州街道が走っておりますが、その少し内側に併行して熊野街道がみえます。その熊野街道が堺から出て大鳥郡と和泉郡の境界を通るあたりに取石宿という鎌倉時代以来の宿がみえます。さらに南下すると、いま申しました近世の南王子村を通り、さらに南へきて南郡に入ります。これは和泉郡がのちに分かれてできた郡です。その南郡を越えて日根郡に入ったあたりに御門《ごもん》という所があります。三浦さんはその御門の中左近家の文書に遭遇します。

中家文書と奥田家文書という従来ほとんど知られていなかった、あるいは全く知られていなかった新しい文書に遭遇し、それらと正面から取り組むことになり、中世賤民史にかんする三浦さんの研究が新しく開始されることになりました。部落問題研究所から、この方面での三浦さんの仕事を集大成して『日本中世賤民史の研究』(一九九〇年刊行)が年内に出版されると聞いております。

三浦さんの未解放部落にかんする最初の仕事は、『歴史科学』(一二号、一九六六年)に発表した「未解放部落の形成過程――和泉国の場合――」という論文です。奥田家文書を使い近世の情況、浅野安隆さんの仕事等を参照しながら書いたものです。

寛延四年（一七五二）に南王子村の組頭一同が署名して一つの規式を作成して村内住民の自己規制を決めました。そこには、南王子村の住民は木材の伐採のために信太山に入らない、落葉や下草の採取を禁止する、子供も山に入らない、とあるほか、他所の仏事や婚礼等の場に南王子村の人間は近よらない、音曲や辻立もやめ、子供が大道筋に出てはならない、などとあります。

「惣之池」や「今池」の樋元の支配をめぐる本村との裁判では、南王子村と本村の分水率が享保六年（一七二一）の裁判で七対三、延享四年（一七四七）で六対四と時代が降るに従って、本村の王子村が有利となり、幕末にはついに〇対十となり、南王子村の権限がゼロになってしまうこと、それにひきかえ南王子村の人口は元禄年間（一六八八〜一七〇四）に四十数軒だったものが、寛政二年（一七九〇）には百八十四軒八百六十四人、天保四年（一八三三）には二百九十一軒一千八百十人というように、南王子村の人口増加のみが著しいことなどが明らかにされております。三浦さんはここで江戸時代における賤民身分の実態にくわしくふれたわけです。

三浦さんの頭のなかにはこうして現在に直接つながってくる江戸時代の被差別身分、あるいは未解放部落の現実の姿がしっかりと刻みこまれたのでありましょう。その上で三浦さんは、中家文書に含まれる九百何点かの中世文書——その大部分は売券（土地家屋などの売却証文）ですが――を検討し、明応八年（一四九九）から永禄五年（一五六二）にかけての売券のうちに、「嶋」あるいは「宿」を名称とする地域の住人たちの売買文書が八十五例あることを発見し、それをこの論文で紹介しました。

先ほどの地図にみえる鶴原宿のあたりは近世になると野々村という未解放部落になっていますが、この鶴原宿の住人が農業に携わっていたこと、彼らは自身の池を開発して新田を耕作していたこと、もう一つあった池では未解放部落の人間と他の村民とが混在して現れることなどを明らかにすると同時に、ここで「旦那職」あるいは「旦那場」が個人から個人へ売買されていた事実を発見しました。近世の南王子村では、倒れた牛馬の処理権が「請場」とか「持場」とか「得意場」「入所」といった名称で呼ばれていましたが、右の旦那職はそれらにちょうど当てはまるような斃牛馬の処理権を意味する言葉であったというのです。中家の売券には中家だけでなく成身院宛てのものが多く含まれています。先ほどの地図で和泉から紀伊国に入った所に根来寺がありますが、この根来寺は中世の後期、天正十三年（一五八五）に、豊臣秀吉の軍勢によって崩壊させられるまで、紀伊北部から和泉国日根郡にかけて、強大な勢力をもっておりました。成身院というのは根来寺の塔頭の一つで中家と深い関係にありました。その経済は代々中家の経済力によって支えられており、中家の子弟がその住持をつとめておりました。紀伊から和泉南部にかけての土豪たちはそれぞれ根来に成身院のような氏寺（塔頭）をかまえており、それらが連合して根来という一つの地域権力をつくりあげていたのです。中家という土豪の家と成身院とは、子弟が根来の僧になっているというだけではなくて、経済的になかば一体化していたとみてよいと思われます。

右のような売券が成真院に集中していったこと、それにつれて「旦那場」の権利も根来寺に入っていったこと、そこから想定される中世末の未解放部落の実情と、南王子村の近世の状況を同時に頭に描きながら、中世における差別から、近世につながる差別がどういう経路で始まっていくか、三浦さんはこういう問題に突き当たることになります。やがて出てくる論文が「惣村の起源とその役割」(『史林』五〇巻二・三号、一九六七年)でした。この論文は中家文書と、三浦さんがその後『堺市史』の編纂のさいに発見した奥野家文書とを使って書かれたもので、村落の自治組織、惣村の経済構造を分析した論文です。三浦さんは『中世民衆生活史の研究』に本論文を再録するさいの解題につぎのように書いております。「四国愛媛県の寒村に生まれ育った私にとって近世農村の実像に近いものはある程度描けていたが、この二つの中世民衆自身が書いた古文書に接し、しかも中家文書でとらえられる大阪府南部、和歌山県北部と、奥野家文書でとらえられる堺市東南部とを足で歩き、山野・川池・寺社・集落・民家の多くが現存するのをみて、中世惣村の実像すら描けるようになると思えたのである……」と。つまり三浦さんが、この論文を書いた時点においては、中世的な景観そのものが和泉近辺には濃厚にとどめられていたというのです。

三浦さんはそこを歩くことによって、中世の山野・川池・寺社・集落の姿が残っていることを実感し、そうしたなかで中世の惣村が三浦さんの脳裏に具体的なイメージを結んでいったのでした。私が知っている三浦さんは京大の国史研究室でくる日もくる日も史料・影写本ばかりをみていた姿です。むろん私は和泉へ移った三浦さんが足で歩いてつぎつぎに新しい文書を発見している事実を知らなかったわけではありませんが、今回、今日の準備のためにあらためて三浦さんの書いたものを読みながら、右で述べたような、足で歩き目でたしかめ、そこに事実在ることを一つ一つ確認しながら、時間をかけてだんだん築き上げていった三浦さんの学問の特色を、あらためて強く感じた次第であります。

三浦さんはつぎのようにも書いています。「……現在の未解放部落の一つの小字名として中世の村落名が残っていることを知り、その集落のなかに十六世紀に確認できる池が、なお灌漑用水池として生きていることを見るに及んでは、現実的な部落差別の認識や部落解放運動に参加する歴史学研究の在り方に対して深刻な問いかけを必要とした」云々と。そして近世幕藩体制形成過程で、自治的な惣村が崩壊し、そこから未解放部落が創出されるというような説は誤りだということを確信するにいたるのです。

中世後期の惣村はそれまでは中世後期における庶民の輝かしい歴史的達成を示すものとして描かれるのが普通でした。これにたいし三浦さんは、中世後期の惣村はその内部に階級矛盾をはらむばかりか、外部にはまた被差別集団を差別しながら存立している事実をリアルにみることになり、従来の通説的見解に深い疑問をもつにいたったのです。この惣村の論文は三浦さんが書いた多くの論文のなかでも代表的な論文の一つでした。『中世民衆生活史の研究』に本論文を収録するさいに三浦さんが書いた解説にはふれてありませんが、私自身の関心でいうと、この論文が中世後期、戦国時代の売券を正確に読んだ最初の論文であることに注目したいと思います。三浦さんはこの論文で、公方年貢という従来名前がわかっていただけで、その性格が不明であった売券にみえる年貢を荘園の本年貢からの系譜を引くものであって、守護や在地領主、国人領主の土地所有を示すものであることを実証し、これを正確に位置づけました。ちょうど同じ頃、私は東海地方のこういう売券に遭遇し、これを何とか読み解こうと思って苦労していた最中でしたからよくわかるのですが、この当時の戦国時代研究の史料操作の水準は、いまからみますとかなり荒っぽい、信用のおけないものでありました。そういうなかで初めて文書の確実な分析から論拠のある論を展開され、公方年貢の性格をはっきりさせております。これは三浦さんの重要な仕事の一つであったと思います。

その後、一九六九年に三浦さんは、「15~16六世紀の人民闘争――未解放部落成立史との関連において――」(『歴史評論』二三一号)を歴史科学協議会第三回大会で報告しています。一九六九年から七〇年にかけて出た『奥田家文書』一・二・三巻が完成に近づいていた時期でした。ここで三浦さんは部落差別を、《残酷な必然性をもって形成されてくる》

と捉え、その理由を正面から問うております。十五世紀から十六世紀にかけての人民闘争の昂揚期に、日本の人民闘争そのものが、結局差別を再生産していくのは何故であったかというのです。

三浦さんはここで苦闘しています。中世賤民の解放される可能性を探って賤民たちの中世末における農民化のコース、商人化のコース、職人化のコースを探りながら、三浦さんは賤民の個別的な解放はあったにしても、賤民体制・賤民身分そのものの解放は達成されえなかったとしています。土一揆時代の都市・農村の自治が賤民的手工業体制を解体せず、かえってその新しい編成の上に成立していた事実に目をむけました。統一政権の楽市楽座政策は中世の座的な商工業・手工業に打撃を与えたが、未解放部落の斃牛馬処理などの諸雑業は残存した。中世賤民制の社会的分業上でのこの特殊なあり方が民衆の習俗的・意識的差別を残させ、統一政権下の賤民的身分支配のテコになった、というように説明しています。

三浦さんはここで、「地域的市場圏の形成」とか、「生産力の発達」とか、「社会的分業の発達」といった用語を使いながら、何とかして、この問題を説明しようとしています。「手工業生産の発展が賤民的身分秩序を崩壊させるような都市の形成に結びつかない」ともいっています。三浦さんは「カースト制的分業」という用語をも使っています。「世襲的身分に貫かれているカースト制的分業をどれだけ克服したか」というように。こういう言葉を使いながら、三浦さんは自問自答しながらここでたいへん苦しんでおります。

つづいて三浦さんは、「近世未解放部落成立期の基本問題」（『歴史評論』二六一号、一九七二年）を発表しました。これは近世の「かわた」身分が定着してくる過程を、肥後・豊前・紀伊・和泉・河内・摂津・山城・近江、あるいは前田家にかかわる加賀・能登・越中、あるいは甲斐・信濃等で検証しながら未解放部落形成期の問題を扱った論文です。統一政権が確立する過程で未解放部落の人間が「かわた」身分に解消され、統一されてゆくことが天正十三年（一五八五）秋頃から山城国で実施され始める大閤検地と併行して行われたというのです。そしてこれが近世の被差別民の原型になったと説いた論文です。

近世史の研究者には笑われるかもしれませんが、近世史の論文を書くのは、中世を専門とする人間にとっては気の重いものです。三浦さんのように近世と中世とをしっかり見通した仕事、近世へ行ったり、中世に行ったりしている仕事が貴重なわけであり、これが三浦さんの仕事のスタイルでした。

三浦さんはその後『大阪府史』を執筆した頃に、「鎌倉時代における開発と勧進」（『日本史研究』一九五号、一九七八年）を書いて鎌倉時代における九条家領和泉国日根野荘の開発の問題を扱い、そのなかで、すでにこの頃熊野街道沿いに「坂之物」が新しい池を作った事実があったことを明らかにしました。このようにして中世末期の惣村の時期の未解放部落の存在が、歴史をさらにさかのぼって鎌倉時代までへの見通しのなかで捉えられ始めたのです。

やがて三浦さんは一九七九年、藤本清二郎さんが歴史科学協議会の第十四回大会で報告した「近世賤民制の展開と地域社会」にあわせたサブ報告を担当し、「中世から近世初頭にかけての和泉国における賤民生活の実態」（『歴史評論』三六八号、一九八〇年）を報告しています。ここで三浦さんは非常に明快に和泉一国全体における賤民制の展開を押さえながら、大鳥郡ではどう、和泉郡ではどう、日根郡ではどうというように具体的な展開の様相を説明しています。たとえば南王子村がもっていた斃牛馬処理権の領域が、和泉国の近世行政村三百三十余のうち約百五十村に及んでいるが、それがどの地域にあたるかを明快に示しています。三浦さんの頭のなかには和泉一国のなかで、個別的な事態がわかっているということではなくて、地域全体における未解放部落をめぐる諸問題が、非常に明快に浮かんでいて、それらが信仰の面だとか、その他についても、ここに描きだされてきているわけです。

やがて三浦さんは河野家文書と出会います。これは黒鳥村の安明寺にあった文書で、発見のいきさつとともに、一九七九年の『日本史研究』二〇七号（「河野家所蔵文書」）に最初に紹介されました。この河野家文書の検討をふまえて一九八〇年の日本史研究会大会の全体会シンポジウムで、三浦さんは、「日本中世の地域社会」（『日本史研究』二二三号、一九八一年）を報告しました。この報告に三浦さんの地域社会論の骨格が大きく姿をみせています。

ここで三浦さんは述べております。「一九六〇年から関わり続けてきた和泉国」で「一学徒として二〇年間たどたどしく歩くことからえた歴史的経験を、一つの統一された中世の歴史像として描いてみたいという思い」がだんだん強くなってきたこと、そういうことができると三浦さんが確信するようになった直接的な契機が河野家文書の発見であったこと、この発見によって三浦さんは、「和泉国の中世史を一つの地域社会史として綴り合わせることが出来るのではないかという多少自信めいたもの」が自分のなかに湧いてきたと述べています。三浦さんはまた、「地域住民に根をおろした歴史科学の創造的運動の成果」がこの文書を発見させたのだともいっています。

三浦さんはこの報告で、「地域史の思想」の必要なことを指摘しました。これは三浦さんが私たちに残した重要な提言だったと思います。私はいまあらためて三浦さんの提言の重さをかみしめております。三浦さんはここで、地域史をどう書くかということではなくて、地域社会のなかから歴史をどう描くかが課題であると述べています。

三浦さんの学問、それは和泉学といってもいいかと思います。真の和泉学は和泉という地域を超えた普遍性に到達するでしょう。そうした境地を三浦さんは開拓しつつあったのではないでしょうか。この河野家文書は中世の分はわずか三十数点で、他は近世文書です。しかしこの文書はたいへん面白い、ユニークな伝来をした文書です。つまり、ふつう中世文書といえば東大寺や東寺など京都や奈良にあった荘園領主の蔵のなかで長いあいだ伝わってきたもので、荘園領主文書です。これ以外にはせいぜい鎌倉時代以降の地頭文書が、これらをかろうじて伝えてきた島津家、熊谷家・相良家などの武家文書として存在しております。しかし河野家文書は、平安時代以来の文書が在地の村落の内部で伝えられてきたものです。在地の文書で古くさかのぼるものは、どんなに古くても通例、戦国ないし室町時代以降のものです。

そう思って考えてみますと、和泉国には先ほど一番最初に申したように、三浦さんが『和泉市史』を始めたばかりのときに発見した池部弘氏宅にあった覚超僧都の自筆願文のような古い文書が残っている。平安時代の文書があるべくして残っている、和泉国はそういう不思議な国だという思いを禁じえません。いずれにしましても、河野家文書はたいへん珍しい文書でした。一番古い文書は長和三年(一〇一四)のもので、これは宗岡光成という人物が出した和泉国坂本郷と上泉郷の二十五町歩の土地の開発を申請した解という形式の文書です。この地はちょうど和泉の国衙の付近で、信太山の南側の丘陵と扇状地部分にあたり、現在の黒取村のあるところに相当します。

万寿二年(一〇二五)になると、この土地は酒人氏の所有するところとなっており、そこに白木谷池がみえ、この池を管理する池司職・池預職を酒人氏がもっております。これらの権利は宗岡氏以来のものでありました。明らかに、この文書は池の開発領主が伝えた文書でありました。この池の開発領主が在庁官人として和泉国衙でどういう役割を担っていたのか、池の司としての役割はどうか。酒人という姓はのちの歴史からさかのぼって考えるならば間違いなく酒造りのための麴の支配に関係した氏族だったと思われます。おそらく平安時代以来の和泉の酒造業の展開を示すものなのです。

それにつづいて不思議というか、ここがたいへん面白いのですが、やがてこの文書は黒鳥村にあった安明寺という地方寺院の所有になるわけです。

これは安明寺の村人が鎌倉時代のある時期――具体的にいえば建長八年(一二五六)ですが――に、酒人氏、あるいはその系譜を引いてこの池を支配していた池の主から買い取ったものです。村人たちは安明寺の寺座に結集して、このとき白木谷池の管理権を買い、これを安明寺に寄進します。三浦さんは建長八年をこの地における惣村の成立だといっております。

同じような現象は、この近くにある唐国村と妙楽寺でも起きています。妙楽寺には建長四年(一二五二)に妙楽寺と唐国村の村人が取り交わした置文が残っております。ここでも惣村が成立していたのです。

さて、安明寺の寺座は暦応二年(一三三九)、正平二十四年(一三六九)、それぞれ少しずつ変化しながら発展していく、そういう動きを三浦さんはずっと追跡しています。

ここにある勧進聖がいて、平安時代に開発されていた黒取村の池を正和四年(一三一五）に修復しようとしたことがあります。地頭が安明寺と村人に勧進聖の修復工事を認めてやりたいといったところ、現地の村人や安明寺は、これまでの水利の権利、番水制の原則を崩さないなら、新しい池の修復、開発を目論んでも協力しようと申します。やがて十年後、鎌倉末の正中二年（一三二五）に、この地頭は白木池と周辺の山林荒野を安明寺の仏陀領として寄進し、以後この池には手を出さないということになります。三浦さんはこれを文書主義の世界と呼びました。このとき、地頭が袖判の下文を出します。普通袖判の下文と申しますと、上意下達の命令文書だと私どもは説明しておりますが、三浦さんはこの袖判下文は明らかに住民が獲得したものだ、つまり住民の権利を地頭が認めた、これが地頭の袖判の下文であり、そしてそれが安明寺に保管されたのだと説明しています。この文書が安明寺にずっと伝わって、やがてどういう経過をたどったのか、それ以後わからないのですが、河野さんの古い土蔵を解体しようというときに、市の教育委員会に連絡があってみつけたという文書の発見と、その後の研究の経過を書かれた三浦さんの文章はなかなか感動的でありました。

それで、もう時間がとうにきてしまいましたが、この三浦さんの一九八〇年の地域史についての報告論文を読ませていただきながら、それからずっと、ここしばらく三浦さんの多くの論文と付き合いながら、今日はとても全体はお話できなかったのですが、私は三浦さんに、和泉国の中世史を市史とか町史とかいう形ではなしに、三浦さんの判断でいらないものをけずりとりながら書き残して、最後まで是非とも完成していただきたかったという思いがいっぱいになりました。

この論文は非常にいい論文でありまして、いまここでふれられなかった部分がたくさんあるのですが、これにたいして藪田貫さんが、「この報告（論文）に〝欠落〟した視点があるとすれば、地域社会形成における外的契機の問題であろう」と指摘しています。つまり三浦さんは和泉のなかが和泉の外とどうかかわっているかをここでは明快に述べていないというのであります。三浦さんは、藪田さんの批判を正当なものと考えたようで、その後、「南北朝内乱期の村落」（『中世民衆生活史の研究』）を書いたときにも、藪田批判に応えるつもりであったようにみうけられます。

それと同時に私は、黒田俊雄さんが『日本史研究』二三二号（一九八一年）の「例会ニュース」の短い文章のなかでありますが、三浦さんの仕事を非常に高く評価しながら、黒田さんらしいことをいっていたことを思いだします。これらの批判を、私は三浦さんが是非とも取り入れてその仕事を完成してほしかったと思います。三浦さんの仕事は、「地域を形成する媒介環ともいうべき、領主（在地領主・村落領主）、宗教（一郡の祭祀・村落寺院・根来寺）、分業（堺、工房村、流通）、法秩序（加地子徴取体制、荘園年貢請負体制）などが豊富に具体的に追求されている。……〝地域〟を形づくるものが例えば領主制、共同体などと固定的でなく、重層的に把握されているのが新鮮で興味深い」と黒田さんはいっています。黒田さんはここで三浦さんの仕事を非常に簡明に要約し、上手に掴んでおります。たしかに、領主制であるとか共同体であるとか、私たちはそういう固定的なもので中世を考えがちですが、三浦さんの地域の把握はもっと重層的に流動的に把握され、そこに豊かなものが掴まれている、これが新鮮で興味深いと黒田さんはいうのです。しかし黒田さんはその上に立って、「ただし媒介環を設定した基準は何か。政治支配（国衙・守護体制・地頭・国人の地域連合）、交通体系、地理的・風土的条件などはなぜ挙げられないのか……、媒介環の相互関連、重層関係はわかるが、「地域」の中の起伏や構造はみられないのか……」と。黒田さんの批判は三浦さんの仕事に欠けている点をも見事についていました。三浦さんは、黒田批判をもっともだと考えたと思います。和泉国を基礎にして、黒田さんの批判に応えるような叙述ができる人は三浦さんしかいない。中世史の研究者できちんとした特定のフィールドをもっていて、その場所で中世についてそういう地域史が書ける人、そういう領域をもっている研究者は、これもまたほとんどいない。そういう意味で三浦さんは掛け替えの無い人だったと思います。

もう時間がきてしまいました。三浦さんがなさったもっと広い領域のお仕事、海外交渉や国際関係にかかわるお仕事、技術史にかかわる一連のお仕事などについて今日は何も申すことができませんでした。三浦さんのお仕事や論述は必ずしもつねに論理整然というわけではない。わかりにくい部分がいろいろ混在しています。しかし読む側に和泉国についての知識が備わってくるにつれて、お仕事の意味が徐々に明瞭に理解されるといった性格のものです。三浦さんにはいいたいこと、語りたいことがいっぱいあって、それが読む側には簡単に伝わりにくい面がありました。しかし、そのお仕事は時がたつにつれてだんだん輝きをますことと思います。若い研究者が現れて、三浦さんのやり残したことを、きっといつかは完成してくれることでしょう。史料をいつも丹念に読まれ、現地をよく歩かれた三浦さんを思いだしながらそんなことをいまあらためて感じております。

あとがき

本書の第一部には、列島社会の農村、特に日本中世の農村が位置した歴史的位相を確かめるために、折々になした周辺状況への試行錯誤の文章を並べてみた。それらは中世の農耕の民に対置される日本中世の職能民たちの位置づけであったり、インドにおけるカースト社会の様相であったり、韓国高麗の農村社会であったりして、私は時々の関心のおもむくままに、あちこちと彷徨っている。中世の天皇や、被差別身分のことも、ここでの隠れた主題になっている。長いあいだ、列島社会の内外を私はさまよいうろついてきたわけだが、それもこれも中世における日本農村の位置づけを確かめてみたいという願望から出たものである。

それぞれの領域にはそれぞれの強固な学問が聳立していて、外部からの素人談義の類を容易なことではよせつけない。それを乗り越えるための相応の努力を、私はそのつど払ったつもりであるが、専門家の目で見れば、笑止千万のことが交じるのではないかと恐れている。しかし、これはこれで列島社会の農村史についての視座を確定するためのやむを得ない作業の一環であったと了解していただきたい。

第二部には、日本の中世史についての、幾人かの先学・知友について、私が書いた文章を並べてみた。並べてみて、清水三男を除きすべてこれらの人々が亡くなったあとの追悼のコトバであるか、生涯の業績を回顧する文章であることに気づかされた。これらの先学・知友たち一人一人にたいする、残されたものからの別れの挨拶の文章である。はるかに仰ぎ見てきた先学だけでなく、相互の努力の跡を語り合った同年輩の知人が何人かいて、彼らが一足先に逝ってしまったという現実が身にしみる。

本当は旧い文章を書き改めたいところであるが、それを成し遂げるだけの気力とエネルギーはもうとうに失せている。とんでもないミスを除いただけで、学問の進化にも多く目をつぶり、ただ最近になって、自分に見えるようになってきた旧稿の風景だけを、おのおのの文章の最初につけたしただけで、勘弁していただくことにした。つけたした文章が、すこし難解なこの本を読んでくださる読者の理解の一助になれば幸いである。

校倉書房の山田晃弘さんのおかげで、この本ができた。面倒な注文にこころよくつきあってくださった山田さんに心からお礼を申し上げる。

二〇〇三年二月二十日

大山喬平

大山喬平（おおやま　きょうへい）
1933年京都市に生まれる。京都大学大学院文学研究科国史専攻博士課程単位修得退学、京都大学文学部教授、同文学部博物館館長、大谷大学教授などを経て、現在京都大学名誉教授。日本中世史専攻。
主な著書に『鎌倉幕府』（小学館）、『日本中世農村史の研究』『日本中世のムラと神々』（ともに岩波書店）、『中世荘園の世界—東寺領丹波国大山荘—』（編著、思文閣出版）、『長楽寺蔵 七条道場金光寺文書の研究』（編著、法藏館）など多数。

増補 ゆるやかなカースト社会《しゃかい》・中世日本《ちゅうせいにほん》

二〇二四年六月一五日　初版第一刷発行

著　者　大山喬平
発行者　西村明高
発行所　株式会社法藏館
京都市下京区正面通烏丸東入
郵便番号　六〇〇-八一五三
電話　〇七五-三四三-〇〇三〇（編集）
〇七五-三四三-五六五六（営業）

装幀者　熊谷博人

印刷・製本　中村印刷株式会社

ISBN 978-4-8318-2669-5 C1121

法蔵館文庫既刊より

価格税別

さ-1-1
増補 いざなぎ流 祭文と儀礼 斎藤英喜著
高知県旧物部村に伝わる民間信仰・いざなぎ流。中尾計佐清太夫に密着し、十五年にわたるフィールドワークによってその祭文・神楽・儀礼を解明。
1500円

さ-2-1
アマテラスの変貌 中世神仏交渉史の視座 佐藤弘夫著
童子・男神・女神へと変貌するアマテラスを手掛かりに中世の民衆が直面していたイデオロギー的呪縛の構造を抉りだし、新たな宗教コスモロジー論の構築を促す。
1200円

く-1-1
王法と仏法 中世史の構図 黒田俊雄著
強靭な論理力で中世史の構図を一変させ、「武士中心史観」にもとづく中世理解に鋭く修正を迫った黒田史学。その精髄を示す論考を収めた不朽の名著。解説＝平 雅行
1200円

な-1-1
折口信夫の戦後天皇論 中村生雄著
戦後「神」から「人間」となった天皇に、折口信夫はいかなる可能性を見出そうとしていたのか。折口学の深淵へ分け入り、折口理解の新地平を切り拓いた労作。解説＝三浦佑之
1300円

い-2-1
アニミズム時代 岩田慶治著
森羅万象のなかにカミを経験する。その経験の場とは。アニミズムそしてシンクロニシティ空間論によって自然との共生の方法を説く、岩田アニミズム論の名著。解説＝松本博之
1200円

か-1-1

信長が見た戦国京都

城塞に囲まれた異貌の都

河内将芳著

同時代史料から、「町」が社会集団として成熟していくさまや、戦国京都が辿った激動の軌跡を尋ね、都市民らの視線を通して信長と京都の関係を捉え直した斬新な戦国都市論！

900円

つ-1-1・2

平安人物志

上・下（全二冊）

角田文衞著

考古学と文献史学を駆使した角田の博識と推理が冴え渡る、41篇の人物伝。緻密な分析で、平安朝を生きた人々の数奇な生涯を鮮やかに描き出した、歴史的名著。解説＝山田邦和

各1700円

か-2-1

インド人の論理学

問答法から帰納法へ

桂紹隆著

インド人の思考法は、観察から法則を導き出す帰納法的思考であった。事実に基づく論証法がインドでどのように展開したのか。その淵源を仏教の縁起の教えに見出した名著。

1300円

や-2-1

〈方法〉としての思想史

安丸良夫著

安丸史学が対峙し、目指したものとは――。自身の研究や経験を回顧した論考・時評等を中心に収め、その思想的格闘の軌跡を示した歴史学徒必読の名著。解説＝谷川　穣

1300円

か-1-2

改訂

祇園祭と戦国京都

河内将芳著

創作物を通じて戦国期の祇園祭に託された「権力に抵抗する民衆の祭」というイメージは実態に合うものなのか。イメージと史実を比較し、中世都市祭礼・祇園祭の実像に迫る。

1000円

ブ-1-1

儀礼と権力　天皇の明治維新

ジョン・ブリーン著

日本の「近代」創出に天皇がはたした身体的役割とは何か。天皇はいかにして「神話の体現者」となったのか。従来とは異なる儀礼論的アプローチから迫ったユニークな試み。

1300円

も-1-1

梁の武帝
仏教王朝の悲劇
森三樹三郎著

皇帝菩薩と呼ばれた武帝の餓死、王朝の滅亡は、仏教溺信が招いた悲劇だったのか。類い稀な皇帝のドラマチックな生涯とその時代の精神を描出した不朽の傑作。解説＝船山　徹

1000円

む-1-1

天平芸術の工房
武者小路穣著

正倉院や東大寺をはじめとする花やかな天平芸術の創造にたずさわった工人たちの盛衰を明らかにしていくなかで、古代国家の文化の形成基盤の全体像を考察。解説＝山岸公基

1200円

た-3-1

改訂
歴史のなかに見る親鸞
平雅行著

数少ない確実な史料を緻密に検証することで、歴史研究者として親鸞の事蹟の真偽を究明する一方、民衆の苦難と自らの思想信条とのはざまで悩み苦しむ親鸞の姿をも描きだす。

1100円

か-4-1

死と運命
中国古代の思索
金谷治著

「こののっぴきならない生命とはいったい何なのか」。孔孟、老荘、荀子等の言葉をてがかりに、中国古代における死、運命、欲望に関する思索を討尋する。解説＝中嶋隆藏

1100円

よ-1-1

劉裕
江南の英雄　宋の武帝
吉川忠夫著

劉裕は微賤な武人に生まれながらも、卓越した行動力と徹底した現実主義によって皇帝となった。だが、即位後その生彩に翳りが――。南朝の権力機構の本質を明らかにする好著。

1000円

か-5-1

一遍語録を読む
金井清光
梅谷繁樹著

一切を捨てた「捨聖」一遍。その思想的背景と生涯を法語から読み解き、巻末では一遍の和讃「別願和讃」を『節用集』『日葡辞書』などを駆使して詳論する。解説＝長澤昌幸

1200円

な-1-2

祭祀と供犠 日本人の自然観・動物観　中村生雄著

動物を「神への捧げもの」とする西洋の供犠との対比から、日本の供養の文化を論じ、殺生・肉食の禁止と宗教との関わりに新たな光を当てた名著が文庫化。解説＝赤坂憲雄

1500円

さ-4-1

ラジオの戦争責任　坂本慎一著

戦前最強の「扇動者」、ラジオ。その歴史を五人の人物伝から繙き、国民が戦争を支持し、また玉音放送によって瞬く間に終戦を受け入れるに至った日本特有の事情を炙り出す。

900円

は-1-1

明治維新と宗教　羽賀祥二著

近代「神道」の形成と特質を仏教までもを含んだ俯瞰的な視野から考察し、「国家神道」に止まらない近代「神道」の姿をダイナミックに描いた、日本近代史の必読文献。

1800円

か-6-1

禅と自然　唐木順三著

近代という無常が露わになった時代をどう乗り越えるか。その克服の可能性を、逆に無常を徹底させる中世の禅思想のなかに見出した卓異の論考を精選。解説＝寺田透・飯島孝良

1100円

た-4-1

聖武天皇 「天平の皇帝」とその時代　瀧浪貞子著

高い政治力を発揮し、数々の事業を推進した聖武天皇。「天平の皇帝」たらんとしたその生涯と治世を鮮やかに描写。ひ弱、優柔不断といった旧来の聖武天皇像に見直しを迫る。

1300円

よ-2-1

日本人の身体観の歴史　養老孟司著

日本の中世、近世、そして現代哲学の心身論から西欧の身体観まで論じる。固定観念を揺さぶり、常識をくつがえし、人と世界の見方を一変させる、養老「ヒト学」の集大成。

1300円

ぎ-1-1
現代語訳
南海寄帰内法伝
七世紀インド仏教僧伽の日常生活
義浄撰
宮林昭彦
加藤栄司訳
唐の僧・義浄がインドでの10年間にわたる留学生活で見た7世紀の僧侶の衣・食・住の実際とは。戒律の実際を知る第一級資料の現代語訳。原書は、鈴木学術財団特別賞受賞。
2500円

と-1-1
文物に現れた北朝隋唐の仏教
礪波護著
隋唐時代、政治・社会は仏教に対していかに関わり、仏教はどのように変容したのか。文物を含む多彩な史料を用いスリリングに展開される諸論は隋唐時代のイメージを刷新する。
1200円

こ-1-1
神々の精神史
小松和彦著
カミを語ることは日本人の精神の歴史を語ること。竈神や座敷ワラシ。酒呑童子、ものくさ太郎に、山中の隠れ里伝承など、日本文化の深層に迫った妖怪学第一人者の処女論文集。
1400円

み-1-1
江戸のはやり神
宮田登著
お稲荷さん、七福神、エエジャナイカ——民衆の関心で爆発的に流行し、不要になれば棄てられた神仏。多様な事例から特徴を解明し、背景にある日本人の心理や宗教意識に迫る。
1200円

う-1-1
日蓮の女性観
植木雅俊著
仏教は女性蔑視の宗教なのか？　仏教史における男性観、女性観の変遷、『法華経』における提婆達多と龍女の即身成仏を通して検証し、また男性原理と女性原理について考える。
1300円

お-1-1
寺檀の思想
大桑斉著
近世に生まれた寺檀の関係を近代以降にまで存続せしめたものとは何か？　家を基本構造とする幕藩制下の仏教思想を明らかにし、近世社会の本質をも解明する。解説＝松金直美
1200円

や-3-1

藤原道長

山中裕著

道長の生涯を史料から叙述すると共に、人間関係を詳しく説き起こして人物像を浮かびあがらせる。既存の図式的な権力者のイメージをしりぞけ史実の姿に迫る。解説＝大津透

1200円

た-5-1

安倍晴明の一千年

「晴明現象」を読む

田中貴子著

スーパー陰陽師・安倍晴明はいかにして誕生したのか。平安時代に生きた晴明が、時代と世相にあわせて変貌し続ける「晴明現象」を追い、晴明に託された人々の思いを探る好著。

1200円

ふ-1-1

江戸時代の官僚制

藤井讓治著

一次史料にもとづく堅実な分析と考察から、幕藩官僚＝「職」の創出過程とその実態・特質を解明。幕藩官僚制の内実を、明瞭かつコンパクトに論じた日本近世史の快著。

1100円

た-6-1

宗教民俗学

高取正男著

民俗学の見地から日本宗教史へとアプローチし、日本的信仰の淵源をたずねる。高取正男の真骨頂ともいうべき民間信仰史に関する論考12篇を精選。解説＝柴田實／村上紀夫

1400円

み-2-1

天狗と修験者

山岳信仰とその周辺

宮本袈裟雄著

修験道の通史にはじまり、天狗や怪異伝承、修験者の特性と実態、恐山信仰などを考察。入手困難な記録や多様な事例から修験者の固有信仰を幅広く論じる。解説＝鈴木正崇

1200円

た-7-1

法然とその時代

田村圓澄著

法然はいかにして専修念仏へ帰入するに至ったのか。否定を媒介とする法然の廻心を基軸に、歴史研究の成果を「人間」理解一般にまで昇華させた意欲的労作。解説＝坪井剛

1200円

み-3-1
風水講義
三浦國雄著
龍穴を探し当て、その上に墓、家、村、都市を営むと都市や村落は繁栄し、墓主の子孫、家の住人に幸運が訪れる——。原典を通して「風水」の思想と原理を解明する案内書。
1200円

さ-6-1
祭儀と注釈
中世における古代神話
桜井好朗著
神話はいかに変容したのか。注釈が中世神話を創出し、王権‐国家の起源を新たに形成。中世芸能世界の成立をも読解した、記念碑的一冊。解説＝星優也
1400円

た-6-2
民俗の日本史
高取正男著
文明化による恩恵とともに、それによって生じた土着側の危機をも捉えることで、文化史学の抜本的な見直しを志した野心的論考12本を収録。解説＝谷川健一・林淳
1400円

ま-1-1
中世の都市と非人
武家の都鎌倉・寺社の都奈良
松尾剛次著
非人はなぜ都市に集まったのか。独自の論理で彼らを救済した仏教教団とは。中世都市の代表・鎌倉と奈良、中世都市民の代表・非人を素材に、都市に見る中世を読み解く。
1200円

た-8-1
維新期天皇祭祀の研究
武田秀章著
幕末維新期における天皇親祭祭祀の展開過程を文久山陵修補事業に端を発する山陵・皇霊祭祀の形成と展開に着目しつつ検討、天皇を基軸とした近代日本国家形成の特質をも探る。
1600円

う-2-1
〈小さき社〉の列島史
牛山佳幸著
「村の鎮守」はいかに成立し、変遷を辿ったのか。各地の同名神社群「印鑰社」「ソウドウ社」「女体社」「ウナネ社」に着目し、現地調査・文献を鍵に考察を試みる意欲作。
1300円

い-3-1
日本の神社と「神道」　井上寛司著
日本固有の宗教および宗教施設とされる神社と、神社祭祀・神祇信仰の問題を「神道」との関わりに視点を据えて、古代から現代までをトータルなかたちで再検討する画期的論考。
1500円

お-2-1
来迎芸術　大串純夫著
阿弥陀来迎図や六道図等の美と信仰のあり方を、浄土教美術に影響を与えた『往生要集』の思想や迎講・仏名会等の宗教行事から考証。解説＝須藤弘敏
1200円

に-1-1
仏教文化の原郷　西川幸治著
インドからガンダーラまで
伽藍、仏塔、仏像、都市、東西文化交流……近代以降、埋もれた聖跡を求めて数多行われた学術探検隊による調査の歴史をたどりつつ、仏教聖地の往事の繁栄の姿をたずねる。
1400円

と-1-2
馮道　礪波護著
乱世の宰相
五代十国時代において、五王朝、十一人の皇帝に仕え、二十年余りも宰相をつとめた希代の政治家・馮道。乱世においてベストを尽くしたその生の軌跡を鮮やかに描きあげる。
1200円

お-3-1
忘れられた仏教天文学　岡田正彦著
一九世紀の日本における仏教世界像
江戸後期から明治初、仏教僧普門円通によって体系化された仏教天文学「梵暦」。西洋天文学の手法を用い、須弥界という円盤状の世界像の実在を実証しようとした思想活動に迫る。
1300円

お-4-1
増補 ゆるやかなカースト社会・中世日本　大山喬平著
第一部では日本中世の農村が位置した歴史的位相を国内外の事例から解明。第二部では日本中世史研究の泰斗・戸田芳實、黒田俊雄、三浦圭一らの業績を論じた研究者必読の書。
1700円